本书获广西壮族自治区文化和旅游厅（文物局）资助出版

明代靖江王资料汇编

考古与保护资料卷

桂林市文物保护与考古研究中心
桂林市靖江王陵文物管理处 编

文物出版社

图书在版编目（CIP）数据

明代靖江王资料汇编．考古与保护资料卷／桂林市
文物保护与考古研究中心，桂林市靖江王陵文物管理处编
．－－北京：文物出版社，2021.8
ISBN 978 - 7 - 5010 - 7198 - 2

Ⅰ.①明… Ⅱ.①桂… ②桂… Ⅲ.①亲王－生平事
迹－中国－明代 ②桂林－地方史－史料－明代 Ⅳ.
①K827 = 48 ②K296.73

中国版本图书馆 CIP 数据核字（2021）第 174818 号

明代靖江王资料汇编·考古与保护资料卷

编　　者：桂林市文物保护与考古研究中心　桂林市靖江王陵文物管理处

责任编辑：王　媛
封面设计：王文娴
责任印制：苏　林

出版发行：文物出版社
社　　址：北京市东城区东直门内北小街 2 号楼
邮　　编：100007
网　　址：http://www.wenwu.com
经　　销：新华书店
印　　刷：宝蕾元仁浩（天津）印刷有限公司
开　　本：889mm×1194mm　1/16
印　　张：26.25
版　　次：2021 年 8 月第 1 版
印　　次：2021 年 8 月第 1 次印刷
书　　号：ISBN 978 - 7 - 5010 - 7198 - 2
定　　价：280.00 元

《明代靖江王资料汇编·考古与保护资料卷》
编委会

前　言

　　明代靖江王遗存包括王府遗址、王陵遗址，以及王府窑址、建筑采石遗址、靖江王与宗室石刻等。其中靖江王府遗址位于今桂林市中心独秀峰下，现存王府城墙与城门，承运门与承运殿等遗址；靖江王陵遗址位于桂林市城东尧山西麓，现存靖江王及宗室墓葬55处，其中有王、妃合葬墓11处，厚葬次妃墓3处，夫人墓2处，将军墓8处，另有奉祠遗址1处。靖江王府与王陵规模宏大，王府城墙与建筑遗址保存完整，王陵墓葬等级序列齐全，为研究明代藩封制度与历史的重要文物。中华人民共和国成立以来，广西文物部门，特别是桂林市文物部门不间断地对明代靖江王遗存文物开展考古调查、勘探发掘，同时以考古资料为依据开展靖江王文物遗址的保护工作，积累了大量工作资料和成果。

一　资料概况

（一）考古调查

　　由于靖江王府长期作为校园由广西师范大学使用，故考古调查工作以靖江王陵为重点。

　　对靖江王遗存文物的考古调查开始于20世纪50年代末、60年代初。其时广西壮族自治区文物管理委员会与桂林市文物管理委员会联合组成靖江王府和靖江王墓群文物普查组，于第一次全国文物普查期间对靖江王府与王陵进行了实地踏勘走访，调查记录了靖江王城以及靖江王墓群中的部分大型墓葬遗址，粗略掌握了靖江藩国在桂林的主要遗存。此次考古调查成果主要由各调查小组在实地调查时所填写的调查登记表汇集而成，记录了墓冢明显、有陵园建筑基址和石像生、辨识度较高的大中型陵墓信息。但调查资料仅作为工作档案存档，一直未整理发表。根据此次文物普查的成果，"桂林王城"和"明靖江王墓群"分别被广西壮族自治区人民政府公布为自治区重点文物保护单位。

　　20世纪80年代初，借第二次全国文物普查暨桂林历史文化名城普查之契机，桂林市文物管理委员会组织以桂林市文物工作队文物考古专业人员为主的调查组，开展了靖江王陵专项文物普查工作，在复核第一次全国文物普查资料的基础上，发现并记录王陵墓葬326处（包括已被破坏而仅存遗迹的墓葬），手刻油印工作档案《靖江王墓群墓葬调查资料汇编》。这是对靖江王陵墓葬最全面的一次考古调查记录。

　　第二次全国文物普查完成后，为更好地保护靖江王陵地面与地下文物遗存，桂林市人民政府于1984年成立了"桂林市尧山陵墓文物管理所"作为靖江王陵墓群的专门管理机构。1996年，"靖江王府及王陵"被国务院公布为全国重点文物保护单位。1998 年，"桂林市尧山陵墓文物管理所"更名为"桂林市靖江王陵文物管理处"。

2011 年第三次全国文物普查时，桂林市文化局（今桂林市文化广电和旅游局）、桂林市文物管理委员会办公室（今桂林市文物保护与考古研究中心）抽调文博专业人员组成普查工作队对靖江王陵实际保存的墓葬进行复查，调查发现王陵墓葬实存 81 处。2014 年靖江王陵文物管理处为编制保护规划再次对王陵现存墓葬进行调查，复核墓葬遗址 55 处，其中高等级的大型陵墓存 24 处，包括王陵 11 处，厚葬次妃墓 3 处，娘娘、夫人墓 2 处，将军墓 8 处（含宪定王长子朱履祥墓）等；低等级宗亲墓葬 29 处；奉祠遗址 1 处；尚未确定墓主人身份但规制级别较高的衣冠墓 1 处。

靖江王陵专门管理机构成立以来，所开展的历次考古调查取得的调查资料和成果均作为档案资料存档，仅小部分形成调查报告提交或融入期间所编制的《靖江王陵保护规划》及各种文物保护工程方案中，未正式发表。

（二）考古勘探发掘

1. 靖江王府考古勘探发掘

2013 年 8 ~ 9 月，为配合桂林市正阳东巷街区改造，广西文物保护与考古研究所会同桂林市文物工作队、桂林市靖江王陵文物管理处对靖江王城端礼门前正阳东巷历史地段修建性工程区域进行了考古勘探，发现靖江王府宗庙遗址，并根据考古资料编写了《桂林市正阳东巷历史地段修建性工程项目考古勘探评估报告》，未正式发表。

2015 年 7 ~ 10 月，为了解靖江王府建筑遗存及各个历史时期地层堆积情况，经国家文物局批准并颁发考古执照，广西文物保护与考古研究所会同桂林市文物工作队、桂林市靖江王陵文物管理处对靖江王府府城内西北部（独秀峰西侧）局部区域进行了勘探及试掘，并根据考古资料编写了《桂林靖江王府考古勘探与试掘报告》，未正式发表。

2015 年 11 月 ~ 2016 年 1 月，为配合靖江王府城墙修缮工程，了解明代王府城门门楼建制规格，为恢复明代靖江王城端礼门城楼、遵义门城楼提供考古学依据，广西文物保护与考古研究所和桂林市文物保护与考古研究院分别对靖江王府端礼门（正阳门）和遵义门（西华门）、体仁门（东华门）城楼遗址进行考古勘探与试掘，并根据考古资料编写了《桂林靖江王府正阳门、西华门城楼遗址考古勘探与试掘报告》，未正式发表。

2017 年 1 ~ 3 月，为配合桂林市正阳西巷历史文化地段保护修缮及旧城改造工程项目，受广西壮族自治区文物局委托，广西文物保护与考古研究所和桂林市文物保护与考古研究院对项目涉及的全国重点文物保护单位桂林靖江王府建设控制地带范围进行考古调查勘探，发现自唐以来各时期文化地层及丰富的遗物，尤为重要的是发现了疑似明代靖江王府社稷坛遗址。工作结束后，编写并提交《桂林市正阳西巷历史文化地段保护修缮及旧城改造工程项目文物古迹调查勘探报告》，提出应对所发现疑似明代靖江王府社稷坛遗址的清真寺区域进行重点考古勘探，未正式发表。同年 8 ~ 9 月，在对清真寺区域进行重点勘探后，形成《桂林市西巷清真寺考古勘探评估报告》，未正式发表。

2. 靖江王陵考古勘探发掘

靖江王陵考古发掘始于1972年。1972年9月11日~10月7日，由广西壮族自治区博物馆和桂林市文物管理小组共同组建靖江王墓发掘工作组，对靖江安肃王陵、宪定王陵两座墓葬的地宫进行了考古发掘。发掘结束后根据原始绘图、照片和文字记录编写了《安肃王陵和宪定王陵发掘工作报告》。该报告一直未发表，后被收录于20世纪80年代初手刻油印工作档案《靖江王墓群墓葬调查资料汇编》中，但发掘时原始的绘图、照片和文字记录均已遗失。

2008年，为配合大河乡基础设施建设，由广西文物保护与考古研究所主持，桂林市文物工作队和桂林市靖江王陵文物管理处参与，对桂林市叠彩区大河乡新民农副产品加工区用地范围进行了抢救性考古发掘，共发现并发掘14座靖江王小型宗室墓葬。发掘结束后撰写《大河乡靖江王陵宗室墓发掘简报》并提交桂林市叠彩区大河乡人民政府，此后作为工作资料存档，未正式发表。

2012~2015年，由广西文物保护与考古研究所与桂林市靖江王陵文物管理处、桂林市文物工作队等单位组成联合考古队，配合靖江王陵考古遗址公园建设，对靖江昭和、温裕、安肃、悼僖、怀顺、宪定、荣穆等7个王陵陵园建筑遗址及奉祠遗址实施系列考古工作，清理面积共计约70000平方米，取得了丰硕的成果。此次考古工作将考古资料的整理和考古报告的编写纳入工作计划，《桂林靖江昭和王陵考古发掘清理报告》和《桂林靖江王陵考古发掘清理报告集》分别于2014年和2017年由科学出版社出版。

（三）保护规划

1. 靖江王府保护规划

靖江王府是我国现存最完整的明代藩王府，是桂林市的重要文化遗产。为有效保护靖江王府及其周边历史环境的真实性、完整性和延续性，全面展示靖江王府的历史文化内涵和靖江王府在桂林历史文化名城、山水城市中的历史景观风貌，妥善协调靖江王府保护与城市建设的关系，桂林市文物管理委员会办公室（今桂林市文物保护与考古研究中心）于2006年委托中国文物研究所（今中国文化遗产研究院）编制靖江王府保护规划。项目启动后，双方专业技术人员共同组成规划编制组，多次就靖江王府保护规划工作的有关问题进行讨论和沟通，并多次到靖江王府进行现场勘查与测绘。规划文本初稿完成后，先后征求了文物、规划等部门和秀峰区政府的意见，并多次与靖江王府的管理使用单位广西师范大学进行交流，对文本、图本进行修改和完善。

2012年9月25日，桂林市政府主持召开了《靖江王府保护规划（2012~2030）》评审会，原则通过该规划，并建议编制单位进行必要的修改、补充和完善后尽快报请自治区人民政府评审。2020年5月19日，《国家文物局关于靖江王府保护规划（2019~2035）意见的函》（文物保函〔2020〕441号）原则同意该规划，并提出修改意见。2020年12月10日，桂林市文化广电和旅游局将修改后的靖江王府保护规划上报自治区文化和旅游厅，待自治区人民政府批准公布。

2. 靖江王陵保护规划

靖江王陵保护规划的编制是在靖江王陵被公布为全国重点文物保护单位后提上议事日程的，桂林市靖江王陵文物管理处于 2000 年正式委托广西文物保护研究设计中心承担规划编制工作。项目启动后，双方专业技术人员共同组成规划编制组，首先对文物遗址本体进行确认。规划编制组以 20世纪 80 年代全国第二次文物普查的档案资料为基础，对所有记录在册的遗址点进行实地踏勘复核，作为保护区划和保护措施制定的依据。规划中对靖江王陵的保护区划，改变了原来以单个文物遗址本体划定保护范围和建设控制地带的方式，将文物遗址相对集中的区域划为重点保护区或一般保护区，实施遗址本体和环境风貌的整体保护。

《靖江王陵保护规划》是广西壮族自治区第一部重点文物保护规划，规划编制组在规划体例、保护区划、保护措施等诸多专业方面缺乏经验，通过不断与国家文物局相关专家进行探讨、修改、调整，数易其稿方才通过国家文物局组织的专家评审。2009 年 1 月 19 日，国家文物局《关于靖江王陵保护规划的批复》（文物保函〔2009〕71 号）原则同意《靖江王陵保护规划》实施。

（四）保护工程

1. 靖江王府保护工程

自 20 世纪 80 年代至 2003 年，桂林市文物部门多次对靖江王府城墙及王府内的民国建筑进行局部小规模的维修。

2013 年底，桂林市文物工作队（今桂林市文物保护与考古研究中心）邀请北京建工建筑设计研究院对靖江王府进行了全面的现场勘察、设计，编制了《靖江王府保护修缮工程勘察设计方案》。国家文物局分两期下拨维修经费共 4700 万元。一期工程包含承运殿、礼堂、仰止亭以及端礼门到体仁门段城墙维修，施工单位为广州市白云文物保护工程有限工程，监理单位为浙江省古典建筑监理有限公司。项目于 2015 年 9 月开工，2016 年 7 月完工，2017 年 6 月通过国家文物局验收。二期工程分为 2 个标段，工程 1 标段为东一办公楼、东二办公楼、东三办公楼、东四办公楼、东五办公楼、东六办公楼、西一办公楼、西二办公楼、西三办公楼、西四办公楼、西五办公楼、西六办公楼、王城 3 号楼、承运门、中山纪念塔、月牙池及湖心亭、院墙，工程 2 标段为城墙、广智门、遵义门。一标段施工单位为成都市屹华建筑工程公司，二标段施工单位为衡阳市南岳朱雀古建筑有限公司，监理单位均为上海协同工程咨询有限公司。项目于 2016 年 9 月开工，2017 年 12 月完工，2019 年 6 月通过国家文物局验收。

靖江王府文物保护工程成果除早期部分项目资料不全外，2013 年以来的项目资料均作为工作资料存档保存，未正式发表。

2. 靖江王陵保护工程

1983～1987 年，先后负责保护和管理靖江王陵的桂林市文物工作队和桂林市尧山陵墓文物管理所，在靖江庄简王陵原址复建了陵园建筑。由于时间久远，此次工程资料已遗失。1999 年，因复建的庄简王陵陵园建筑出现老化残损情况，严重影响其对外开放展示，桂林市靖江王陵文物管理处委托广西文物产业经营中心（今广西文物保护研究设计中心）按文物保护要求对靖江庄简王陵展开维修勘察，编制《桂林靖江庄简王陵维修勘察报告》并在此基础上编制维修实施方案，对庄简王陵陵园建筑进行全面维修。

2003 年，广西文物产业经营中心编制了《康僖王陵维修整治实施方案》。2006 年，广西文物保护研究设计中心编制了《恭惠王陵维修整治施工方案》。两方案均经国家文物局批准后实施。

2010 年，靖江王陵入选首批国家考古遗址公园立项名单后，桂林市靖江王陵文物管理处委托中国文化遗产研究院编制了靖江昭和王陵、安肃王陵、温裕王陵、宪定王陵、荣穆王陵、悼僖王陵和怀顺王陵遗址保护及环境整治工程方案，均获国家文物局批准并安排专项资金予以支持。

靖江王陵文物保护工程方案成果除早期部分项目资料不全外，基本作为工作资料存档保存，未正式发表。

二　资料收录原则

靖江王府与王陵相关考古调查、考古发掘资料，除第二次文物普查时编有油印资料内部发放、近年考古发掘有部分报告外，其余大多没有正式发表过。为便于靖江王文物遗存的保护、研究、利用，桂林市文物保护与考古研究中心和桂林市靖江王陵文物管理处将历年来对靖江王府、王陵和相关文化遗存所进行的调查与考古资料成果，以及规划与保护资料成果进行收集整理并汇编成集，以期相对完整的保存信息，全面厘清靖江王国文物遗存发现、管理和保护的历史脉络。

本书按靖江王府、靖江王陵以及其他相关遗址三个部分归类。

早期文物普查以调查表存档而未形成调查报告的调查资料，按文物普查登记表的时间先后排序，逐页原文录入，仅修改个别字词，以保持调查资料的原始信息。

对汇编成册未正式发表的调查报告和历次考古勘探发掘未正式发表的考古勘探发掘报告原文录入，仅对部分语句和格式略做修改。

各个时期的文物保护工程方案，因文物遗存的类型同质，所采用的保护措施也大多相同，在编选资料时仅摘录重点、局部收录。

保护规划仅收录文本，不收录规划图纸。

已正式发表的考古报告不再收录。

历代文物考古工作者所取得的资料和成果都是无比重要的财富。本书所收录的靖江王文物遗存考古与保护资料，全面记录了历代文物工作者的辛勤和努力，尤其是早期的考古调查记录，都是源于当年文物工作者的手稿，弥足珍贵。虽然编者多方努力，寻访收集，但毕竟历史久远，难免遗误缺漏，唯愿书中资料能为靖江王历史与文物保护研究提供帮助与借鉴。

目 录

第一部分 靖江王府

第二部分 靖江王陵

第三部分　其他相关遗址

第一部分　靖江王府

调查与考古

广西壮族自治区文物调查记录表

广西壮族自治区文物管理委员会

1962 年

文物类别	古建筑		编号	总号	
				分号	
文物名称	王城				
所在地点	桂林市中心区				
调查者			记录者		
测绘者			图纸号		
摄影者			照片号		
传拓者			拓片号		
调查日期	1962 年 3 月				
概述					

明洪武二年（1369 年），朱元璋（明太祖）封其侄孙朱守谦为靖江王，居桂林，洪武五年即就元万寿殿改建靖江王府，二十六年于王府的外围修建"王城"一座，石块砌，周三里，辟四门，南名端礼门，北名广智门，东名体仁门，西名遵义门。清康熙二十年（1681 年）将王府改建贡院，为广西举行"乡试"的地方，王城仍保存，只将南北东西各门改称正贡、后贡、东贡、西贡等门，但历来一般对南、东、西各门叫正阳门、东华门、西华门。正阳门内面的门额建有"三元及第"石坊，是为嘉庆二十五年（1820 年）的三元陈继昌建；东华门内的门额建有"状元及第"石坊，是为道光二十一年（1841 年）的状元龙启瑞建；西华门内的门额建有"榜眼及第"石坊，是为同治四年（1865 年）的榜眼于建章建。

文物现状	王城现仍保存完好
调查人处理意见	区级管理保护
审查意见	

桂林市正阳东巷历史地段修建性工程项目
考古勘探评估报告

广西文物保护与考古研究所　桂林市文物工作队

2013 年

广西文物保护与考古研究所会同桂林市文物工作队于 2013 年 8 月下旬至 9 月下旬对靖江王城端礼门前的桂林市正阳东巷历史地段修建性工程区域进行了考古勘探。桂林市靖江王陵文物管理处派出专业技术人员参与了相关工作。

一　考古勘探情况

为弄清楚地下文化堆积情况，我们在考古勘探计划中拟采取考古钻探及探沟试掘两种方法进行考古勘探工作，但由于勘探区域现场堆满拆迁后的建筑废料，无法使用探铲，因此我们拟选取总面积 100 平方米左右的区域进行探沟试掘工作，并同时做好绘图、照相、摄像、档案等资料记录工作。实际工作中，由于施工区域大型机械作业限制、房屋尚未拆迁、工程时间紧迫等因素制约，我们只对拟布置的 6 条探沟中的 3 条进行了试掘，分别编号为 2013GDG1（G1）、2013GDG2（G2）、2013GDG3（G3），每条探沟长约 5、宽约 3 米，试掘总面积约 50 平方米，探沟深度达到 3.5 米，拟布置的另外 3 条探沟无法进行发掘（探沟分布情况见图一）。虽然未能按照原计划对使用土地进行全面勘探，但是 G1、G2、G3 发现的地层堆积状况也满足了我们获得考古信息的需求。

1. G1

（1）位置和面积

G1 位于东巷 34 号南 18 米，西距正阳路路沿约 20 米。G1 布方为 5 米×3 米，但因为 H1 坍塌，最后的勘探范围变成 5.3 米×3 米，勘探深度为 3.3 米。

（2）地层堆积

G1 地层可分 12 层，堆积情况如下：

第①层：表土层，为现代堆积层。在探沟绝大部分区域分布，局部因仁寿宫遗址突起的门坎石而无存，厚 0～35 厘米。土色灰色，含现代瓷片、砖瓦、少量石灰颗粒并青花小杯、小碗及陶罐、陶钵残片。

第②层：清代晚期地层。探沟绝大部分区域有分布，厚 20～30 厘米。层面为小砾石和三合土地面，含青砖、青花瓷残片、青瓦碎片，砖厚度较薄、尺寸较小。依据包含物，结合东巷历史，推测该层应为仁寿宫的基础填充层。

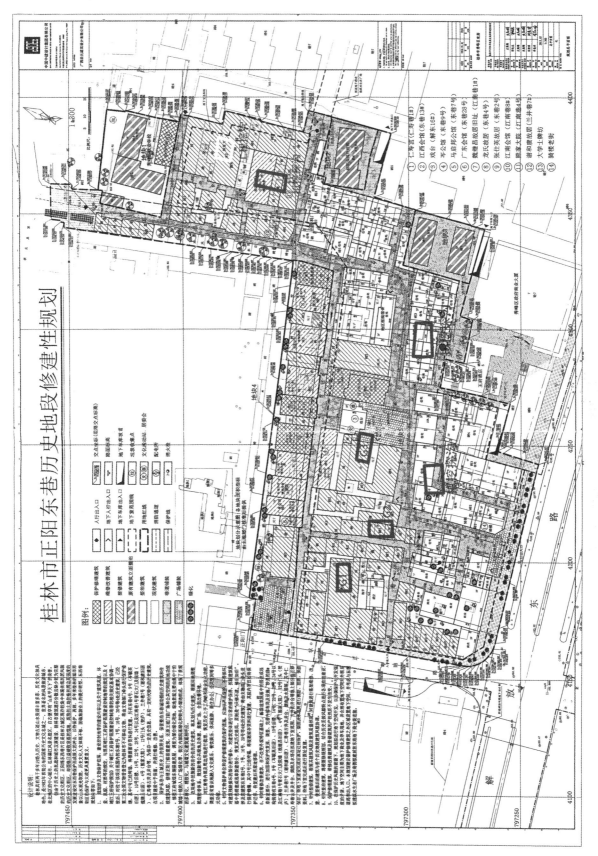

图一　桂林市正阳东巷历史地段修建性规划图

第③层：清代早期地层。在探沟大部分区域分布，厚 0 ~ 31 厘米。层面以西南的象眼石加青砖铺地为地面，土色灰色或灰黄色，含青砖、青花瓷片、陶罐残片、青瓦残件、三合土、明代大砖断块及琉璃瓦残件，大部分砖厚度较薄、尺寸较小。该层为清代早期地面及清代早期的文化堆积层。

第④层：在探沟东侧大部有分布，厚 0 ~ 25 厘米。土色褐色或灰黄夹白色，内含琉璃瓦残件、石灰颗粒、厚的青砖断块、青花瓷片。该层为明代废弃倒塌至清代早期扰乱层。

第⑤层：在探沟大部有分布，厚 0 ~ 24 厘米。土色青灰色，内含大量灰瓦残件、少量石灰颗粒、厚的青砖断块和较多青花瓷片。该层同为明代废弃倒塌至清代早期扰乱层。

第⑥层：在探沟大部有分布，厚 18 ~ 25 厘米。为较纯净的灰黄土层，层面为浅薄的小砾石铺地，土质较硬，含青瓦残片、薄的青砖断块以及少量青瓷残片，未见青花瓷片。该层疑为明代宗庙外地面的上层填充层，层面为明代早期活动地面。

第⑦层：在探沟大部有分布，厚 18 ~ 25 厘米。与⑥层同为灰黄土层，局部范围或层位为纯净的黄色土，土质较硬，含青瓦残片、薄的青砖断块以及少量青瓷残片和一片钧窑瓷片，未见青花瓷片。该层疑为明代宗庙外地面的下层填充层。该层下铺有 3 ~ 5 厘米厚的风化碎石，碎石层在全探沟绝大部分区域有分布。

第⑧层：叠压于风化碎石层下，厚 30 ~ 36 厘米。土色青灰色，内含碎瓦、各式薄的青砖断块、青白瓷残片（含玉璧底青瓷碗底）、陶罐残片等，同一地点还出土数片青花瓷残片。初步认为该层为宋元时期文化层。

第⑨层：在探沟大部有分布，厚 0 ~ 20 厘米。灰黄土或黄土，含青砖断块、绳纹筒瓦、布纹瓦、青瓷片、白瓷片和一枚开元通宝铜钱。初步认为该层为宋代文化层。

第⑩层：在探沟局部分布，主要在西侧，厚 0 ~ 15 厘米。土质灰色，包含物较少。⑨层下探沟约五分之二的区域发现较完整的砖铺地面，有疑似唐代联珠纹的模印花砖残件。

第⑪层：厚 0 ~ 30 厘米。土色灰褐色，硬度适中，层面含明显的红烧土块、黑色炭屑。出土绳纹瓦、青瓷残片和较多的板瓦碎块及砖块等。

第⑫层：厚 0 ~ 35 厘米。土色灰褐色或红褐色，硬度适中，层面含明显的红烧土块、炭屑和较多的板瓦碎块及砖块等。瓦砾中大多为板瓦，无纹饰，灰白色或灰黑色；少量绳纹砖，个别为粗绳纹；另出土数片青瓷片（有细小开片）。

(3) 遗迹

本探沟发现灰坑 6 个（编号 H1、H2、H4 ~ H7）、磉墩 2 个（编号 S1、S2）。

H1：位于探沟西侧，叠压于①层下。暴露部分长 1.35、宽 0.52、深 0.72 米。填土灰黑色，土质疏松，含大量砖块、近现代瓷片及少量青花瓷片。

H2：位于探沟北侧，叠压于⑤层下。长约 1.8、宽 1.1、深 0.85 米。坑内堆积大量琉璃瓦残片、龙纹瓦当、素面花卉纹瓦当、吻兽尾残片。

H4：位于探沟西南，叠压于④层下。近圆形，清理部分直径约 0.25 米。填土灰黑色，含大量碎砖瓦及少量青花瓷片。

H5：位于探沟北部及东北，叠压于⑥层下。坑内有大量的碎砖块、琉璃瓦件、素烧的花卉纹瓦当，局部发现有白灰胶结面，南侧有人工沟。石灰地面长 1.85 米，最宽处 0.36 米，厚 4 ~ 8 厘米。

H6：位于探沟南侧中部，叠压于 H3 下。暴露部分长 0.58、宽 0.32、深 0.35 米。坑内含青砖碎块、红黄色的板瓦残片以及少量的石灰颗粒。

H7：分布于探沟东侧大部区域。最长 2.3、宽 1.65、深 0.65 米。土色灰中带黄，内含石灰渣、布纹瓦、水波纹瓦当以及少量素面筒瓦、少量白瓷片、个别影青瓷片。

S1（磉墩 1）：位于探沟北侧中部近探沟壁处。近方形，边长 0.95 米，最厚 0.95 米，一层黄土、一层灰土相间填充，从上到下共十余层，每层厚 8 ~ 11 厘米。出土灰黑色的陶片和底满釉的青瓷片。

S2（磉墩 2）：位于探沟东侧中部探沟壁处。近方形，边长约 0.95 米，最厚约 1.21 米，由黄土、砾石层层相间填充而成，从上到下共 20 层，每层厚 5 ~ 6.5 厘米。（彩版一：1）

（4）勘探的主要收获

虽然 G1 地层打破扰乱、地下渗水等现象严重，但各个历史时期的地层仍比较清晰，同时出土了各个历史时期的瓷片和建筑构件，还有部分疑似南北朝时期的遗物，为今后研究提供了新的方向。（彩版一：3、4）

A. 发现了数个重要历史时期的地面

清代中晚期地面：以仁寿宫地面为代表。

清代早期地面：第③层层面为 G1 西南的象眼石和青砖铺设的地面，属清代早期地面。

明代早期靖江王府宗庙地面：第⑥层层面为小砾石铺设的地面，⑥层、⑦层以下没有发现青花瓷。⑥层、⑦层厚度接近，包含物均为薄的青砖碎块和少量宋元时期的青瓷片。第⑦层下部为平整的风化碎石地面，可能是构筑宗庙时外围的整平层。

宋代地面：在第⑩层发现数平方米的青砖铺地，其中有唐代风格的联珠纹地砖断块，结合该层出土的青白瓷和青瓷残片，可以确认第⑩层的青砖地面为宋代或不晚于宋代（彩版一：2）。该层地面还有构筑考究、体量宽大的磉墩，边长约 0.95、厚约 1 米，由此推测该层地面应为重要官式建筑的基础。

唐代或更早时期的倒塌层：第⑩层以下没有发现其他年代的地面，但发现了至少两层的倒塌面，每层倒塌面有 2 ~ 5 层、厚 5 ~ 25 厘米的瓦砾堆积，伴随明显的红烧土块或炭屑。结合地层中发现的莲花纹瓦当、开元通宝铜钱、联珠纹地砖、细开片的青瓷片、玉璧底青瓷碗底、假圈足碗底等，初步认定第⑪层、⑫层为唐代文化层甚至更早。

B. 发现了一批重要的文物标本

第⑤层出土了琉璃龙纹瓦当、素烧花卉纹瓦当，第⑨层、⑩层、⑪层出土了不同时期的板瓦和筒瓦、绳纹砖等，为唐宋至明代不同时期的建筑材料，为丰富桂林的历史文化提供了重要材料。

第⑦层下、⑧层上发现了早期青花瓷器标本，其呈现一种幽深的蓝色，上绘三爪龙纹，与江西高安出土的元龙纹青花荷叶盖罐所绘龙纹一致，初步定为元代。

第⑩层、⑪层发现的四叶联珠纹方砖与西安大明宫的唐代地砖风格一致，应为唐代具代表性的文物。

2. G2

(1) 位置和面积

G2 位于项目地块西部，北距正阳路东巷约 20 米，距靖江王府城墙约 36 米，西距正阳路路沿约 40 米。探沟呈南北向布设，5 米 ×3 米，勘探深度 3.5 米。

(2) 地层堆积

发掘清理按照从上到下、从晚到早的顺序进行。依据土质、土色、包含物以及上下叠压关系等情况划分为 8 个地层，总深度 3.5 米。现将各地层的简要情况分述如下：

第①层：厚 2 ~ 5 厘米。主要为黄色三合土层，黄色中间杂白色，质地紧密，夯实，硬度较高，局部为混凝土层，无任何包含物。该层为现代房屋地面。

第②层：厚约 5 厘米。该层为一层青砖，铺设平整。初步推测为清代房屋地面。

第③层：厚 10 ~ 25 厘米。灰褐色土层，质地疏松，土层中夹较多的青瓦片、黄色琉璃瓦片和少量青花瓷片。探沟中部铺设一道青条石，青条石北侧，左边有一个方形石柱础；右边有一块体量较大的方条石，中部凿刻一圈凹槽。探沟西北角有一条形门槛石，上面有一个安插门扇转轴的圆形插孔。探沟东北角坑壁上也有一道青条石。初步推测这些条石为清代房屋基础。该层西北部被 J1 打破。

第④层：厚 22 ~ 48 厘米。土色为灰色，质地松软，土层中夹较多石灰，包含物中有较多青瓦片和琉璃瓦片，另有少量砖块和河卵石，发现少量青花瓷片。探沟西南角发现用砖块围砌的方形地面，边长约 1 米，中间填土质地紧密，硬度较高，有夯筑痕迹。探沟中部偏南处发现几块平铺的砖块，砖块东侧发现一件青花碗（残），碗底有"大清雍正年制"款识。初步推测该层为清代地层。该层西北部被 J1 打破。

第⑤层：厚 0 ~ 45 厘米。土色为黄色，泛红，土色较纯净，质地紧密，硬度较高，有夯压痕迹。该层只在探沟南半部有分布。该层与 H1 及第④层之间有宽约 34 厘米的条带状土，土色为黄色或灰黄色，夹河卵石、砖块及琉璃瓦片，质地紧密，硬度较高，似经过夯筑，边上铺砌一层竖砖，砖外涂刷一层石灰。初步推测该层为一夯土墙倒塌形成。

第⑥层：厚约 110 厘米。该层由 9 个小层组成。最上面一层为砾石层，厚约 10 厘米。下面为四层灰色土层和四层青砖块层交错分布，一层灰色土层加一层青砖块层厚约 25 厘米，四层灰色土层加四层青砖块层厚约 100 厘米。灰土质地紧密，硬度较高，土层里夹杂大量青砖块及少量较细小的河卵石，还夹杂有少量黄土和石灰，灰色中夹杂少量黄色和白色斑点。土层底部为较密集的青砖块层，但基本都是残断的砖块，分布较为凌乱，排列并不规整。土层上表面十分平整，有明显的夯压痕迹。探沟北部及西南部局部有双层或三层砖块层，砖块体量宽大厚实，长 37、宽 20、厚 9 厘米。此层出土少量青瓷片、釉陶片及青瓦片。

第⑦层：厚约 140 厘米。该层由 8 个（局部为 4 个）小层组成，四层灰色土层和四层青石块层（局部为两层灰色土层和两层青石块层）交错分布，一层灰色土层加一层青石块层厚约 35 厘米，四层灰色土层加四层青石块层厚约 140 厘米。该层土质、土色及包含物均与第⑥层一致，土色仍为灰色，质地紧密，硬度较高，有夯压痕迹。与第⑥层相比，青砖块层变成了青石块层，土层里砖块含量减少，瓷片、陶片数量增多，有青瓷片、白瓷片和黄釉陶片，此外还发现青灰色筒瓦、联珠纹圆形瓦当、联珠纹方形地砖等陶质建筑构件。

第⑥层、⑦层土质、土色及包含物均一致，应为同一时代的地层。该地层厚达 250 厘米，灰土层、砾石层、砖块层、石块层交错分布，规范有序，每层灰土层表面平整，厚度一致，层层夯压，如此做法应为一大型官式建筑基址。通过对土质、土色、包含物及地层叠压关系进行分析，初步判断该地层为明代地层。G2 地处明代靖江王府南面，距离王府城墙仅 30 多米，据文献记载，此处正是明代靖江王府宗庙所在位置。综上，初步推测该层为明代靖江王府宗庙基址。

第⑧层：厚约 70 厘米。灰色土，泛黄，质地细密，硬度一般，质地和颜色均较为纯净，无杂质和杂色，包含物极少，仅发现青砖块 1 块及青瓦片、青瓷片、红色釉陶片数片。由于出土物极少，无法判断该地层的年代，但从地层叠压关系分析，该层应为唐宋或更早时期的地层。

（3）遗迹

本探沟发现窑坑 1 个（编号 J1）、灰坑 1 个（编号 H1）。

J1：位于探沟西北部，开口在第③层下。平面呈长方形，长 1.64、宽 0.6、深 0.82 米，坑壁用双层青砖砌筑。坑内填土为灰褐色，土质疏松，土中含大量青砖块，还有较多的琉璃瓦残片和少量青花瓷片。将坑壁青砖及外围填土清理后，窑坑长 1.8、宽 1.6～1.7 米。从地层关系和出土物分析，其时代应为清代。

H1：位于探沟西南角，开口在第③层下。平面略呈方形，边长约 1、深 0.75 米。土色为灰黄色，质地松软，土中夹大量石灰，含较多青瓦片、琉璃瓦片及少量青花瓷片，发现一件较完整的龙纹琉璃瓦当。从地层关系和出土物分析，其时代应为清代。

（4）勘探的主要收获

本探沟地层关系较为简单，其中厚 250 厘米的地层均为夯土，包含物较少，因而出土遗物较少。出土遗物中数量稍多的是琉璃瓦片，其次是青瓦片、青花瓷片，另有少量釉陶片。除 H1 出土一件较完整的龙纹琉璃瓦当外，基本未见其他完整的器物。其他能辨识器形且较重要的遗物有出土于第④层的"大清雍正年制"款青花碗底，出土于第⑦层的青灰色筒瓦、联珠纹圆形瓦当、联珠纹方形地砖等。

通过对 G2 的勘探发掘，弄清了该区域的地层堆积情况，获得了一批地层关系清楚、相对年代准确的遗物。尤其是明代大型官式建筑基址的发现，印证了史料中关于明代靖江王府宗庙建筑的相关情况，为靖江王府研究提供了重要的实物例证，有助于靖江王府国家考古遗址公园建设。

3. G3

（1）位置和面积

G3 北距正阳路东巷约 25 米，西距正阳路路沿约 65 米。探沟呈东西向布设，5 米 × 3 米，勘探深度 3.5 米。

（2）地层堆积

在发掘至第⑤层内基础夯筑层的第 2 层毛片石面时，由于建设单位在 G3 东面挖坑蓄水灌浆以及台风雨的影响，探沟东面灰坑 H1、H2 渗水崩塌且探沟内积水严重，无法继续发掘及进行相关绘图工作，现仅将相关地层堆积情况做简要介绍。

G3 被现代建筑、清代建筑打破现象比较严重，在发掘清理的部分发现两个地窖 J1、J2 及两个大型灰坑 H1、H2，其中 H1、H2 互相叠压，H1 开口在第③层内，H2 开口在第④层内，H2 的底部打破第⑤层内基础夯筑层的第 1 层毛片石，两个大型灰坑的深度达到 2.5 米。

第①层：厚 20～30 厘米。为现代扰乱层，现代建筑的料石基础局部打破第②、③、④、⑤层，表面为房屋地面。

第②层：厚约 25 厘米。黑褐色土层。该层为抗日战争时期日军轰炸桂林后形成的倒塌层，②层底部叠压的是一层红烧土。

第③层：厚 20～25 厘米。灰褐色土层，质地疏松，土层中夹较多的青瓦片、青花瓷片。③层面上为一层局部红烧土、青砖地面及建筑条石墙基、柱础等构件。建筑遗迹与现在仍保存的清末时期岑毓英故居的墙基在一条直线上且所使用的柱础类型完全一样，据此判断该建筑为岑毓英故居的一部分（彩版二：1）。另外，发现开口在③层内的青砖砌成的地窖 J1、J2 及 H1，该层下部叠压的是包含大量明代琉璃瓦件的地层，因此该层为清代初期至清代末期的地层。

第④层：厚 20～50 厘米。大部分被晚期建筑基础及 J1、J2、H1 打破，土色为灰黄色，土质较疏松，土层中包含较多琉璃瓦片、石灰灰浆碎片及少量青花瓷片、青瓷片。④层底部叠压的是一层河卵石及黄色黏土夯筑而成的地面，该地面也存在于 G1、G2，为明代时期的地面，因此该层为清代早期明代建筑倒塌后形成的地层。

第⑤层：厚约 10 厘米。是一层河卵石及黄色黏土夯筑而成的地面，为明代时期的地面，土质紧密，不见包含物。

第⑥层：厚约 250 厘米。为明代时期的大型官式建筑基址，构筑方式与 G2 的官式建筑基址近似但略有不同。该层由 6 个小层组成，包括四层夯筑土层及其下面的两层毛片石层（彩版二：2）。四层夯筑土层厚度在 30～50 厘米不等，每层夯筑土层内包含物相同，夹大量的碎青砖、青瓦、陶瓷片，不见青花瓷片，发现宋代铜钱"圣宋通宝""皇宋通宝"各一枚，每层夯筑土层之间形成可以清晰剥离的面。两层毛片石层每层厚度约 30 厘米，面上平整，片石交错分布，紧密排列，构筑方式与 G2 的相同。毛片石层的缝隙泥土里夹杂少量的青瓷片。通过对 6 个小层出土遗物的观察，我们发现这些遗物皆早于明代，基本为宋、唐时期，据此推测，明代在兴建此大型官式建筑基址时，先是将当时的早期地层挖起，在最底部夯筑了两层毛片石层后，再利用挖起的早期地层的泥土逐层夯筑土层，形成现在的状况。在清理完第一层毛片石层后，探沟崩塌无法继续发掘，我们推测其构筑方式应该与 G2 所发现的建筑基础相同。

（3）勘探的主要收获

发现明代大型官式建筑地下基础，构筑方式与 G2 近似，为明代靖江王府宗庙基址。G2 与 G3 之间的距离约 28 米，但还没有框住该建筑，表明该建筑规模较大。

二 考古勘探成果与收获

本次考古勘探发现了明代大型官式建筑的地下基础，以及大量与靖江王府、王陵地上建筑相同的琉璃构件、青砖等建筑材料，表明此处存在一处明代大型官式建筑遗址。结合史料对靖江王府的记载，我们判断明代靖江王府的宗祠就设置在此，这一发现堪称重大。目前，靖江王府及王陵考古遗址公园进入第一批国家考古遗址公园立项名单，这一批立项名单共23项，广西仅有2项且都在桂林。明代靖江王府宗祠的发现不仅填补了对靖江王府研究的空白，而且为靖江王府国家考古遗址公园建设提供了宝贵的实物资料。

本次考古勘探发现印证了自唐代以来关于桂林建制方面的各种记载，同时出土了部分疑似南北朝时期的遗物，为今后研究提供了新的方向。

本次考古勘探出土了一批珍贵的文物，有的目前为止在广西尚属仅见。从瓷片方面来讲，可以建立一批地层关系明确、时代清晰的标本库（彩版三）；从建筑构件来讲，囊括了时代准确的各个时期桂林城市建筑的样式及风格（彩版四），为建筑复原或修建仿古建筑提供了科学依据。

三 建议及意见

本次勘探虽然在靖江王府的建设控制地带及有可能埋藏文物的地方发现了明代靖江王府的宗祠遗址及更早的文化堆积，但由于探沟发掘面积不足及地层堆积较深，与全国重点文物保护单位靖江王府有关的明代宗祠遗址分布范围、建筑布局及构筑方式尚不清楚，其他诸如元代、宋代建筑的布局、构筑方式、性质，唐代城址分布在何处，是否存在早于唐代的文化堆积等问题也仍未清楚，建议根据勘探结果开展下一步发掘工作，发掘面积应满足解决上述问题的需要。

在全国重点文物保护单位的建设控制地带发现与文物保护单位有关的重要遗址，根据《中华人民共和国文物保护法》第十七条的相关规定要求，如何既做好文物保护工作又不影响桂林市的城市建设，请桂林市相关部门与自治区文物行政管理部门沟通协商。

桂林市于1982年被国务院公布为第一批国家历史文化名城，桂林市正阳东巷又立足于历史地段修建性工程，所以此工程不应只是维修地表的近代历史建筑或修建仿古建筑。桂林市正阳东巷的拆迁确属不易，但从桂林市国家历史文化名城层面来说，我们仍建议桂林市相关部门结合考古勘探及发掘成果，结合国家考古遗址公园的建设，重新定位桂林市正阳东巷历史地段修建性工程，考虑相关遗址的保护和展示利用。

目前正阳东巷历史地段修建性工程进度紧张，但文物保护及考古工作尚有许多程序性工作仍未进行，请相关部门尽快履行报批手续，该工程规划须在获得自治区文物行政管理部门的批复后根据批复内容开展下一步考古工作。

四 下一步考古工作计划

根据上述考古勘探发现，我们于2013年9月25日下午邀请广西文物保护与考古研究所和桂林市相关文物单位的数位专家进行了现场评审，大家一致认为该遗址的发现极为重要，应该扩大范围进行更进一步的考古发掘。一是准确获取更多关于明代靖江王府宗祠遗址的分布范围、建筑布局及构筑方式等信息，为靖江王府国家考古遗址公园建设提供宝贵的实物资料；二是了解桂林各个历史时期的地层堆积状况，为今后桂林城市历史研究提供更多的资料。

据此，我们编制了下一步考古发掘计划，考古发掘范围的划定包含两个层面的发掘目的：

一是揭露明代靖江王府宗祠的地面部分，以明确其分布范围、建筑布局及构筑方式等。由于宗祠的地下基础从生土层上开始夯筑，已将早期的元代、宋代、唐代等地层打破，且我们已经掌握其地下基础的构筑方式，因此无需再继续向下发掘。目前已知靖江王府宗祠外围墙一边长约61米，另一边已发现的部分长30米以上，其余部分正在找寻中，据规模推测应不小于50米，因而宗祠的大致分布范围应不小于3000平方米。由于地表堆满大量的建筑垃圾且近现代建筑的地基打破扰乱现象严重，我们拟采用钩机清理地表至明代文化层以上约0.2米处，然后再进行考古发掘。

因工程施工，我们发现了露出的明代宗祠的围墙（彩版五），再顺着围墙寻找其范围，发现了其转角及前后左右范围，明确了明代宗祠的围墙为正方形，边长为61米。围墙的基础部分为5层青砖，往上为墙体，墙体并未收分，墙体与墙基的厚度皆为1.7米。墙体为"砖包土"墙，即墙体中间为版筑夯土，外侧用青砖包砌，然后在青砖上面批上白灰浆，最后批上含有红色颜料的灰浆，形成红墙。

二是在尚保留有各个历史时期地层的区域布两个10米×10米的探方进行考古发掘，发掘面积200平方米，发掘目的是较全面了解各个历史时期的地层堆积情况，解决比如元代、宋代的建筑布局、构筑方式、性质，唐代城址分布在何处，是否存在早于唐代的文化堆积等问题。发掘深度至生土层为止。

参与人员：韦　革　周有光　贺战武　陈远琲
苏　勇　张宗亚　张阳江　阳　灵
秦　婕　张玉燕　邹　颖
执笔人：韦　革

桂林靖江王府考古勘探与试掘报告

广西文物保护与考古研究所　桂林市文物工作队　桂林市靖江王陵文物管理处

2015 年

为了解靖江王府建筑遗存及各个历史时期地层堆积情况，结合史料研究、展露靖江王府建筑遗存及各个历史时期地层或遗存，经国家文物局批准并颁发考古执照，2015 年 7 ~ 10 月，广西文物保护与考古研究所会同桂林市文物工作队、桂林市靖江王陵文物管理处以及广西师范大学等单位对靖江王府进行了勘探及试掘。

一　布方情况

根据广西师范大学王城校区内实际的空地情况，结合明代陈琏所绘的《王府图》，我们选择位于王府城内西北角的区域进行布方发掘（图一）。此区域东距独秀峰约 50 米，西距城墙不足 10 米，最北距北城墙约 120 米，按照实际地形情况分南北两个区域进行发掘，两个区域之间隔有一栋教室楼。每个区域各布 2 个 10 米 ×10 米及 1 个 5 米 ×10 米的探方，另外 T6 北隔梁向北扩出 2 米 ×10 米作为探沟，发掘总面积为 520 平方米。探方编号由南向北依次编为南区 T1、T2、T3，北区 T4、T5、T6。

二　试掘发现情况

此次共发掘清理出建筑遗迹 4 处、沟 5 条，出土大量各个时期的陶器、瓷器及建筑构件等。建筑遗迹面时间跨度上涵盖了明、清、民国、近现代四个时期（其中明代可分明中期、明晚期两个时段，清代可分清早期、清晚期两个时段）。近现代遗迹包括中华人民共和国成立后新建的建筑基址及化粪池；民国时期的遗迹包括民国时期的三合土路面、石灰岩沙石子铺筑的活动面以及抗日战争时期日军轰炸形成的炮弹坑；清代晚期遗存为道光至光绪时期的军火局遗迹面，该层面出土大量的铁弹，其中 T2、T3 局部铁弹堆积密集，旁边散落有扎木箱的铁片，应该是装铁弹的木箱腐朽散落形成，另外还保存有当时建筑的墙基，因发掘面积有限，该建筑的大小、平面布局不甚清楚；清代早期的遗迹主要是分布在 T4、T5 同一层面上的贡院遗迹，包括鹅卵石铺筑的地面及考棚建筑的柱网，可推测考棚开间的大小和进深（彩版六：1）；明代晚期的遗迹主要为建筑基址和墁砖地面，受试掘规模限制，建筑大小及布局不明（彩版六：2）；明代中期遗迹主要也是建筑基址，分布在南区的 T1、T2、T3 内，北区出于保护贡院遗迹的需要没有向下进行发掘，建筑基址为墁砖地面、排水沟、墙基等，但被其上近现代建筑的墙基及化粪池打破而显得支离破碎，建筑大小及布局不明（彩版六：3，彩版七：1）。明代中期建筑基址下面叠压有夯土垫层，为了保留遗迹面，我们的探方试掘至此层结束。

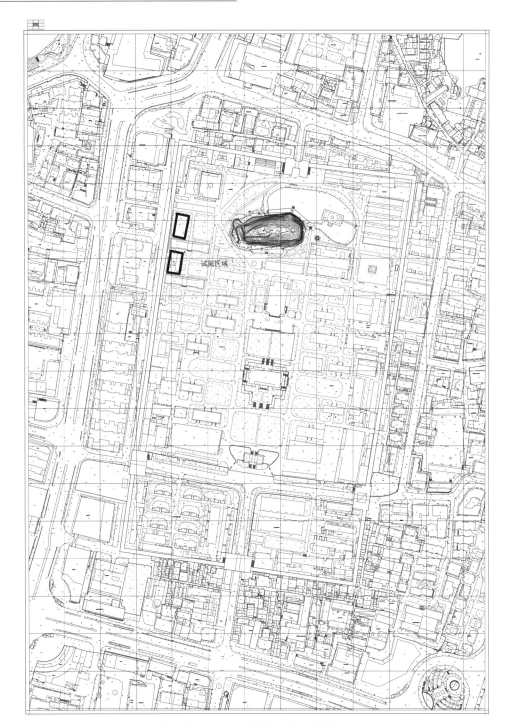

图一　桂林靖江王府考古勘探与试掘区域位置示意图

三　探沟发现情况

探沟方面，为明确试掘区域这一带的地层堆积情况，我们在南区 T1 南部的近代化粪池底部顺延往下开挖了一条 2 米 ×2 米的探沟 G1，在北区 T6 的北面扩方了一条 2 米 ×10 米的探沟 G2。

G1 在距地表约 3 米深的地方发现一口宋代水井，出土有子母口的井圈砖，由于渗水积水严重且考虑到井的建造已将原来地层破坏，我们没有继续向下发掘。南区的地层堆积，由于保护和展示的需要，我们仅清理了上部的9层，时代最早可到明代中期。其中，第①、②层为近现代、民国时期的堆积地层；第③层为清代晚期至民国时期的堆积地层；第④、⑤、⑥层分别为清代晚期、清代中期、清代早期的堆积地层；第⑦、⑧层分别为明代晚期、明代中期的堆积地层；第⑨层为明代中期建筑的夯土垫层。

G2的发掘基本代表了北区的地层堆积情况。G2从上到下共分15层，其中第①、②层为近现代、民国时期的堆积地层；第③层为清代晚期至民国时期的堆积地层；第④~⑦层分别为清代晚期堆积地层、清代晚期活动面、清代早期的堆积地层、清代早期建筑的墁铺地面；第⑧~⑪层为明代晚期的堆积地层，其中第⑧层为明代晚期的倒塌层，第⑨~⑪三层为明代晚期的建筑平整地面的垫层，土质较纯，含少量的砖、瓦碎片；第⑫层为明中期的堆积地层；在⑫层底与⑬层面出土有少量元代瓷片，第⑬层面应该为元代的活动面，第⑬层为元代的堆积地层；第⑭、⑮层为南宋晚期和北宋的堆积地层；第⑮层底部有少量唐代青瓷片出土，因探沟发掘的面积较小，推断为唐代的活动面。第⑮层以下为生土层，至此判断发掘区域最早的文化堆积从唐代开始，现在地面距生土层面深度为2.7米。(彩版七：2)

南北两区在遗迹保存情况上区别较大，因而大部分地层都是各自堆积，但也有部分地层贯穿南北两个发掘区且在地层面上统一，从而使南北两个发掘区的地层能够对应起来。

四　初步认知

华南理工大学的林哲先生在其《桂林靖江王府》一书中将靖江王府的使用分为三期：第一期从第二任靖江王朱赞仪到第六任靖江王朱约麟时期，由于受制于明太祖朱元璋"凡诸王宫室，并不许有离宫别殿及台榭游玩去处"之训，自洪武二十六年重修王府后的一百五十年里，未见有关靖江王府大规模营建增修的记载。第二期从第七任靖江王朱经扶到第十任靖江王朱履焘时期，即从正德初年到万历中期，如嘉靖五年第八任靖江王朱邦苎在宫西的空地兴建懋德堂，其建筑门有崇正、惠迪、履正，桥有通津，轩有临碧、漱玉、钟秀，楼有漾云，厅有居敬等等；堂之后为清虚所，门亭室斋俱全；堂外为园，有书屋、亭等建筑花木。第三期从第九任靖江王朱任晟到第十一任靖江王朱亨歅时期，即万历后半期至明清之交，这时的王府建筑已显衰败。

本次试掘印证了林哲先生的靖江王府分期之说。从南北两区的地层堆积情况来看，最早的明代堆积地层为明代中期，表明此区域在明代早期没有建筑，应为明代陈琏所绘《王府图》里遍布林木的区域，直至明代中期第八任靖江王朱邦苎在宫西的空地兴建懋德堂后，此区域才有建筑存在，之后又不断修缮增补，形成明代晚期的建筑布局。

另外，此次发掘的G2地层堆积较厚，年代序列清晰（从唐至当代），是一处展示桂林历史沉淀不可多得的标准地层，为研究桂林早期历史和印证相关历史文献的记载提供了难得的实物资料。

参与人员：韦　革　贺战武　张阳江　张宗亚

刘　芸　蒋新荣　铁元神　韦　璇

赵腾宇　邓　薇　苏　倩

执笔人：韦　革

桂林靖江王府正阳门、西华门城楼遗址
考古勘探与试掘报告

广西文物保护与考古研究所　桂林市文物保护与考古研究院

2016 年

2015 年 11 月~2016 年 1 月，广西文物保护与考古研究所、桂林市文物保护与考古研究院为配合靖江王府城墙修缮工程，了解明代王府城门楼建制规格，并为恢复明代端礼门城楼、遵义门城楼提供考古学依据，分别对靖江王府正阳门城楼遗址、西华门城楼遗址进行了考古勘探与试掘。现将考古勘探、试掘情况报告如下。

一　正阳门城楼遗址

1. 遗址概况

(1) 历史沿革

桂林正阳门城楼遗址位于广西桂林市秀峰区王城二号，地理坐标 N25°17′00″，E110°17′33″。其北临广西师范大学王城校区校门（承运门），南临桂林正阳步行街，东西连通桂林东华门和西华门。正阳门，明代称端礼门，民国年间由桂系军阀领袖白崇僖更名为正阳门，以纪念孙中山在此门内发动北伐战争。

桂林正阳门城楼遗址是桂林靖江王府遗址的一部分。桂林靖江王府始建于明洪武五年（1372 年），洪武九年（1376 年）基本建成，是明代最早建成的王府。南北长 555.6 米，东西宽 355.5 米，周长 1824 米，城墙厚 5.5、高达 8 米，由巨型方整料石和青砖砌成。城开东、南、西、北四门，分别命名为体仁（东华门）、端礼（正阳门）、遵义（西华门）、广智（后贡门）。初建成时，四门上各设有重檐门楼，蔚为壮观。其中端礼门位于城垣南部，开有东、中、西三个拱门门道供行人车马出入，现仅通中门道，东西门道已被封堵。其上门楼建筑明初建成，毁于清代定南王孔有德所焚大火；清代重建，为两层木结构城楼，至清道光二十八年（1848 年）又毁于失火；民国时期重建两层城楼，抗战时期毁于战火；后来再次重建单层砖混木结构城楼，2000 年 12 月 6 日再一次毁于电路起火，至今未再重建。（彩版八：1）

(2) 考古勘探目的和方法

2015 年 10 月，靖江王府修缮工程项目施工方广州白云文物保护有限公司对正阳门城楼遗址倒塌层进行了清理，清运出松散的建筑垃圾上百方。民国时期的正阳门城楼基址范围明确呈现，为砖石结构，东西长 26.5 米，南北进深为 12.85 米，但更早期的遗迹则没有暴露。

11 月 19 日，桂林市文物保护与考古研究院启动对城楼遗址的勘探，目的是寻找端礼门城楼初建时期以及后期改扩建并焚毁后所保留的建筑遗迹情况，以便进一步认识明、清时期城楼建筑风格和架构布局。鉴于发掘区地表现状，以及为更有效地达到发掘目的，此次主要采用探沟法和分区试掘的方法，对正阳门城楼遗址局部地方进行逐层勘探和有目的验证性试掘。

此次勘探试掘分两个阶段进行，第一阶段为 2015 年 11 月 19～24 日，第二阶段为 2015 年 12 月 24 日～2016 年 1 月 18 日。

2. 勘探试掘位置和经过

2015 年 11 月 19～24 日，桂林市文物工作队在勘探区内开探沟三处，分别编号为 TG1、TG2、TG3，工作为期 6 天。此次勘探对正阳门城楼遗址内地层和堆积状况有了一个初步的认识。2015 年 12 月 24 日开始，就 TG1、TG2、TG3 扩展原勘探区域，并新开 A、B、C 三区试掘（图一）。TG1 位于城楼遗址西北角，TG2 位于城楼遗址区北部，TG3 位于城楼遗址西南角。A 区位于城楼遗址东部中央，B 区位于城楼遗址东北角，C 区位于城楼遗址西部中央。至 2016 年 1 月 18 日勘探试掘完毕，历时 26 天。

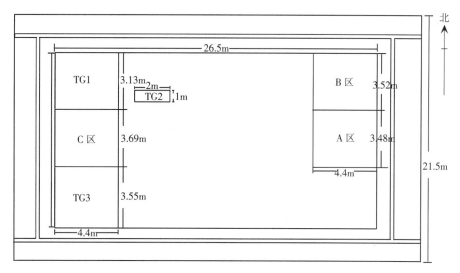

图一　正阳门城楼遗址勘探位置示意图

3. 勘探试掘面积和方向

本次勘探为验证性质，所以没有事先统一编制探方号，只是根据勘探试掘情况给不同区域编号。

TG1：4.4 米 ×3.13 米，TG2：2 米 ×1 米，TG3：4.4 米 ×3.55 米，A 区：4.4 米 ×3.48 米，B 区：4.4 米 ×3.52 米。共计 62.19 平方米。

4. 地层堆积情况

（1）TG1

除去 2015 年 11 月清理的表土，TG1 内地层共分为 5 层，堆积厚度 0.6 ~ 1 米。

第①层：黄褐色沙黏土，质地较坚，夹杂有少量体积较大的硬结块状三合土疙瘩。该层呈水平状分布，层面较为平整，底部凹凸不平，厚度不均，西北部最厚，东南部相对较薄，厚 0 ~ 20 厘米。包含物有极少量的青灰碎瓦片和一些碎瓷片，瓷片有青釉碗口沿残片和酱釉壶嘴。从整个地层堆积情况及包含物判断，该层应为质地较为纯净的垫土层。

第②层：灰褐色沙黏土，土色较杂，以灰褐色为主，质地较为疏松。该层整沟分布，但分布不均，东部和南部较厚，呈东高西低状分布，底部凹凸不平，厚度不均，厚 0 ~ 30 厘米。包含有较多碎砖瓦片和少量碎陶瓷片，瓷片主要有青瓷、白瓷、青花瓷，还有残断的琉璃瓦等。从整个地层堆积情况及包含物判断，该层也应是垫土层。

第③层：橘黄色黏土层，土色较纯，土质较为致密且夹杂有少量白灰颗粒。呈水平状分布，层面较为平整，底部也较为平整，厚度均匀，仅在 TG1 北部和西部较厚，未延伸到南壁，厚 0 ~ 15 厘米。包含有少量青灰碎砖瓦片和青瓷片，砖瓦可辨有条形砖和板瓦，瓷片可辨青瓷盏底足残片。

第④层：灰褐色沙黏土，土质较为疏松。并未在 TG1 内均匀分布，主要分布在探方西部，厚 0 ~ 30 厘米。该层最底下有一层碎石片铺垫，其上为褐色沙黏土层，西北部最厚，于 TG1 东北部和北部消失，在 TG1 西部暴露出大量呈不规则状分布的石块。包含有大量青灰碎砖瓦片、碎石片和少量陶瓷片及琉璃瓦、花草纹滴水，瓷片有青瓷、白瓷、青花瓷等。

第⑤层：橙黄色沙黏土层，土质层面较坚，层面下较为疏松。仅分布于 TG1 东北部，未向西部延伸。质地较为纯净，未清理。

（2）TG2

去除表土后为含有少量杂质的黄土层，继续浅层下挖后发现三合土地面，大体呈长方形，南北长 1 米，东西宽 1.9 米，最初判断为明代柱础磉墩或柱位所在。再往东约 4.6 米，有形状、大小相近的三合土地面暴露。勘探后期认定该三合土面应为明代城楼地面垫层。

对三合土垫层以下地层进行解剖，其下夯土分为 5 层，堆积总厚度约 1.3 米。

①~ ⑤层皆为灰黄色黏土，土质较紧密且较为纯净，分布均匀，其中①~ ④层均厚 15 ~ 20 厘米，⑤层因位于两拱门青砖顶面的夹角处而相对较厚。每一层都有一个硬面将上下两层相间隔。每一层所包含的文化遗物基本相同，仅为一两片陶瓷片。从整个地层堆积情况及包含物判断，此 5 层为明代夯土层，其中第⑤层面上隐约还能看到夯窝痕迹。

（3）TG3

TG3 仅在原勘探试掘位置西侧清理一层。该层为灰褐色沙黏土层，土质疏松，西侧堆积较厚，向东逐渐变薄，厚 0 ~ 20 厘米。包含有大量碎砖瓦和碎瓷片，瓷片以清代晚期至民国时期的青花瓷为主。根据堆积情况推测为一碎瓦砾垫层。

（4）A 区

仅在 A 区东侧清理一层。该层为灰褐色沙黏土层，土质疏松，东部分布较厚，向西逐渐减少，厚 20 厘米。包含有大量碎瓦片和少量碎陶瓷片。可辨器类有青花瓷碗碟底部残片、粉彩瓷片、灰白或红褐色胎陶盆、铜笔帽等。为一碎瓦片层。

（5）B 区

第①层：灰褐色沙黏土，土质疏松。分布于 B 区北部，该层呈水平状分布，层面较为平整，堆积较为均匀，厚 10 厘米。包含有大量青灰色碎瓦片和少量瓷片、小玻璃瓶、铜环等，瓷片主要为清代晚期青花瓷。从整个地层堆积情况及包含物判断，该层应为碎瓦垫土层。

第②层：红褐色沙黏土，土质较为坚硬。层面较为平整，底部呈西南高东北低的斜坡状，厚度不均，东北部最厚，西南部相对较薄，厚 10～20 厘米，其下直接叠压三合土硬面。包含有少量青灰色碎砖瓦和碎瓷片，瓷片有宋代青瓷、白瓷和明清青花瓷。从整个地层堆积情况及包含物判断，该层仍为后期垫土层。

第③层：灰褐色沙黏土，土质疏松。仅局部出现，分布于 B 区西南角地势较为低洼的区域并向东延伸，其下为三合土凹陷面，厚 10～20 厘米。包含有少量青灰色碎砖瓦片和少量瓷片，瓷片有白瓷、青瓷等。

第④层：黄白色沙土，土质坚，为三合土地面。在 B 区内全区分布，呈西南高东北低的斜面，B 区西南角的三合土面呈向西延伸的凹洼状。从整个地层堆积情况判断，该层应为局部有塌陷的明代活动面，因此暂作保留，未向下清理。

5. 遗迹

通过本次考古勘探试掘，在城门楼原址发现明代至民国三个不同时期相互有叠压打破关系的门楼建筑基址。现将三个不同时期基址简述于后。

（1）**民国时期**

外围正阳门城楼基址直接暴露于地表，仅通过简单的刮面就可以使其完全暴露出来。建筑基址为五开间、三进深布局，通面阔 26.5 米，通进深 12.85 米，占地面积 340.5 平方米，主要由墙基、青砖柱础、踏跺石、排水沟组成（图二）。青砖柱础长、宽各 1 米，从南向北，东西向 5 个一组排成一排，共 4 排；从东向西，南北向 4 个一组排成一排，共 6 排。然后直接用青砖砌一墙基与青砖柱础相连接，构成三进深、五开间的房屋。砌墙基的砖除了当时烧造的小砖外还用了明代城墙上的城砖做基础。此外，在房基东、西、南外围墙基处设有三级阶梯式踏跺石，由长 2.16、宽 0.3 米的青色条石构成。踏跺石下有向四周环绕一圈的青砖排水沟，沟宽 0.1～0.2 米，由大小规格不同的碎砖块砌成，砌建排水沟所使用的建材中也见有明代琉璃残砖和明代城墙上的城砖。结合考古勘探材料及历史文献记载，最外围的城门楼基址为抗战后形成的建筑遗址。

（2）**清代**

清代正阳门城楼基址（墙基部分）通面阔 19.35 米，通进深 11.05 米，占地总面积 213.8 平方米。主要遗迹有北侧料石墙基、东西两侧的青砖墙基、北侧青砖散水、东侧花圃、柱洞等。（图三）

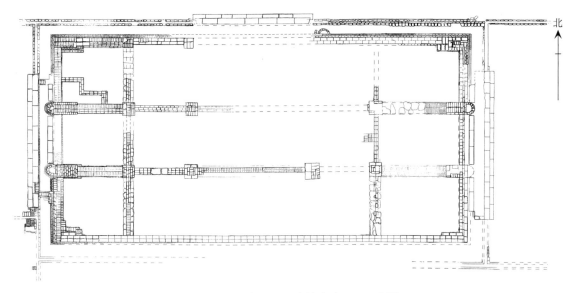

图二　民国时期正阳门城楼遗址平面示意图

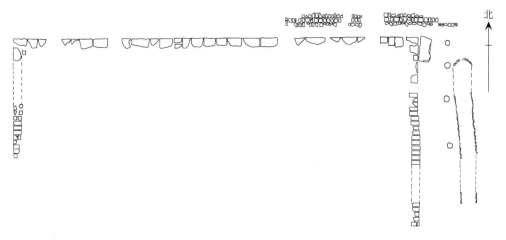

图三　清代正阳门城楼遗址平面示意图

料石墙基：东西走向，位于正阳门城楼遗址北部，由不规则的条形料石构成，长19.35、宽0.25～0.5米，北距排水沟约1米。南北向青砖墙基位于东西向墙基两端，并与东西向墙基相连接，由不规则条形料石（北端）和青砖构成，西部墙基残长6.05、宽0.3米，东部墙基残长8.45、宽0.3～0.35米。东、西两条墙基北段为条石，南段为附着石灰浆的大青砖，按照延伸趋势应至民国南侧墙基处。

青砖散水：东西向分布，位于正阳门城楼遗址北部，排水沟位于东西向墙基北部约1米处，由大小规格不一的青砖块铺成。残长8、残宽0.15～0.71米。散水由三排青砖铺成，其中两侧青砖微微倾斜向底部平铺的青砖，以达到聚水顺流的目的。东端一直延伸到B区北部，通过解剖其向东延伸部分，发现在B区东北角处被民国时期青砖基址打破。

花圃：遗迹叠压于B区①层下，位于清代料石墙基东侧约1.75米，南北走向，由半截青砖竖立排列而成，呈锯齿状，略偏西北—东南向带状分布，残长6.5、宽1.25米。

柱洞：4个，南北向排列，分别编为D1、D2、D3、D4。四个柱洞均西距清代条石南北段墙基1.37米。平面呈圆形，直径25～26、深15～20厘米，口部明显，口大底小，斜壁，圜底，壁面光滑，底面明显。这些柱洞与花围属于同一地层，且与东侧墙基呈纵向的并列关系，属于正阳门门楼廊柱柱位的可能性较大。但柱洞是如何利用而形成尚存疑。

D1 开口于 B 区①层下，打破 B 区④层，位于 B 区中部偏南，西距清代料石南北段墙基 1.37 米。平面呈圆形，直径 26、深 15 厘米，口部明显，口大底小，斜壁，圜底，壁面光滑，底面明显。洞内填土为青灰色沙黏土，未出土任何遗物。

D2 开口于 B 区①层下，打破 B 区④层，位于 B 区中部，西距清代料石南北段墙基 1.37 米，与 D1 南北相距 1 米。平面呈圆形，直径 25、深 15 厘米，口部明显，口大底小，斜壁，圜底，壁面光滑，底面明显。坑内填土为青灰色沙黏土，未出土任何遗物。

D3 开口于 B 区①层下，打破 B 区④层。位于 A 区北部，西距清代墙基青砖段 1.37 米，与 D1 南北相距 1.9 米。平面呈圆形，直径 25、深 15 厘米，口部明显，口大底小，斜壁，圜底，壁面光滑，底面明显。坑内填土为青灰色沙黏土，未出土任何遗物。

(3) 明代

明代遗迹主要有夯土台明、三合土面。由于破坏比较严重，包括原柱网、柱位均遭到后期建筑破坏，故明代城门楼总面阔、进深、面积不详。

夯土台明遗迹：夯土台明面遗迹的发现主要得益于对 TG2 的试掘。TG2 共发现 5 层夯层，各层的土质、土色以及包含物基本相同，除第⑤层外（⑤层直接叠压在青砖拱门顶上）其余夯层厚度都在 15 ~ 20 厘米。第⑤层以上每揭取 15 ~ 20 厘米夯土就会有一个较坚硬的夯土面出现，揭取较为坚硬的夯土面后又会出现质地稍微疏松的土层。第⑤层面为夯筑过的硬面，硬面上可隐约看到直径约 10 厘米的夯窝。从整个地层堆积情况判断，该夯土层台明应该是明代的城楼夯土层。

三合土面遗迹：三合土由黄泥、河沙、石灰合成。三合土面在城门楼中部和东部均有较大面积发现，残存面积约 25.5 平方米，厚 1 ~ 2 厘米。正阳门城楼遗址三合土面最早发现于 TG2，原作为磉礅基础看待，后来在 B 区南部也有发现。经过后续解剖和清理，发现三合土面在 A 区和 B 区皆有分布，但并未在 A、B 发掘区域内全部暴露，部分延伸入 A、B 发掘区西侧外围。在向西部清理过程中发现该三合土面局部呈凹陷状，而且有宽约 0.2、长约 2.6 米的凹陷后拉裂痕迹，应该是该处地面严重塌陷所致。在向西寻找三合土面时发现它并未向该方向延伸。城楼遗址所发现的三合土地面直接叠压于由拆除明代城墙砖构筑的清代门楼基础之下，基本可以认定东北部的三合土地面即为明代端礼门城楼台明地平垫层，而 TG2 发现的三合土平面即为明代台明室内的地面垫层。

6. 出土遗物

正阳门城楼遗址出土遗物主要有陶瓷器、玻璃器、建筑构件、铜钱等。

(1) TG1

第①层主要收集两件瓷片，其中一件为青瓷碗口沿残片，豆青釉，灰白胎，腹壁外侧刻莲瓣纹，釉色均匀莹润；另一件为酱釉壶嘴，姜黄胎，施釉不匀。

第②层主要收集了一些陶瓷片、建筑构件等。陶瓷片按品类可分为青瓷、白瓷、青花瓷等，时代从唐到清皆有之。青瓷可辨器形有青釉折沿小罐（腹部旋削成多条宽旋纹，施青灰釉，灰白胎）、青瓷檐口坛（施青釉，紫砂胎）、青瓷碗（施青灰釉，灰白胎）、青瓷盏等。白瓷可辨器形有白瓷印花碗，白胎，施透明釉。青花瓷可辨器形有青花小杯。无釉瓷器可辨器形有紫砂胎罐等。此外还有低温绿釉板瓦。

第③层收集了一些青灰色条形砖、板瓦、绿釉瓷片等，时代从宋至明皆有之。

第④层收集了一些陶瓷片和建筑构件、铜钱等。陶瓷片品类有青瓷、白瓷、青花瓷等，以青花瓷为多。青瓷可辨器形有青瓷碗、高足碗、罐等，白瓷可辨器形有白瓷碗，青花瓷可辨器形有青花碗、杯、碟等。铜钱为"开元通宝"小平钱。建筑构件有青灰板瓦、筒瓦及低温琉璃瓦等。

（2）TG2

第②~⑤层出土物基本相同且相对较少，仅为一点青灰色碎瓦片和少量施釉或不施釉的陶瓷片。陶片为灰褐色、灰白色、紫红色胎，器形不可辨。瓷片为灰白色胎，施青釉，器形不可辨。

（3）A区

A区清理一层厚约20厘米的碎瓦砾层后暴露出三合土面，该碎瓦砾层中收集了一批陶瓷器、铜器、建筑构件等。陶瓷器有青花瓷、粉彩瓷、青瓷等，可辨器形有碗、器盖、碟等。其中一件瓷器青花发黑，器底书青花"元春"款。青瓷紫砂色胎，质坚，施青黄釉，可辨器形为青瓷罐。陶器皆为无釉陶，胎质粗糙，呈灰白或紫红色，可辨器形有盆、罐等。铜器为一细长呈锥形的小铜笔帽，略有锈蚀。建筑构件有低温绿釉板瓦残块、黑褐胎筒瓦瓦舌。

（4）B区

B区依据地层叠压关系可分4层。

第①层收集有一件玻璃瓶（口沿残）和铜环。

第②层收集有一批青花瓷、青瓷等。青花瓷可辨器形有碗、盘、杯等，绘如意灵芝纹，青花发色较蓝，其中一件盘底青花篆书"大清嘉庆年制"款、内底绘缠枝花卉纹。青瓷，灰白胎，质坚，可辨器形为碗，内印有缠枝莲纹，低矮圈足。

第③层收集有少量瓷片，有白瓷、青瓷等。青瓷有印花青瓷和素面青瓷两类，可辨器形有碗、罐等，其中一件为龙泉青瓷片。白瓷为一件碗底残片，白胎，施白釉。

（5）TG3

TG3共清理一层，收集有一批陶瓷片，有青花瓷、无釉灰白陶、板瓦等。青花瓷可辨器形有碗、杯等。无釉陶为灰白胎，系一壶柄。板瓦为灰白胎，质地较为疏松，已残。

除此之外，本次勘探试掘还在墙基内清理出柱础石5件。

ZC1，石质，保存完整，覆盆形柱础，方底座圆台面，素面无纹饰。通高23厘米，座宽50、高16厘米，圆台底径39、面径34~35、高7厘米。

ZC2，石质，已残，仅剩一半。覆盆形柱础，方底座圆台面，素面无纹饰。座宽60、高19厘米，圆台底径52.6、面径46.5厘米。

ZC3，石质，保存较差，已碎成几块。覆盆形柱础，方底座圆台面，素面无纹饰。通高25.5厘米，座高20厘米，圆台底径49.6、面径43.9、高5.5厘米。

ZC4，石质，保存较差，仅存一半。覆盆形柱础，方底座圆台面，素面无纹饰。座高16厘米，圆台底径52.2、面径46.2厘米。

ZC5，石质，仅保存部分，覆盆形柱础，方底座圆台面，素面无纹饰。通高21.5厘米，座高15厘米，圆台底径39、面径34～35、高6.5厘米。

7. 遗迹性质与时代判断

TG1第②～④层出土的遗物中年代最晚的都是清代的青花瓷器，因此根据堆积情况及出土遗物判断，TG1应是清代的回填垫层堆积。

TG2内的夯土遗迹未经打破和扰乱，堆积较为纯净，应是明代原夯土遗迹。

条石、青砖组合墙基和4个柱洞、北部的青砖散水遗迹应该是清代正阳门城楼保存下来的基址，青砖墙基在发掘区东部与明代三合土面存在叠压关系，且柱洞打破三合土面。

根据清代活动面直接叠压在三合土垫层上的关系判断，三合土面硬面应是明代台明地面的垫层。残存于清代门楼基址内的柱础属于明代遗留物的可能性较大。

8. 正阳门城楼遗址考古勘探结论

（1）清代正阳门城楼遗迹

1）清代正阳门墙基遗迹位于民国正阳门墙基遗迹基址内侧，基本情况如下：北侧墙基为不规则料石砌筑；东、西两侧墙基北段为料石砌筑，南段则用明代大青砖构筑，且按照延伸趋势应至民国南侧墙基处。东西长19.35米，南北宽11.05米（延伸至民国南侧墙基），推测面积约为213.8平方米或略小于此面积。

2）从清代墙基使用不规则料石以及南侧延伸部分二次利用明代附着石灰浆的大青砖砌筑来看，城门楼规格等级不高。出土遗物以青灰素瓦、滴水及清代常见小条砖为主。结合历史文献记载清代正阳门门楼数次焚毁重建，亦不排除重建时墙基基础有所改动。

3）清代青砖散水遗迹叠压于民国时期地层下，而柱洞、花圃遗迹叠压于B区①层下。从考古地层关系来看，青砖散水遗迹与柱洞、花圃遗迹分属不同年代，但从相对位置来看又与清代墙基分别构成建筑附属关系。推测青砖散水与柱洞、花圃遗迹应为与清代城楼墙基同一时代先后存在的建筑附属，早期应为墙基与柱洞（回廊）、花圃建筑组合，后期为墙基与青砖散水建筑组合。

4）考古发现证实，清代正阳门城楼所用的瓦面材料为素筒瓦和小青瓦。此次勘探没有发现清代正阳门城门楼的柱网和柱础，填埋于清代墙基内的完整柱础和柱础碎块应属于明代遗存。

（2）明代端礼门（正阳门）城楼遗迹

1）从TG2剖面发现的夯土层直接叠压于端礼门中间门券拱，土质为纯净的黄土，厚10～15厘米，层数达5层，符合明代高等级台明的做法，应是明代台明夯土层。但因正阳门城楼面积有限、台明高度有限，明代城门楼被毁后所在的台明在清代、民国时期被反复利用建设门楼，新中国成立后又有民居在此建设，明代城门楼遗迹破坏严重，确切的明代台明尺寸及面积不明。

2）明代遗迹有遗址北侧中部和东北部的三合土垫层，应属于明代青砖地面垫层。其中位于门楼遗址东北部的三合土地面分布范围超过清代门楼遗址东侧残墙基础和北侧残墙基础，并延伸至民国时期门楼墙基遗址。由于民国时期门楼墙基外扰动大，明代原生台明范围不明确。明代城门楼的台明应该大于清代城门楼台明，但具体面积无法确定。

3）明代端礼门城楼应为石础木结构建筑。采集的五个柱础从规制直径来看符合明式建筑的檐柱、金柱制式，但均出土于民国及清代建筑基础内，且大部被砸毁，应是后期利用废料填充基础，原柱位置已不明。按照柱础与柱径大小分类，ZC1、ZC5 可能为内檐柱，其柱础边长约 50 厘米，镜面直径约为 34.5～35 厘米；ZC2、ZC3、ZC4 应为金柱或外檐柱，柱础边长 60 厘米，镜面直径约为 46 厘米。

4）出土的明代绿釉琉璃板瓦、琉璃筒瓦及琉璃建筑构件残件应为明代正阳门城门楼所用。端礼门城楼应是覆盖绿色琉璃瓦屋面，并带若干琉璃脊兽。

结合历史文献和考古材料，可知正阳门城楼不同时期的历史进程：明代端礼门城楼被毁后，清代在原基址范围内续建两层城楼，木结构建筑，素筒瓦或板瓦屋顶；清代原城楼被毁后，民国时期在清代基址上改建两层城楼，城门楼为砖木结构，小青瓦屋面，抗战时期毁于战火；抗战结束后，新建单层砖混结构城门楼，2000 年毁于火灾。三个时期均沿用明代台明，只是大小各有不同。（图四；彩版九）

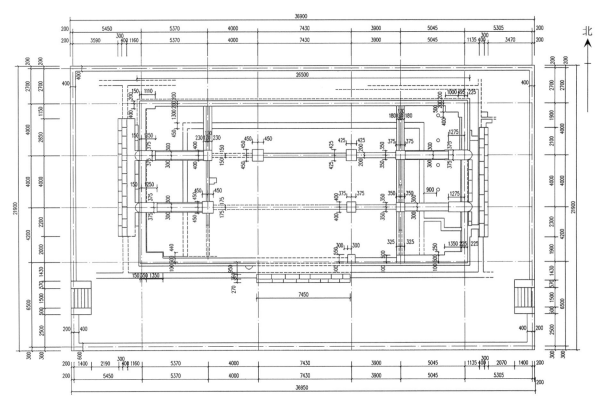

图四　正阳门城楼遗址勘探原状实测图

二　西华门城楼遗址

1. 遗址概况

王城西华门是明代靖江王城城墙的西门，原称遵义门，坐东朝西，南北分别与城墙相接。南北长 31.6 米，东西宽 20.7 米。明代曾在其上建门楼，明末清初时被毁。抗日战争时曾遭到日军轰炸。新中国成立后曾修整西华门，铺水泥地，并在城楼中间建 15 米×12.75 米的台明。20 世纪 90

年代，这里被开辟为露天的文物监管物品市场。

2. 发掘面积及位置

本次勘探于 2015 年 12 月开始，共开探沟 3 条，扩方 5 次，分别为 TG1（2 米×5.4 米）、TG2（2 米×14.4 米）、TG3（2 米×14.4 米）、西扩（3 米×5.4 米）、东扩 1（3 米×5.4 米）、东扩 2（2.4 米×6.4 米）、东扩 3（4.2 米×3.4 米）、南扩（5 米×11.2 米）。探沟及扩展面积共计 186.44 平方米。方向北偏西 15°。（图五；彩版八：2）

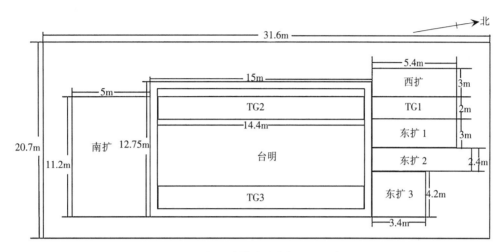

图五　西华门城楼遗址勘探位置示意图

3. 地层堆积情况

除去后期所铺的水泥地面外，该发掘区的地层共分为 2 层。因西扩和 TG3 仅清理了①层，东扩 1、2、3 和南扩仅清理了地表的水泥面，TG2 的地层破坏严重，故仅以 TG1 为例详细描述。

第①层：黄褐色垫土层，土质疏松，上部铺有一层碎石子，下部颜色较黄，包含物较少。分布于整个探沟，除北部较厚外，其余呈水平状分布，层面较平整，北部厚 50～55 厘米，其余部位厚 15～25 厘米。包含物较多，含有较多碎砖瓦，出土物有碎青砖、清末民国时期青花瓷及青瓷片、碎骨头以及现代塑料、纽扣。该层下的遗迹有 H1、D1、D2、D3。

第②层：黄色夯土层，厚约 70 厘米。土质致密，除探沟北部无分布、南部被 H1 打破外，其余部位均有分布。呈水平状分布，略微起伏，较平整，土质纯净，无包含物。无遗迹分布。从整个地层堆积情况及包含物判断，该层应为明代夯土层，当时夯土为分层夯筑。可见厚夯土层 3 层，每层厚 15～20 厘米。在探沟中部打一探洞以简单了解其下地层情况，发现从第②层向下至 140 厘米处均为纯净的黄色夯土。

4. 遗迹

该发掘区共清理灰坑 3 个，柱洞 8 个，灰沟 2 条，均开口在①层下。

TG1：发现灰坑 1 个（H1），柱洞 3 个（D1、D2、D3）。

TG2：发现灰坑 3 个（H1、H2、H3），柱洞 3 个（D8、D9、D10），灰沟 2 条（G1、G2）。

TG3：发现现代水泥遗迹 1 个。

西扩：未发现遗迹。

东扩 1：发现柱洞 2 个（D4、D5），墙基遗迹 1 个（与东扩 2 共有），灰坑 1 个（与东扩 2 共有，未编号、未清理）。

东扩 2：发现灰坑 2 个（其中一个与东扩 1 共有，均未编号、未清理），墙基遗迹 1 个（与东扩 1 共有）。

东扩 3：均为砖瓦面。

南扩：未发现遗迹。

H1　位于 TG1 南部，向南延伸至 TG2 中半部，向西延伸至西扩区东南角，TG1 内的东部与东壁相切，TG2 中的则向东继续延伸至东壁之下。开口于①层下，打破②层。在 TG2 北部叠压在 G2 之上，南部被 H3 打破。开口距地表约 0.12 米，南北长约 4.9、深约 0.75 米。直壁微斜，平底，灰坑边缘清晰。填土为黑褐色沙土，土质疏松，含有大量的碎砖块、瓦片，在 TG2 的区域含有较多大块料石和破碎的石构建。出土清代柱础一个，有较多的晚清至民国时期的陶瓷片、近现代玻璃片等。

H2　位于 TG2 南部，并向南、东、西继续延伸。开口于①层下，打破②层，北部被 D9、G1 打破。开口面上铺有一层碎石子硬面。开口距地表约 0.4 米，南北长约 5.6 米，直壁，灰坑边缘较清晰。因灰坑较深较大，未能清理到底，故底部情况及深度不明。填土为黄黑色沙黏土，土质较疏松，部分区域含碎瓦片特别多，部分区域包含物则较少，北部含有较多上敷石灰砂浆的大石块。出土有较多的清代民国时期瓷片、现代玻璃、铁片及一枚 1981 年制"贰分"硬币。

H3　位于 TG2 中部，有部分压在西壁之下，北部打破 H1 南端。开口于①层下，打破②层。开口面上为一层黄色硬面。开口距地表约 0.35 米，开口形状近半圆形，南北最大径约 3.9 米，东西最大径约 1.25 米。剖面形状为斜壁圜底，最深处为 0.65 米，灰坑边缘清晰。填土为黄褐色粗沙土，包含物有碎砖瓦和陶瓷片。出土有柱础一个、弹壳若干、铁丝及清代民国时期瓷片。根据形状和出土物并对比王城内发掘的类似灰坑，推断可能为日军留下的炸弹坑。

D1　位于 TG1 中部。开口于①层下。开口距地表约 0.15 米，开口形状近圆形，东西径约 30 厘米，南北径约 35 厘米。剖面形状为斜直壁圜底，深约 15 厘米，边缘清晰。填土为黑灰色粗沙土，较疏松，较纯净，无包含物出土。距 D5 约 3.2 米。中心点距西壁约 1.1 米、距北壁约 2.65 米。

D2　位于 TG1 西南部，开口于①层下。开口距地表约 0.17 米，开口形状近圆形，南北径约 35 厘米，东西径约 30 厘米。剖面形状为斜直壁圜底，深约 15 厘米，边缘较清晰。填土为黄褐色黏土，较松软，较纯净，无包含物出土。

D3　位于 TG1 西部中间。开口于①层下。开口形状为圆形，口径约 15 厘米。剖面形状为直壁平底，深约 12 厘米，洞壁边缘较清晰。填土为灰黑色黏土，土质较致密，杂有少量碎砖块和碎瓦片。

D4　位于东扩 1 东南角。开口于①层下。开口距地表约 0.1 米，开口形状近圆形，南北径约 40 厘米。东西径约 43 厘米。剖面形状为直壁平底，深约 15 厘米，洞壁边缘清晰。填土与 D1 填土相似，为黑灰色粗沙土，较疏松，无包含物出土。与 D5 位于同一直线上，相距 2.3 米。中心点距南壁约 0.35 米、距东壁约 0.7 米。

D5　位于东扩 2 东部中间。开口于①层下。开口距地表约 0.1 米，开口形状近圆形，南北径约 38 厘米，东西径约 40 厘米。剖面形状为斜壁平底，深约 8 厘米，洞口边缘清晰。填土与 D1、D4 相似，均为黑灰色粗沙土，较疏松，无包含物出土。与 D1 位于同一东西线上，相距约 3.2 米；与 D4 位于同一南北线上，相距约 2.3 米。中心点距南壁约 2.6 米、距东壁约 0.7 米。从 D1、D4、D5 之间的位置关系、填土与包含物情况判断，三者应有一定的关系并构成一定的柱网。

D8　位于 TG2 中部偏北。上半部被 H1 打破，仅留下部，打破②层。开口距地表约 0.5 米，开口形状近圆形，东西径约 50 厘米，南北径约 46 厘米。剖面形状为斜壁圜底，深约 12 厘米，洞壁边缘较清晰。填土为黑灰色粗沙土，杂有少量黄土，无包含物出土。与 D1 位于同一南北线上，相距 6.8 米。中心点距西壁约 1.1 米、距北壁约 3.9 米。从位置、填土和包含物情况判断，与 D1、D4、D5 之间应存在一定的关系。

D9　位于 TG2 西南部，与探沟西壁相切，距南壁约 4 米。打破 G1 西端以及 H2，开口于①层下。开口距地表约 0.4 米，开口形状近圆形，口径约 33 厘米。洞壁周围贴有青砖三块，柱洞中部有一个二层台向内收，内口径为 20 厘米，里面还有朽木一棵，朽木未取出，深度不可测。填土为黄褐色粗沙土，较疏松。

D10　位于 TG2 东部中间，部分压在东壁之下，距北壁约 4.75 米。开口于①层下。开口形状为半圆形，口径约 50 厘米。剖面形状为斜壁圜底，深约 12 厘米。洞壁周围为一层炭屑，厚 2～3 厘米。填土为浅黄褐色粗沙土，较疏松，较纯。

G1　位于 TG2 中部偏南。开口于①层下，打破 H2，西部被 D9 打破。开口距地表约 0.4 米，开口形状呈细长条形，呈西南一东北走向，并一直延伸至东壁、西壁之下，宽 0.17～0.36 米。剖面形状为直壁平底，深约 0.15 米。填土为黑褐色粗沙土，杂有少量石块、砖块和瓦块，含带石灰砂浆的大石块，无出土物。

G2　位于 TG2 北部，叠压在 H1 之下。呈西南一东北走向，贯通探沟东西。开口距地表约 0.65 米，开口形状近矩形，宽约 0.6 米。剖面形状为直壁平底，深约 0.6 米。填土为黄褐色沙黏土，含有大量碎砖瓦，出土少量清末民国时期的碎瓷片。

墙基遗迹　位于东扩 1 东半部以及东扩 2 西部中间。位于①层面上。平面形状近似方形，仅保留南部的三块青砖以及北部的几块碎青砖，其余部分砖块缺失，隐约留有白色砂浆的痕迹，可大致推测其形状。南北长约 1.38 米，东西宽约 1.18 米。南部保留有三块较完整的青砖，两排横铺，青砖规格为 16 厘米×7 厘米×4.5 厘米。中部有 D5 和灰坑将其打破，南部与 D4 相邻。

5. 遗物

以瓷片和陶片为主。瓷片主要为清末民国时期的青花瓷残片，质较粗，器形多不可辨，以碗为多。陶片主要为明清时期的板瓦残片，以明代琉璃瓦、清代灰瓦为主。另发现抗战时期子弹数枚，清代圆柱形柱础 2 个。此外还有少量青瓷、青砖、碎骨、现代垃圾等。明代夯土层内有极少碎瓦渣和瓷片。

6. 堆积成因及遗迹性质时代判断

第①层含有大量清代民国时期的青花瓷以及其他近现代物品，应为后期铺水泥地面时平整地面的垫层。

第②层包含极少量的碎瓦渣及宋明时期的瓷片，土质致密且纯净，为明代建城楼时的夯土层。

7. 西华门城楼遗址考古勘探结论

由于遵义门城楼遗址地层被后期清代建筑和抗战时期的日军战火破坏，台明被反复利用，明代遗迹基本已破坏殆尽，无法从遗址本身判定城楼台明范围和柱位分布。

在 TG1 及其东扩位置找到 D1、D4、D5 三个相互之间有一定关联的柱洞，D1、D4、D5 直径均在 35 ~ 40 厘米，且 D1 与 D5 位于同一东西线上，两柱洞中对中距离 3.2 米（1 丈）；D4 与 D5 位于同一南北线上，两柱洞中对中距离 2.3 米（约合 7 尺）。初步判定这些有关联的柱洞应为同时期城门楼遗址留下的。柱洞位置较浅，上部破坏严重，打破明代台明，残存仅 10 余厘米，未在洞底发现柱础石或其他垫砖等，应该属于不太讲究的清代建筑柱网的一部分，与发现的清代柱础为同一时期遗存。D1、D5 北距城台边缘 6.2 米，根据对称原理可推算清代西华门城门楼南北通面阔为 18.8 米。由于此次发现的清代西华门城门楼柱洞位置与清末西华门照片反映的城门楼柱位有较明显的区别，推断此次发现的柱洞属于清代早期。清末至民国时期，西华门城门楼为带外廊的双层歇山顶砖木瓦结构建筑，台明南北长 14.78、东西宽 12.53、高 0.3 米，外侧边包条石的长方台。

明代遗物方面，此次勘探发现遵义门城门楼台明为黄土分层夯筑，每层厚 15 ~ 20 厘米，符合明代高等级建筑的规制。勘探还发现了明代绿釉琉璃板瓦残片及龙纹滴水残件、雕花石构件残件。结合明代陈琏《桂林郡志》所绘王府图东南西北四门上各有城门楼，可确定明代遵义门城门之上存有城门楼，应为木结构琉璃屋顶建筑。

三　结语

此次靖江王府正阳门、西华门城楼遗址的考古勘探表明，明代端礼门、遵义门城楼于明末清初被焚毁后，城楼台明在清代到民国时期经过多次改建，明代台明大部被改造或破坏，明代城楼原有地面大部分无存，无法从考古勘探角度验证相关城楼台明的精确范围和柱网布局。考古勘探发现了明代城门楼的夯土台明、三合土地面垫层、金柱和檐柱实物、琉璃瓦和脊兽残件，为推算端礼门城楼台明的大致高度、范围、面积以及金柱和檐柱尺寸，进而复原明代端礼门城楼、遵义门城楼提供了重要的参考依据。同时考古勘探也考证了清代正阳门城楼的准确范围和瓦面材料、西华门城楼的大致范围和大体结构，为研究和复原清代城门楼提供了基础材料。

参与人员：贺战武　苏　勇　张宗亚　刘　芸

执笔人：张宗亚　刘　芸

桂林市正阳西巷历史文化地段保护修缮及旧城改造工程项目文物古迹调查勘探报告

广西文物保护与考古研究所　桂林市文物保护与考古研究院

2017 年

一　前言

1. 项目概况

为展示桂林市的城市形象及提升转型桂林市的旅游业，体现其浓厚的历史文化气息，桂林市人民政府拟对位于桂林市靖江王府正阳门前的正阳西巷历史文化地段进行保护修缮整治工作。该项目以保护性建设为原则，拟以修缮改造为主、拆除改建为辅的方式实施。根据项目规划，改造修缮将保留西巷城墙的传统居住用地功能，延续传统历史街巷住商混合的用地方式；保留整治西巷城墙侧的历史建筑和传统建筑风貌，疏解人口，用地性质调整为商业和文化展览用地。

根据项目规划，项目工程涉及文物保护单位靖江王府的保护范围、建设控制地带及有可能埋藏文物的区域。项目工程涉及靖江王府保护范围的区域，根据《中华人民共和国文物保护法》第十七条的相关规定，"在全国重点文物保护单位的保护范围内进行其他建设工程或者爆破、钻探、挖掘等作业的，必须经省、自治区、直辖市人民政府批准，在批准前应当征得国务院文物行政部门同意"。因此，项目工程涉及保护范围的部分待履行相关报批手续后文物考古部门再视审批情况介入。项目工程涉及靖江王府的建设控制地带的，根据《中华人民共和国文物保护法》的相关规定，待项目业主报自治区文物行政主管部门审批通过，受自治区文物行政主管部门委托后，再对项目工程涉及靖江王府的建设控制地带范围进行考古调查、勘探工作。项目涉及有可能埋藏文物的区域主要为靖江王府的保护范围、建设控制地带以外的部分区域，据多年的工作经验及以往在靖江王府周边一带的考古发现，靖江王府所在周边外延数百米的这一片区域是桂林市各个历史时期的中心区域，过去曾在中心广场一带发现从南朝至明清时期的文化堆积，因此这一带可能埋藏文物。待项目业主将项目规划报自治区文物行政主管部门审批通过，受自治区文物行政主管部门委托后，将对靖江王府的建设控制地带及有可能埋藏文物的地方一起进行考古勘探工作。

2. 历史沿革及文物古迹概况

秦始皇置桂林、象、南海三郡，这是"桂林"名称的起源，但郡治不在今天的桂林市；西汉元鼎六年（前 111 年）在今桂林设始安县，隶属荆州零陵郡；东汉时改属始安侯国；三国时先属蜀，后归吴，甘露元年（265 年）置始安郡始安县，郡县治所都在今之桂林；隋唐时属岭南桂州总管府，唐武德四年（621 年）李靖修城于独秀峰南，贞观八年（634 年）改名临桂县，属桂州始安郡，光化三年（900 年）始属静江节度；五代十国时先后属楚和南汉的桂州；宋时，前属广南西路桂州，后属静江府；元时属广西行中书省静江路；明清时均属广西省桂林府。

靖江王城是明太祖朱元璋的侄孙朱守谦被封为靖江王时修造的王城。内城（王城）南北长 556.5、东西宽 355.5 米，城周长 1784 米，占地约 18.7 万公顷。靖江王城严格按照明王朝对藩王府规制的规定建造，仿北京紫禁城的风格。除城及城门外，城内中轴线上序筑有承运门、承运殿和王宫。王府的城墙为青砖包砌，墙内夯土。清政府曾在王府内设立贡院。民国初年为广西省参议会所在地。1922 年，孙中山以桂林为北伐大本营，设总统行辕于王府。1939 年广西省政府迁入王府内办公，1944 年日军攻占桂林后迁出，1947 年在原址重建广西省政府。现王府内还保存明代城门、承运殿台基、王宫门、王宫基础、月牙池以及 17 幢清代及民国时期的建筑。1996 年靖江王府被列为第四批全国重点文物保护单位。

2013 年，为配合桂林市正阳东巷历史文化地段保护修缮整治工作，广西文物保护与考古研究所等单位对正阳东巷进行考古勘探与发掘，揭露出一处明代大型官式建筑的地下基础，并确定该宫殿式建筑为明代靖江王府宗祠。同时发现了南朝以来，包括唐、宋、元、明、清、民国各个历史时期的陶瓷片和建筑构件等遗物。

二　经过与结果

1. 概况

为弄清楚地下文化堆积及遗存分布状况，本次调查勘探工作首先根据实际情况将用地范围分为 A 区和 B 区两个部分，A 区域呈东西走向，B 区域呈南北走向。进场时，A 区域原地表建筑物已由业主方实施拆除，可直接开展工作；B 区域为地面停车场，经营方仍在正常营业，无法开展工作。因此首先对 A 区域展开考古工作，由于该区域内堆满建筑废料，无法使用探铲，所以放弃钻探方法，在调查的基础上结合以往工作经验，选取部分区域直接采用探沟试掘方法。

本次考古调查勘探野外工作从 2017 年 1 月 14 日起，至 2017 年 3 月 12 日结束，历时一个多月。

结合 A 区域具体情况，我们布设 7 米×3 米探沟 5 条，编号由西至东依次为 TG1 ～ TG5。探沟错落分布，涵盖整个区域，探沟间距 11 ～ 16 米不等，其中 TG1 呈正东西向布设，TG2 ～ TG5 呈正南北向布设（图一）。试掘时根据具体情况对部分探沟进行扩展，最终试掘总面积 147.6 平方米，各探沟大小如下：STG1 为 10 米×3 米，STG2 为 7 米×3 米，STG3 为 8 米×3 米，STG4 为 10 米×3米，STG5 为 10 米×3 米+6.3 米×2 米。

截至 2017 年 3 月 12 日本次考古工作收队时 B 区域停车场仍在经营，故未进行考古调查勘探。

TG1 挖掘最深处距地表 5 米，由于地下渗水严重，无法继续下挖，未发掘至生土层，底层文化层为南宋至元代地层。TG2 挖掘最深处距地表 5.8 米，发掘至生土层。TG3 挖掘最深处距地表 6.7米，发掘至生土层。TG4 挖掘最深处距地表 5 米，发掘至生土层。TG5 挖掘最深处距地表 4.1 米，

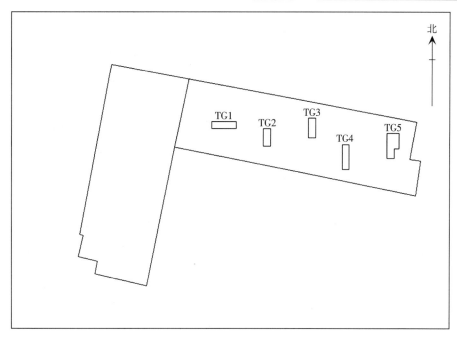

图一　探沟布设示意图

由于其北部保留条砖地面遗迹而未继续向下挖掘，南部渗水严重无法继续向下挖掘，故探沟未发掘至生土层，底层文化层为唐代地层。

本次试掘揭露出唐、宋元、明、清、民国时期的文化层，揭露出宋元、明、清、民国时期的不同类型遗迹，如琉璃瓦垫层、卵石地面、条砖地面、条石基础、砌砖墙基（体）、磉墩、排水沟、灰坑、灰沟等。发掘出土唐至民国各个时期的不同遗物，如陶片、瓷片、砖、瓦、滴水、瓦当、脊兽、滑石、铜条、钱币等。

2. 文化层堆积

以下以 TG2 为例介绍本次试掘区域的文化层堆积情况。

TG2 地表的现代混凝土建筑基础对晚期地层破坏较大，近现代遗迹叠压打破现象严重，晚期地层较为杂乱。从上至下地层堆积共计 21 层，为民国、清、明、宋、唐五个时期，发掘深度约 5.8 米，发掘至生土层。（彩版一〇：1）

第①层：灰黑色杂土，现代混凝土地基下土层。土质较疏松杂乱，包含约 40% 的碎砖瓦砾和鹅卵石等。全方分布，大致呈水平堆积，南部堆积较厚，平均厚约 30 厘米。出土少量青花瓷片和铜钱 3 枚（锈蚀严重，不可辨别）。层面遗迹有石板遗迹 1 处、砖墙 2 条。层下叠压遗迹有 H1 及砖面遗迹 2 处。根据出土物和遗迹判断，该层为民国时期地层。

第②层：黑色杂土，包含约 60% 的碎砖，较①层瓦砾少，距地表约 100 厘米。在 TG2 内南部缺失，大致呈水平堆积，厚薄较为均匀，厚 5 ~ 16 厘米。出土大量青花瓷片以及铜钱 8 枚、铜块 1 片。层下叠压遗迹为料石墙基。根据出土物和遗迹判断，该层为清代地层。

第③层：灰黑色黏土层，较②层偏黑，夹杂约 2% 的白灰颗粒，距地表约 100 厘米。在 TG2 内南部缺失，大致呈水平堆积，厚薄较为均匀，厚 5 ~ 20 厘米。出土大量青花瓷片以及琉璃瓦残件 1 件、铜钱 4 枚、顶针 1 枚。层下无遗迹叠压。根据出土物判断，该层为清代地层。

第④层：灰黄色黏土，较硬，夹杂约2%的白灰颗粒，距地表约130厘米。在TG2内南壁缺失，大致呈水平堆积，厚薄较为均匀，厚10～30厘米。出土少量青花瓷片和陶片，有云纹建筑构件残块1件。层下叠压遗迹有砖铺路面1处（彩版一○：2）、柱洞1个。根据出土物和遗迹判断，该层为清代地层。

第⑤层：砖面下灰褐色垫土和白灰面合为⑤层，为垫土层，距地表约140厘米。在TG2内大致全方分布，北部薄而南部较厚，厚15～32厘米。出土少量青花瓷片和陶片、琉璃瓦残件。层下叠压遗迹有G1、H3。根据出土物和遗迹判断，该层为清代地层。

第⑥层：黄色（偏橘）杂黏土，夹杂约25%的白灰颗粒，距地表约155厘米。在TG2内大致全方分布，中部被G1打破，呈水平状堆积，厚6～24厘米。出土物不见青花瓷片，多为琉璃瓦残件、黄釉和白釉瓷片、陶片以及少量长条形方砖、长方形素面砖残块。层下无遗迹叠压。根据出土物和层位判断，该层为明代地层。

第⑦层：黄色垫土和灰褐夹白灰杂土合为⑦层，为垫土层，距地表约186厘米。仅在TG2北部分布，呈水平状堆积，厚约20厘米。黄色垫土极为纯净，厚2～5厘米。出土少量施黄釉、豆青釉瓷片及陶片、绳纹砖残块，其中多为圈足碗底残片和陶罐口沿残片。层下无遗迹叠压。根据出土物和地层判断，该层为明代地层。

第⑧层：灰褐色黏土层，较杂，夹杂约40%的碎瓦砾和5%的白灰颗粒，距地表约195厘米。在TG2内全方分布，中部被G1打破，大致呈水平状堆积，较厚，为24～34厘米。出土大量施黄釉瓷片、陶片及零星琉璃构件和少量砖瓦残件，其中砖面拍印绳纹、筒瓦（板瓦）上印有"官"字样，瓷片多为圈足碗底。层下于TG2南部叠压有琉璃瓦垫层遗迹。根据出土物和遗迹判断，该层为明代地层。

第⑨层：灰褐色黏土层，厚度不一，东部夹杂瓦砾多，距地表约220厘米。在TG2北部分布，南部被琉璃瓦垫层打破，土层堆积由西向东北倾斜，东北部土层最厚，平均厚25～44厘米。出土大量施黄釉（酱釉）瓷片、陶片及大量砖瓦残件，其中砖面拍印绳纹、筒瓦（板瓦）上印有"官""官（宫）且"字样，陶瓷可辨器形多为饼足碗、陶罐，一件陶片上刻有"庆历七年"字样。层下叠压遗迹有H6、H7。根据出土物和遗迹判断，该层为宋代地层。

第⑩层：灰黄色黏土层，夹杂约5%的碎砖瓦砾，距地表约170厘米。在TG2内部分缺失，被H6、H7和琉璃瓦垫层局部打破。地层堆积厚薄不一，西侧较薄，土层厚16～52厘米。出土少量施黄釉（酱釉）瓷片、少量砖瓦残件，其中残砖上饰联珠卷草纹，瓷片可辨器形多为饼足（圈足）碗。层下叠压建筑遗迹，有鹅卵石地面和红烧土地面和砖墙等。根据出土物和遗迹判断，该层为宋代地层。

第⑪层：橘黄色黏土层，较纯，距地表约280厘米。在TG2内部分缺失，被H6、H7打破。地层堆积较厚，厚40～52厘米。出土少量施黄釉（酱釉）瓷片、少量砖瓦残件，其中残砖上饰联珠卷草纹或菱形云纹、部分联珠纹瓦当瓦头为花边绳纹（彩版一一：1），瓷片可辨器形多为罐类。层下无遗迹叠压。根据出土物和地层判断，该层为宋代地层。

第⑫层：灰色沙土层，较纯，局部夹杂碎瓦砾，距地表约290厘米。局部分布在TG2南部，地层堆积较薄，厚5～10厘米。无出土物，层下无遗迹叠压。根据地层判断，该层为宋代地层。

第⑬层：橘黄色黏土层，极纯，距地表约300厘米。在TG2内部分缺失，被H6、H7打破。大致呈水平状堆积，南部较薄，厚15～30厘米。出土物较少，仅数片施黄釉瓷片和数块砖瓦残块，其中残砖上饰联珠卷草纹，瓷片较碎不可辨。层下叠压灰坑 H8 和一处房屋遗迹，分布小面积红土地面、砖墙和柱础石。根据出土物和遗迹判断，该层为宋代地层。

第⑭层：灰色黏土层（偏黄），夹杂约 5% 的碎砖瓦，距地表约 320 厘米。在 TG2 内全方分布，局部被 H8 打破，大致呈水平状堆积，厚 12 ～ 25 厘米。出土物较少，仅数片施黄釉（青釉）瓷片、陶片和数块方砖残块、一枚铜钱，其中一件青釉瓷片上饰典型桥形系，出土较完整的联珠"V"字纹方砖（35 厘米×35 厘米×4.5 厘米，彩版一一：2）和拍印绳纹的长方形砖（30 厘米×14 厘米×3.5 厘米）各 1 块。层下无遗迹叠压。根据出土物和地层判断，该层为唐代地层。

第⑮层：灰褐色黏土层（偏黄），疏松较纯，距地表约 340 厘米。在 TG2 内全方分布，局部被 H8 打破，大致呈水平状堆积，厚 14 ～ 40 厘米。出土少量陶瓷片和联珠卷草纹方砖残块，瓷片多施黄釉、白釉，多为圈足碗底。层下无遗迹叠压。根据出土物和地层判断，该层为唐代地层。

第⑯层：灰色黏土层，疏松较纯，距地表约 360 厘米。在 TG2 内全方分布，大致呈水平状堆积，厚 12 ～ 20 厘米。出土大量陶瓷片和联珠卷草纹方砖残块，瓷片多施黄釉、酱釉，部分为玉璧足碗底、镂空圈足碗底。层下无遗迹叠压。根据出土物和地层判断，该层为唐代地层。

第⑰层：灰褐色黏土层，疏松较纯，距地表约 380.5 厘米。在 TG2 内全方分布，大致呈水平状堆积，厚 16 ～ 40 厘米。出土少量陶瓷片和联珠卷草纹方砖残块、铁块，以陶片为主，多为陶罐底部残片。层下无遗迹叠压。根据出土物和地层判断，该层为唐代地层。

第⑱层：黄色黏土层（偏灰），土层较硬，纯净，距地表约 420 厘米。在 TG2 内南部缺失，大致呈水平状堆积，土层较厚，厚 40 ～ 60 厘米。出土大量绳纹砖瓦残片。层下无遗迹叠压。根据出土物和地层判断，该层为唐代地层。

第⑲层：灰色黏土层（偏黄），土层夹杂约 5% 的碎砖瓦砾，距地表约 480 厘米。分布于 TG2 南部，大致呈水平状堆积，土层较厚，厚 30 ～ 50 厘米。无出土物。层下无遗迹叠压。根据地层判断，该层为唐代地层。

第⑳层：灰褐色黏土层（偏灰），土层较纯，距地表约 530 厘米。全方分布，呈水平状堆积，平均厚 30 ～ 50 厘米。出土大量绳纹砖瓦残片和数块陶瓷片，陶瓷片较残不可辨。层下叠压灰坑 H9。根据出土物和遗迹判断，该层为唐代地层。

第㉑层：⑳层下的灰色黏土和黄色黏土层合为㉑层（偏灰），土层夹杂约 10% 的锈斑颗粒，疏松较纯，距地表约 580 厘米。全方分布，已发掘厚度 70 厘米。几乎无出土物，无炭屑夹杂，较为纯净，已接近生土，渗水较严重。其下为生土层。

3. 重要遗迹现象

（1）琉璃瓦垫面

琉璃瓦堆积发现于 TG2 南部，部分叠压在东、西、南三壁下，探沟内暴露范围大致呈正方形，边长约 270 厘米，厚约 65 厘米。琉璃瓦堆积由上至下分为 a、b、c、d 四层，厚度分别为 10 厘米、20 厘米、15 厘米、20 厘米。其中 a、c 两层为纯琉璃瓦铺垫（彩版一二：1），b、d 两层为灰褐色黏土夹杂 5% 的碎砖瓦铺垫，从上至下按照一层瓦一层土的顺序铺垫。

琉璃瓦层主要用琉璃砖瓦等建筑构件铺垫，间杂零星青砖碎块。琉璃瓦密集分布，相互叠压。

建筑构件可分为琉璃筒瓦、板瓦、龙纹瓦当、龙纹滴水、云纹砖、长方形绿釉砖、脊兽残件等，砖瓦大多为红胎，火候高，表面多施绿釉或黄釉，与靖江王府、王陵地上建筑的琉璃构件、青砖等建筑构件相同。

（2）条砖地面

位于 TG5 北侧及北扩、东扩区域，由条砖铺砌的室外地面、散水及上下两层的条石墙基构成（彩版一二：2）。东西宽 5.5 米，南北长 5.7 米。北侧由小条青砖（5 厘米×5 厘米×20 厘米）东西向砌铺成室外地面，另条砖横铺东西、南北两向散水，散水南侧为条石墙基，墙基与其南侧的方形柱础（70 厘米×70 厘米×30 厘米）构成室内地面。上层条石墙基与开口 TG5③层下的北侧砖石面构成晚期利用的 II 期地面。该条砖地面与 2013 年在东巷揭露的条砖地面相同。

（3）磉墩

本次试掘共发现磉墩 3 个，分别位于 TG3、TG4、TG5，筑法相同。TG3、TG4 发现的磉墩均大部分压于探沟壁下，平面情况不详，仅见其剖面。TG5 发现的磉墩位于东南部，平面呈圆角长方形，东南角被 H11 打破，直壁，平底。南北宽 1.2 米，东西长 1.3 米，深 1 米。磉墩为一层黄色夯土一层碎砖瓦片夯筑而成，每层厚 5～8 厘米，共 16 层。因试掘面积有限，三个磉墩之间的相互关系不详。

4. 试掘结果

本次试掘范围内发现了唐至民国各个时期的遗迹现象，印证了自唐代以来关于桂林建制方面的一些记载，同时出土了部分疑似南北朝时期的遗物，为今后研究提供了新的方向。

本次考古试掘出土了一批珍贵的文物。从瓷片方面来讲，可以建立一批地层关系明确、时代清晰的标本库；从建筑构件来讲，提供了各个历史时期的桂林城市建筑样式及风格，为建筑复原或修建仿古建筑提供了科学的依据。

本次试掘范围内发现与靖江王府、王陵地上建筑相同的一批重要遗物，如龙纹瓦当、龙纹滴水、印纹砖、琉璃砖瓦等，为进一步研究靖江王府格局、建筑材料等提供了重要依据。

综上所述，此次调查勘探的成果为研究桂林城市发展史相关问题，如城市变迁、城市格局等提供了重要依据，为研究明代靖江王府建筑格局、礼制文化等问题提供了重要线索。

三　文物评估意见

桂林市正阳西巷目前的考古勘探工作已经取得初步成果，发现了唐、宋、元、明、清各个时期文化地层及丰富的遗物，为研究桂林城市发展史提供了重要的实物资料。

对今后考古发掘、保护和展示的建议如下：对 TG5 发现的宋元时期地面遗存进行扩大发掘，并视发掘情况选择适合地段对发现的地层及遗迹进行原址保护和展示。本次勘探在西巷清真寺区域发现疑似明代靖江王府社稷坛遗存，建议对该区域进行考古发掘。

参与人员：王　星　张宗亚　蒋新荣　刘　芸

执笔人：王　星

桂林市西巷清真寺考古勘探评估报告

广西文物保护与考古研究所　桂林市文物保护与考古研究院

2017 年

　　受广西壮族自治区文物局委托，广西文物保护与考古研究所于 2017 年 8 月初至 9 月上旬对桂林市西巷清真寺区域进行了考古勘探工作。在此之前，广西文物保护与考古研究所已分别于 2013 年 8 月下旬至 9 月下旬和 2017 年 1 月至 3 月完成了对桂林市正阳东巷、西巷 A 区的考古勘探和发掘，发现了明代靖江王府宗庙基址等重要遗迹，以及唐、宋、元、明、清、民国各个历史时期的陶瓷残片和建筑构件等遗物。

　　西巷清真寺区域位于靖江王府的保护范围、建设控制地带以内（彩版一三：1）。根据明代陈琏《桂林郡志》的明代王府图及东巷的考古发现，该区域应该为明代靖江王城社稷坛的位置所在（彩版一三：2），与东巷的宗庙建筑一起，组成中国古代城市"左祖右社"的重要礼制性建筑布局。

　　现将考古勘探工作主要收获简要报告如下。

一　考古勘探收获

　　为弄清楚地下文化堆积情况，我们在考古勘探计划中原本拟采用考古钻探及探沟试掘两种方法进行考古勘探工作，但由于勘探区域现场堆满拆迁后留下的建筑废料，无法使用探铲进行作业，因此根据工作的实际情况，选取适当的位置采用探沟方式进行试掘，同时做好图纸、照相、摄像、档案等资料记录工作。

　　我们在整个勘探区域共布置 7 条探沟进行试掘，分别编号为 2017GXQZS – TG1、TG2、TG3、TG4、TG5、TG6、TG7。受场地堆积清表所遗留的建筑垃圾的影响，每条探沟的尺寸不尽相同。TG1 为 25 米 × 2 米，TG2 为 4 米 × 2.7 米（原宽 2 米，后向南扩方 0.7 米），TG3 为 7 米 × 2 米，TG4 为 3 米 × 2 米，TG5 为 3 米 × 2 米，TG6 为 5 米 × 2 米，TG7 为 4 米 × 4 米。试掘总面积 102.8 平方米，探沟深度平均达到 1.6 米，探沟分布情况见图一。

（一）各条探沟相关发现及收获

1. 2017GXQZS – TG1

（1）位置和面积

　　TG1 在勘探区域略偏东的位置，北距靖江王城南城墙 31 米。城墙并非正东西方向，偏 10° 左

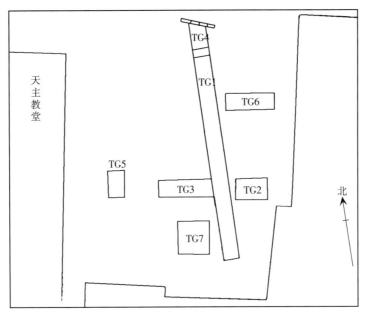

图一　考古勘探探沟分布示意图

右，其南面的所有建筑基本上均参照城墙的走向而建。TG1 长 25、宽 2 米，正南北向贯穿整个勘探区域，勘探深度为 1.26～2 米。

（2）地层堆积情况和遗迹、遗物

A. 地层堆积情况

TG1 地层可分 8 层。

第①层：厚 0～35 厘米。表土层，为现代堆积层。土色灰黑，含现代瓷片、砖瓦，以及青花小杯、小碗、陶罐、陶钵残片。在探沟绝大部分区域分布，局部被现代灰坑、化粪池、地基等打破。

第②层：厚 15～20 厘米。灰黑色黏土层，较①层偏黑，夹杂白灰颗粒，在 TG1 北部缺失。大致呈水平堆积，厚薄较为均匀。出土青花瓷片。根据出土物判断，该层为清代地层。

第③层：整层厚 10 厘米。为灰黄土层，土质较硬，类似三合土，在探沟南部未见分布。含较多的青瓦残片、薄的青砖断块以及少量青瓷残片，不见青花瓷片。

第④层：厚 10～15 厘米。碎砖瓦铺垫层，为明代官式建筑地面的第一层填充层。该层主要用琉璃砖瓦等建筑构件铺垫，间杂零星青砖碎块。琉璃瓦密集分布，相互叠压。建筑构件可分为琉璃筒瓦板瓦、龙纹瓦当、龙纹滴水、云纹砖、长方形绿釉砖、脊兽残件等，砖瓦大多为红胎，火候高，表面多施绿釉或黄釉，与靖江王府、王陵地上建筑的琉璃构件、青砖等建筑构件相同。在探沟南半侧未见分布。

第⑤层：厚 30～40 厘米。灰褐色土层，包含少量碎砖瓦，极少量青瓷、青白瓷残片。为两个垫层之间的填土。

第⑥层：厚 10～20 厘米。碎砖瓦层。与④层类似，包含大量碎砖、碎筒瓦、板瓦、瓦当残片，稀见陶瓷残片。除被灰坑打破的地方，在探沟全域均有分布。该层为明代官式建筑地面的第二层垫层。

第⑦层：厚 20～30 厘米。灰黄色土层，包含少量碎砖瓦，极少量青瓷、青白瓷残片。为两个垫层之间的填土。除被灰坑等打破的部分，在探沟全域均有分布。

第⑧层：为石灰石垫层。垫满尺寸不一、形状各异的石块和石片。在探沟的北半部分有分布，南半部分变为以碎砖瓦铺垫，说明石块区域为明代官式建筑地下垫层的中心区域，也说明勘探区域是重要明代官式建筑所在的区域。该层距地表 1.7 米，已有地下水渗出，难以继续向下清理，所以试掘到该层停止清理。

B. 遗迹情况

本探沟发现代化粪池 1 个（H26）、现代路面 1 条，灰坑 8 个（编号 H1、H2、H3、H4、H5、H22、H24、H25）。

C. 遗物情况

发现大型柱础 1 个，铜钱数枚，砚台 4 方，大量陶瓷残片和筒瓦、板瓦、瓦当等建筑构件。

（3）勘探的主要收获

虽然 TG1 地层打破扰乱、地下渗水等现象严重，但明代重要官式建筑的构件和建筑地基的构筑方式仍比较清晰。

A. 发现了大型高等级建筑构件

在探沟中部发现一个大型青石柱础，平面呈正方形，边长 98、高 46 厘米，镜面直径 65 厘米。这个尺寸的柱础只能是靖江王府重要官式建筑的构件。

B. 发现明代早期靖江王府重要官式建筑地下基础的构建方式

表面第一层为河卵石夹黄土或碎砖瓦铺设，上面可能铺设有地砖，现已不存。其下铺垫一层夹碎砖瓦，间杂零星青砖碎块，该层厚 10 ~ 15 厘米。再下则是一层厚 30 ~ 40 厘米的灰黄土层。灰黄土层以下又铺垫一层碎砖瓦层，厚度在 15 ~ 20 厘米，基本与上一碎砖瓦层一致。碎砖瓦层下面又是灰黄土夹碎砖瓦的地层，厚 25 ~ 30 厘米。灰黄土层之下是石灰石垫层，厚 25 ~ 35 厘米。从 H1 的剖面观察，石灰石垫层以下还有一层灰黄土垫层和一层石灰石垫层。即从探沟的试掘中可以看到明代官式建筑基础的 8 个垫层，平均厚度在 1.6 米左右。

C. 发现了一批重要的文物标本

第④、⑥层出土不少琉璃龙纹瓦当、素烧花卉纹瓦当，以及大量筒瓦、板瓦等明代建筑材料，为研究官式建筑提供了重要材料。

发现大量陶瓷标本，以青花瓷片为主，另有粉彩、五彩、斗彩、青瓷、影青等瓷器标本，为地层的分期提供了断代依据。

发现数枚铜钱，以清代的为主，有"顺治通宝""康熙通宝""道光通宝"等，亦有"开元通宝"等早期钱币。

发现砚台 4 方，时代均为晚清至民国时期。

2. 2017GXQZS－TG2

（1）位置和面积

TG2 位于 TG1 东侧。因在 TG1 发现大型柱础的一部分，遂以柱础为中心，向其东西两侧各布探沟一条，TG2 在东侧，与 TG1 之间有 1 米左右的隔梁。方向约 10°，与城墙平行，东距围墙 2 米。探沟长 4、宽 2.7 米（原布探沟宽 2 米，后根据需要进行了扩方），面积 10.8 平方米，勘探深度

0.8 ~ 1.6 米。

(2) 地层堆积情况和遗迹、遗物

A. 地层堆积情况

TG2 地层可分 8 层，堆积情况与 TG1 基本相同。

第①层：厚 0 ~ 30 厘米。表土层，为现代堆积层。土质灰色，含现代瓷片、砖瓦、少量石灰颗粒、青花瓷片、陶罐、陶钵残片。探沟东侧有一南北向现代墙基贯通，将探沟分成东西两部分。

第②层：为黄褐色土，土中碎砖瓦较多。探沟北侧有一料石墙基，东西向，形制与西巷 A 区 TG2②层下的墙基完全相同，年代当是清代。

第③层：厚 15 厘米。土中包含一定数量的石灰颗粒。

第④层：整层厚 15 ~ 20 厘米。为碎砖瓦垫层。仅在探沟西端有少量分布，其余被灰坑打破，剖面仅在西壁、南壁可见。该层为明代官式建筑地面的第一层填充层。

第⑤层：厚 30 ~ 40 厘米。为两个垫层之间的填土。灰褐色土层，包含少量碎砖瓦，极少量青瓷、青白瓷残片。

第⑥层：厚 10 ~ 20 厘米。碎砖瓦层，包含大量碎砖、碎筒瓦、板瓦、瓦当残片。仅分布在探沟西半部，东部未见。该层为明代官式建筑地面的第二层垫层。

第⑦层：厚 20 ~ 30 厘米。为两个垫层之间的填土。在探沟中均有分布。灰黄色土层，包含少量碎砖瓦，极少量青瓷残片。

第⑧层：为石灰石垫层。仅在探沟西半部有分布，该地层东部边缘与⑦层相当。根据 TG1⑨层南部边缘的位置，探沟向南扩 0.7 米后找到石灰石垫层的东南角。

B. 遗迹情况

本探沟发现现代墙基 1 条，清代墙基 1 条，明代墙基 1 条，灰坑 4 个（编号 H6、H7、H8、H28）。

(3) 勘探的主要收获

通过对 TG2 的勘探发掘，弄清了该区域的地层堆积情况，获得了一批地层关系清楚、相对年代准确的遗物。特别是发现了明代官式建筑地基第一层砖瓦层的南部边缘，第二层砖瓦层的东部边缘，以及第三层石灰石垫层的东南角（该层的东部边缘与南部边缘可以就此确定）。

3. 2017GXQZS – TG3

(1) 位置和面积

TG3 位于 TG1 的西侧，与 TG1 相交，方向约 10°，与南城墙平行。西距天主教堂约 18 米。探沟长 7、宽 2 米，面积 14 平方米，勘探深度 0.7 ~ 1.3 米。（彩版一四：1）

(2) 地层堆积情况和遗迹、遗物

A. 地层堆积情况

TG3 被现代建筑、清代建筑打破现象比较严重，探沟表面有南北向的现代料石墙基和曲尺形青石墙基。

第①层：厚 20～30 厘米。现代扰乱层。现代建筑的料石基础局部打破第②、③层。

第②层：厚约 25 厘米。黑褐色土层。出土青花瓷片等。

第③层：厚 20～25 厘米。为河卵石夹黄土层。仅在探沟西部有分布。较纯净，少包含物。应是明代地面。叠压在第一层砖瓦层之上。

第④层：整层厚 15～20 厘米。为碎砖瓦垫层。仅在探沟西端有分布，东部被 H3 打破，北边被 H9 打破。

第⑤层：厚 30～40 厘米。为两个垫层之间的填土。灰褐色土层，包含少量碎砖瓦，极少量青瓷、青白瓷残片。

第⑥层：厚约 15 厘米。为第二层砖瓦层。

B. 遗迹情况

本探沟发现现代墙基 1 条，清代墙基 1 条，灰坑 3 个（编号 H3、H9、H29）。

C. 遗物情况

出土大量陶瓷残片和建筑构件。原 TG1 露头的大型柱础完全揭露出来，边长 98、高 46 厘米，镜面直径 65 厘米。紧临该柱础西侧又发现另一个柱础，形制略小，边长 84、高 50 厘米，镜面直径 55 厘米。

（3）勘探的主要收获

通过对 TG3 的勘探发掘，弄清了该区域的地层堆积情况，发现了明代官式建筑的重要建筑构件。柱础硕大沉重，所以揭露的位置虽然并非其原来位置，但也应该不会很远。TG3 的试掘有助于了解明代官式建筑基础向西延伸的范围。

4. 2017GXQZS – TG4

（1）位置和面积

TG4 位于 TG1 北侧延长线上，跨过西巷路面，与 TG1 间有 1 米的隔梁。正南北向，北距南城墙 18 米。北面有一排青石墙基或路肩石，其下有水电管线，无法进行勘探作业，因此探沟为不规则四边形，西侧长 3、东侧长 2.5、南北宽 2 米，面积 5.5 平方米，勘探深度 0.7～0.88 米。

（2）地层堆积情况和遗迹、遗物

发掘清理按照从上到下、时代从晚到早的顺序进行。依据土质、土色、包含物以及上下叠压关系等情况，本探沟共划分为 5 个地层。

第①层：厚 30 厘米。现代水泥路面。探沟北部铺设一道青条石。初步推测这些条石为清代房屋基础。

第②层：厚约 2 厘米。灰黑色土。包含青花瓷器残片。

第③层：厚 10～25 厘米。灰黄色土，质地较密实，包含较多石灰颗粒。土层中夹较多的青瓦片、黄色琉璃瓦片和少量青花瓷片。

第④层：厚 15～25 厘米。为河卵石夹黄土地层，质地紧密，硬度较高，有夯压痕迹。该层只在探沟中部有分布，应是明代地面。

第⑤层：为明代官式建筑地基的第一层砖瓦垫层。该层在探沟中均有分布。为便于展示明代官式建筑的构筑方式，TG4 不再向下发掘。

（3）勘探的主要收获

通过对 TG4 的勘探发掘，弄清了该区域的地层堆积情况，了解了第一层砖瓦垫层的北部分布范围。

5. 2017GXQZS – TG5

（1）位置和面积

TG5 位于 TG3 的西侧延长线上，二者相距 5 米。方向约 280°，与南城墙垂直，西距天主教堂 6 米。探沟长 3、宽 2 米，面积 6 平方米，勘探深度 0.8 米。

（2）地层堆积情况和遗迹、遗物

A. 地层堆积情况

发掘清理按照从上到下、时代从晚到早的顺序进行。依据土质、土色、包含物以及上下叠压关系等情况，本探沟共划分为 6 个地层。

第①层：厚 10 ~ 15 厘米。主要为灰黑色土层，质地疏松，局部为混凝土层，包含大量现代建筑垃圾。

第②层：厚约 30 厘米。该层为一层青砖和条石，铺设平整。初步推测为清代房屋地面。

第③层：厚 10 ~ 25 厘米。为黄褐色土层，质地疏松，土层中夹较多的青瓦片、黄色琉璃瓦片和少量青花瓷片。

第④层：厚 22 ~ 48 厘米。土色灰色，质地松软，土层中夹较多石灰，包含物中有较多青瓦片和琉璃瓦片，另有少量砖块和河卵石，发现少量青花瓷片。

第⑤层：厚 20 ~ 30 厘米。土色灰黄色，包含少量碎砖瓦。

第⑥层：为砖瓦垫层。该层主要用琉璃砖瓦等建筑构件铺垫，间杂零星青砖碎块。琉璃瓦密集分布，相互叠压。建筑构件可分为琉璃筒瓦板瓦、龙纹瓦当、龙纹滴水、云纹砖、长方形绿釉砖、脊兽残件等，砖瓦大多为红胎，火候高，表面多施绿釉或黄釉，与靖江王府、王陵地上建筑的琉璃构件、青砖等建筑构件相同。

B. 遗迹情况

发现清代青石铺地面。

C. 遗物情况

本探沟地层关系包含物较少，因而出土遗物较少。出土遗物中数量稍多的是琉璃瓦片，其次是青瓦片、青花瓷片。

（3）勘探的主要收获

通过对 TG5 的勘探发掘，弄清了该区域的地层堆积情况，明确了明代大型官式建筑基址第二层砖瓦垫层在清真寺区域西侧的分布情况。

6. 2017GXQZS – TG6

（1）位置和面积

TG6 位于 TG1 的东侧，TG2 的北侧。与 TG1 相距 5 米，与 TG2 相距 8 米。方向约 10°，与南城墙平行，东距围墙 4 米。探沟长 5、宽 2 米，面积 10 平方米，勘探深度 1.3～2.4 米。（彩版一四：3）

（2）地层堆积情况和遗迹、遗物

A. 地层堆积情况

发掘清理按照从上到下、时代从晚到早的顺序进行。依据地层的土质、土色、包含物以及上下叠压关系等情况，本探沟共划分为 9 个地层，基本与 TG1 相当。

第①层：厚 0～35 厘米。表土层，为现代堆积层，在探沟绝大部分区域均有分布。土质灰色，含现代瓷片、砖瓦，以及青花小杯、小碗、陶罐、陶钵残片。

第②层：厚 5～10 厘米。灰黑色土，在探沟大部分区域有分布，东部被 H10 打破。包含少量碎砖瓦，出土少量青花瓷残片、陶器残片。根据出土物和遗迹判断，该层为清代地层。

第③层：厚 15～20 厘米。灰黑色黏土层，较②层偏黑，夹杂白灰颗粒，在东部被 H10 打破而部分缺失，大致呈水平堆积，厚薄较为均匀。出土青花瓷片。根据出土物判断，该层为清代地层。

第④层：整层厚 10～15 厘米。灰黄土层，土质较硬，类似三合土，在东部被 H10 打破而部分缺失。含较多的青瓦残片、薄的青砖断块以及少量青瓷残片，未见青花瓷片。

第⑤层：厚 10～15 厘米。碎砖瓦铺垫层，为明代官式建筑地面的第一层填充层。该层主要用琉璃砖瓦等建筑构件铺垫，间杂零星青砖碎块。琉璃瓦密集分布，相互叠压。建筑构件可分为琉璃筒瓦板瓦、龙纹瓦当、龙纹滴水、云纹砖、长方形绿釉砖、脊兽残件等，砖瓦大多为红胎，火候高，表面多施绿釉或黄釉，与靖江王府、王陵地上建筑的琉璃构件、青砖等建筑构件相同。该层仅分布在探沟西侧 0.8 米的范围内，东侧未见有分布。

第⑥层：厚 25～30 厘米。灰褐色土层，包含少量碎砖瓦，极少量青瓷、青白瓷残片。为两个垫层之间的填土，在东部被 H10 打破而部分缺失。

第⑦层：厚 10～20 厘米。碎砖瓦层，与⑤层类似，包含大量碎砖、碎筒瓦、板瓦、瓦当残片，稀见陶瓷残片，仅在探沟西侧 2.5 米范围内有分布，其东未见有分布。该层为明代官式建筑地基的第二层垫层。

第⑧层：厚 20～30 厘米。灰黄色土层，包含少量碎砖瓦，极少量青瓷、青白瓷残片。为两个垫层之间的填土，在东部被 H10 打破而部分缺失。

第⑨层：为石灰石垫层。该层垫满尺寸不一、形状各异的石块和石片。仅在探沟西半部分 2.4 米范围内分布，东半部未见。该层为明代官式建筑地基的第三层垫层。

B. 遗迹情况

本探沟发现化粪池 1 个（H20），宋元墙基 1 条，灰坑 3 个（编号 H10、H15、H19）。

C. 遗物情况

本探沟地层关系较为简单，灰坑和化粪池中出土大量青花瓷残片。

（3）勘探的主要收获

通过对 TG6 的勘探发掘，弄清了该区域的地层堆积情况，明确了明代大型官式建筑基址第一层碎砖瓦垫层、第二层碎砖瓦垫层和第三层石灰石垫层的东部边缘，这些边缘的发现，为我们判断明代官式建筑的核心范围提供了依据。

7. 2017GXQZS - TG7

（1）位置和面积

TG7 位于 TG1 的西侧，TG3 的南侧。二者相距 5 米。方向约 280°，与南城墙垂直，西距天主教堂 15 米。探沟长 4、宽 4 米，面积 16 平方米，勘探深度 1～1.2 米。（彩版一四：2）

（2）地层堆积情况和遗迹、遗物

A. 地层堆积情况

发掘清理按照从上到下、时代从晚到早的顺序进行。依据地层的土质、土色、包含物以及上下叠压关系等情况，本探沟共划分为 6 个地层。

第①层：厚 10～15 厘米。表土层，包含砖瓦、卵石、水泥块等。该层为现代地层。

第②层：厚 10～15 厘米。灰黑色土，包含碎砖瓦以及青花、斗彩瓷器残片。探沟东南有一卵石和碎砖铺就的小路，东北—西南走向。探沟正中有一个①层下的化粪池，土色黝黑，出土大量清中期的青花瓷片。

第③层：厚 20～25 厘米。灰黑色土，较为纯净，包含石灰颗粒。

第④层：厚 20～30 厘米。黄褐色土，包含少许碎砖瓦。

第⑤层：厚 30～35 厘米。灰黄色土，包含碎砖瓦，未见青花瓷片。

第⑥层：厚 10～20 厘米。碎砖瓦层。除被探沟中央的化粪池打破外，在整个探沟内均有分布。包含大量碎砖、碎筒瓦、板瓦、瓦当残片，稀见陶瓷残片。

B. 遗迹情况

发现化粪池 1 个（编号 H16），灰坑 5 个（编号 H117、H18、H21、H23、H27），清代路面 1 条。

C. 遗物情况

发现铜钱、陶罐、香炉，以及大量青花瓷片和筒瓦、板瓦、瓦当等建筑构件。

（3）勘探的主要收获

通过对 TG7 的勘探发掘，弄清了该区域的地层堆积情况，获得了一批地层关系清楚、相对年代准确的遗物。明代大型官式建筑基础垫层第一层在 TG7 内未有分布，而第二层碎砖瓦垫层则在探沟全范围内有分布，为研究明代官式建筑基础的铺垫以及核心区域的判别提供了有效信息。

（二）本次考古勘探收获

本次考古勘探发现了两层碎砖瓦铺垫层和两层石灰石铺垫层，通过地层关系和前两次勘探、发掘的成果，以及大量与靖江王府、王陵地上建筑相同的琉璃构件、青砖等建筑构件，可以确定这是明代大型官式建筑的地下基础。

通过这次考古勘探，我们了解了明代官式建筑地下基础的构筑方式，以及每个层位的分布区域，从而为判定遗址核心区域的确切位置提供了依据。

明代早期靖江王府重要官式建筑地下基础的构建方式如下：表面第一层为河卵石夹黄土或碎砖瓦铺设，上面可能铺设有地砖，现已不存。其下铺垫一层夹碎砖瓦，间杂零星青砖碎块，该层厚 10 ~ 15 厘米。再下则是一层厚 30 ~ 40 厘米的灰黄土层。灰黄土层以下又铺垫一层碎砖瓦层，厚度在 15 ~ 20 厘米，基本与上一碎砖瓦层一致。碎砖瓦层下面又是灰黄土夹碎砖瓦的地层，厚 25 ~ 30 厘米。灰黄土层之下是石灰石垫层，厚 25 ~ 35 厘米。从 H1 的剖面观察，石灰石垫层以下还有一层灰黄土垫层和一层石灰石垫层。即从探沟的试掘中可以看到明代官式建筑基础的 8 个垫层，平均厚度在 1.6 米左右。

综合地层的分布情况，结合古代文献和东巷明代宗庙遗址的发掘情况，我们可以基本确定 TG2、TG6 两条探沟中部以西，TG3、TG5 以北，西巷以南，天主教堂以东是西巷明代官式建筑的核心区域。由于该范围内发现两个明代高等级官式建筑才会使用的柱础，所以我们推测此为明代靖江王府社稷坛的拜殿和戟门所在的区域，而社稷坛的位置应该在该区域以南一定距离。

本次考古勘探出土了一批珍贵的文物，特别是大型高等级官式建筑使用的柱础，为判断遗址的性质和功能提供了线索。从瓷片方面来讲，可以建立一批地层关系明确、时代清晰的标本库；从建筑构件来讲，提供了时代准确的各个历史时期的桂林城市建筑的样式及风格，为建筑复原或修建仿古建筑提供了科学的依据。

二　相关建议及意见

本次勘探虽然发现了明代靖江王府的社稷坛遗址的核心区域，以及社稷坛重要建筑——拜殿和戟门的分布范围，但由于探沟发掘面积不足及地层堆积较深，明代社稷坛遗址分布范围、建筑布局及构筑方式尚待进一步考古发掘加以了解。

根据《中华人民共和国文物保护法》第十八条相关规定，在全国重点文物保护单位的建设控制地带发现与文物保护单位有关的重要遗址，如何既做好文物保护工作又不影响桂林市的城市建设，请桂林市相关部门与自治区文物行政管理部门沟通协商，充分论证得出科学合理的保护方案后再进行相关工程建设。

桂林市于 1982 年被国务院命名为第一批国家历史文化名城，桂林市正阳东巷明代宗庙遗址的保护和展示，践行了桂林市政府"文化立市"的宗旨，提升了桂林市的文化品位，既有利于文物保护，也为吸引国内外游客、丰富市民精神生活起到了重要作用。我们建议桂林市相关部门考虑重新定位桂林市西巷清真寺区域的相关规划，结合西巷其他区域的考古勘探和发掘工作成果，在充分论证的基础上做好相关遗址的局部展示保护工作。

鉴于目前正阳西巷建设工程进度紧张，文物保护及考古工作的推进刻不容缓，请相关部门尽快履行报批手续，该工程规划须在获得自治区文物行政管理部门的批复后根据批复内容开展下一步考古工作。

参与人员：刘　勇　张宗亚

执笔人：刘　勇　张宗亚

规划与保护

关于公布自治区重点文物保护单位名单的通知

各专署、各市及重点文物保护单位的县人委：

区人委曾于 1956 年～1958 年分三批公布了我区的重点文物保护单位 137 处，其中自治区级保护单位 53 处。为了使公布的文物保护单位更切合实际情况和更好地保护重点文物，特重新确定"广西壮族自治区重点文物保护单位名单"，予以公布。过去自治区三次公布的保护单位，应即作废。凡过去区所公布的保护单位，这次没有列为重点文物保护单位的，请各市、县人委根据它的历史、艺术、科学价值，考虑公布为市、县级或公社级的文物保护单位。

广西壮族自治区人民委员会

1963 年 2 月 26 日

附：靖江王府及王陵相关公布信息

（三）古建筑及历史纪念建筑（共 12 处）

编号	分类号	名称	时代	地址
22	4	桂林王城	明	桂林市中心独秀峰下

（六）古墓葬（共 7 处）

编号	分类号	名称	时代	地址
48	7	明靖江王墓群	明	桂林市尧山挂子山

关于公布第四批全国重点文物保护单位的通知

国发〔1996〕47号

各省、自治区、直辖市人民政府，国务院各部委、各直属机构：

国务院同意文化部提出的第四批全国重点文物保护单位（共计250处），现予公布。

我国是具有悠久历史的文明古国，拥有极为丰富的文物。保护和利用好这份珍贵的历史文化遗产，对于正确认识中华民族的发展历史、继承和发扬民族优秀传统、增强民族自信心和凝聚力、建设有中国特色的社会主义，有着重要的意义。望各地依照《中华人民共和国文物保护法》等法律法规，进一步贯彻"保护为主，抢救第一"的文物工作方针，认真做好本地区内全国重点文物保护单位的保护、管理工作，使之为弘扬中华民族文化和促进社会主义物质文明、精神文明建设发挥更大的作用。

中华人民共和国国务院

一九九六年十一月二十日

附：清江王府及王陵相关公布信息

（三）古建筑（共110处）

编号	分类号	名称	时代	地址
154	76	靖江王府及王陵	明	广西壮族自治区桂林市

关于公布第一、二批文物保护单位的
保护范围的通知

市政〔1984〕87 号

县、区人民政府，各企事业单位，市直各委、办、局：

经市人民政府研究，同意市文物管理和规划部门提出的第一、二批文物保护单位的保护范围的意见，现予以公布，请各有关单位遵照执行。

桂林市人民政府

1984 年 10 月 8 日

附：靖江王府及王陵相关公布信息

文物编号	10	分类号	3
文物名称	靖江王城		
地点	独秀峰下		
时代	明		
历史及艺术价值	王城是明代靖江王王府的城垣。朱元璋于洪武三年（1370 年）封其侄孙朱守谦为靖江王，就藩桂林，五年（1372 年）在此建府第，二十六年（1393 年）筑城，经营二十余年。周长三里半，内外砌以方石，城东南西北辟体仁、端礼、遵义、广智四门。坚城深门，气势森严。先后袭有十三代靖江王。城内王府，悉依王制，占地 280 亩，但已毁于清初。现除王城保存完整外，还有王府的承运门、殿和寝宫等遗址。这座明代藩王府遗址和王城的保存已是全国少见。		
科学记录	城周长 1783 米（三里半左右），南北深 556.6 米，东西宽 335.5 米；墙通高 7.92 米，厚 22.4 米；端礼门拱高 5 米，宽 5.4 米，深 22.4 米。		
保护范围	墙外 12 米内为绝对保护范围，不得进行复原以外的任何建筑，不得拆取城垣砖石，不得在城上建房、搭棚或圈鸡、种植；20 米内为建筑控制地带，不得建二层以上房屋和影响观瞻的设施。		
管理级别	自治区级		
管理单位	广西师范大学		
备注	1963 年 2 月 26 日公布为自治区级重点文物保护单位。靖江王府城的修整已列入规划。		

文物编号	43		分类号	3
文物名称	靖江王墓群			
地点	尧山西南麓			
时代	明			
历史及艺术价值	明太祖朱元璋于洪武三年（1370年）封其侄孙朱守谦为靖江王，置王府于桂林独秀峰下，造陵墓群于此。除第一和十三代王未葬此外，其他历代陵墓置此。陵墓沿着尧山西南麓布局，北自灵川县甘棠乡社山村老虎岭，南至东郊柘木乡蒋家渡村大园岭，东自灵川县大圩镇铁山圩的流水山，西至龙隐路望城岗。其范围南北15公里，东西7公里，约一百平方公里。现可识有王、妃合墓11座，厚葬次妃墓3座，及将军、中尉、宗室、王亲藩戚等墓共320余座。陵园内还有三券门、奉祠等遗址。王墓规制宏伟，封土硕大，墓周均有两道城墙屏卫，墓前建有陵门、神道、中门、享殿，神道两侧对列着石作仪仗，墓室分左王、右妃，砖室券顶结构，平面布局各分前、后（棺）室。均红墙碧瓦，歇山顶大式琉璃瓦。个别墓前无神道碑，有拱桥，室内各有前、中、后（棺）室。			
科学记录	迄今尚有三十余座墓葬基本保存规制。王、妃合墓封土直径22至36米，墓前建有五开间享殿，三开间中门和陵门，墓周两道城墙为土、石、砖结构，墓地最大315亩（早期），最小6.9亩（晚期）。			
保护范围	1. 靖江王墓群包括王、妃、夫人、将军、中尉、县君及其他宗室墓等，所有墓葬不得盗挖，规制不得破坏。 2. 各墓外围墙（无围墙墓以封土外20米）以内为绝对保护范围；外围墙外15米（无围墙墓以封土外40米）以内为建设控制地带。在这以内不得建筑房屋、埋葬他墓、开荒种植、撬石取砖。 3. 尧山郊区园艺场以南、工业经济管理学校以西、茶科所办公大楼以东，是王墓集中区，将作为旅游开放。在该地区的各墓之间均为建设控制地带，有关单位在此修建新建筑和其他构筑要征得文物管理部门的同意，并报规划部门批准。			
管理级别	自治区级			
管理单位	市靖江王陵文保所、经济管理学校、地区林科所、地区林技校，大河乡的阳家村、潘家村、莫家村，朝阳乡的挂子山村等。			
备注	1963年2月26日公布为自治区级重点文物保护单位。1983年10月起已修整第三代庄简王墓。			

关于公布经略台真武阁等113处文物保护单位
保护范围和建设控制地带的通知

桂政发〔2006〕52号

各市、县人民政府，自治区农垦局，区直各委、办、厅、局：

经自治区人民政同意，现将《经略台真武阁等113处文物保护单位保护范围和建设控制地带》
印发给你们，请按照《中华人民共和国文物保护法》《中华人民共和国文物保护法实施条例》和
《广西壮族自治区文物保护管理条例》的有关规定，认真做好文物的保护管理工作。

广西壮族自治区人民政府
二〇〇六年十二月十三日

附：靖江王府及王陵相关公布信息

十八、桂林靖江王府、王陵

（一）靖江王府

保护范围：以王府城墙墙基为基线，外延16米范围内。

建设控制地带：以保护范围线为基线，外延20米范围内。第一排建筑高度不超过10米。

（二）靖江王陵（包括重点分布区、陵墓密集分布区和一般保护区）

1. 重点分布区（靖江王陵密集区、宪定王陵、荣穆王陵）

保护范围：

（1）靖江王陵密集区：东起尧山山脊，西至白面山止；北起尧山园艺场黄泥岭北面岭脚，南至
帽子山背面山脚止。

（2）宪定王陵：西至东干渠西延30米；北起宪定王陵所在地山脊后麓，南至祝圣庵南麓。

（3）荣穆王陵：东起荣穆王陵外围墙300米，西至荣穆王陵大门遗址西延300米黄园里；北起
桂林市与灵川县界，南至黄园里山麓的机耕路南30米。

建设控制地带：重点分布区方圆5平方公里范围内。

2. 陵墓密集分布区、一般保护区

保护范围：靖江王陵分布范围内（除重点分布区外）各墓外围墙（无围墙墓以封土四周20
米）范围内。

建设控制地带：以保护范围线为基线，外延40米范围内。

靖江王府保护规划（2020 ~ 2035 年）

（摘录）

中国文化遗产研究院

2020 年

1 总则

1.1 编制背景

靖江王府是我国现存格局最完整的明代藩王府，是桂林市的重要文化遗产。近年来，桂林市快速发展的城市建设和旅游事业，给靖江王府的保护、管理和展示利用带来巨大影响。为有效保护靖江王府及其周边历史环境的真实性、完整性和延续性，全面展示靖江王府的历史文化内涵和靖江王府在桂林历史文化名城、山水城市中的历史景观风貌，特编制本规划。

1.2 规划性质

本规划为全国重点文物保护单位桂林靖江王府及王陵中有关靖江王府的专项规划，属控制性详细规划。

1.3 编制依据（略）

1.4 适用范围

本规划依据国家和地方有关文物保护的法律、法规和文件编制而成，并与《桂林市城市总体规划（2001 ~ 2010)》、《桂林历史文化名城保护规划》（在编）等相关规划衔接[1]。经依法审批后，作为全国重点文物保护单位靖江王府保护、管理和展示利用的法规性文件，任何涉及靖江王府的活动均应服从本规划。

根据《全国重点文物保护单位保护规划编制审批办法》第五条的规定，本规划应纳入所在地的国民经济和社会发展规划、城乡建设发展规划。

---

[1] 鉴于《桂林市城市总体规划（2001 ~ 2010)》编制时间较早，且已经超出期限；《桂林市历史文化名城保护规划》编制于 2011 年，并未最终完成公布，本规划在注意衔接的前提下，也吸收新的文物保护认识，满足新的保护要求。

1.5 规划范围

规划范围包括四会路以东、叠彩路以南、滨江路以西、依仁路以北的区域内，即靖江王府整个区域以及对靖江王府环境景观有直接影响的周边街道，总规划面积109.1公顷。

1.6 规划期限

本规划期为16年，自2020年起，至2035年止。

近期为2020年，中期为2021~2025年，远期为2026~2035年。

2 文物综述

2.1 文物概况

靖江王府位于广西壮族自治区桂林市秀峰区。东侧为中华路，南侧为解放东路，西侧为中山中路，北侧为凤北路。地理坐标为北纬25°17′05″，东经110°17′41″。

靖江王府处于桂林市中心地段，此处有桂林名山独秀峰、南朝颜延之读书岩以及历代摩崖石刻140件。历史上曾先后建有唐代府学，宋代五咏堂、报恩寺等。报恩寺，又名铁牛寺，元改称大圆寺，为元顺帝登基前居住地，登基后将潜邸改名万寿殿。

靖江王府始建于明洪武五年（1372年），并将独秀峰纳入后花园中；洪武二十六年建成，形成现在的总体规模和格局。明正德年间曾有增建。清顺治七年（1650年），定南王孔有德占领桂林，靖江王府被改作定南王府；顺治九年（1652年）因农民起义，靖江王府被孔有德焚毁。顺治十四年被改作广西贡院，也曾做过咨议局、都督府、广西省参议院、学校等。1921年，曾作为孙中山北伐的总统行辕和大本营，并在月牙池修建水榭。1948年作为广西省政府，在明代遗址上建设办公楼。1952年成为广西师范学院（今广西师范大学）校区至今。

根据文献记载和研究，靖江王府原有宫城[1]城墙及四门、萧墙、承运门、承运殿、配殿、王宫、回廊、斋宫、进膳厨、社稷坛、宗庙、王府花园、王府暗道等。现存明代靖江王府城墙和城台、承运门台基和承运殿台基、部分王宫遗址、后花园和宗庙遗址等文物，以及广西省政府建设的办公楼、大礼堂等历史建筑，广西师范大学建设的教学楼、教工宿舍和学生宿舍、餐厅等新建筑。

靖江王府于1956年被列为广西壮族自治区文物保护单位，1963年被重新公布确认[2]，1996年与靖江王陵一起被公布为全国重点文物保护单位[3]；2010年被国家文物局列入国家考古遗址公园建设（立项）名单；2012年以"桂林独秀峰·王城景区"名称列为国家AAAAA级旅游景区。

靖江王陵位于桂林市东北郊的尧山西麓及西南麓，距靖江王府的直线距离约5公里。靖江王陵是明王朝分封在桂林的藩王陵寝。靖江王是明太祖朱元璋洪武三年（1370年）首批分封的九个藩

---

〔1〕 "王府""王城""宫城"三词的概念及区别，详见本规划说明2.1.1。

〔2〕 据林哲《桂林靖江王府》一书，靖江王府于1956年被列入广西壮族自治区重点文物保护单位。1963年2月，广西壮族自治区人民委员会发布《关于公布自治区重点文物保护单位名单的通知》，对1956~1960年间三次公布的137处文物保护单位（其中56处自治区级文物保护单位）名单重新确定并公布。

〔3〕 全国重点文物保护单位名称为靖江王府及王陵。本规划仅涉及靖江王府部分，不包含靖江王陵。

王之一。清顺治七年（1650年）十一月清军入桂，靖江王国到此结束，靖江王共存世二百八十余年，传十一世、十四王。十二座王陵周围，次妃墓、将军墓、中尉墓及更低等级的宗室、姻亲墓等中小型墓葬三百二十余座，它们等级分明，序列齐全，附葬在各自的王陵附近，分布范围达一百多平方公里，占地近万亩，成为我国现存的规模最大、陵墓数量最多的明代藩王墓群。

2.2　历史沿革

明洪武三年（1370年），明太祖朱元璋封侄孙朱守谦为靖江王，名次排在诸亲王的最后，所授封号为二字，而其他王为一字，表明其地位低于其他王。其祖父、父亲被追封为靖江王。

洪武五年（1372年），朝廷开始在元代所建万寿殿地盘上建设靖江王府，并将独秀峰纳入府中，作为花园的组成部分。洪武九年（1376年）基本完工。规模比其他藩王约小一半。朱守谦成为明代最早就藩的亲王。

洪武十三年（1380年），朱守谦犯事被召回京师训诫，被贬为庶民。此后数年，王府被空置。

洪武二十六年（1393年），朱元璋命扩修靖江王府，兴建宫殿屋舍。至此，王城及四座城门、承运门、承运殿、王宫、宗庙、社稷坛和斋宫等齐备。

建文二年（1400年），朱守谦世子朱赞仪被册封为靖江王。明永乐六年（1408年）五月，靖江王朱赞仪薨，赐葬尧山，谥悼僖，这是桂林尧山脚下第一座靖江王陵。

正德年间（1506～1521年），独秀峰左右已被建有宝善堂、尊乐堂、日新堂、迎赐轩、拱秀亭、山月亭、绿竹轩等建筑。嘉靖五年（1526年），恭惠王朱邦苎于宫西增建懋德堂（后名承养堂）。至万历年间（1573～1620年），靖江王府和府中独秀峰已成为文人士子游览胜地，留下多篇与之有关的记述和文学作品。

明末，由于经济衰退，靖江王府开始衰败。崇祯十年（1637年），徐霞客曾游览月牙池和独秀峰西侧太平岩，但未被允许登上独秀峰。

南明隆武元年（即清顺治二年，1645年），第十三代靖江王朱亨嘉自称"监国"，以桂林为西京，王府为"监国府"。数月后，丁魁楚派兵占领桂林，朱亨嘉被俘。末代靖江王朱亨歅再称"监国"，并接待过永历皇帝朱由榔，后被孔有德俘获缢死。

清顺治七年（1650年），孔有德占领桂林，靖江王府被改作"定南王府"。

顺治九年（1652年），农民起义军李定国攻入桂林，孔有德放火焚毁王府。

顺治十四年（1657年），在靖江王府旧址改建广西贡院，康熙五年（1666年），贡院迁至都指挥司署旧署；康熙二十年（1681年），复为贡院，并大规模建设用于科举考场。雍正十年（1732年），重修建于王宫遗址上的至公堂和建于承运殿台基上的明远楼。此后也多有建设和改建。至道光年间（1820～1850年），除明远楼、至公堂外，还有建于承运门台基上的龙门以及龙门外侧的照墙和天衢坊，中轴线东西两侧建有用于考试的监临、誊录、对读等建筑和东西文场5010间。

嘉庆二十五年（1796年），为表彰陈继昌乡试、会试、殿试均为第一，在正贡门（即明代端礼门）建"三元及第"坊。道光二十一年（1841年），在正贡门景福楼南侧建"状元及第"坊，以表彰龙启瑞当年殿试第一，此坊后因火灾倒塌；光绪二十七年（1901年），在东贡门（即明代体仁门）城台重建"状元及第"坊，并附上光绪十五年（1889年）状元张建勋和光绪十八年（1892

年）状元刘福姚的名字；在西贡门（明代遵义门）建"榜眼及第"坊，以表彰同治四年（1865年）榜眼于建章。

光绪二十九年（1903 年）改贡院为咨议局。宣统年间（1908～1912 年）在承运门台基上建门楼，在承运殿台基上建议会办公厅，在王宫旧址上建议厅，均仿照西洋建筑式样。原考棚等建筑被改建为几座学堂。宣统三年（1911 年）被改为都督府，随即改为广西省参议院，并继续兼做学校。

1921 年底，孙中山率北伐军至桂林，以靖江王府旧址作为总统行辕和大本营，在月牙池中修建水榭。1924 年，建在承运殿台基上的省议会办公厅被焚毁。1925 年，王府花园被开辟为中山公园，建中山纪念塔、仰止亭。塔和亭后被毁，于 1981 年被重建。

1936 年，广西省政府迁址靖江王府。1939 年，日军轰炸桂林，靖江王府部分建筑被毁坏。1944 年，桂林沦陷，桂林市再次因战火遭到大规模毁坏。至 1945 年光复时，王府内各种建筑几乎全部被毁。旋即开始重建。1948 年在明代建筑台基上修建门楼、省政府主席办公楼、大礼堂等多栋办公建筑，采用当时中国流行的"固有民族形式"，砖木结构，坡屋顶，外观色彩以土黄为主色调。

1949 年底，军政大学进驻。1952 年后为广西师范学院（今广西师范大学）校区，延续至今，并增建图书馆、教学楼、学生宿舍等。1958 年，为教学方便，在王府东城墙开辟两个拱门通道，对城墙造成破坏。

2005 年底，广西师范大学雁山校区开始建设，2007 年 10 月正式启用。目前大部分院系陆续迁至雁山校区，靖江王府内仅保留历史文化与旅游学院。

2.3 自然环境

桂林处在南岭山系的南部，属山地丘陵地区，为典型的喀斯特岩溶地貌。桂林市区坐落于岩溶盆地之中，地貌复杂，山地、丘陵、平原均有分布，以平原为主，分布有多座石灰岩构成的峰林和孤峰。地面海拔高度 148～160 米。

桂林属中亚热带季风气候区，四季温和，雨热同季。历年平均风向以东北偏北居多，年平均风速 2.6 米/秒；年日照时数 1602～1684 小时，日照丰富；年平均相对湿度 76%；年平均气温 18.8 摄氏度，最热月（7 月）平均 28.2 摄氏度，最冷月（1 月）平均 7.9 摄氏度，年平均无霜期 309天；桂林属多雨地区，雨量充沛，年平均降水量 1900 毫米，最多降水量 2679 毫米，年平均蒸发量 1482.5 毫米。

桂林市区地貌可分为山地丘陵地貌区和平原地貌区。土壤属红壤土带，以红壤为主，酸碱度为 4.5～6.5。

漓江从北至南穿过桂林城，是桂林的主要河流，其他还有桃花江、南溪、相思江、灵剑溪、小东江、宁远河等河流和榕湖、杉湖、西湖等上百个湖塘。

靖江王府位于漓江西岸，距江岸约 300 米，属漓江谷地流水堆积二级阶地，土质为砂质黏土和沙土，透水性较强。地下水丰富，水位深度 3～5 米，地下毛细水上升高度不到地表。

2.4 与桂林城的关系

桂林很早就成为广西的政治文化中心，在秦代修建灵渠，打通中原与岭南的通道，使之成为军事重镇，并有桂林之名，其范围为今广西的东半部。汉代（一说三国）始安县时开始有城池。唐代以独秀峰为中心，以漓江水系和宝积、铁峰、伏波、叠彩山等山为屏障，先后三次兴建城池，形成内外城格局。宋代五次根据水系调整修扩城池，以石材替代唐代夯土城。元代将城墙内外全部用大块料石包砌。明初改造漓江水系，南城墙外扩。清末太平军攻城，城墙多处被毁。1933 年开始陆续拆除城墙城门。

因受地理环境局限，桂林城沿漓江水系呈南北向不规则矩形布局，独秀峰位于城池中心区域，从唐代起就建有政治或文化性设施，成为商业集市区。南朝颜延之在独秀峰开辟"读书岩"。唐代在独秀峰下建宣尼庙，创建府学。宋人在读书岩旁建五咏堂。元代建有大圆寺（万寿殿）、紫极宫、学宫等。明初建靖江王府，使之真正成为桂林的政治和文化中心。

靖江王府处于桂林城中心，向东 300 米为漓江，周边有宝积、叠彩等名山。王府中轴线处在桂林市主轴线上，王城与城市格局紧密结合，使靖江王府成为桂林城内最重要的人文与自然有机融合的文化景观。

2.5 保护对象

2.5.1 文物本体

2.5.1.1 总体格局

靖江王府平面基本为长方形，东西宽 335.5 米，南北深 556.5 米，占地面积约 18.66 公顷。按明代藩王府邸制度，采用中轴线对称和"前朝后寝"的总体布局，将处在桂林城中心的独秀峰纳入王府，作为后花园的组成部分，将自然与人文景观融为一体。以独秀峰自然景观为依托，由承运门、承运殿、王宫、花园、独秀峰构成中轴线，中轴线两侧安置社稷坛、宗庙、官署、斋宫、进膳厨等各类建筑。

2.5.1.2 城墙和城门

受明靖江王地位影响，靖江王府规模介于亲王府和郡王府之间，主要殿堂未采用明代亲王府制度的"工"字殿布局，房屋数量也少于亲王府标准。

靖江王府城墙建于明洪武五年（1372 年），周长 1784 米，城墙基宽约 5.5 米，高于现城市地平以上约 5.1 米，地平以下尚有约 0.7～1 米。夯土墙心，外面包砌青石块，青砖堞墙和宇墙。

有四座城门，城门上原有城楼，现仅存城门城台。其中，端礼门（正阳门）为三券门，广智门、体仁门、遵义门为单券门。广智门在抗日战争中被日军飞机炸毁，后重建，形制被改变，仅两侧城台主体仍为明代之物；城台上建有城楼，单层，风格同原广西省政府建筑。端礼门原有城楼，中华民国时所建，2000 年被焚毁。端礼、体仁、遵义三门门券上嵌有匾额形式的清代石坊各一组，端礼门为"三元及第"，体仁门为"状元及第"，遵义门为"榜眼及第"，均为石灰岩材质。

2.5.1.3 宫殿遗址

承运门、承运殿、王宫均位于王府中轴线上，始建于明洪武五年。清初被毁，仅存承运门台基、承运殿台基、王宫台基残迹、花园、月牙池等遗迹。

承运门台基，平面呈"十"字形，面阔 28 米，进深 16.4 米，高 1.2 米，青白石须弥座式台明，南北两面有垂带台阶，带云龙纹丹陛。

承运殿台基，平面近方形，前有月台。台基为两层须弥座式，总高 2.5 米，下层台基面阔 62 米，进深 55 米。南北各有三条带云龙石陛的垂带台阶，其中中路台阶云龙石陛长 8.1 米，宽 1.7 米。上层台基平面呈长方形，东西宽 44 米，南北深 19 米，高 0.6 米。

王宫门残基高 1.1 米，长宽尺寸不明，南面有垂带台阶。王宫残基高 1.6 米，东西宽 28 米，南北深不明。二者之间的庭院保留大量王府建筑遗留的条石构件，因民国时期建设扰动，无法确认原有格局形式。

承运门至王宫门之间庭院保留有大块方石铺墁的甬路。

2.5.1.4　王府花园

王府后部花园现仅存月牙池，在独秀峰东北麓，因建造靖江王府取土而形成，平面呈月牙形。

2.5.2　其他文物遗存

靖江王府内有独秀峰石刻、清代广西贡院遗迹、民国时期建筑及纪念物等文物，城墙外围有传统民居建筑。

独秀峰石刻位于靖江王府院内独秀峰山体上，有唐至民国摩崖石刻和造像共计 140 件，为全国重点文物保护单位桂林石刻的重要组成部分。独秀峰西麓太平岩为庄简王朱佐敬于正统九年（1444年）开辟，并刻有《独秀岩洞记》，后世靖江王及其宗室留下诗文题刻 30 余方，部分毁于 1944 年日军战火，现仅存 20 件[1]。

现存清代广西贡院遗迹，有嵌于大礼堂北墙的清乾隆御书《幸翰林院赐大学士及翰林等宴因便阅贡院诗》石刻，嵌在三座城门上的"三元及第""状元及第""榜眼及第"石坊，石狮等石质文物。

月牙池中的平台和两侧平桥建于 1921 年。平台为块石包土筑成，平桥为石桥墩、钢筋混凝土梁板。1925 年在池旁建孙中山纪念塔和仰止亭，后被毁坏，现存实物为 1981 年重建，是桂林市文物保护单位。

原广西省政府建筑，包括建于承运门、承运殿遗址上的门楼和省主席办公楼，中轴线两侧各有 6 栋教学楼呈对称布局；现家属区有档案馆和图书馆。门楼为 2 层（局部 3 层），省主席办公楼为 2 层，大礼堂为 3 层，教学楼均为 2 层。所有建筑均采用砖混结构，外观采用当时流行的"中国固有"建筑形式，单檐歇山灰瓦屋顶，外墙刷黄色涂料。

靖江王府南城墙外原社稷坛和宗庙区，在清代形成街区，现尚存 6 栋清末民初民居，5 处为传统木结构建筑，1 处为砖木结构的西洋式建筑。其中，东巷 2 号、16 号、20 号、马宅已被列为桂林市登记文物[2]。

2.5.3　疑似文物遗存

近年，在靖江王府内及周边建设工程中多次发现明代建筑遗址。2000 年以前，靖江王府东侧地区施工，几次发现疑似明代暗道遗址[3]，因未做进一步的考古和保护，具体位置和现状不明。

2013 年，在正阳路历史街区东巷改造工程中，考古发现明代建筑和围墙遗址，疑似为靖江王府

---

〔1〕 据桂林市文物保护与考古研究院最新调查统计结果。因包括明靖江王及宗室石刻在内的独秀峰石刻属于全国重点文物保护单位桂林石刻的组成部分，本规划未将其列入靖江王府文物构成。

〔2〕 东巷现存清末所建传统建筑 6 处，为 2 号、4 号、16 号、20 号、岑宅、马宅。

〔3〕 周开保在 1998 年撰文《靖江王府究竟有无通向漓江的密道》，称"十多年前，……滨江大道中华路出口处发现了一段暗道"。2000 年《桂林市文物博物工作简报》记载，"滨江北路伏波山大酒店南侧基建工地发现明代石砌暗道"。

宗庙遗址[1]，后对叠加于明代遗址上的岑氏家庙遗址回迁展示。2017 年 3 月，西巷改造项目考古发掘，在明代地层发现瓦当、琉璃砖、花纹砖等明代建筑遗物，疑似为靖江王府社稷坛遗存，由于建设项目实施，未做进一步的考古和保护工作。[2]

据文献资料，靖江王府还有萧墙、社稷坛、官署、斋宫、进膳厨等建筑，均位于现代建筑占压区内。虽然未获得考古工作证实，但从发现宗庙遗址看，文献记载基本准确。

2.5.4　景观环境

靖江王府景观环境主要包括独秀峰自然和人文景观、王府内的古树名木、王府内外历代形成的历史文化氛围、王府周边山形水系景观和城墙环线景观。

靖江王府地处桂林市中心，倚独秀峰而建，与周边的漓江、叠彩山、伏波山等构成的山水格局和桂林城的空间关系密切。

靖江王府地处桂林城市中心区，为商贸、旅游和居住集中区，近几十年城市建设发展迅速，形成多层和高层商住建筑群，基本包围了靖江王府。

表 1　靖江王府文物构成一览表

构成类别		内容	时代	文物类型
文物本体	靖江王府遗存	城墙和城门	明代	古建筑，遗址
		承运门台基	明代	遗址
		承运殿台基	明代	遗址
		王宫台基残迹	明代	遗址
		花园遗址（月牙池）	明代	园林
	其他文物遗存	独秀峰石刻	唐—民国	摩崖石刻
		贡院遗迹	清代	遗址、石刻
		广西省政府建筑	1948 年	历史建筑
		中山纪念塔和仰止亭等	1925 年建，1981 年重建	纪念物
		正阳路东西巷历史地段	清末—民国	传统民居
疑似文物遗存		宗庙遗迹、社稷坛遗迹等	明代	遗址
景观环境		独秀峰		自然与人文景观
		古树名木	清—民国	自然
		周边城市和自然景观		人文与自然景观

2.6　其他建筑

广西师范大学进驻后，根据教学需要在王府范围内建有多栋教学楼、师生宿舍、食堂，以及招待所、商店等建筑。其中 20 世纪 50 年代在原广西省政府建筑西侧、北侧的 5 栋教学楼，外观接近

---

〔1〕 广西文物保护与考古研究所《桂林市正阳东巷历史地段修建性工程项目考古勘探评估报告》，2013 年 10 月 10 日。
〔2〕 广西文物保护与考古研究所《桂林市正阳西巷历史文化地段保护修缮及旧城改造工程项目文物古迹调查勘探报告》，2017 年 3 月。

民国建筑风格，均为 2 层，坡屋顶；其余建筑多采用现代建筑形式，层数为 1～4 层。

为开展旅游，近年在广智门内西侧新建贡院；开发独秀峰下岩洞，建设出入口建筑；在独秀峰周边设置茶室、售货点等。

3　价值评估

3.1　文物价值

3.1.1　历史价值

靖江王府是我国现存格局最完整的明代藩王府，并保留了城墙和主要殿堂的台基遗迹。虽然规模不如其他明代藩王府邸，但规制特别，修成时间最早，使用时间最长，园林营造突破明初不得建离宫别殿的规制，是研究明代藩封制度难得的实物资料。

靖江王府是桂林文化教育变迁的缩影。作为南朝颜延之办学遗迹的独秀峰读书岩，是桂林文风的发源地和最早的学宫所在地，清代在王府基础上建设的广西贡院为该历史功能的延续。

靖江王府所在区域包含从南朝至今一千五百余年丰富的历史文化信息。独秀峰石刻与靖江王府联系密切，相互辉映，石刻中大量明代靖江王及宗室的题跋是研究明代靖江王室的重要史料。

靖江王府内清代以后各类遗存反映了后靖江王府时代的发展历史，具有不可或缺的历史文化价值。

靖江王府见证了中华民国初期孙中山在桂林设立北伐军大本营的重大历史事件。

靖江王府始建于明洪武五年（1372 年），至清顺治七年（1650 年）十一月清军入桂占领后，作为明代靖江王府共持续了 278 年。靖江王陵的首座王陵是明永乐六年（1408 年）五月被赐葬的靖江王朱赞仪悼僖王陵，至清顺治七年（1650 年）末代靖江王朱亨歅被葬于荣穆王陵。

3.1.2　艺术价值

靖江王府将独秀峰和独秀峰石刻纳于城中，将自然山水和人文创造有机结合，丰富了靖江王府的文化内涵，具有人文与自然并存的双重景观价值。

独秀峰石刻中的大量诗文出自历代文人墨客、地方官员之手。其中南宋王正功"桂林山水甲天下"的诗句是桂林山水闻名世界的标志，具有重要的文化价值和艺术价值。

民国时期广西省政府所建办公楼，采用 20 世纪 30 年代流行的"中国固有之形式"，具有鲜明的时代特征和艺术价值。

3.1.3　科学价值

靖江王府规制和格局基本遵守明朝制度，承运门和承运殿的台基均采用明代"官式"建筑做法，工艺考究。城墙砌筑采用当地产大块石材包砌，砌筑工艺细致，体现了官式建筑设计与地方建筑技术结合的特点。

靖江王府巧妙利用自然山水地形，将独秀峰纳入王府园林，是明代官式园林的佳作。虽然历经战乱，保留文物极少，仍可从山水格局和大量题刻诗文中窥见一斑。

3.2　社会价值

靖江王府是桂林城多个时期历史与多种文化的聚集地，在桂林丰富的历史文化中占有重要地位。

靖江王府是近现代中国革命历史的见证，是重要的爱国主义教育基地。

靖江王府是国际旅游城市桂林最具潜力的人文旅游资源，对促进桂林市旅游发展具有重要影响。

作为靖江王在世场所的靖江王府与其安葬场所的靖江王陵，已以明代藩王府与陵的整体文化资源而成为桂林市的重要旅游景点。

4   保存现状评估

4.1   文物本体

4.1.1   总体格局

靖江王府总体格局和中轴线建筑布局清楚。两侧区域因近现代建设影响，明代建筑分布情况不详。因城市建设，萧墙、社稷坛、宗庙等具体位置不详，影响靖江王府总体格局的完整性。

4.1.2   城墙和城门

近年已对城墙墙体明显的结构问题进行整修，并补齐缺失的雉堞。西城墙外侧、城墙东北角和西北角外侧的保存状况较好；东、南、北三面外侧墙体，以及城墙内侧墙体的保存状况一般。

局部尚存在空鼓、歪闪现象，对城墙整体结构稳定性影响不大；少量石块开裂或破碎，城台和墙体砌缝渗漏比较普遍；城台和墙体生长树木，对城墙结构有明显影响；城墙表面因水蚀、生物病变、表面沉积而风化。

近年对城墙两侧部分紧贴城墙的房屋进行拆除清理，使城墙的保存状态有所改善。

端礼门2000年遭受火灾，城楼无存，仅留台明遗迹。城台表面石块因过火破碎严重，局部变形。城台渗水严重，造成石构件表面风化、酥碱、结垢、滋生苔藓。

遵义门、体仁门的城楼无存，城台结构基本稳定。拱券有开裂、鼓闪和风化酥碱现象，渗漏问题严重。体仁门城台外侧石构件因火烧有明显破碎。

广智门为民国时期重建，城台上建有城楼1层，保留的明代城墙部分结构稳定，石块表面存在风化、渗水等问题。

4.1.3   承运门、承运殿、王宫遗址

承运门、承运殿、王宫遗址的台基外露部分基本保持明代原状，结构总体稳定，保存状况较好。部分石构件断裂、破碎或缺失，表面酥碱、风化、结垢，生物病变比较严重；近年补配缺失的望柱栏板，石质构件加工制作技艺与原物有一定差别。

台明上有1948年所建办公建筑，造成不可逆的占压和影响。特别是王宫建筑遗址上建造的大礼堂严重破坏明代建筑基址。建筑质量和状态总体良好。

存在使用不当的问题。承运殿台基各层平台上被做成草坪和种植树木花草，常年浇灌，造成台基局部歪闪、石构件表面被水侵蚀。空调机设备、电线杆直接架设在台明上，对文物本体和景观有一定破坏。

4.1.4   花园遗址

靖江王府花园在清代以后多有改造，原貌已失，仅存月牙池。近年陆续建有小型旅游建筑。

4.2 其他文物遗存

4.2.1 独秀峰石刻

独秀峰石刻均被雕凿在局部稳定的岩体上，石刻周边与山体陡崖边分布有少量不稳定危岩体。山体面流水和岩溶裂隙渗水冲刷、溶蚀石刻，造成石刻表面风化、结垢、滋生苔藓。部分石刻处在登山道旁，登山游客可碰触石刻，对石刻造成损伤。

独秀峰山体属喀斯特岩溶地貌，存在严重的面流水和岩溶裂隙水侵蚀，植物根系茂盛，山体有不稳定岩体存在。对石刻和游人有一定威胁。2010 年，桂林国土部门对山体进行加固与整治工作，对石刻保护有一定作用。

20 世纪 80 年代以来，在独秀峰山顶建有单层建筑 2 座、亭 1 座，紧靠山脚北面建单层砖结构建筑 1 座，设置六十甲子神像石刻等人造景观，均与靖江王府花园的历史形态不一致，对独秀峰山体和景观有一定影响。

4.2.2 清代贡院遗迹

现存镶嵌在城台上的 3 组石坊、石狮和零散石柱础等清代贡院遗存，均为石灰岩材质，普遍存在表面风化、结垢、滋生苔藓地衣等病害，保存现状尚好。乾隆御书石刻嵌在民国建筑墙上，除存在风化、结垢问题外，局部开裂、残损严重，保存状态有待改善。

4.2.3 民国建筑及纪念物

民国广西省政府办公建筑的使用功能主要为展示、办公以及会议，因维修及时，保存情况良好，但其建筑风格与明代建筑遗存有别。

中山纪念塔和仰止亭的原建（构）筑已毁，1981 年由桂林市文管会按原样式重建，现状良好。

4.2.4 传统民居建筑

靖江王府南城墙外侧为桂林市正阳路东西巷历史街区。在 2013 年实施街区改造项目时，对 4 处文物建筑和 2 处清代传统建筑进行了维修。

4.3 疑似文物遗存

桂林市在滨江路城市改造中曾发现地下暗道遗址，推测为靖江王府暗道，已被回填，保存状态不详。

2013 年发现的靖江王府宗庙遗址未做保护展示。对叠加在宗庙遗址上的岑氏家庙遗址进行了现状覆罩保护。但大面积玻璃罩无维护条件，罩内严重潮湿，遗址内杂草丛生，对遗址有明显破坏，且不利于展示。

4.4 景观环境

4.4.1 内部绿化

靖江王府中轴线及两侧区域环境风貌基本协调，绿化率高，古树名木保存情况良好，生态景观状况较好。

4.4.2　学校设施建设

靖江王府内部后建大量教学和生活设施，布局较乱，城墙多被遮挡，少量旅游设施对文物景观有干扰。在中山纪念塔东侧后建的学生宿舍影响独秀峰和花园景观；东侧体育馆和教学楼的建筑体量过大；西侧于 20 世纪 50 年代建造的教学楼靠近城墙，遮挡了城墙景观。

近年，广西师范大学陆续清理拆除部分有碍景观的房屋，拆除面积约 5000 平方米，环境有所改善，但仍无法全面展示城墙面貌。

4.4.3　周边环境

20 世纪 90 年代，靖江王府西北角部分建筑被拆除，城墙西北角被露出。

2013 年启动正阳路东巷历史地段整治项目，拆除搭建在城墙上或紧贴城墙建造的房屋，对发现的岑氏家庙遗址做覆罩保护和展示，对 4 栋文物建筑和 2 栋清代传统建筑进行维修，同时进行大规模新建改建工程。新建筑全部采用仿古建筑形式，体量过大，建筑超高，街区历史格局基本被破坏。该项目有部分处在靖江王府现行文物保护范围和建设控制地带内，但未履行法定报审程序。

4.4.4　城市景观

靖江王城周边的商业建筑、居民点、校区宿舍密集，部分房屋紧贴或占压城墙，近年陆续整治拆除，状况有所改善。

东西巷改造项目的部分新建建筑被建于现行文物保护范围内，且距离城墙过近；新建游客中心紧贴体仁门城墙且体量较大，严重影响文物景观。

作为独秀峰与周边山水景观的视线通廊，东向"独秀峰—伏波山—漓江"一线和南向的"独秀峰—广西师范大学校园—正阳路步行街"一线保持较好；西北向"独秀峰—宝积山、老人山、叠彩山"一线因有大量现代建筑，景观效果欠佳。

4.5　主要问题

靖江王府中路建筑布局比较清楚，但两侧建筑分布情况不详；王宫遗址因被民国建筑叠压，受到一定破坏。

部分教学和生活设施、景区旅游设施占压遗址，影响总体格局的发现与展示。

王府周边区域建筑稠密，高度超标，商业氛围浓重，严重影响王府景观的展示。

历史街区改造力度过大，建筑超高，对文物环境有明显的负面影响。

5　保护现状评估

5.1　保护工程概况

从 20 世纪 80 年代起，靖江王府城墙已被多次维修。2015 年再次实施全面维修，局部拆砌，归安鼓胀、歪闪和明显开裂的砖砌墙体部分，重勾灰缝，恢复城墙垛墙，铺墁残缺的城墙地面，城门城台已加铺卷材防水。

维修了承运门、承运殿的基址，台面铺墁的青砖地面形式不符合宫殿甬路制式。

对少量独秀峰石刻和碑刻实施了保护。

配合城市基础设施改造，对西城墙外 16 米保护范围区域进行全面整治，但将排水沟设在城墙根，道路排水朝向城墙，对城墙保护不利。

沿城墙根布设夜景照明设施，因拆除部分散水砖埋置灯具支架而破坏了文物本体，在城墙上和边侧附着的管线影响了环境景观。

近年，桂林市文物部门陆续对承运门、原省政府主席办公楼、大礼堂、广智门以及其他办公楼等民国建筑进行了全面维修，重做屋面防水，保存状态明显改善。

5.2 保护现状评估

文物保护工程基本维护了文物安全，较好地保护了文物的真实性。但保护项目比较零散，缺乏系统性。城墙、宇墙满足安全要求，但与原做法和形制有差别，影响文物的真实性。

城墙总体景观尚未得到全面展示，对地下待探明遗存区的保护有待加强，城墙外围具有历史价值的民居建筑和历史街区未得到有效保护。

6 展示利用现状

6.1 展示利用状况

对靖江王府遗址的利用始于清代广西贡院时期。民国时期曾被作为中山公园。抗战结束以后为广西省政府办公地。1954 年以来为广西师范大学校区，并对外展示中轴线区域。

承运门、承运殿、独秀峰、月牙池等王府中轴线区域为靖江王城景区，供公众游览观光，其余部分为广西师范大学教学和居住区。

仅有小部分城墙对外开放。

原广西省政府办公楼被辟为靖江王府博物馆；大礼堂作为文化讲堂，面向市民举办大型文化讲座。

与明藩王文化、靖江王府历史与文化、独秀峰摩崖石刻、桂林历史文化等相关主题的展示，均未得到创建和展示。

靖江王府旅游经营单位为广西师范大学下属的资产管理处，该处再下属桂林王城旅游发展有限责任公司；承运门、承运殿、国学堂由广西师范大学的合作方桂林升辉旅游投资管理有限责任公司维护，其余的由广西师范大学资产处负责。维修工程由桂林市文物保护与考古研究院做业主，学校予以配合。

6.2 功能需求

靖江王府目前除用作广西师范大学的一处校区外，还作为历史文化景区，主要具备教学、靖江王府历史展示、参观旅游、桂林市民的休憩场所等功能。

国家文物局确定靖江王府为国家考古遗址公园，依照国家考古遗址公园要求，正在缓步实施文物保护和展示利用相关项目。

6.3 功能分区

靖江王府中轴线区域为王府历史展示区；中路以西区域主要为教学区，建有多栋教学楼；中路以东区域为教学、后勤和师生宿舍区；端礼门至承运门区域主要为教工和男生宿舍区。

西城墙外侧区域主要为城市商住区，东城墙以外至中华路和北城墙至凤北路一带主要为教工宿舍、广西师范大学出版社办公地和商住建筑，南城墙外侧为新建改建的东西巷商业旅游街区。

6.4   旅游景区建设

广西师范大学设立"桂林靖江王城景区"，以承运门和承运殿遗址、独秀峰及石刻、月牙池、读书岩、太平岩、中山纪念塔、广智门、新建广西贡院等为展示重点。

2001年对原贡院旧址进行的展示设施提升等景观，未能准确反映靖江王府历史内涵。

旅游服务设施比较完善，在2012年被认定为国家级AAAAA旅游景区。

6.5   展示利用方式

展示方式以景点讲解和模拟演示为主。

原广西省政府主席办公楼被辟为靖江王府博物馆，对外开放，常设靖江王府历史主题展。

多数民国建筑用作教学办公建筑。

6.6   展示利用路线

内部交通道路状况较好，靖江王府游览观光路线布局比较顺畅，但与广西师范大学教学、办公和生活区线路交叉严重，相互干扰。

广西师范大学部分教学区和宿舍区分散，造成交通流线混杂。

6.7   游客容量

根据王城景区和独秀峰出售门票统计，靖江王府接待游客量为2005年51.58万人次、2006年53.64万人次、2007年56.43万人次、2008年59.67万人次、2009年65.34万人次、2010年68.37万人次，2013年67万人次、2014年76万人次、2015年65万人次、2016年73万人次、2017年79万人次，总体趋势增长相对平缓。

桂林市市民可优惠进入王府景区休憩活动。

6.8   配套设施

6.8.1   旅游服务设施

旅游服务设施配置比较齐全。承运门东侧设有游客服务中心，主要区域设有多处商业服务点、公共卫生间、垃圾桶、引导标识等，基本满足旅游服务需求。

导游员持证上岗，人数及语种基本满足游客需要，讲解素质有待提高。

旅游商业点分布略杂乱，旅游商品缺少特色，质量缺少保障。

相关研究论著、科普读物、综合画册、音像制品、导游图和导游材料等比较丰富，学术水平有待提高。

6.8.2 教学配套设施

教学区和宿舍区设有多处食堂、商业服务点、公共卫生间、垃圾点等。

6.8.3 交通状况

周边交通状况较好。靖江王府位于桂林市中心区,周边道路设施比较完善,进出便捷。

办公和内部车辆可通过广智门进出王府,在端礼门、体仁门、遵义门禁止机动车穿过门洞进入景区。

广智门外有旅游停车场,面积较小,无法满足容量需求。城内东南角和东北角有小型停车场,可供内部车辆使用,布局略显混乱。

6.9 展示利用主要问题

展示的功能布局有待完善,对靖江王府深厚的历史文化以及文物价值的展示有待提高,展示手段比较单一。

部分旅游项目的文化内涵不足,原有贡院旧址展示设施提升的历史依据不够充分,导游人员的历史文化知识有待进一步提升。

部分游览设施对独秀峰山体和景观造成一定影响,学校生活区建设严重影响靖江王府历史环境和地下遗存的完整展示。

正阳路东西巷改造项目影响对宗庙和社稷坛遗址的进一步发掘和保护,有较大负面影响。

7 管理评估

7.1 现行保护区划评估

7.1.1 现行保护区划文件

2006 年 12 月,广西壮族自治区人民政府公布《关于公布经略台真武阁等 113 处文物保护单位保护范围和建设控制地带的通知》,划定以靖江王府城墙外侧墙基为基线,外延 16 米为保护范围,保护范围外延 20 米以内为建设控制地带,第一排建筑高度不超过 10 米。

《靖江王府保护规划》(2002 年),划定靖江王府保护范围为王城城墙外立面以外 20 米,保护范围以外 30 米(南面 50 米)为建设控制地带,但未批准公布。

2007 年 10 月,《桂林城市规划管理技术规定》明确,靖江王府沿王府城墙外立面以外的 16 米范围内为非建设区,再向外 30 米以内为低层建筑区,建筑高度不超过 10 米。

7.1.2 主要存在问题

相关文件对靖江王府保护区划界线规定不一致。

现行保护区划未能将明代靖江王府完整划入保护范围,影响文物完整性的保护。

管理规定欠缺,对文物本体和周边环境控制力度不足。

对靖江王府保护区划和管理规定的贯彻执行不力,部分建设活动未履行法定管理程序。

7.2 "四有"工作

1997 年,在靖江王府重点区域设立多块全国重点文物保护单位保护标志牌。

已按照文物保护法规要求，建立全国重点文物保护单位记录档案，档案内容有待完善。

7.3 管理机构和职责

广西师范大学为靖江王府城墙以内区域的产权单位和管理使用单位，广西师范大学资产管理处下属的桂林王城旅游发展有限责任公司具体负责靖江王府景区的日常管理、安全保卫和旅游经营。承运门、承运殿、国学堂由广西师范大学的合作方桂林升辉旅游投资管理有限责任公司维护，其余的由广西师范大学资产处负责。宗庙遗址的管理机构为正阳街区管委会（东西巷管委会）和广西凯丰投资管理有限公司。

桂林市文化广电和旅游局负责对靖江王府管理使用单位的监管，督促管理使用单位履行其法定的义务和责任，以及保护项目的报审管理和检查。维修工程由桂林市文物保护与考古研究院做业主，学校予以配合。

靖江王府周边商业和居住建筑分别隶属多家机构或个人，辖区管理机构为桂林市秀峰区人民政府。正阳路东西巷历史地段由秀峰区实施商业开发，部分传统民居属私人财产。

7.4 相关规划

经国务院批准的《桂林市城市总体规划（2001～2010）》和修编的《桂林市城市总体规划（2010～2020）》、《桂林历史文化名城保护规划》（在编）[1] 均对靖江王府的保护提出明确规定，将靖江王府定位为历史文化公园，《桂林城市规划技术规定》明确了靖江王府的保护区划、建设和景观控制要求。

2002年，桂林市文物管理委员会办公室编制《靖江王府保护规划》。

2010年，广西师范大学旅游研究所编制《桂林王城保护利用与发展规划》。

《桂林市历史文化名城保护规划》正在修编中。

7.5 土地性质

《桂林市历史文化名城保护规划》（2001年）确定靖江王府城墙以内土地全部为公园用地。

靖江王府以外的解放东路、中山中路、凤北路、中华路以内区域，分别为商业服务用地、旅游服务用地、居住用地、公园绿地。

7.6 安全防范状况评估

2001年制定了《广西师范大学王城景点管理处消防安全管理条例》，2003年编制了《靖江王府安全技术防范系统设计方案》。

靖江王府城墙以内区域已建立安防监控和消防报警系统，安全、消防条件较好。但存在系统老化、监控能力不足等问题，西侧教学和生活区的安防状况稍差。

靖江王府西侧的商业设施有相应的安防监控和消防报警系统，安防条件较好。

〔1〕 本规划由中国城市规划设计研究院和桂林城市规划设计研究院编制，未经过法定审批。

靖江王府东、西、北侧的居民区无安防监控和消防系统，安防、消防条件较差，部分住宅区的私搭乱建房屋已被陆续整治，安全和消防问题得到改善。正阳路东西巷商业区建筑密度较大，且多为餐饮经营，存在一定的消防安全隐患。

靖江王府景区管理人员的安全防范意识较强，能履行相应职责。周边区域的安全防范意识有待加强。

靖江王府内部主要建筑已陆续安装防雷设施。

独秀峰属喀斯特岩溶地貌，山体多裂隙，结构松散，并存在危岩体，存在岩石坠落的危险。

7.7　管理主要问题

缺少有效的管理措施，对相关法规和规划的执行不力。保护区划内的大量建设项目不符合相关管理规定，未依照《中华人民共和国文物保护法》履行相应的报审程序。

20 世纪 50 年代起，王府内被陆续兴建教学和生活设施。近年，广西师范大学大部分院系迁出，已清理拆除了部分对文物构成不良影响的建筑，但办学定位和功能与文物保护及展示利用的关系有待进一步改善。

靖江王府周边的城市建设管理对文物保护的重视不够，开发建设力度过大，大量建设项目给文物及其环境造成了负面影响。

尚存在不利于文物保护和管理的安全隐患。

8　基础设施现状评估

8.1　道路

靖江王府内部道路条件较好，对进入王府的车辆有一定限制和管理，但仍存在与师生、游客交叉的问题。

靖江王府地处桂林市中心，周边道路条件较好，但车流量比较大，人流比较集中，对游客安全有一定影响。

在靖江王府西侧保护范围的紧邻城墙位置修建城市道路，对城市交通有所缓解，但也存在机动车磕碰城墙的隐患。

8.2　停车场

靖江王府内部有几处小型停车场，供内部车辆和小型旅游车辆停放。

承运门前的景区入口广场及两侧道路为旅游车辆驻车和停放点，供游客在此上下车，存在一定的安全隐患。独秀峰附近也常有接送旅游团队的车辆临时停车。

靖江王府周边缺少大型旅游车辆停车场。

8.3　基础设施

靖江王府内部给排水、电力、电信等基础设施条件较好，基本能满足学校教学、生活和景区旅游需求。

城墙外围部分街巷内基础设施被陆续改造，状况逐步好转。部分设备安装不规范，影响文物的安全和景观效果。

城墙外围排水沟被设在城墙根部，渗水可能造成城墙基础和墙体风化等伤害。

9 保护研究状况评估

9.1 考古调查工作

文物部门未系统开展王府内部及周边区域的考古探查工作，仅配合城市建设对部分区域做过考古调查。

1997 年，广西师范大学改建学生宿舍，在王府东北发现明代大型的房屋建筑基础和含石灰夯筑的地面。

1999 年，学生在王府西北角植树时挖出明代砖瓦残片。桂林市文物工作队现场调查，发现大量明代琉璃瓦、坩埚、大型铺地砖等文物。

20 世纪 80 年代和 2000 年，分别在中华路和滨江路建筑工地发现明代用料石构筑的暗道，推测为明代靖江王府通往漓江的暗道或排水道。

2013 年，配合正阳路东巷改造，考古发现靖江王府宗庙建筑和围墙遗址、清代岑氏家庙遗址，对岑氏家庙建筑遗址进行了现状保护展示。

2015 年，完成了端礼门、遵义门城台考古发掘工作。

2017 年，配合正阳路西巷改造，考古发现疑似明代社稷坛遗存，未采取保护措施。

9.2 保护研究评估

缺少对靖江王府全面系统的考古勘察，严重影响对靖江王府文物内涵的认识和研究，考古工作明显欠缺。

针对靖江王府的宣传出版物较多。但均缺乏全面详实的考古资料支撑，推测、探讨的成分较大，难以令人信服。

10 规划框架

10.1 规划原则

坚持"保护为主、抢救第一、合理利用、加强管理"的文物保护工作方针。

保护文物本体的真实性，重视文物本体及环境的完整性和安全性。

强调保护措施的科学性。

在确保文物安全的基础上进行重点展示。

注意规划的前瞻性和可操作性，制订长远目标，量力而行，分期实施。

10.2 规划目标

在加强考古调查和研究的基础上，深入认识靖江王府的历史与文化内涵，全面保护和展示靖江王府及其历史环境，营造有益于文物保护和展示的良好环境。

确立"亮出靖江王府"的远景目标，彰显靖江王府在桂林历史文化名城中的核心地位。

10.3 基本对策

明确保护对象，对靖江王府及其相关背景环境采取更为有效的保护管理，全面展现靖江王府的历史格局。

加强日常维护，提高安全防范能力，建立预防及抵御自然灾害与不可预见突发事件侵袭的机制。

加强管理，调整靖江王府现有保护区划，明确管理要求，完善管理机构，规范管理程序。

准确定位，合理并可持续利用，更新展示理念，运用适当的展示手段，深层次展现靖江王府的历史和文化内涵。

精炼提升广西师范大学在靖江王府校区的教学功能，开展与靖江王府文化价值匹配的高层次教育和学术交流活动。

妥善协调靖江王府文物保护与桂林城市发展的关系，逐步整治靖江王府内部和周边环境，尽早实现"亮出靖江王府"的远景目标。

提倡公众参与和历史文化的普及教育，创造文物保护与周边居民生活的和谐共存和良性互动。

11 保护区划

11.1 保护区划策略

根据《中华人民共和国文物保护法》第十五条和靖江王府及其周边环境的保护需要，以保证文物本体安全为基本原则，对现行文物保护范围和建设控制地带进行必要的调整。

考虑文物保护的要求和可操作性，靖江王府保护区划包括文物保护范围和建设控制地带两个层次，并将建设控制地带分为Ⅰ类建设控制地带和Ⅱ类建设控制地带两个范围。

11.2 文物保护范围

11.2.1 四至范围

基本维持广西壮族自治区人民政府于2006年12月公布的保护范围。东、北、西侧以王府城墙外侧地表墙基为基线，外延16米范围内；南侧至正阳路东、西巷道路中线。岑氏家庙遗址台基边缘向外扩5米。文物保护范围面积约21.4公顷。

11.2.2 管理规定

将文物保护范围内的土地划定为"文物古迹用地"。

文物保护范围内不得进行与文物保护无关的建设，不得建设污染文物保护单位及其环境的设施。

文物保护范围内不得进行与文物保护无关的爆破、钻探、挖掘等作业。如有特殊需求，必须按法定程序报审。

在靖江王府内部坚持"只拆不建"的原则，不在内部进行新的与文物保护和展示无关的建设项目。

不得移动、更换、拆除或损毁现有文物。不得举行除保护、研究、观光以外影响文物安全的任何活动。

文物保护范围内的现有建筑物、构筑物、管线路由不得影响或破坏文物环境景观。

保护范围内文物保护工程的设计、审批、施工，必须按有关规定执行资质管理和办理报审手续。

在保护范围内进行新的建设工程，应在立项之前首先进行考古勘探，经确认无重要地下遗存后，方可进行立项。如发现地下遗迹，应及时报告桂林市文物主管部门，并采取临时性保护措施。考古发掘活动必须按照《中华人民共和国文物保护法》等有关法定程序办理报批审定手续。

11.3   建设控制地带

11.3.1   四至范围

东至漓江西岸滨江路沿线，南至三多路和依仁路一线，西至四会路一线，北至叠彩路一线。建设控制地带面积约 109.1 公顷。

11.3.2   基本管理规定

不得进行可能影响文物保护单位及环境安全的活动。

市政、电力、电讯以及广告牌等设施不得破坏文物环境，对已构成不良影响的设施应当限期治理。

建设控制地带内的建设项目，必须首先征得国家文物行政主管部门同意后，由广西壮族自治区规划建设主管部门批准，方可实施。

执行考古前置审核程序。在建设控制带内进行新的建设，应在立项前进行考古勘探，确认无重要地下遗迹，方可立项。如发现地下遗迹，应及时报告桂林市文物主管部门，并根据遗址价值对保护区划进行相应调整。

建设控制地带内的建设项目执行《桂林城市总体规划》、《桂林历史文化名城保护规划》相关规定。如上述规划与本规划不一致，应由桂林城市规划建设主管部门和文物主管部门协商处理。

11.4   I 类建设控制地带

11.4.1   四至范围

东至中华路道路中心线，南至解放东路道路中心线，西至中山中路道路中心线，北至凤北路道路中心线，并转向东北角延伸至本规划编制时期的桂林市民政局大楼以北。I 类建设控制地带面积约 34.6 公顷。

11.4.2   管理规定

执行建设控制地带管理规定。

该范围确定为"禁建区"。土地性质将被逐步调整为"城市公共绿地"。

执行"只拆不建"的原则。除建设城市公园所需少量配套服务设施外，原则上不再进行任何新的地面以上建设活动。现有建筑维持现状，但拆除后均不再建设。

任何建设活动不得损害该区域内所包含的历史文化信息。

现存传统民居维修不得改变外观原状。东西巷历史街区建筑改造和重建时，建筑以 2 层为主，建筑总高度不得超过 12 米。

11.5 Ⅱ 类建设控制地带

11.5.1 四至范围

建设控制地带界划以内、Ⅰ 类建设控制地带以外的区域，面积约 74.5 公顷。

11.5.2 管理规定

执行建设控制地带管理规定。

新建项目不得破坏保护区整体历史风貌和环境景观，不得损害该区域内所包含的历史文化信息；建筑色彩、造型应借鉴地方传统建筑，与靖江王府文物环境协调。严格控制建筑体量，不得使用琉璃瓦。

建筑檐口高度不得超过 18 米，靠近靖江王府一侧的建筑檐口高度不得超过 12 米；建筑色彩以灰白色为主。

该区域现有建筑维持现有高度和形式，新建、改建项目执行本规划规定。

11.6 控制点定位

文物保护范围与建设控制地带界限控制点，应由地籍测量部门根据规划图纸现场标定坐标，应设置明显的标志界桩。

12 文物保护规划

12.1 保护原则

坚持"不改变文物原状"的原则，科学、有效地保护管理靖江王府。

以保证文物的真实性为原则。修缮工程应尽量保留原有构件；补配残损和缺失的构件，其材质、尺度等须符合文物保护的相关要求。

采用现代保护材料和保护技术修复文物本体，必须有前期保护试验，确信技术得当，方可实施。

维修过程应建立严格的质量监督和检查制度，保证施工质量。

正确处理靖江王府保护与城市中心区发展的关系，整体保护与靖江王府文物价值相关联的自然和人文景观环境。

正确处理文物保护与利用的关系，合理利用靖江王府。

12.2 保护措施

12.2.1 日常监测

建立和完善日常监测和维护制度，对文物本体进行长期的制度化、系统化监测。

开展靖江王府城墙和宫殿建筑遗址结构稳定性监测，掌握建筑沉降和位移情况；监测靖江王府已实施的保护工程效果、周边环境和植被影响情况、游人容量等项目。

监督建设控制地带范围内建设活动，对城市建设中发现的文物遗存及时采取保护措施。

12.2.2　城墙及城门

加强日常养护，对轻度病害进行简单处置或记录，定期清理影响城墙和遗址安全的草木。

采用诸如局部拆砌或灌浆手段，加固端礼门内侧松动券石、维修加固广智门内侧歪闪墙体和广智门外侧开裂墙体。

陆续清理、拆除保护范围内的房屋，拆除城墙上与文物保护和管理无关的建筑物、构筑物以及架设的管线路由。

疏通、完善王府内部排水不畅的排水沟和排水管。

清理城墙墙体上的杂草树木，清除墙体顶部和保护范围内其他所有部位堆放的垃圾与易燃物品。

12.2.3　承运门台基、承运殿台基

归安歪闪石构件，粘补修复断裂的石构件，对于残损缺失严重、影响结构安全的部位，可采用同类石材补配。

使用适当方法清洗石构件表面微生物和污物，消除微生物对岩石的破坏；在前期试验证明有效的前提下，对雕刻的石构件进行适当保护处理，减缓环境对石构件的侵蚀破坏。

清除在承运殿台基上的草坪和树木，按明代建筑规制重铺甬路和青砖地面。

改造台基四周的排水系统，铺设青砖散水，减少水对石构件的侵蚀。

12.2.4　其他时期历史文化遗存

编制《桂林石刻保护规划》，开展独秀峰石刻保护前期研究，评估石刻现状，选择适宜的保护方法，实施清洗加固。

采用适当的方法清理和加固乾隆御诗碑和三座城门上的石坊。

加强民国建筑的检测和日常维护，采取必要的结构加固措施，更换损坏严重的构件，实施屋面防潮防渗漏工程；疏通排水系统，消除对明代建筑基座的破坏影响；调整现有空调的安装方式，整改影响建筑立面风貌的空调设备及管线。

在本规划远期，整治不符合规划要求和报审程序的东西巷商业区建筑，恢复宗庙遗址区格局。

12.2.5　建筑复原

严格控制文物建筑复原重建，王府城墙以内的遗址原则上现状保护，不得实施复建。

从展示靖江王府整体风貌的角度，开展端礼门等城楼的重建研究，搜集历史照片、图纸资料和周边地区类似建筑实物资料等依据。

建筑重建必须有确凿可信的历史依据，尊重历史原貌，复建方案和实施必须履行法定报审程序，应由具备相应文物保护资质或能力的机构承担。

13　环境整治规划

13.1　整治原则

以保持文物环境的历史真实性、风貌完整性为原则，对靖江王府内部及周边建筑和环境开展整治。

13.2 内部环境治理

13.2.1 校区环境整治

精炼和提升王府校区教学功能，调整广西师范大学教学布局，逐步拆除有碍整体景观风貌的现代建筑和生活用房。

在本规划近期拆除王府内主要靠近东、西、南三面城墙的搭建设施，拆除原广西省政府大礼堂与独秀峰之间的后建房屋；中期结合王府、王城考古与展示需要，对王府内20世纪60年代以后的建筑予以必要的拆改；远期按规划清理整治端礼门至承运门之间区域的相应建筑。

13.2.2 生活区环境整治

在本规划近期拆除20世纪60年代以来紧邻靖江王府城墙而建的单层建筑，中期逐步拆除20世纪60年代以来在王府东部兴建的宿舍和教学设施，远期逐步拆除规划确定拆除的所有建筑设施。

13.3 外部环境整治

启动靖江王府城市公园建设项目，规划期内逐步拆除城墙东侧、北侧I类建设控制地带内的建筑，部分亮出靖江王府城墙，逐步实施靖江王府周边的城市公园绿地建设，以作为靖江王府国家考古遗址公园的重要组成部分和基础工作。

整治改造正阳路东西巷商业设施中不符合规划要求和不符合报审程序的建筑，拆除紧邻体仁门的游客中心建筑。

调整城墙周边靠在城墙一侧的排水沟至道路的外侧，去除城市排水可能给城墙造成的负面影响。

表2 近中期周边环境整治项目表

阶段	项目	整治措施	总面积（m²）	使用功能	所属权
近期	靖江王府城墙内影响文物本体的房屋	拆除	建筑面积约7600	教学、生活	广西师范大学、私人
	保护范围内的靖江王府城墙以外影响到文物本体的违章建筑、公厕、平房	拆除	占地面积约3700	住宅、商业	集体、私人
中期	靖江王府内的承运门以北20世纪60年代以来建造的教学和生活设施	拆除	建筑面积约10500	教学、生活	广西师范大学
	保护范围内的教师宿舍，包括王城1号、2号、3号院、凤北路19号院及贡后巷宿舍	拆除	建筑面积约21425	住宅	住宅、私人
	城墙北侧至凤北路的建筑	拆除	建筑面积约19013	住宅、商业	私人、集体

13.4 建筑风貌控制

严格控制规划范围内的新建建筑高度、密度和风格，与靖江王府及其周围景观相协调，并突出靖江王府的核心地位。

建设控制地带以外的建筑高度、密度和风貌的控制，应严格执行《桂林历史文化名城保护规划》相关要求。

13.5   景观保护策略

13.5.1   空间景观结构

保护由"端礼门（正阳门）—承运门—承运殿—独秀峰"构成的中轴线空间景观和环明代宫城城墙的空间景观。

控制正阳路步行街沿王府中轴线南延400米的城市空间，形成良好的视线通廊。

独秀峰居高临下，俯瞰王城、漓江，与叠彩山、伏波山等周边著名山峰形成对景，构成较好的空间景观。

13.5.2   空间景观控制措施

维护宫殿区良好的景观区域，重点整改北、东、南城墙沿线的景观视线，有效改善杂乱无序的景观效果。

控制中轴线两侧建筑，确保其平面投影不占压和不超出靖江王府南面甬路边界。

保证中轴线视廊不受破坏，争取使景观轴线向北扩展至叠彩山，向南扩展至正阳路步行街和漓江两岸。

13.5.3   景观绿化

保持宫殿遗址区现有绿化，保护古树名木，迁移或去除有损文物本体安全的植物。

配合跟进校区搬迁和居民拆迁，做好腾退后空出土地的绿化与景观维护工作。使王府内部绿化率不低于70%，I类建设控制地带的绿化率建议不低于40%，II类建设控制地带内的绿化率建议不低于10%。

14   展示利用规划

14.1   展示利用原则

以靖江王府遗存、独秀峰石刻和靖江王府历史文化为展示重点；展示内容应从文物建筑、遗址、历史地段、自然风光及文化成就等不同侧面，全面展示靖江王府的历史文化内涵。

在可用于展示的场地允许条件下，还可以进行诸如以下主题的固定或临时展览，即明藩王文化交流中心（含藩王历史文化展厅、研讨、接待等）、独秀峰摩崖石刻博物馆、王城博物馆、桂林历史文化名人博物馆、五咏堂（纪念展示历史人物）、石涛美术馆、广西古本图书博物馆、桂林红色文化展示与传承中心（辛亥革命与抗战文化博物馆）。

展示利用应以不损坏靖江王府文物本体及其景观的安全为前提，不得对文物本体及其背景环境的完整性构成破坏。

以建筑、遗址遗迹原址原状展示和以地面标识展示为主要展示方式。确需修复的，必须提供具有说服力的资料，依法报审，批准后方可实施。

适度控制游人数量，并对游人行为进行有效约束，以保证文物本体安全。

文物展示区内的新建配套设施应与文物景观相协调，保持人文与自然景观的纯净、规整、和谐。

14.2 展示利用目标

文物保护与教育、旅游和谐共存，协调发展。

全面展现明代藩王府的规模、形制及其文化内涵。

结合桂林山水文化，展现靖江王府与桂林城深厚的历史和人文关系，丰富靖江王府的文化内涵。

将靖江王府保护发展为靖江王府博物院。

14.3 展示功能分区

根据靖江王府的文物构成和历史格局，以及保护管理要求，将靖江王府划分为宫殿遗址展示、城墙展示、园林展示、城市公园等功能区。

城墙及城门为城墙展示区；城墙以内，独秀峰以南划为宫殿遗址展示区，独秀峰景区为园林与石刻艺术展示区；城墙外围及正阳路向南至步行街区域为城市公园区。

可将原广西省政府办公楼等部分民国时期建筑改作各类博览场馆，将大礼堂用作桂林靖江王城历史文化展演厅。

14.4 展示利用内容

14.4.1 文物展示
靖江王府城墙和城墙景观。

靖江王府建筑基址、民国时期建筑群。

明代王府花园遗迹、独秀峰石刻、月牙池、中山纪念塔等各时期文物构成的园林景观。

14.4.2 专题展览
靖江王府历史文化。

明代藩王府制度。

广西贡院历史文化。

孙中山与桂林。

抗日战争中的靖江王府。

14.4.3 其他利用
可将大礼堂辟为桂林靖江王城历史文化展演厅，开展与桂林历史文化有关的观演等活动。

建设王府周边公共绿地，作为桂林市民和游客休憩游赏场所。

14.5 展示方式

城墙、城门、遗址、民国建筑、园林等文物本体以现状展示为主。

利用城楼建筑、民国建筑设置专题展览，采用多媒体技术和现场表演，展示靖江王府历史和桂林在民国时期的历史。

城市公园区提供城市绿地，展示代表性民居和特色非物质文化遗产表演。

14.6　展示措施

14.6.1　城墙展示区

逐步清理靖江王府城墙两侧建筑，整修城墙，修复登城马道，全面展现城墙面貌。开放城墙，形成城顶环形游线。

14.6.2　宫殿遗址展示区

清除承运殿台基上的树木、草坪、花坛，按明代规制恢复甬路和铺地。

结合考古调查和考古发掘，标识展示或部分修复明代王府建筑基址，全面展示靖江王府总体格局和组群关系。

14.6.3　园林与石刻艺术展示区

清理独秀峰和月牙池的周边环境，标识展示靖江王府花园区的风貌。

借助实物和拓片等方式，展示独秀峰摩崖石刻艺术。

借助多媒体手段，模拟复原靖江王府花园，展示与王府花园有关的历史、文化和典故。

14.6.4　博物馆

可利用原广西省政府主席办公楼，开设靖江王府历史文化展，结合复原模型、虚拟技术等展示靖江王府历史和出土文物。

可利用原广西省政府西北侧部分办公楼，开辟广西贡院历史展和桂林民国历史展览。

14.6.5　城市公园区

清除城墙北侧和东侧Ⅰ类建设控制地带内的建筑，建设与靖江王府有关联的城市历史文化公园。

对考古勘察发现的靖江王府周边地下遗存，进行模拟、标识或原状展示，形成各自的小型主题公园或文化景观。

14.7　配套服务设施

在端礼门外侧设置售票处、游客服务中心和导游服务站。

在城墙展示区、宫殿遗址展示区设置临时商亭、休憩设施。

在园林与石刻艺术展示区设置休憩、商亭、游人服务点、导游服务点等。

在城市公园区设置特色餐饮、纪念品商亭、厕所、停车场等设施。

厕所应设置在对文物景观影响较小的区域。

14.8　游客容量估算

靖江王府游客容量控制以文物本体安全、适度展示和可持续发展为原则。

参照《风景名胜区规划规范》（GB 50298—1999）的计算方法测算，靖江王府的常态日游人容量为3600人次，日游人容量上限控制在8000人次，年游客容量为95万人次。

15 管理规划

15.1 规划原则与对策

15.1.1 规划原则

坚持以保护靖江王府及其环境为前提的原则。

坚持严格执法和实施有效管理的原则。

15.1.2 基本对策

进一步明确文物行政主管部门和王府各使用单位的管理权限与责任。

完善管理体系和管理措施，提高管理能力。

在确保文物本体安全性和完整性的前提下，加强对靖江王府环境的管理。

15.2 管理机构和权限

广西师范大学作为靖江王府的管理和使用单位，全面负责靖江王府的保护、管理、展示利用和游客管理，并接受桂林市文物行政主管部门的行业管理和监督指导。

桂林市秀峰区人民政府及有关部门、街道办事处、正阳街区管委会（东西巷管委会）等机构，负责靖江王府周边区域的城市建设、基础设施建设和旅游开发经营等活动，对保护文物及其环境的安全负有责任。

桂林市文化广电和旅游局作为桂林市文物行政主管部门，负责靖江王府文物保护工作的行业管理和监督指导。

桂林市文化广电和旅游局对靖江王府保护工作和周边环境的建设活动进行全面管理。严肃执行国家法律法规，按程序审批所有涉及文物及其环境的保护项目。

不可移动文物不得被转让、抵押，展示利用设施中涉及文物的部分不得作为企业资产经营。

15.3 管理规章

15.3.1 管理制度

本规划依法定程序被公布实施后，桂林市文物主管部门按照相关要求核定保护区划线界，立桩标界调整工作，设置说明牌。

严格执行文物保护法律法规，履行文物保护职责。

建立监督管理制度和机制，实施及时、有效的监督管理。

制订《靖江王府文物保护管理条例》，报广西壮族自治区人民政府审议批准实施，内容包括保护范围和建设控制地带的界划、管理体制和经费、保护管理办法、展示利用要求、奖励与处罚等。

15.3.2 相关规划

按照国家有关文物保护的法律法规要求，在本规划基础上，修订或编制与靖江王府相关的其他专项规划；凡涉及与靖江王府相关的规划内容，应优先执行本规划。

15.4 用地性质调整

适时调整本规划涉及区域的用地性质。将靖江王府保护范围以内调整为"文物古迹用地",将I类建设控制地带调整为"公园绿地"。

15.5 日常管理工作

15.5.1 日常维护

加强靖江王府的日常保养维护工作,明确责任人,及时发现问题,及时采取必要的维护措施。

建立自然灾害、文物本体与载体、环境和开放容量等监测制度;制订应急预案,应对可能出现的自然或人为突发事件。

定期清理城墙上的植物。

及时清理靖江王府内部及周边的垃圾,保持良好的卫生环境。

15.5.2 文物档案管理

建立科学全面的文物档案管理制度,全面收集和整理地缘文物档案,包括各时期地形图和总平面图、卫星影像图和航片等基础地理信息资料、古建筑勘测资料、影像资料、保护工程档案和管理档案、学术研究成果等。

完善"四有"档案建档工作。

建立文物综合管理信息系统。

建设符合现代档案管理要求的文物档案库房。

加强与靖江王府历史有关的可移动文物档案资料的收集和整理。

15.5.3 旅游管理

完善靖江王府旅游管理的相关制度,确保文物本体在旅游及相关利用活动中的安全。

进一步加强和完善桂林市文物主管部门对靖江王府展示和利用的监督管理。

研究靖江王府与桂林市旅游发展的关系,对靖江王府文物承载能力与旅游市场需求做出科学分析和预测,使靖江王府的保护、管理和利用与桂林市的旅游发展紧密结合。

15.5.4 人员培训

进一步加强靖江王府管理和使用单位、各类人员的思想文明道德建设,明确分工,落实责任,提高工作责任心。

定期对管理、导游、服务等人员进行专业技能培训,加强文物保护意识,提高专业能力。

15.5.5 宣传教育

利用多种途径、形式、手段,宣传靖江王府的文物价值和保护情况。

加强靖江王府周边的单位、居民、商户和游人的宣传教育,提高公众参与保护文物及其环境的意识。

16 考古研究规划

16.1 规划原则

考古研究工作以有效保护文物安全为基本原则,有助于全面了解靖江王府地下遗存状况,有益于靖江王府文物价值的展示。

配合城市建设和王府内部环境整治,开展靖江王府遗址的抢救性发掘。

开展以研究为目的的考古探查和配合靖江王府保护与展示的重点发掘。

保护范围内进行所有建设项目,应首先进行考古发掘。经桂林市文物主管部门确认无民国以前遗址后,方可实施。

16.2 考古工作

16.2.1 靖江王府宫城城墙勘探

结合城墙维修工程,探查城墙现地面以下状况,确定城墙墙基位置、实际宽度和高度,以及墙基铺地与排水做法等。

考古勘察端礼门民国所建城楼的台基基础,清理可能尚存的更早时期建筑遗址。

16.2.2 靖江王府考古发掘

考古探查靖江王府内部遗址的可能存在区。

对已进行过考古勘探的地点进行全面和细致地发掘,对有价值的遗址进行原址保护、现状展示。

16.2.3 靖江王府范围的确认

开展靖江王府外围考古勘察,探查萧墙及南棂星门遗迹。

结合正阳路东西巷历史地段整治改造,开展考古勘探,探查靖江王府宗庙和社稷坛遗迹。

16.2.4 配合城市建设的考古发掘

配合建设控制地带内建设工程开展考古勘探工作。对发现的靖江王府遗迹进行考古发掘,提出对遗址进行原址保护的措施,并调整建设项目。

16.2.5 加强与靖江王陵的研究合作

靖江王府与靖江王陵有不可分割的关系,同属一处全国重点文物保护单位,开展靖江王府的考古研究时,应加强与靖江王陵的合作。

16.3 研究工作

加强靖江王府历史沿革、建筑布局和靖江王府地域内的历史演变、文脉传承、文教、政治等历史文化研究。

加强孙中山在桂林和靖江王府相关的历史、文化研究。

研究民国时期桂林历史文化,彰显桂林在民国历史上的地位。

出版有关靖江王府以及与靖江王府有关历史的研究著作和普及性读物。

17　安全防范

17.1　安防

改造和完善靖江王府内部的安防监控系统，近期建设I类建设控制地带区域的安防监控系统。

加强保护范围内的治安巡查，建立巡查制度，对重点区域实行24小时监控，确保文物及游人的安全。

加强靖江王府内部文物库房和展陈区的监视管理。

加强安全保卫人员的思想道德建设和安全条例教育，提高靖江王府周边区域居民的安防监控意识。

17.2　消防

改造和完善靖江王府内部以及I类建设控制地带的消防系统，包括消防通道、消防监控、消防报警和消防给水系统等。对不适合引入消火栓的文物建筑内部，配置符合规范要求的干粉灭火器。

设立或完善I类建设控制地带区域的消防通道，消防通道宽度为3~4米，以保证小型消防车可以到达靖江王府周边区域；路面采用可承载消防车的石板铺地，与文物环境协调。

完善消防报警系统，并确保与附近消防队的联系畅通。

靖江王府的管理使用单位和周边社区，成立由员工和社区居民组成的义务消防队。

加强宣传教育，提高靖江王府周边区域居民的消防安全意识。

17.3　防雷

客观评估靖江王府及周边区域已有防雷设施的能力，完善靖江王府防雷系统。

改造靖江王府各建筑的防雷设施。

建设或改造靖江王府周边区域建筑的防雷设施。

17.4　自然灾害预防

根据桂林市的气候条件，评估自然环境对靖江王府各类文物的影响，针对影响严重的问题制订相关保护应急预案。

全面调查独秀峰山体状况，监测岩体变化情况，制订应急预案，对存在的结构稳定性问题采取必要的处理措施。

18　基础设施规划

18.1　原则

基础设施建设以保护文物本体及其环境安全为原则。

本规划经审定后，应尽快按本规划要求编制《靖江王府基础设施详细规划》。

18.2 道路交通

维持靖江王府内部及周边现有道路系统和宽度。

除救援车辆外，禁止其他社会机动车辆通过端礼门、体仁门、遵义门等城门。

开辟城墙西侧南端、中山北路东侧旅游车辆临时驻车场，在解放东路以北选择适当场地建设旅游停车场。

18.3 给排水

靖江王府及周边区域给排水系统纳入桂林市城市市政系统，给排水能力应满足靖江王府文物保护、环境维护、管理和展示利用等需求。

完善文物保护范围和Ⅰ类建设控制地带内的污水处理系统，实施雨污分流，禁止污水直排，污水处理率达到100%。

给排水管线应埋地敷设，并尽量远离城墙。

禁止可能污染水源的建设项目或旅游活动。

18.4 供电

将靖江王府及周边区域供电系统纳入桂林市城市电网，供电能力应满足文物保护、景观美化、管理和展示利用等需求。

文物保护范围和Ⅰ类建设控制地带内的电气线路尽量采用埋地式敷设，改造现有架空线路，拆除线杆，入地铺设。

完善靖江王府入口区、人流集散区的公共照明，灯具形式与靖江王府的整体风貌协调。

完善应急照明系统。

18.5 网络通讯

改造和完善靖江王府通讯与信息网络建设。

通讯网络线路全部采用光纤线路。

线路入地并避开文物本体和古树名木。

18.6 环境卫生

保护范围内不得有垃圾堆积点或填埋点。

结合城市环境卫生系统建设，在靖江王府内部设立充足、必需的垃圾点、垃圾箱，设置现代化的垃圾回收站；在靖江王府附近设置垃圾转运站1座。

完善靖江王府内部公共厕所布局，改造现有公共厕所，增设公共厕所；在靖江王府外围新建或改造符合相关规范的公共厕所；改造或增设正阳路东西巷历史地段民居的小区公共卫生间。

靖江王府及周边区域的大气、水体质量执行国家相关法规和桂林市相关规划确定的标准。

靖江王府及周边区域的道路清扫率、道路清扫机械率、垃圾清运率、垃圾清运机械率、粪便无害化处理率、公厕垃圾箱保洁率均应达到100%。

19 社会调控建议

19.1 原则

以文物保护为本，依法行政，合理补偿，和谐双赢。

依据《中华人民共和国文物保护法》第二十一条规定，靖江王府内部的环境整治和拆迁项目，主要由广西师范大学负责资金筹措和实施；靖江王府周边区域的拆迁改造，由桂林市政府及相关单位负责资金筹措和实施。

19.2 民居拆迁安置

房屋拆迁必须执行国家和广西有关法规和政策，坚持依法拆迁，严禁强行拆迁。

采用房屋产权调换的方式，按照现有住房条件，在适宜地段建设住房并进行相应的搬迁，对迁出人口进行合理的经济或住房补偿，保障其合法权益。

多方引进民间投资，灵活拆迁补偿手段。

鼓励社会资金投资靖江王府周边城市公园建设。

19.3 商业设施

评估靖江王府内部及周边旅游服务和商业设施现状，合理调整商业布局。

改造现有店面，引导商家在规划地段进行与靖江王府旅游相关的商业经营。

19.4 调控规模

粗略统计，为建设靖江王府周边城市公园，实现亮出靖江王府的目标，I类建设控制地带（不含正阳路东西巷历史地段和靖江王府城墙西侧部分）的拟拆迁建筑总面积约28510平方米，其中商业建筑约6073平方米，住宅建筑约18083平方米，办公建筑约4354平方米。

20 分期规划

20.1 分期依据及原则

根据文物面临问题的迫切性和保护实施的可能性，依照文物保护工作的方针、原则和程序，并参考国家及本地区经济与社会发展规划及各相关专业规划内容，制定分期规划。

分期规划应以各专项工作有序展开和循序渐进为原则，使其具有可操作性。

20.2 规划分期实施要点

20.2.1 近期（2020年）

靖江王府承运门、承运殿及石构件保护工程。

实施靖江王府内部建筑第一期整治工程，逐步拆除20世纪60年代以后建筑，以及紧邻城墙建造的房屋和独秀峰南侧单层建筑。

完成靖江王府安防系统和消防系统改造项目。

实施靖江王府周边垃圾网点改造项目。

实施靖江王府周边公共卫生间建设项目。

实施靖江王府周边电气线路整改项目。

20.2.2　中期（2021～2025 年）

继续实施靖江王府城墙保护维修工程。

编制与靖江王府独秀峰相关的《桂林石刻保护总体规划》。

开展独秀峰石刻保护前期研究，编制保护加固方案。

靖江王府密道、棂星门等地下遗址考古勘察项目。

完成原广西省政府建筑群保护修缮工程。

靖江王府内部建筑第二期整治工程，完全拆除 20 世纪 60 年代以后建筑。

靖江王府核心景区整治工程。

实施独秀峰石刻保护加固项目。

Ⅰ类建设控制地带区域安防系统建设项目。

Ⅰ类建设控制地带区域消防系统建设项目。

正阳路东西巷历史地段改造工程。

修订与靖江王府相关的各行业规划。

实施靖江王府Ⅰ类建设控制地带、靖江王府北侧东段建筑的拆迁工程，启动城市公园建设项目。

实施外部旅游停车场建设工程。

20.2.3　远期（2026～2035 年）

完善靖江王府文物本体的日常养护机制。

完成靖江王府内部考古勘探和展示工作。

靖江王府内部建筑第三期整治工程，端礼门至承运门之间区域建筑清理项目。

靖江王府绿化与景观维护工程，维护古树名木。

实施靖江王府Ⅰ类建设控制地带、靖江王府东侧和北侧西段建筑拆迁，完成城市公园建设项目。

21　附则

21.1　规划成果

本规划由规划文本、规划图纸、规划说明和基础资料汇编四部分组成；经依法审批后，规划文本和规划图纸具有同等法律效力。

21.2　批准与公布

本规划经国家文物局同意后，由广西壮族自治区人民政府公布，自公布之日起实施。

21.3 解释权

本规划的解释权归桂林市文化广电和旅游局。

21.4 规划变更

本规划对文物构成及其价值的认定，均以现阶段调查和研究成果为依据。将来，如有新的考古发现和研究成果证明本规划内容有误，可对本规划进行修编。

有关遗址保护区划、管理规定和利用功能等强制性规划内容若需变更，必须按照《全国重点文物保护单位保护规划编制审批管理办法》第十八条规定的程序办理。

项目业主单位：桂林市文物保护与考古研究院

项目负责人：沈 阳 肖 东

主要参与人员：刘 佳 周有光 严 铭

廖恒毅 察宇琨 张 晋

靖江王府保护修缮工程勘察设计方案

（摘录）

北京建工建筑设计研究院

2014 年

现状勘测说明

　　靖江王府是明代靖江藩王的府第。明洪武三年（1370 年），明太祖朱元璋封其侄孙朱守谦为靖江王，藩国桂林。王府建于明洪武五年（1372 年），洪武九年（1376 年）建成，于清顺治九年（1652 年）被焚毁，历十四代，280 年。后虽被火焚，主体建筑基础以及城墙尚存。现存府内的大部分建筑是明代灭亡后所建，尤以民国时期的建筑为主。靖江王府于 1996 年 11 月被公布为第四批全国重点文物保护单位，公布类型为古建筑，公布编号为 154。

　　受桂林市文物管理委员会的委托，我院承担了广西壮族自治区桂林市靖江王府 23 栋文物建筑、1 座石碑、1 处院墙、1 处花园以及靖江王府城墙共 27 处文物点的现状勘测。2014 年 1 月完成了各建筑及周边环境的实测与勘察。（表 1）

表 1　靖江王府各文物建筑面积统计表

序号	建筑名称	占地面积（m²）	建筑面积（m²）
1	承运门	465.16	362.13
2	承运殿	3069.82	1743.65
3	礼堂	2624.77	1888.63
4	仰止亭	16.78	16.78
5	中山纪念塔	29.19	29.19
6	月牙池	5283.85	5283.85
7	东一办公楼	571.23	950.36
8	东二办公楼	586.47	948.89
9	东三办公楼	351.27	500.36
10	东四办公楼	587.41	943.96
11	东五办公楼	342.15	499.40
12	东六办公楼	519.78	965.27
13	西一办公楼	592.26	954.86

续表1

序号	建筑名称	占地面积（m²）	建筑面积（m²）
14	西二办公楼	320.59	502.32
15	西三办公楼	280.80	499.45
16	西四办公楼	587.93	949.43
17	西五办公楼	341.14	798.39
18	西六办公楼	567.70	947.20
19	院墙	268.00	268.00
20	老图书馆	487.14	974.28
21	王城3号	393.91	713.46
22	城墙	11551.20	11551.20
23	东巷2号	146.57	216.02
24	东巷20号	214.67	337.02
25	东巷4号	197.55	379.02
26	西巷36号	89.57	179.14
27	贡后巷13号	141.44	141.44
28	总占地面积（m²）	182172.56	
29	总建筑面积（m²）		34193.13

一　概述

1. 地理位置

靖江王府位于广西壮族自治区桂林市秀峰区。东侧为中华路，南侧为解放东路，西侧为中山中路，北侧为凤北路。地理坐标为北纬25°17′5″，东经110°17′41″。

2. 自然环境

靖江王府所在的桂林市位于广西壮族自治区东北部，处在南岭山系的南部，属山地丘陵地区，为典型的喀斯特岩溶地貌。桂林市区坐落于岩溶盆地之中，地貌复杂，山地、丘陵、平原均有分布，以平原为主，分布有多座石灰岩构成的峰林和孤峰。地面海拔高度148～160米。

桂林属中亚热带季风气候区，四季温和，雨热同季。历年平均风向以东北偏北居多，年平均风速2.6米/秒；年日照时数1602～1684小时，日照丰富；年平均相对湿度76%；年平均气温18.8摄氏度，最热月（7月）平均28.2摄氏度，最冷月（1月）平均7.9摄氏度，年平均无霜期309天。桂林属多雨地区，雨量充沛，年平均降水量1900毫米，最多降水量2679毫米，年平均蒸发量1482.5毫米。

桂林市区地貌可分为山地丘陵地貌区和平原地貌区。土壤属红壤土带，以红壤为主，酸碱度为4.5～6.5。

靖江王府位于漓江西岸，距江岸约300米，属漓江谷地流水堆积二级阶地，土质为砂质黏土和沙土，透水性较强。地下水丰富，水位深度 3～5 米，地下毛细水上升高度不到地表。

靖江王府内现有各种乔灌木树种 100 多种 2000 多株，其中名木古树 22 株，各类草坪 47000 多平方米，各种花圃 5000 多盆，绿化覆盖率高达 70%，超过城市园林绿化比率 40% 的达标标准。靖江王府地处桂林历史文化名城，倚独秀峰而建，与周边的山水格局和历史环境风貌有密不可分的关系。

二 历史沿革

靖江王府在历史上的使用状况几经变更，其历史沿革主要分为以下阶段：明代靖江王府、清代广西贡院、民国时期的广西省政府、1952 年以来的广西师范学院（今广西师范大学）。

靖江王为明朝初年分封的藩王之一，以桂林为王都。第一代靖江王为朱守谦，其祖上是明太祖朱元璋的长兄，名兴隆（元镇），洪武元年（1368 年）被追封南昌王。兴隆之子文正在朱元璋为吴国公时曾任大都督府大都督，节度中外诸军事等职，为明王朝创建立功甚伟。在他死后，独子守谦于洪武三年（1370 年）四月七日受封靖江王，"一切恩数与夫官司属、规制概与秦、晋、楚、蜀诸藩等"（《大明靖江安肃王神道碑》）。后来，朱守谦因罪被废为庶人，囚死于建康（今南京）。朱守谦嫡长子赞仪袭封，"禄视郡王，官属亲王之半"（《明史·诸王列传一》），地位降低至藩王和郡王之间。洪武三年选定府址，洪武五年改建，洪武九年建成。陈琏《桂林郡志》描述其"宫殿、庙社莫不如制，其余近待之官、宿卫之士、合属之司，咸有廨宇"。可见，最初的靖江王府基本遵照规制，但其中建设，特别是下属服务的设施，相对较少，相对简陋。洪武二十六年（1393 年），靖江王的地位有所改变，朱元璋命指挥同知徐溥、工部主事戈祐韩、内官毛知理修治靖江王府。除城墙和城楼未做改动外，"其宫殿、诸衙门俱重起造"。此时，靖江王府城墙内已有承运门、承运殿、王宫门、王宫（中轴线）及旁殿、旁宫、回廊、斋宫、进膳厨等建筑。城、垣之间有府库、堂馆等；端礼门里侧，左侧为宗庙，右侧为社坛。比标准的亲王府邸少了园殿、存心殿及相应廊房。承运门、承运殿、王宫都采用单檐。但承运殿台基为两层，明显高于亲王府邸规制（陈琏《桂林郡志》）。依照《明会典》规定，"凡诸王宫室并不许有离宫别殿及台榭游玩去处"，但是靖江王府"小院宫室任从起盖，不系离宫别殿、台榭游玩之所"（黄佐《广西通志》）。可见此时的靖江王府时有土木之作，并且部分已经突破规制。正统（1436～1449 年）以后，靖江王地位回升，视同亲王。正德（1506～1521 年）时，在独秀峰左右已建有宝善堂、尊乐堂、日新堂、迎赐轩、拱秀亭、山月亭、绿竹轩等。嘉靖（1522～1566 年）时，恭惠王朱邦苧于宫西增建懋德堂（后名承养堂）。万历（1573～1620 年）时，康僖王朱任昌在独秀峰开山造亭。此时的靖江王府"朱扉四达，周垣重绕"（张鸣凤《桂胜》），"飞楼舞阁，隐山树杪，金碧华虫，绚烂极矣"（邝露《赤雅》）！而独秀峰耸立于王府中央，"周遭环以朱槛，其凹以馆，其凸以亭，旋联而上，又如浮图然"，"固天下诸藩所未有也"（岳和声《后骖鸾录》）！南明隆武元年（1645 年），第十三代靖江王朱亨嘉自称"监国"，号桂林为"西京"，以王府为"监国府"。永历皇帝朱由榔两次驾幸桂林均以王府为行宫，靖江王府因此又有"皇城"之称。朱亨嘉后被隆武帝（唐王）朱聿键杀于福建。继封的朱亨歅在清顺治七年（1650 年）被清定南王孔有德擒杀，靖江王国亡。在明朝历史中，靖江王共传十一代十四位王。

清顺治七年（1650 年），定南王孔有德占据靖江王府，改为"定南王府"。顺治九年（1652 年），李定国率农民起义军攻入桂林，孔有德无力抵抗，闭门自焚，前后经营 280 年的明代靖江王府顿成瓦砾。顺治十四年（1657 年），在靖江王府旧址上建造广西贡院。康熙五年（1666 年），贡院迁至都指挥旧署。王府旧址改作镇守将军驻节处。康熙二十年（1681 年），贡院重新迁入王府旧址。雍正十年（1732 年），重修贡院致公堂和明远楼。乾隆四年（1739 年），增修贡院，迁玉皇阁于后院，新建官厅、所房、庖厨等多处建筑。乾隆九年（1744 年），乾隆在翰林院赐宴，后视察贡院，题诗四首，颁行天下，广西贡院现存此碑。嘉庆二十五年（1820 年），在正贡门建"三元及第"石坊，表彰陈继昌乡试、会试、殿试均取得第一。道光十九年（1839 年），贡院规模日渐恢弘，有文场号舍五千多间。道光二十一年（1841 年），在正贡门景福楼南设"状元及第"坊，表彰龙启瑞当年殿试第一，后因景福楼火灾损毁。光绪二十七年（1901 年），在东贡门重建"状元及第"石坊，并在西贡门建"榜眼及第"石坊，表彰同治四年殿试第二名于建章。光绪二十九年（1903 年），清政府废除科举，桂林贡院改为咨议局。

民国之初，独秀峰南是广西省参议会所在地。1922 年大总统孙中山以桂林为大本营组织北伐，曾设总统行辕于此。为此，月牙池中增建了水榭。1925 年孙中山逝世后，在南岸建中山纪念塔和仰止亭。1936 年，广西省政府迁此，原在府中的省立三高中和实验小学迁出。1944 年桂林沦陷，原贡院建筑被毁。1947 年重建首府于此。

1949 年底广西解放后，设军政大学（中国人民解放军第二十四步兵学校）于原广西省府。1952 年后改设广西师范学院，1983 年更名广西师范大学。

三　建筑概况及特点

1. 宫殿遗址

靖江王府平面基本为长方形，东西宽 329.23、南北长 554.76 米，占地面积约 182172.56 平方米。遵照明代藩王府邸制度，采用中轴线对称和"前朝后寝"的总体格局，以独秀峰自然景观为依托，由承运门、承运殿和王宫区及花园与独秀峰构成明确的中轴线，承运门、承运殿和王宫均位于今广西师范大学王城校区的中轴线上，始建于明洪武五年。清初被毁，仅存承运门、承运殿台明，王宫台明残迹和花园月牙池等。

承运门台明，平面呈"十"字形，面阔 28、进深 16.4、高 1.2 米，外包青白石须弥座式，南北两面有垂带台阶，带云龙纹丹陛。（彩版一五）

承运殿台明，平面近方形，前有月台。基座为两层须弥座式，面阔 62、进深 55、总高 2.5 米。南北各有三条带云龙石陛的垂带台阶，其中中路台阶云龙石陛长 8.1、宽 1.7 米。基座上为须弥座式殿基，平面长方形，东西广 44、南北深 19、高 0.6 米。（彩版一六、一七）

王宫门残基高 1.1 米，长宽尺寸不明，南面有垂带台阶。王宫残基东西广 28、高 1.6 米，南北深不明。二者之间的庭院保留大量王府建筑遗留条石构件。（彩版一八）

承运门至王宫门之间庭院保留有大块方石铺砌的甬路。

王府后部原有花园。现仅存月牙池，在独秀峰北麓，因建造靖江王府取土而形成，平面呈月牙

形。（彩版一九：1）

靖江王府城墙，建于明洪武五年（1372年），周长1784米，城墙基宽5.5、高约5.1米（彩版一九：2、3）。夯土墙心，外面包砌青石条，青砖雉堞。有四座城门，城门上原有城楼，现仅存城门城台，其中端礼门为三券门，广智门、体仁门和遵义门为单券门（彩版二〇、二一）。广智门在抗日战争时期被日军飞机炸毁，后重建，形制被改变，城楼建筑风格同原广西省政府建筑，仅两侧城台主体仍为明代遗物；端礼门正阳门楼为民国时期所建，2000年焚毁；其余两座城门门楼已无存。端礼、体仁、遵义三门门券上各存有清代石匾额一块。

2. 民国建筑

广西省政府建筑，包括建于承运门、承运殿台明遗址上的大门和主席办公楼（见彩版一六），以及中轴线两侧12栋楼房。对称布局，砖混结构，仿古代建筑形式，一般为单檐歇山屋顶，外墙刷黄色涂料。（彩版二二：1）

中山纪念塔（彩版二二：2）和仰止亭（彩版二二：3）位于独秀峰月牙池南岸。1925年为纪念孙中山以靖江王府为大本营组织革命军北伐而建。

3. 民居

靖江王府南城墙外侧区域原为靖江王府社稷坛和宗庙所在地，现存清末民初街巷和民居，多为传统木结构建筑，有少量西洋风格的砖木结构楼房，被确定为正阳路东西巷历史地段。

四　价值评估

1. 历史价值

靖江王府是我国现存格局最完整的明代藩王府，并保留了城墙和主要殿堂台明遗迹，为研究明代藩封制度难得的实物资料。

1）靖江王府在明代藩王府邸中，规制特别，修建时间最早，使用时间最长。建筑规模不及其他藩王府，但园林营造则突破明初不得建离宫别殿的规制。

2）靖江王府内清代以后的各类遗存反映了后靖江王府时代的发展历史，具有不可或缺的历史文化价值。

3）靖江王府是桂林文化教育变迁的缩影。独秀峰南朝颜延之读书岩遗址是桂林文风的发源地和最早的学宫所在地，清代在王府基础上建设的广西贡院为该历史功能的延续。

4）靖江王府见证了民国初期孙中山在桂林组建北伐军大本营的重大历史事件。

5）靖江王府所在区域包含从南朝至今一千五百余年丰富的历史文化信息。独秀峰石刻与靖江王府联系密切，相互辉映，石刻中大量明代靖江王宗室的题跋是研究明代靖江王室的重要史料。

2. 艺术价值

1）靖江王府将独秀峰和独秀峰石刻纳于城中，以自然山水和人文创造丰富了靖江王府的文化内涵，具备自然与人文并存的双重景观价值。

2）民国时期广西省政府所建办公楼采用 20 世纪 30 年代流行的"中国固有之形式"，具有鲜明的时代特征和艺术价值。

3）独秀峰石刻中的大量诗文出自历代文人墨客、地方官员之手。南宋王正功"桂林山水甲天下"的诗句就凿刻于此，具有重要的文化价值和艺术价值。

3. 科学价值

1）靖江王府规制和格局基本遵守朝廷制度，承运门、承运殿台明采用明官式建筑做法，城墙砌筑沿用当地技术和工艺，体现了明初官式建筑设计与地方建筑技术结合的特点。

2）靖江王府巧妙利用自然山水地形，将独秀峰纳入王府园林，是明代官式园林的佳作。虽然历经战乱，保留文物极少，但仍可从山水格局和大量题刻诗文中窥见一斑。

4. 社会价值

1）靖江王府是桂林城多个时期历史与多种文化的聚集区，在桂林丰富的历史文化中占有重要地位。

2）靖江王府是近现代中国革命历史的见证，是重要的爱国主义教育基地。

3）靖江王府是国际旅游城市桂林最具潜力的人文旅游资源，对促进桂林市旅游发展具有重要作用。

五 维 修 记 录

1963 年 2 月 26 日，在广西壮族自治区人民委员会《关于公布自治区重点文物保护单位名单的通知》中，桂林王城被列入古建筑及历史纪念建筑物类。

1982 年，广西师范学院历史系部分教师向市政府办公室去信，建议停止在王城内通行机动车及整修城墙和殿台，以保护文物和方便游客参观。

1983 年 10 月 31 日，在广西壮族自治区人民政府办公厅桂政办函〔1983〕437 号文中，自治区人民政府向自治区教育厅批示，广西师范大学搬到三里店办学。

1984 年元月，经市政府批准，桂林市公安局和桂林市文管会联合下发通告，决定从 1984 年 2 月 1 日起，王城的正阳门、东华门、西华门及城门以内禁止各种货运机动车、拖拉机、马车通行。

1988 年 11 月，桂林市文物工作队负责复建王城西华门登城梯道。

1998 年，由桂林市文物工作队监工，市二建四处施工，对承运殿基址上的民国时期建筑（今广西师范大学本部大门楼）进行维修。

1998 年，广西师范大学和桂林市文管会委托桂林市住宅建设总公司第一工程处对师大礼堂（在明王宫基址上建造的民国时期的建筑）进行了维修。

2000 年 12 月 6 日，正阳门城楼被大火烧毁，只剩主体墙。

2003 年 4 月，桂林市文物工作队委托桂林临桂县建筑安装公司对王城一段长 102 米的城墙垛墙进行了维修，总费用 9272.14 元。

2003 年 7 月，桂林市文管会和桂林市文物工作队委托广西师范大学对靖江王府库房进行维修。工程预算总造价为 2030653.10 元。

2003 年 7 月，广西壮族自治区文化厅、广西壮族自治区公安厅桂文发〔2003〕335 号文件转发国家文物局、公安部《关于审定第三批一级风险单位的通知》，桂林市靖江王府及王陵被列为广西第三批一级风险单位之一。

六　现状勘测

本次勘察测绘是利用指北针确定的各建筑方位。

对靖江王府的 23 栋文物建筑、1 座石碑、1 处院墙、1 处花园以及靖江王府城墙共 27 处文物点进行现状勘测，发现各文物建筑存在以下残损。

1. 台基地面

1）王府院落御路地面后被抬高，御路石破损、断裂。

2）承运门须弥座台基风化、松动，生长青苔、杂草。台明阶条石位移、断裂。台明、散水后做水泥地面，室内后铺瓷砖地面。

3）承运殿须弥座台基风化、松动，生长青苔、杂草。台明阶条石位移、断裂。台明方砖地面缺失，后做绿化及水泥地面。

4）礼堂院落方砖地面缺失，后做水泥地面。台基条石松动、位移，后用水泥勾缝。台明及室内后做瓷砖地面。

5）东西两侧 12 栋办公楼室内一层原木地板缺失，后做水泥、瓷砖地面。水泥散水及排水沟局部破损。

6）老图书馆及王城 3 号室内方砖地面破损，局部后用水泥修补。

7）城墙内外两侧地面后被抬高。

8）城外民居室内、台明三合土地面破损严重，局部后用水泥修补。

9）月牙池条石泊岸生长杂草，压面石局部松动、位移。湖中榭青砖台基生长青苔、杂草。

10）仰止亭踏跺条石风化，石柱础开裂。

2. 墙体墙面

1）承运门墙体下部后安装空调机，抹灰局部破损、脱落。墙体上后拉电线。

2）承运殿墙体抹灰局部破损、脱落，后拉电线。

3）礼堂墙体抹灰局部污损、脱落。

4）东西两侧 12 栋办公楼抹灰局部污损、脱落，后拉电线。

5）老图书馆及王城 3 号墙体外侧后搭接建筑，抹灰局部起鼓、脱落。

6）城墙生长杂草、灌木，导致墙石松动、位移。城墙局部鼓闪、开裂，后用水泥修补。

7）体仁门墙体石材在抗战时期遭受炮击破损，后期维修局部补砌墙体。端礼门东西两侧券洞后被封堵，灰缝酥松、脱落严重，局部后用红机砖补砌。遵义门墙体顶部四层石材为后补砌，后拉电线。广智门墙体生长杂草，石材局部松动。

 8）城墙顶部原有垛墙、宇墙全部缺失，后修砌的垛墙、宇墙与原形制不同。

 9）城墙顶部均后做水泥地面，且生长杂草、树木。

 10）城外民居墙体生长杂草，且墙体青砖酥碱、碎裂。

3. 木屋架

 1）承运门因屋面漏雨，梁架受潮，端头糟朽。

 2）仰止亭椽头糟朽。

 3）城外民居梁架均不同程度的破损、糟朽。

4. 屋顶瓦面

 1）屋面瓦全部松动，部分滑落、碎裂、缺失。

 2）城外民居屋面瓦缺失，后用石棉瓦代替。

 3）封檐板因受雨淋，局部糟朽。

5. 装修

 1）承运殿栏板、望柱局部缺失。

 2）承运门、承运殿丹陛石开裂。

 3）民居木装修破损、变形、糟朽，局部缺失。

6. 油饰

 1）封檐板油饰脱落。

 2）仰止亭坐凳、椽头油饰脱落。

 3）承运门、承运殿等建筑木楼梯油饰脱落。

7. 石碑

中山纪念塔塔身石材局部破损，后用水泥修补，局部生长青苔。

七　维修性质

 经过现场勘测建筑实物并查阅文献资料，可以明确文物建筑整体布局比较完整。但是勘测中也发现诸多问题，如屋面瓦松动、碎裂严重；承运门、承运殿台明、室内方砖地面缺失，后做水泥、瓷砖地面；王府院落御路地面后被抬高，御路石破损、断裂；城墙墙体生长杂草，石材松动、位移，局部鼓闪、开裂。此外各建筑的装修、地面、墙面等均存在不同程度的残损。依据现场勘测的实际情况，靖江王府各文物建筑及周边环境急需在近期进行全面保护修缮与治理。

 因此，本次维修的性质是对各文物建筑进行现状修整，对靖江王府城墙做重点维修。

修缮设计说明

一 设计依据（略）

二 工程概述

1. 工程范围

本次保护修缮工程范围包括靖江王府的 23 栋文物建筑、1 座石碑、1 处院墙、1 处花园以及靖江王府城墙共 27 处文物点。（见表 1）

2. 维修性质（略）

三 工程内容

1. 台基地面

1）对王府院落御路地面撤土，地面总降高度约 300 毫米，具体撤土高度待考古挖掘后另作补充设计，修整、粘接破损、断裂的御路石。

2）刨除承运门室内后做的瓷砖地面。由于建筑无通风口，明间局部地面被雨淋，不宜铺木地板，参照大成殿台明做法，室内重铺方砖（410 毫米×410 毫米×70 毫米）十字缝地面。

3）清除青苔、杂草，修整、归安承运门、承运殿、礼堂的台基，刨除台明后做的水泥地面，重做台明方砖（410 毫米×410 毫米×70 毫米）十字缝细墁地面〔根据现场勘测已变更为重做青砖（380 毫米×190 毫米×80 毫米）十字缝铺墁地面〕。

4）刨除承运门后做的水泥散水，参照承运殿散水做法，重做承运门条砖（380 毫米×190 毫米×90 毫米）十字缝散水，补做承运殿条砖（380 毫米×190 毫米×90 毫米）十字缝散水。

5）刨除东西两侧 12 栋办公楼后做的水泥、瓷砖地面，并对地面降土深约 470 毫米，砌筑二四墙地垄，用 C20 水泥砂浆找平地面，并做 SBS 卷材防水，补做楼枕（D = 130 毫米），铺设木地板（采用当地松木制作，厚 30 毫米），并刷红油漆三道。

6）刨除老图书馆及西楼后做的水泥地面，修整破损的方砖地面。

7）对城墙内外地面进行降土，降土高度待考古挖掘后另作补充设计，本方案对城墙四周道路暂做铺墁石板（600 毫米×300 毫米×40 毫米）地面，宽 4 米。

8）剔除水泥，平整地面，重做民居室内、台明三合土地面。

9）清除月牙池泊岸杂草，修整松动、位移的压面石。清除湖中榭台基杂草。

10）仰止亭风化的踏跺条石不影响使用，暂保持现状。用环氧树脂粘接断裂的石柱础。

2. 墙体墙面

1）为方便建筑使用功能，后安装的空调机暂保持现状。找补各建筑墙体破损、脱落的抹灰，按规范重新布置线路。

2）清除城墙墙体杂草、灌木，归安松动、位移的石材。对墙体石材进行编号，拆砌鼓闪、开裂的墙体。

3）清除体仁门墙体上的杂草，抗战时期遭受炮击破损的墙体石材不影响城墙稳定，且具有一定纪念意义，暂保持现状。拆除端礼门封堵券洞的墙体，对券石进行修整，清除后砌的红机砖，按原形制重砌墙体。后补砌的城墙暂保持现状。

4）拆除城墙顶部后修砌的垛墙、宇墙，根据《桂林郡志》记载的靖江王府图，恢复垛墙原有"品"形垛口，用条砖（380毫米×190毫米×90毫米）重砌垛墙、宇墙，干摆、十字缝做法。

5）清除墙顶的杂草、树木，刨除城门顶部后做的水泥地面，地面总降高度240毫米，重做地面灰土垫层，灰土夯实高100毫米，夯土完成后做沥青防水卷材，在卷材上部再做灰土垫层高50毫米，再海墁条砖（380毫米×190毫米×90毫米）十字缝做法。刨除城墙顶部后做的水泥地面，地面总降高度240毫米，重做地面基层，灰土夯实高150毫米，灰土夯实完成后再海墁条砖（380毫米×190毫米×90毫米）十字缝做法。

6）清除民居墙体上的杂草，挖补、更换酥碱、碎裂的青砖。

3. 木屋架

1）剔除梁头糟朽部分，根据梁头形制做钢板套头并用螺丝加固，刷防锈油漆两道。

2）揭瓦椽头，更换糟朽檐椽。

3）修整、更换民居破损、糟朽的梁架。

4. 屋顶瓦面

1）补配缺失的屋面瓦，揭瓦面，更换松动、碎裂的筒瓦、底瓦。

2）拆除屋面后做的石棉瓦，重做建筑灰瓦屋面。

3）更换糟朽的封檐板。

5. 装修

1）补配承运殿缺失的栏板、望柱。

2）用灰膏（桐油调和）勾抹开裂的丹陛石。

3）更换、补配民居变形、糟朽、缺失的木装修。

6. 油饰

1）重做封檐板三道防腐油漆。

2）补做仰止亭椽头、坐凳油饰。

3）补刷承运门、承运殿等建筑楼梯防腐油漆三道。

7. 石碑

清除青苔，对塔身做专项科技保护。

四 修缮做法说明

1. 维修原则

严格遵守不改变文物原状的原则，尽可能真实完整地保存各建筑的历史原貌和建筑特色。在修缮过程中以原建筑传统做法为主要修复手法，对近代改变原状的做法和工程上的错误做法在本次修缮中予以纠正，恢复原貌，对原状和做法不详的暂保持现状。

1）尽可能多地保存旧有建筑材料，尽可能多地采用传统材料和工艺做法。

2）加固补强部分要与其关联的结构构件连接可靠。

2. 主要措施和做法说明

1）城墙四周道路修补做四六灰土垫层一步，按地面设计高程抄平找好泛水。正式铺石板前先按设计尺寸砍磨加工的板块试铺，检验板块是否方正、边棱接缝是否严密平直，不足之处随时修整，无误后标号揭起再正式铺墁。坐底用掺灰泥，泥上浇熟石灰浆，勾缝用油灰。铺墁时用木墩锤击震，将砖缝挤严，令四角合缝，使石材表面平整。

2）室内地面重做，清理旧垫层，按原制重做垫层，按设计高程铺好。

3）补配严重残损和缺失的石构件时，应用原材质、原规格石料，对石料要用原做法加工处理，做到与周边石构件的协调。

4）修补缺失的木构件原则是缺多少补多少，不能全部新作。修补材料、做法和式样同原构件，做到新旧协调。对已经缺失的按原式样、做法、材料进行更换。

5）木基层的检修和更换结合屋面揭瓦，拆卸挂瓦条及糟朽的椽板，按原式样、规格、尺寸更换糟朽的挂瓦条和椽板。

6）瓦屋面要放线铺设，铺瓦时按从下至上的顺序，第一排应稍微翘起，不能低头，以防一排翘曲。每排达到平整顺直的要求，横向和竖向每铺5片要进行一次误差的调整。铺屋檩处最后一排时，尾部要用麻刀灰垫实坐稳。

7）局部残缺装修的修补原则是缺多少补多少，不能全部新作。对个别劈裂、糟朽严重的边挺、抹头、棂条可进行更换。修补材料、做法和式样同原装修，做到新旧协调。

3. 主要材料要求

1）砖料：维修中拆卸的完整和半块以上的旧砖可随工继续使用。新砖砖体规格必须符合设计尺寸；应外观平整，颜色一致，整体无破损，棱角齐全，不允许有欠火砖和酥砖；抗压强度、抗折强度、吸水率、抗冻性等各项指标符合检测指标；具有产品出厂合格证及检验报告。

2）瓦：拆卸下来的旧瓦件须逐块过手检查，有破裂、隐残、变形及掉釉严重等情况者不得使用。新制瓦件应符合《烧结瓦》（GB/T 21149—2007）标准，瓦件式样和颜色与原瓦件一致，并具有产品合格证及检验报告。

3）白灰：块状生石灰，灰块占灰量的比例不得少于50%，不能使用经粉碎加工后的生石灰粉。

4）黄土：选用无杂质的砂性黏土。

5）石材：新添配的石材要与原石材构件色泽一致，无裂缝、隐残、炸纹、铁线、风化等现象，质量符合《古建筑修建工程质量检验评定标准（北方地区）》（CJJ 39—1991）的相关要求，并具有产品合格证及检验报告。

6）木构件用材：为更换木构件选择木材时，尽量选择同类材质或物理力学性质接近的树种，木材选用一等材，符合国家原木检验标准，具体要求应符合《古建筑修建工程质量检验评定标准（北方地区）》（CJJ 39—1991）和《古建筑木结构维护与加固技术规范》（GB 50165—92）的相关标准。

7）油灰：生石灰粉过箩，与面粉、黑烟子加桐油搅拌均匀，生石灰粉：面粉：黑烟子：桐油 = 1：2：0.5：适量（重量比），用于细墁地面挂灰。生石灰淋水成粉与桐油搅拌均匀，生石灰粉：桐油 = 10：1.5（重量比），用于石构件勾缝。

8）三合土配比为亚黏性黄泥：生石灰过淋取浆：细河砂 = 4：3：3，还可加适量桐油。

各项目的具体做法详见各修缮做法一览表和修缮设计图纸，另可视实施过程中的需要再补充设计。

五 施工要求

1）施工前要根据现场实际情况做好文物保护措施，确保维修范围内一切文物的安全。

2）遵守国家现行有关文物古建筑施工与施工验收规范进行施工。

3）在施工过程的每一阶段都要做详细记录，包括文字、图纸、照片甚至录像，留取完整的工程技术档案资料。如果发现新情况或发现与设计不符的情况，除做好记录以外，须及时通知设计单位，以便调整或变更设计。

4）设计中选用的各种建筑材料必须有出厂合格证，并符合国家或主管部门颁发的产品标准，地方传统建材必须满足优良等级的质量标准。

5）修缮工程施工须与其他专业（水、电、消防等）施工配合，要在文物保护修缮之前确定设计方案，统筹施工，保证施工质量。

项目业主单位：桂林市文物保护与考古研究院

参 与 人 员：周有光 贺战武 廖恒毅 赵哲伶

桂林靖江王府端礼门石墙防风化保护
与表面修复技术方案

（摘录）

国文科保（北京）新材料科技开发有限公司

2017 年

一　概述

靖江王府（现又称桂林王城）是全国重点文物保护单位，位于桂林市中心地带，墙高门深、气势森然，建于明洪武五年（1372 年），洪武二十六年（1393 年）筑城墙，至今已有 600 多年的历史，比北京故宫建成的时间还早。王城南北纵距 557.5 米，东西横距 336 米，占地面积 18.7 万平方米，城墙高 7.92、厚 5.5 米。辟有端礼、广智、体仁、遵义四门。城门左为宗庙，右为社稷，在主轴线上建有承运门、承运殿、后宫、御园，围绕主体建筑还建有楼堂厅馆、亭阁轩室，构成一组规模宏大、金碧辉煌的建筑群。堂有宝善、尊乐、日新，亭有清越、喜阳、望江、拱秀，台有凌虚，馆有中和，室有延生，轩有可心，所有修玄。清顺治七年（1650 年），明降将孔有德领兵攻克桂林后封定南王，改靖江王府为定南王府。顺治九年（1652 年），农民起义军李定国攻占桂林，孔有德兵败举火自焚，280 年历史的靖江王府付之一炬，现仅存城墙、城门及承运门、承运殿的台基、雕栏玉砌和云阶玉陛。

端礼门城墙遭受大火焚烧，再加上处于露天环境中，长时间遭受风吹、日晒、雨淋，墙体缝隙植物滋生，石墙部分出现严重的碎裂脱落及风化等病害，文物价值与历史信息大量流失。因此对端礼门石墙的保护工作是十分必要的。

2016 年 4 月，受桂林市文物保护与考古研究院委托，我单位对靖江王府端礼门石墙（东、南、西立面）进行现状调查以及防风化保护与表面修复设计工作。

二　保存现状调查与评估

端礼门城墙遭受过大火焚烧，再加上处于露天环境中，长时间遭受风吹、日晒、雨淋，墙体缝隙植物滋生，石墙部分出现严重的风化及碎裂脱落，文物价值与历史信息大量流失。

（一）石墙病害

1. 表层碎裂脱落

靖江王府端礼门石墙存在大面积的表层碎裂脱落现象。岩石表层碎裂脱落是由不同环境因素共同作用产生的。岩石为热的不良导体,白天受到阳光照射时外热内冷,夜间则外冷内热,产生温差现象。大多数岩石是由多种矿物组成的,各种矿物的热膨胀系数不一致,热膨胀时颗粒间的连结会被破坏。假如夏季遭曝晒的石质构件突然受到暴雨的浇淋,岩石中的膨胀性矿物遇水膨胀,则会加速破坏岩石颗粒间的连结以及岩体表层与里层的连结。热膨胀加上遇水膨胀使岩石表层疏松,产生裂缝,从而导致岩石出现空鼓和片状剥落。

端礼门石墙由于被大火焚烧,墙体岩石碎裂,强度变弱,同时在各种环境因素的长期影响下发生大面积的碎裂脱落。

2. 表面粉化及剥落

表面粉化及剥落是在石质文物表面产生的最广泛的一种病害,几乎所有的石质文物都有不同程度的粉化脱落现象。病害产生后,石质文物表面呈粉末状或颗粒状的脱落,甚至整体大面积粉化剥落。

粉化剥落一般为各种环境综合影响的结果,周期性温湿度变化、冻融作用及水盐活动等都会导致石质文物表面的酥粉剥落现象。

端礼门石墙长期暴露于太阳光下,紫外光破坏岩石组成成分中胶结物的结构,从而破坏其稳定性;冻融作用或者冷热交替导致石材微观孔隙不断扩大,结构进一步松散;风蚀作用或雨蚀作用通过机械力的作用将文物结构松散的表面物质带走,同时对强度较低的部分产生较为直接的机械冲刷力。实际环境中,各种环境因素共同作用于石质文物表面,加速了粉化剥落的速度。

3. 人为污染

人们在生产生活中会对文物产生诸多影响,人为污染多种多样,包括生活中产生的油烟污染、在文物表面刻划产生的机械性损伤、表面留字的涂抹乱画等,此外还包括在文物保护修复过程中对文物造成的影响,以及一些对文物的临时不当修补措施等。这些人为污染使文物外观与表面性能发生极大的变化,产生负面影响。

端礼门旁曾有人依墙建造住所,门侧面有大面积的油烟污染。

4. 植物病害

靖江王府端礼门石墙缝隙中有大量植物生长,这些植物的根系在墙体内发展,对墙体本身及墙体稳定性造成了一定的破坏。

调查发现,端礼门石墙东、南、西三个立面石材均存在严重的表层碎裂脱落、表面粉化及剥落、人为污染、植物病害等,南立面病害程度最为严重,对石墙的保存与展示产生不利影响,同时也对文物安全及人员安全构成隐患。

(二) 石质文物风化现状评估

石质文物风化现状评估的主要研究方向,一是评估文物风化破损对石质文物本身强度、外观等各项性能指标造成的影响,二是分析影响文物劣化的各种环境因素,在此基础上为文物保护的材料和工艺选择提供科学依据。具体评估内容包括石质文物本体保存现状评估、文物保存环境评估以及环境因素与文物风化的关系。

1. 文物本体保存现状评估

文物本体保存现状评估针对文物本体进行检测分析，在大量详实数据的基础上评估文物风化程度，分析风化对文物材质性能的影响。

（1）评估目的及意义

对石墙文物本体性能数据进行检测与分析，并与同类新鲜石材性能数据进行对比，从而对石墙的风化程度进行客观、科学的评估。该项工作可为设计选择保护材料提供科学的参考依据，对研究石质文物表层劣化程度具有重要实际意义，也为文物的保存与保护提供科学依据。

（2）评估思路和方法

对石刻文物进行本体数据采集，通过对比分析的方法，评估不同区域、不同构件的石质文物的风化现状。

A. 检测评估思路

对保护范围内不同石质文物对象进行全面检测，采集已风化石质文物本体的外观、强度等数据。

对现场采集的数据进行整理，初步得到端礼门石墙的平均强度以及风化程度数据。

对比分析端礼门石墙不同区域的检测数据，分析风化程度差异，并参考新鲜石材数据，分析风化对石质文物造成的影响，评估文物保存现状。

B. 检测评估手段和意义

石质文物长期受到水、风、雨、阳光、腐蚀气体等自然因素的影响，会产生表层粉化、剥落、起鼓、结壳等影响文物保存的病害。较为广泛的是由于表层劣化，造成石质文物的表层强度降低，表层孔隙率增大，以及外观污染、变色等。根据以上风化特点，针对端礼门石墙的具体情况，我们设定了包括划痕强度、回弹强度的强度检测，色度的外观测定，以及表面自由渗水率测定、表层超声波波速测定、表层含水率测定等检测项目。

检测项目和意义

序号	检测项目	意义
1	划痕强度	用于分析石质文物构件表面风化程度，通过与同材质未风化样品划痕宽度数值进行对比，判断石质文物构件表面风化状况。
2	回弹强度	用于分析石质文物构件表层强度，通过与同材质未风化样品回弹值进行对比，判断石质文物构件表层风化状况。
3	表层超声波波速	检测石质文物构件表层声波传播性能，通过对比同材质未风化样品的数据，可以判断风化作用对石质文物构件表层材质密实度改变的影响程度。
4	表面自由渗水率	反映同种石质文物构件不同层次风化程度，以及风化作用对石质文物构件表层造成的孔隙变化。

序号	检测项目	意义
5	表层含水率	与未风化标准材质含水率进行对比，评定文物材质在自然状态下的含水率；同时可结合其他检测项目，评定不同含水率条件下文物强度、外观等的差异。
6	色度	采集文物表面色度数据，根据不同色度参数，可以评定风化及污染等病害对文物材质造成的外观变色效果。
7	X 射线荧光	采集文物表面各种化学元素的含量，对比文物本体主要的化学成分，分析文物的风化因素及成因。

（3）石墙本体数据评估

划痕宽度：端礼门石墙的划痕值范围为 0.579 ～ 0.951 毫米，差异较大，表明端礼门不同位置的表面强度存在一定的差异。总体来看，38% 的检测点位划痕宽度较新鲜石材增加了 30% ～ 50%，56% 的检测点位划痕宽度较新鲜石材增加了 50% 以上，近 95% 的检测点位石材强度已降低了 30%以上。

回弹强度：端礼门石墙的回弹值范围为 12 ～ 40，均值仅为同类新鲜岩石回弹值的一半，而且现场检测时有很多点位出现空鼓，回弹值极低。整体来看，35% 的检测点位回弹强度较新鲜石材降低了 30% ～ 50%，57% 的检测点位回弹强度较新鲜石材降低了 50% 以上，表明石墙的表层强度很低。

超声波波速：端礼门石墙的超声波波速为 1245 ～ 6250 米/秒，相较于同类新鲜岩石的 5326 米/秒，只有一个点位高，其他点位均低，有近一半的点位超声波波速仅为同类新鲜岩石超声波波速的 1/2，表明端礼门石墙相较于同类新鲜岩石表层致密度降低，表层较为疏松。

表面自由渗水率：石质文物表面风化导致表层孔隙率增大，表面自由渗水率增大。端礼门石墙表面自由渗水率均值是同类新鲜岩石表面自由渗水率的 3 倍，有些点位甚至是同类新鲜岩石的 7 倍多。

表层含水率：端礼门石墙的含水率均值高于同类新鲜岩石，一些微生物滋生的部位含水率较高。

色度：端礼门由于微生物滋生以及大面积碎裂脱落，不同部位岩石色度不一，差异较大。

端礼门石墙的石材为石灰岩，主要成分为方解石，即主要化学成分为 $CaCO_3$，因此钙元素在所测元素中比重较大。微生物滋生区因为污染物覆盖，检测数据中钙含量较低；黄色结壳区硫含量很高，表明黄色结壳应该是硫酸钙结壳。在大部分检测点位中检测到的硫元素均在 1.5% 以上，表明端礼门石墙受空气中硫化物影响较大。

（4）本体保存评估结果

总体来看，端礼门石墙由于遭受过大火的焚烧，同时受外界环境因素的影响，石材强度降低，变得脆弱。通过各项本体数据分析可知，石墙表层强度远低于新鲜岩石，其中约 56% 的检测点位石材强度较新鲜石材降低了 50% 以上，约 35% 的检测点位石材强度较新鲜石材降低了 30% ～ 50%，目前端礼门石墙石材处于重度风化状态，表层强度较低且较为破碎。

2. 文物保存环境评估

环境是文物风化的外因，只有详细掌握文物保存环境，才能结合文物自身材质特点进行有针对性的加固与防风化保护。文物保存环境评估，就是对文物的区域环境进行检测与分析，采集可能引起文物风化的环境因素数据，分析文物周边的各种环境因素，为推断文物劣化的主次因素提供依据。

（1）评估目的及意义

文物现场的微环境是指文物个体或区域所处的环境。文物周边环境及自身具有差异特征，文物区域与区域之间、个体与个体之间以及自身方位的不同导致主要劣化因素的不同，进而导致劣化程度的差异。微环境检测可以细化分析环境对石质文物的劣化影响，确定石质文物的主要劣化因素，为研究石质文物劣化原因及实施保护提供科学依据。

（2）评估方法

根据石质文物风化机理分析，针对端礼门的环境检测项目包括有害气体二氧化硫、氮氧化物和二氧化碳的检测，以及紫外光强度、风速、石质文物风化产物的易溶盐含量检测等。

A. 有害气体检测项目

检测项目：二氧化氮、二氧化硫、二氧化碳浓度的测定。

使用仪器：便携式 NO_x 检测仪、便携式 SO_2 检测仪、便携式 CO_2 检测仪。

目的及意义：大气成分比较复杂，其中的有害酸性气体在一定条件下会对户外石质文物产生腐蚀破坏，例如酸性气体中二氧化硫在一定条件下会与室外一些主要含碳酸盐成分的石质文物发生反应，使石质文物产生不同程度的劣化。因此，将有害气体检测项目与文物本体评估状况相结合，可以客观分析文物劣化与有害气体的关系。

B. 紫外线强度检测

检测项目：紫外线强度。

主要检测仪器：紫外光测定仪。

目的及意义：室外文物直接受到所处环境紫外线的照射，会产生龟裂、粉化等一些老化现象，造成文物不同程度的劣化。紫外线检测可以确定室外文物的劣化程度，并为室内模拟试验基本参数的设定提供依据。

C. 风速测定

检测项目：风速。

主要检测仪器：热球式风速计。

目的及意义：风及沉降的颗粒物会对文物造成一定的危害，例如经常在石质文物上看到的"风蚀"现象。通过对风速的测定可以了解风对文物的危害，确定文物的劣化因素和劣化程度。

D. 风化产物分析

检测项目：硫酸根、碳酸根、碳酸氢根、氯离子、钙离子、镁离子等。

主要检测仪器：实验室分析仪器。

目的及意义：石质文物会受到环境因素不同程度的危害，产生一定的风化产物，通过对风化产物中一些易溶性盐进行测定，可以评估各种环境因素对石质文物的影响程度，确定石质文物表层劣化的主次因素。

（3）文物保存环境评估

端礼门附近空气中 SO_2 气体 24 小时平均浓度相对较高，NO_x 气体 24 小时平均浓度相对较低，因此 SO_2 气体对石墙的影响相对较大。

端礼门附近 CO_2 气体浓度较高，湿度较大，劣化产物中 HCO_3^- 浓度较高，说明墙体石材的主要成分 $CaCO_3$ 与空气中的二氧化碳和水反应生成了可溶性 $Ca(HCO_3)_2$，加速了石墙的风化。

紫外线强度较高会对石材中的胶结物有一定的破坏作用，长期处于紫外线照射下，石材表面会变得酥散。同时，较大的风速与其他环境因素共同作用也会加快石材的风化速度。

3. 评估结论

通过对靖江王府端礼门石质文物进行本体保存现状评估、保存环境评估，可以得到以下评估结论：

1）端礼门石墙存在大面积的碎裂脱落、空鼓现象，同时表面强度较低，不利于文物的保存与展示，也对文物安全与人员安全造成一定的威胁。

2）石墙处于重度风化阶段，表面强度较低，导致其受各种环境因素影响更为明显。端礼门附近的高湿度使得石墙中的碳酸钙与空气中的水和腐蚀气体反应形成可溶盐，从而造成本体成分的流失。同时，高湿度的环境也为微生物和植物的滋生提供了条件。

3）端礼门石墙每天大部分时间会受到阳光的直射，受到紫外线照射时间很长，石材中的胶结物受到破坏，导致石墙表面酥粉，强度降低，并且更容易受到其他环境因素（如风速、降雨等）的影响，加快风化速度。

因此有必要对端礼门石墙进行表层加固与防风化保护、表面修复等保护修复工作，以提高石墙表层强度，降低外界自然因素对其造成的破坏，保证文物与人员安全。

三 保护材料的选择

（一）文物本体防风化材料

在前期调查与评估中发现端礼门石墙材质为石灰岩，与我单位所完成的普陀山摩崖石刻勘察设计项目中保护对象为同一种石材，且所处环境基本相同。在前期项目中我们通过环境模拟老化试验筛选出了保护效果与耐老化性能较好的保护材料体系，因此在端礼门石墙保护中拟继续采用该材料体系，即：

1）表层加固材料：纳米级二氧化硅复合氟碳乳液。

2）表面防水材料：纳米级二氧化硅复合硅氧烷防水材料。

3）表面封护材料：纳米级二氧化钛防紫外线封护材料。

作为专用保护材料，上述材料体系具有以下性能特点：保护材料渗入砖石质文物中不与文物材质发生化学反应,不生成新的物质;通过保护可以有效提高文物材质强度,从而提高文物抗风化性能;通过表面防水处理,可以有效阻止水对文物表面的浸润作用,增加文物表面的自洁性能;通过封护提高文物抗风化能力,屏蔽自然界紫外线,减小风化因素对文物体的作用;保护之后文物材质与外界的传输通道仍然畅通,不影响再次保护。

(二)修补加固材料

在端礼门石墙保护中拟采用普陀山摩崖石刻勘察设计项目中试验效果较好的修补加固材料体系,即:

1)基层修补材料:纳米复合修复乳液、原石粉、无机粘合剂、水、不锈钢锚杆、钢丝网。其中原石粉与无机粘合剂比例为7:4,纳米复合修复乳液与水的比例为2:1。

2)嵌补材料:同材质块石,原有脱落石块最佳。如无法找到原有脱落石块可采用同材质且外观相似的石块进行嵌补加固处理。

3)表面匀色材料:纳米复合修复乳液、原石粉、无机粘合剂、水、无机颜料。其中原石粉与无机粘合剂比例为7:2,纳米复合修复乳液与水的比例为3:1,无机颜料加入量根据现场情况进行调整与确定。

(三)砌缝勾填材料

在完成修补加固后对条石间砌缝进行深层填充和表面勾缝处理,勾填材料如下:

1)深层填充材料:纳米复合修复乳液、石英砂、无机粘合剂、水、细小碎石。其中石英砂与无机粘合剂比例为3:7,纳米复合修复乳液与水的比例为2:1,根据缝隙宽度适当添加细小碎石。

2)表层勾缝材料:纳米改性糯米浆、熟石灰、麻刀。

四 拟采用保护流程与技术

(一)保护流程

根据前期调查与评估结果,在端礼门石墙(东、南、西立面)的保护中拟完成表面清洗、表层加固与防护及石墙修补加固三项工作,以有效缓解石墙表面污染与风化问题,解决石块碎裂脱落对文物及人员安全造成的威胁,改善文物的展示效果,延长保存年限。

工作流程:表面清理与清洗→局部位置表层加固→修补加固→砌缝勾填→石墙整体表层加固与防风化保护→效果评估。

(二)表面清理与清洗

1. 目的

1)清理石墙表面存在的植物,避免其根系的生长对石墙造成破坏。

2)清理破碎较为严重的碎石,为修补加固工作奠定基础。

3)还原文物建筑的历史外观,将文物建筑的历史价值、艺术价值等最大化展现出来。

4）清除文物表面的沉积污染物和文物材质孔隙中的深层污染物，为后续保护与修复工作奠定基础。

2. 实施原则与要求

清洗原则与要求如下：

1）工艺结束后不在文物建筑上留下有害物质，不引起二次污染。

2）能有效清除文物构件表面污染物和文物材质孔隙中的深层污染物。

3）不伤害文物本体，可以控制施工速度并根据施工情况进行调节，或在一定情况下终止清洗。

4）以保护为主要目的施工，总体上遵循"最小干预"的原则。

3. 技术方法

表面清理采用人工清理的方法进行，在清理过程中注意保证文物及人员安全，避免因操作不当对文物造成破坏或对人身安全产生威胁。

在遵循实施原则的前提下，表面清洗主要采用微粒子喷射清洗、饱和蒸汽清洗两种清洗方法，根据情况局部可采用机械方法。

（1）饱和蒸汽清洗技术

蒸汽喷射是效率较高、环保性好、设备投资相对较低的清洗方法。用水蒸气喷射的清洗方法可以驱散油类物质，提高文物材质微孔隙中污垢以及重度生物污染物的去除率。

蒸汽喷射没有低压喷水清洗的水浸泡容易引起粘接部位泥灰溶胀、可溶盐迁移和微生物繁殖的危害问题，因为很快就干了；也没有高压喷水清洗容易造成脆弱部位边角部位脱落的危险，因为冲击力很小。它对常见的灰尘水垢和生物性污染物很有效（国外有报道称其清洗效率是水流清洗的 3～4 倍）。

饱和蒸汽清洗应使用纯净水作为原材料，清洗时根据温度条件选择是否对文物体进行预热。清洗时应调节仪器，使蒸汽具有一定的携水量，这样可以有效提高清洗效率，但要注意携水量不要太大，以免造成清洗过度。

（2）微粒子喷射清洗技术

微粒子喷射清洗是一种物理清洗方法，效率较高，应用面较广，而且不会对文物体产生污染。对文物体表面的水垢、结壳，以及部分与文物本体粘结力较强的污染物，主要采取微粒子喷射清洗。

微粒子喷射清洗可以使用的粒子材料有石英粉、天然细砂、刚玉粉、方解石粉、玻璃微珠、鼓风炉渣粒、塑料粒子以及其他微粒子。这些微粒子按直径大小可分为一般粒子（0.1～0.5 毫米）和微粒子（0.05～0.1 毫米），在操作过程产生的飘尘可用真空吸尘器吸掉。

一般硬度高边角锐利的微粒子易磨平表面，而软的光滑的微粒子清除污垢层的效率较低。微粒子喷射清洗所使用微粒子材料、微粒子的大小和气流压力等必须根据被清洗文物的材质、部位和污垢等具体情况精心选择，既要达到清洗目的又不能对文物造成伤害。

4. 工艺流程

本方案的一般清理与清洗程序如下（可根据具体情况实时调节）：

1）首先对石墙表面的植物及破碎较为严重的石刻进行人工清理。

2）对砖石构件表面进行全面的饱和蒸汽清洗，清除大面积的文物材质孔隙中的污染物及生物污染等。

3）对未能清除干净的砖石质构件表面的水垢、结壳，以及部分与文物本体粘结力较强的污染物进行微粒子喷射清洗。

4）再次对全部表面进行饱和蒸汽清洗，清除大面积的残留污染物。

（三）修补加固

1. 工艺目的

在完成表面清理与清洗、局部位置表层加固后，修复石墙表面碎裂部位，对影响石墙稳定性的缺失部分进行修补加固处理，防止碎裂部分脱落和病害继续恶化，同时增加石墙的整体稳定性、恢复文物的价值展示。

2. 修复原则

1）保持原状：石墙修复的主要目的是增加文物整体结构稳定性，对文物结构进行加固和外观协调，券拱部分做稳定性修复，不做复原处理。

2）可辨识与最小干预：修复的材料及形式要接近文物，外观上协调但有所差别。修复手段不能对文物造成损害，对文物现存部分的影响要控制到最小。对不影响文物稳定性的缺失和裂隙可不进行修复。

3）耐久与可再修复：修复使用的材料要求具有较好的抗老化能力，修复后不能对以后的操作造成障碍，应便于去除和重新处理。

3. 技术方法

1）针对缺失较为严重的区域采用同材质石材进行嵌补加固。

2）针对表面碎裂且石材相对完成的部位采用基层修补材料进行修补与加固处理，并对表面进行匀色处理。

4. 实施工艺

裂隙修补及残缺修复流程如下。

（1）裂隙修补

1）清缝。灌浆前对文物表面及裂隙进行清理，刷去污土及裂隙内的尘土和杂物，利用压缩空气进一步清除裂隙内表面污染物，并进行饱和蒸汽清洗和低缔合度活性水清洗。对宽度大于0.5毫米的裂隙，为有效封护加固，可用工具对裂隙两边的风化脆弱面进行适当打磨，使裂隙形成V形槽，但不能伤害文物雕刻面，打磨后进行清缝处理。

2）锚固。根据裂隙状态设置锚孔，开凿U形槽并清洗，加入暗锚，对裂隙进行锚固处理，增加文物结构稳定性。锚孔位置应避开文物雕刻区。

3）填料。待裂隙半干后，对裂隙及暗锚表面进行填料。

4）表面匀色。对裂隙修复部分进行表面匀色处理，达到"远观一致，近看有别"的效果。

（2）残缺修复

1）设置锚孔，进行拉锚处理，增加修补材料与文物材质结合力，提高文物本体修复强度。

2）对缺失部位进行润湿，待石质表面半干时进行修补。缺失部位较大时，先进行一遍修补，再在一次修补的基础上设置第二层网状拉锚结构，增加修补部位的整体强度。

3）待一次修补稳定半干后进行第二遍修补，修补表面略低于文物本体表面，以便于后续施工。修补完成后，待修补材料尚未凝固时进行局部外形处理，使其与文物本体外形协调。

4）表面匀色与外观协调。修补材料稳定后，对修补表面进行匀色处理并进行外观协调，使修补部分与文物本体颜色、外观相一致，做到"远观一致，近看有别"。

（四）砌缝勾填

在完成修补加固工作后对条石砌缝进行填充和表面处理工作，既可以有效增加石墙的稳定性，还能避免外界降雨等沿砌缝进入石墙内部，对石墙造成破坏。

1）砌缝深层采用深层勾填材料进行填充并压实，缝隙较大的部位可适当增加细小碎石作为填充骨料。

2）完成深层填充后，采用表层勾填材料对砌缝表层进行勾缝与处理工作。

（五）表层加固与防风化保护

1. 工艺目的

1）提高砖石质文物构件表面强度，降低风蚀等现象对砖石质构件的物理破坏影响，从而达到抗风化目的。

2）提高防水性。防水性能的提高可以降低水蚀现象的发生，并杜绝水对其他环境因素的促进劣化作用，从而达到抗风化目的。

3）进行文物表面封护处理，提高文物表面的抗紫外线老化能力。

2. 方法及流程

（1）加固前清洁处理

使用低缔合度活性水对全部石质构件表面进行清洗，清除文物表面各种附着的污染物。

低缔合度活性水清洗对象主要是文物建筑表面附着力较低的一些污染物，以及砖石质构件孔隙中的深层污染物。低缔合度活性水用于砖石质构件表面的清洗，主要是利用小分子团的活性，通过其高渗透能力、高溶解力及代谢能力，有效清除文物材质表面沉积的污染物。由于砖石质构件长期受污染物的作用，表层孔隙中存在大量深层污染物，因此利用低缔合度活性水除去砖石文物表面及孔隙污染物十分必要。

目前，低缔合度活性水清洗技术已经多次应用于国家批复项目中，例如天坛石质文物保护试验以及齐云山摩崖石刻抢救保护工程，在试验和施工中取得了较好的清洗效果。

（2）表层加固

使用加固材料对清洗后的砖石质文物构件进行表层加固处理。

待清洗后的文物表面自然干燥后，进行加固保护施工。加固剂使用前要先摇匀，再均匀覆盖到文物构件表面，使文物材质充分吸收材料。整个加固过程要求保持砖石质文物构件表面保护材料的浓度，保护过程结束前不能有提前干燥的部位。当表层加固液达到饱和后，整个加固过程结束，表面未渗透的液体要用吸水纸或脱脂棉吸走，文物表面不能存有积液。

（3）表面防水

环境温度大于15℃，纳米加固剂涂布稳定24小时后，加固材料达到干燥稳定状态，此时涂装表面防水材料。用喷涂的方式将表面防水材料均匀涂布在文物表面，让其充分渗透，对渗透较快的地方补涂。当表层防水材料达到饱和后，未渗透的材料用吸水纸或脱脂棉吸走。

（4）表面封护

环境温度大于15℃，表层防水材料涂布稳定24小时后，达到干燥稳定状态，此时进行表面封护。先将表面封护材料摇匀，再均匀涂布在文物构件表面上，让其充分渗透，对渗透较快的地方补涂。当表层材料达到饱和后，整个封护过程结束，未渗透的材料用吸水纸或脱脂棉吸走。

3. 表面加固与防护技术条件

1）空气湿度适中，温度高于5℃，文物表层温度低于60℃。

2）平均风速小于3级。

3）实施防护处理前3日内没有降水。

4）预计2日内无降水，如有降水须为文物设置避雨棚。

4. 工艺要求与原则

1）保护材料渗入文物材质中不与其发生化学反应，不生成新的物质。

2）通过保护极大提高砖石质文物构件机械强度，增加其抗风化性能。

3）通过防护提高文物表面疏水性能，屏蔽自然界紫外线，增加文物表面自洁性能，减少文物风化因素，延长文物自然寿命。

4）保护之后文物材质与外界的交流通道仍然畅通。

（六）工程质量控制与效果评估

为确保工程顺利进行，达到较好的保护效果，特确定出详细科学的质量控制与评估体系，包括材料质量控制体系及工艺质量控制与评估体系。

1. 材料质量控制

材料质量控制的目的在于通过对各种施工材料进行相关性能检测，确定施工材料是否符合施工要求，并指导相关施工工艺进行合理调整，从而达到安全施工、有效保护的目的。具体材料控制指标如下：

（1）清洗工艺

A. 软化水

控制指标：pH 值、电导率。

控制要求：pH 值 7.0~8.0，电导率 0~420μs。

意义：掌握并控制软化处理前后水质参数，为后续清洗材料处理提供依据。

B. 微粒子材料（石榴石）

控制指标：粒径。

控制要求：粒径 <80 目。

意义：保证喷砂清洗工艺的安全性，避免因材料粒径过大导致文物表面受到较大颗粒冲击，同时避免大颗粒堵塞喷嘴造成的瞬间喷射气压增大，从而保证喷砂清洗安全、有效进行，保证文物安全。

（2）加固修补工艺

A. 加固材料

使用纳米级二氧化硅复合氟碳乳液。

控制要求：材料固含量≥14%，根据具体情况可以有浮动，但浮动变化范围应控制在总量的±3%以内；黏度表征为 20~40s（涂-4 黏度），变化范围控制在±10%以内；外观为乳白色液体、无沉淀。

意义：确保材料各项物化指标合格，保证材料施工的安全性、有效性。

B. 修补加固材料

控制指标：收缩率、回弹值、粘接强度、耐水性能。

控制要求：养护 7 天后收缩率≤3.0%、回弹强度 >19、粘接强度 >1MPa，浸泡 7 天后无崩解、无脱落、回弹值 >19；养护 28 天后收缩率≤3.5%、回弹强度 >20、粘接强度 >1MPa，浸泡 7 天后无崩解、无脱落、回弹值 >20。

C. 砌缝勾填材料

深层填充材料控制指标：收缩率、回弹值、粘接强度、耐水性能。

表层勾缝材料控制指标：收缩率、剥离强度、抗压强度、耐水性能。

控制要求：深层填充材料养护 7 天后收缩率≤2.5%、回弹强度 >19、粘接强度 >1MPa，浸泡 7 天后无崩解、无脱落、回弹值 >15；养护 28 天后收缩率≤3.0%、回弹强度 >22、粘接强度 >1MPa，浸泡 7 天后无崩解、无脱落、回弹值 >16。表层勾缝材料养护 7 天后收缩率≤2.0%、剥离强度≥20kPa、抗压强度≥1.8MPa，浸泡 7 天后重量衰减率≤4.5%；养护 28 天后收缩率≤2.5%、剥离强度≥50kPa、抗压强度≥3.5MPa，浸泡 7 天后重量衰减率≤1.5%。

（3）防水封护工艺

A. 低缔合度活性水

控制指标：pH 值、电导率。

控制要求：pH 值 7.8 ~ 8.1，电导率 0 ~ 420μs。

意义：保证清洗材料（低缔合度活性水）具有较高的渗透性和溶解性，达到对石刻表面进行脱盐、清洗的目的，且不对文物安全产生隐患，为后续保护施工的顺利进行提供保证。

B. 防水材料

控制指标：固含量、外观。

控制要求：材料固含量≥8%，根据具体情况可以有浮动，但浮动变化范围应控制在总量的 ±2% 以内；外观要求透明、无色、无沉淀物和悬浮物。

意义：确保材料各项物化指标合格，保证材料施工的安全性、有效性。

C. 封护材料

控制指标：固含量、外观。

控制要求：材料固含量≥8%，根据具体情况可以有浮动，但浮动变化范围应控制在总量的 ±2% 以内；外观要求透明、无色、无沉淀物和悬浮物。

意义：确保材料各项物化指标合格，保证材料施工的安全性、有效性。

2. 工艺质量控制与评估

(1) 质量控制指标的设定和意义

质量控制指标及意义

控制指标	设定意义
划痕强度	检测保护前后文物材质表面强度，判断增强效果。
回弹强度	检测保护前后文物材质表层压强，判断增强效果。
色差	检测外观的改变，以判定保护前后颜色改变程度。
光泽	检测外观的改变，以判定保护后是否产生眩光现象。
超声波波速	评估保护前后表层密实度的改变，判定表层通道的完整性以及二次保护的可能性。
自由表面渗水率	判定保护前后文物材质表面防水性能的改变。
表面含水率	结合自由表面渗水率，判断保护前后文物材质表面防水性能的改变。
单位面积消耗量	判定材料的渗透深度以及表层载荷量。

(2) 工艺质量控制

A. 清洗

划痕：清洗后砖石文物风化表面划痕宽度比清洗前大 10% ~ 30%。

回弹：清洗后砖石文物风化表面回弹值与清洗前改变不大。

超声波：清洗后超声波波速小于原始数据采集所得超声波波速。

自由表面渗水率：清洗后自由表面渗水率应略大于清洗前。

色度：清洗后测得明度值应比原始数据采集所得明度值大。

光泽度：清洗前后文物表面光泽差为 0 ~ 1。

B. 表层加固

光泽度：加固后光泽度值应与清洗后相近，文物表面不出现眩光现象。

色差值：加固前后色差△E 变化应小于 6。

自由表面渗水率：由于表面加固材料的涂刷，自由表面渗水率应较清洗后略有减小。

超声波：加固后超声波的波速要较清洗后略有提高。

回弹强度：加固材料的涂刷会使文物的表层强度有明显的增加，一般加固后的平均回弹值会较清洗后增加 10% ~ 25%。

划痕宽度：加固后的划痕宽度平均值要比清洗后小，但变化量一般不宜大于 30%。

C. 表面防护

光泽度：表面防水与封护后光泽度值应比加固后略大，但文物表面不出现眩光。

色差值：表面防水与封护后明度值应比加固后略大，但△E 的变化量应小于 6。

自由表面渗水率：由于表面防水与封护材料的涂刷，自由表面渗水率应较加固后明显减小。

超声波：表面防水与封护材料涂刷后，超声波的波速较加固后略有提高。

回弹强度：表面防水与封护材料的涂刷不会使砖石文物的表层强度有明显的增加，因此表面防水与封护后的平均回弹值应该与加固后的相近。

划痕宽度：表面防水与封护后的划痕宽度平均值与加固后相差不大。

表面含水率：表面防护后砖石质构件的表面含水率小于防护前。

D. 修补加固

1）完成修补加固后，整体外观上与周边环境相协调，同时符合"远观一致，近看有别"的原则。

2）修补加固区域表层强度不低于文物本体强度。

（七）安全保障说明

1. 文物的安全性

从材料选用上，选用的清洗与保护材料不会对文物构件产生安全隐患。从技术上讲，所应用的清洗工艺及方法，如饱和蒸汽清洗与微粒子喷射清洗等技术工艺是安全有效的清洗方法，不会对文物造成损害；在保护施工过程中对工艺步骤进行严格质量控制。从人员上讲，由文物保护专业人员进行施工管理与工艺质量控制，强化所有施工人员的安全意识，任何针对文物的保护行为都要把文物安全放在第一位。

2. 材料的安全性

使用的清洗材料是不含化学药品的水及无机材料，不会对文物造成化学污染。选用的保护材料体系为水性材料体系，不具有可燃性，不挥发，无毒，不会对文物及环境产生污染，不会对施工人员的身体造成伤害。

3. 人员的安全性

强化施工人员自身安全意识，进入施工现场须佩戴安全帽，高空作业须系安全带、穿防滑鞋，周围设安全网。进行微粒子喷射清洗等产生飘尘的操作须佩戴防尘护具，防止吸入飘尘对身体造成伤害。

五　工程量及工期

（一）工程量

工程量统计

工程内容		工程量
清洗	饱和蒸汽清洗	194 平方米
	微粒子喷射清洗	100 平方米
表面加固与防护	表层加固工程量	194 平方米
	表层防水工程量	194 平方米
	表面封护工程量	194 平方米
修复加固	修补加固	150 平方米
	石砌缝加固	512 延米

（二）工期

本次工程对象为靖江王府端礼门石墙文物本体，工程内容主要包括表面清理与清洗、修补加固、砌缝勾填、表层加固与防风化保护等保护修复工作。工程实施较为复杂且具有一定的难度。为保证工程质量与施工效果，在资金、人员及机具保证的前提下，整个工程的实施工期约为180天。

项目业主单位：桂林市文物保护与考古研究院
参　与　人　员：周有光　廖恒毅

第二部分　靖江王陵

调查与考古

桂林靖江王墓勘察概况

广西省文物馆筹备委员会

1953 年

（前文缺失）

……塘、阳家背、将军塘、江东村等处。除悼僖王、五将军、六将军及尧山脚之娘娘坟外，其他各墓不能辨明为何人之坟。因彼等早年随众祭扫，只知叩头，无意顾及，现"王坟图"已失，致彼等亦属茫然。挂子山农民虽为当时王坟守墓人的后裔，但亦只知其为王坟而已。

此为勘察前所了解的一点情形。

各墓概况

六月二十六日到尧山及挂子山勘察左列各墓。

第一号墓　即娘娘坟。据朱友三说，系悼僖王之妃。墓在尧山脚祝圣庵（即茅坪庵）右前方50 余米处。墓西向。冢上满生灌木、荆棘、杂草。墓前翁仲三对，三座倾卧草中。象、虎、麟、狮等石兽五对，武士控马一对。华表一对已倾。华表外原有蹲狮一对，现只存其一。左右碑亭已毁，存神道碑两座，为风雨剥蚀，字迹不辨，尚完整。

第二号墓　在娘娘坟右50 余米处。墓西向。墓不大，周 12 米，高约 2 米。墓脚以石块砌，上覆以土，不类今制。墓前无规制，无碑志。断为宗室诸人墓。

第三号墓　在挂子山前。墓西向，面挂子山。墓周 45 米，高约 2 米。墓前20 余米处有翁仲一对，倾卧草中。碑志、石兽、华表等均无存。是否为王坟或将军墓待考。

第四号墓　就碑志知为安肃王经扶墓，在第三号墓后百余米处。墓西向，比第三号墓略大。墓前规制恢宏。左右碑亭两座，右亭残毁上截，碑模糊；左亭残毁较少，碑字迹可辨，为嘉靖七年（1528 年）五月初九日所立。赑屃均完整。墓前翁仲存两对。石象、武士控马、麟、虎（一仆）、羊、狮、华表（一倾）各一对。墓外围墙已塌，存基。

第五号墓　在安肃王墓之后左，与悼僖王之墓门（通称"三圈门"）平行，相距200 余米。墓西向，周60 余米。墓前面呈露石块四层砌墓脚，右前方倾塌约 1 米宽。墓前有享殿遗址。石狮一对，翁仲一对，武士控马一对，虎、羊各一对，华表一对（一仆）。左侧碑亭一座，已破，碑模糊。据朱友三说，系朱守谦第五子五将军之墓。

第六号墓　在"三圈门"之右后，相距300 余米。墓西向，大如五将军墓。墓前存享殿石础。翁仲三对，三立三仆。左侧存一上半残断碑，字迹不辨。石象、虎、麟、狮各一对，排列紧密，相距仅 1 米，残石兽多仆，只存象。剔地起突缠龙华表二，倾卧草中。华表外又有武士控马一对，蹲狮一对（一仆）。据朱友三说，系朱守谦第六子六将军之墓。

第七号墓　在"三圈门"之后约 200 米，在松林杂草中。墓西向。比其他各墓俱大，形如冈峦，满生灌木、荆棘、杂草。"三圈门"即其墓门。门尚完整，统宽 15.4 米，深 6.44 米，高 4.5 米；三道拱门并列，每门宽 3.2 米；石块砌脚高 1.48 米，上再以砖券砌拱；顶缘砖砌叠三道，其上生杂草。墓前现仅存翁仲及石象、虎各一对，制作雄浑，每对相距甚远，想见其规模宏大。既有墓门，当初必有围墙，但现无遗迹可寻。据朱友三说，此系悼僖王赞仪之墓。赞仪之子庄简王佐敬于永乐九年封，此墓当系永乐十年（1412 年）所建筑。

六月二十八日到乌岭脚及铁峰山勘察左列各墓。

第八号墓　在尧山左侧之乌岭脚。墓向西南，规制恢宏。墓道有并列单孔石桥三度，右一度已圮。墓前分列石象（一仆）、马、虎（一仆）、麟、羊、狮各一对。碑亭无存。华表只存柱础。翁仲三对，第二对右缺。墓大如第四号墓，可能是王坟。

第九号墓　在第八号墓之右约 400 米。墓南向，略偏西。墓不甚大，石块砌墓脚四层（石块长约 35 厘米，厚约 25 厘米）。墓前仅存剔地起突缠龙华表一，雕刻甚精。当系宗室墓。

第十号墓　在第八号墓之左约 500 米。墓南向，规制完备。墓前有台阶。紧依墓前之左右存供案石座各一，横 2 米，纵 1 米。次分列翁仲两对，台阶前存柱础各一，当系石坊之柱础。坊前又分列翁仲一对。再次分列石兽六对：象、虎、麟、羊、狮及武士控马。华表存一，素面八方形，蹲狮顶，柱础覆盆浮雕仰覆莲花。华表之外又蹲狮一对（一仆）。左右碑亭各一座，已倾圮，碑字迹不辨。可能是王坟。

第十一号墓　在第十号墓之南约 500 米。墓西南向，大如第三号墓。似曾被掘，前部呈凹槽状，占全墓体积的四分之一。石兽等均无，前台基尚存。紧邻墓左有祠庙遗址。门前石蹲狮一对，尚完整。

第十二号墓　在第十一号墓之右千余米。墓西南向，大如第十一号墓。规制较小。翁仲四对，三对仆。石狮、麟、象各一对，左列狮、麟仆。单拱墓门已圮，存基。华表存一，素面八方形，平顶雕轮一道。门前蹲狮一对。

第十三号墓　在第十二号墓之前五六百米。墓大如第三号墓。只存华表一对，素面八方形，倾卧草中。华表前石蹲狮一对。

第十四号墓　在第十三号墓之前四五百米。规制宏大如第八号墓。翁仲三对，石兽六对。碑亭两座，已残破，右缺碑，左碑字迹模糊不辨。可能系王坟。在第十四号墓右前 300 余米处有两宗室墓并列。

第十五号墓　据碑志知为端懿王约麒及妃杨氏之墓。在第十四号墓之前 600 余米。墓西南向。规制如安肃王墓。存碑亭一座，顶残破，碑篆额可辨，余字模糊。翁仲三对，石兽六对，均疏列，尚完整。华表一对，素面八方形，蹲狮顶。此墓建筑当在正德十四年（1519 年）间。

第十六号墓　在端懿王墓之右前，近铁峰山脚。墓西南向，甚小，周不过 10 米。有小型翁仲一对，高 1 米余。石马、羊各一对。华表一，高约 2 米。

第十七号墓　逼近铁峰山，在松林内。墓南向，规模颇大。存翁仲三对，二仆。石兽六对，完整。剔地起突缠龙华表一对，雕刻极精，生动有致，顶雕宝珠尚完整。碑亭无存。可能是王坟。

第十八号墓　在第十七号墓之左后。墓不大，规模小。翁仲三对，五仆。碑一座，字迹不辨。

第十九号墓　在第十八号墓之左后。墓不大，南向，规模小。翁仲二对。石象一对。

据朱友三说，阳家背有裕王坟，当系温裕王履焘之墓。故于七月一日再往阳家村勘察。

该墓在阳家村之背，即建干路旁。墓不大，周22米，高2.3米。西向，面对阳家村。前距公路约20米，左邻小塘，右距屏风山500余米，后可望见民族师范校舍。规制无存，仅石马一对倾卧墓脚草中，制作形象与挂子山诸王坟所有者相同。考温裕王之后，承袭王位者为其叔父宪定王任晟，以叔葬侄，固不可能有规模宏大之建筑，然翁仲、华表、碑亭及其他石兽均无，当系以前建筑公路时所摧毁，残存石料复为附近建筑房屋者所取用，此前一般人之不知保护古迹，于此可见。墓后另有较小古墓一座，可能是靖江王宗室诸人之墓，统记为第二十号墓。

各墓石作

翁仲　各主坟前之翁仲应为四对，现多仅存三对。为冠玄端执笏之臣及内侍形象，一般高3.48米，宽1.13米。制作手法仿明孝陵所作，衣褶用明朗健劲之粗线条，颇生动。

石兽　一般为象、虎、麟、羊、狮五对，又武士控马一对。武士作明代校尉装束，下肢甚短，与上身比例不称。墓门外另有蹲狮一对。石兽连座大致高1.3米，长1.5米。雕刻甚精细。

华表　各墓之华表可分为三种：一种为素面八方形，蹲狮顶，础脚方形，覆盆浮雕仰覆莲花，柱通高约4米，径0.5米。一种为素面八方形，平顶雕轮一道，础与前一种同，柱通高3.8米。一种为圆柱形，剔地起突雕缠龙，顶宝珠，柱础覆盆浮雕覆莲，柱高与第一种同。制作均精致。

碑亭　均为正方形，宽约4米。四拱门，每门宽1.5米。全系石建筑，上覆券石作窟窿，碑立于其中。

保护意见

据桂林东郊区临竹乡人民政府干部王玉桥谈，挂子山一带农民曾有将各王坟倾仆的石柱、石兽、石像等碎作烧窑的石料。牧童敲损、牛践触亦所难免。又如阳家背之温裕王墓前的石作以前修公路所摧毁。诸如此类情形，造成各墓石作今之残缺状态。故欲使此等古建筑长远保存，供考古学家研究及后人鉴赏，以示我古代劳动人民崇高艺术的成就，应及时作如下步骤的保护措施。

第一步骤：一是由桂林市人民政府令东郊区人民政府发动临竹乡、阳家村、陈家村、新建乡、冷水塘、挂子山村各乡村干部，广泛地向农民宣传保护古文化遗址、古墓葬的意义，但须说明并非尊重封建统治者或迷信鬼神。二是由桂林市人民政府出布告严禁破坏古墓及墓前石作。

第二步骤：一是由桂林市人民政府令东郊区人民政府发动该古墓附近乡村农民将墓地杂草、荆棘清除，并修补道路。二是视财力可能将各墓倾仆之翁仲、石兽、华表等依原式树立，以资观瞻并避免破坏。

结　语

　　我们此次勘察因为时间所限（须于六月底以前完成任务）及勘察技术拙劣，故工作非常粗率。所摄各墓照片因胶片过期，有一部分冲洗不出，我们亦自觉不甚满意。目前馆内清理文物忙迫，只得等将来再进行第二次勘察，并补摄照片。至于冷水塘、江东村、将军塘等处的各靖江王室墓，亦拟于第二次再进行。

桂林市文物古迹调查记录表

广西壮族自治区文物管理委员会

1962 年

桂林市文物古迹档案资料表 1

名称	靖江王第一号墓	时代	
地点	众岭上山坡（属阳家村）	方向	西偏北 20°
保护范围	墓围墙内不准开荒种植，围内外石人、石马等石凿不得破坏		
保护者	阳家大队：阳双发（队长）、阳旺发、阳临晖		

内容：

墓的规模宏伟，原来有长方形墓围，长 122、宽 37.5 米[1]。封土隆起呈半圆形，高存 6、宽 16 米。围内及封土满生荆棘杂草。墓前原有享堂、中门、外门等建筑，基痕尚能辨识，封土正面有盗洞。

墓前翁仲三对，两对袖手拱立于享堂与中门间左右，现有一已仆倒，左一面部破损。石兽原有象、虎、麒麟、羊等各一对，现除右边象外，其余均仆于蔓草间。左边的象、虎残毁，麒麟、羊头部有损。马一对，控马武士各一，右边均仆倒，左边仅仆武士。浮龙华表一对，均仆并残断。门外蹲狮一对，左边仆。

无碑志可考，根据规模，疑为王墓。

备注	

调查整理者：方一中、黄增庆、周安民、罗标元　　　　　　　　　　　　　　　1962 年 3 月

桂林市文物古迹档案资料表 2

名称	靖江王第二号墓	时代	
地点	尧山麓少屋里（又名马脚底）	方向	南偏西 30°
保护范围	围内不准开荒种植		
保护者	阳家大队：阳双发（队长）、阳旺发、阳临晖		

内容：

原有墓围呈长方形，长 59、宽 41 米。现存残墙基高 1~1.5、宽 1.5 米。围内现种有小松树数十株，高约 3 米。墓冢圆形，封土隆起，高 7、宽 12 米，南面有盗洞一个。墓前享堂残基尚存。

翁仲、华表等石凿于 1959 年群众修水利时全部被毁，根据翁仲、石兽残片痕迹，石凿均在围外两侧。无墓志遗痕。

据上述资料，疑为将军墓。

备注	

调查整理者：方一中、黄增庆、周安民、罗标元　　　　　　　　　　　　　　　1962 年 3 月

---

[1] 遗迹描述以外门或中门所在墙的方向为宽，纵深为长。以下同。

广西文物调查记录表

广西壮族自治区文物管理委员会

1962 年

广西壮族自治区文物调查记录表 1

文物类别	古墓葬	编号	总号	
			分号	
文物名称	靖江王第三号墓			
所在地点	尧山麓少屋里（又名马脚底），南偏西 30°			
调查者	方一中、黄增庆、周安、罗标元	记录者		
测绘者		图纸号		
摄影者		照片号		
传拓者		拓片号		
调查日期	1962 年 3 月			
概述				
墓形较小，封土圆形，高 3、宽 12 米。原有墓围呈长方形，长 42.5、宽 30 米，存高 20～30 厘米。墓前有享堂，仍存残基。 　　原有华表、石兽于 1958 年修水利时被毁。现在边围外有残存石虎半截。华表两根已断成四截，仆于地。华表为素面，呈八方形，顶端为莲瓣，座为素面方形。 　　围内种植松树数十株，高约 2 米。				
文物现状				
调查人处理意见	墓围内不准开荒种植。 保护者：阳家大队阳双发、阳旺发、阳临晖。			
审查意见				
备注				

广西壮族自治区文物调查记录表 2

文物类别	古墓葬	编号	总号	
			分号	
文物名称	靖江王第四号墓			
所在地点	尧山麓茅庵右侧			
调查者	方一中、黄增庆、周安民、罗标元	记录者		
测绘者		图纸号		

续表2

摄影者		照片号	
传拓者		拓片号	
调查日期	1962 年 3 月		
概述			

　　墓围呈长方形，长 114、宽 46 米，现存残基高 30 ~ 60 厘米。墓封土隆呈圆形，高 9.5、宽 25 米。冢上及围内满生小松、杂草，封土正面崩塌陷为盗洞。墓前规制比较宏伟，原有享堂及左右碑亭等建筑，残基尚存。碑两座，字迹剥蚀不辨，龟座完好。

　　翁仲三对，两对袖手，一对已仆，一对左脸被毁；另外一对手拿笏板，右边已仆。左右碑亭无存，尚遗碑两块，字已剥蚀辨不清。

　　石兽有象、虎、麒麟、马、羊、狻猊等六对。象鼻已毁，右象身开裂，左象已仆。两虎仆倒，基本完好。左边麒麟倒仆，右边嘴鼻被毁。左边狻猊已仆。武士勒马手已被毁。围外蹲狮左边已倒仆，前脚被毁。马与武士相接近。石兽除马立和羊、象跪外，其余均蹲。

　　华表一对，为八方形，盘以浮雕云龙，上端有仰覆莲花，顶有宝珠。

　　根据 1953 年广西文物管理委员会调查资料，朱氏后裔朱友三说该墓为悼僖王妃之墓，称"娘娘坟"。我们此次从墓葬规模各方面来研究，判断可能是一座王墓。

文物现状	
调查人处理意见	墓围内不准开荒种植，围内外石人、石马等石凿不得破坏。 保护者：阳家大队阳双发、阳旺发、阳临晖。

审查意见		
备注		

广西壮族自治区文物调查记录表3

文物类别	古墓葬	编号	总号
			分号
文物名称	靖江王第五号墓		
所在地点	林业站南面约 1000 米松林中，西偏北 30°		
调查者	方一中、黄增庆、周安民、罗标元	记录者	
测绘者		图纸号	
摄影者		照片号	
传拓者		拓片号	
调查日期	1962 年 3 月		
概述			

　　墓冢不大，封土呈圆馒头形，高 3.7、宽 12.8 米。原有长方形围墙，长 55、宽 65.5 米，残基尚存。墓前除有享堂残基外，其余规制全无。墓正面封土有盗洞。围内满生杂草及小松树。根据墓的规模，疑为宗室墓或将军墓。

文物现状	
调查人处理意见	墓围内不准开荒种植。 保护者：尧山农场郑坛乾、骆正华、牛建农等六人。

审查意见	
备注	

广西壮族自治区文物调查记录表 4

文物类别	古墓葬	编号	总号	
			分号	
文物名称	靖江王第六号墓			
所在地点	第五号墓左前方约 50 米，西偏北 50°			
调查者	方一中、黄增庆、周安民、罗标元	记录者		
测绘者		图纸号		
摄影者		照片号		
传拓者		拓片号		
调查日期	1962 年 3 月			
概述				

　　墓形规模不大，封土隆起呈圆包形，高 5、宽 13.5 米。墓正前有一盗洞。墓围墙基存高 20～150 厘米，围为土墙，长 44、宽 32.5 米。现围内和封土有数十株小松树及诸多杂草，并有现代墓两座。

　　墓前规制除有享堂残基尚存外，其余石凿无存。

　　根据墓葬规模，疑为将军墓或妃墓。

文物现状	
调查人处理意见	墓围内不准开荒种植。 保护者：尧山农场郑坛乾、骆正华、牛建农等六人。
审查意见	
备注	

广西壮族自治区文物调查记录表 5

文物类别	古墓葬	编号	总号	
			分号	
文物名称	靖江王第七号墓			
所在地点	第六号墓左前约 200 米，西偏北 40°			
调查者	方一中、黄增庆、周安民、罗标元	记录者		
测绘者		图纸号		
摄影者		照片号		
传拓者		拓片号		
调查日期	1962 年 3 月			
概述				

　　墓的规模较第五、六号墓大，封土隆起呈圆形，高 5、宽 16.8 米。有长方形围墙一道，长 54、宽 35 米，现存残墙基高 20～50 厘米。围内及冢上满生小松、杂草。墓前原有享堂建筑，现已无存，仅遗残基及圆柱础六个。围外石凿于 1959 年群众修水利时被破坏，故原有数量不明。现仅残存右边翁仲半截及石马残片，石羊一个完整；左边石马完好，翁仲仅有残片。碑亭存残基及柱础六个，残龟座一。华表均无存。园外水利渠道横过。

　　根据 1953 年广西文物管理委员会调查资料，朱氏后裔朱友三说此系朱守谦六子，即"六将军"之墓。

文物现状	

续表5

调查人处理意见	墓围内不准开荒种植，围内外石人、石马等石凿不得损坏。 保护者：尧山农场郑坛乾、骆正华、牛建农等六人。
审查意见	
备注	

广西壮族自治区文物调查记录表6

文物类别	古墓葬	编号	总号	
			分号	
文物名称	靖江王第八号墓			
所在地点	第五号墓左后方约200米，正西			
调查者	方一中、黄增庆、周安民、罗标元	记录者		
测绘者		图纸号		
摄影者		照片号		
传拓者		拓片号		
调查日期	1962年3月			

概述

　　墓规模宏伟，围分外内两层，外围长95、宽59.2米，内围长62、宽46米，现存残基高20～50厘米。封土隆起呈圆形，高8、宽26.5米。封土西面陷下，疑为盗洞。墓前原有享堂、中门、外门及左右碑亭等建筑，现存残基及部分柱础。

　　翁仲三对，两对袖手，在享堂与中门间的左右两边相对，除左一外其余均仆，左仆者被毁仅存半身；另秉笏翁仲一对，左仆并有残缺。碑亭存基，右碑无存；左碑由于风雨剥蚀，字迹不辨。在中门与外门间的石兽有象、虎、麒麟、羊、狻各一对相对排列，除左边的象外，其余均仆。两象鼻被打断；二虎的脚残缺不全；麒麟、狻猊仅存半截，蹲坐状，仍保存完整。缠龙华表一对，均已仆。外门石马、武士、蹲狮各一对，石马、武士仍完好，左边狮倒仆并残断。

　　从规制推断可能是一座王墓。

文物现状	
调查人处理意见	墓围内不准开荒种植，围内外石人、石马等石凿不得损坏。 保护者：尧山农场郑坛乾、骆正华、牛建农等六人。
审查意见	
备注	

广西壮族自治区文物调查记录表7

文物类别	古墓葬	编号	总号	
			分号	
文物名称	靖江王第九号墓			
所在地点	第八号墓前约300米，西偏北30°			
调查者	方一中、黄增庆、周安民、罗标元	记录者		
测绘者		图纸号		
摄影者		照片号		

传拓者		拓片号	
调查日期	1962 年 3 月		
概述			

    墓围内呈长方形，长 60.5、宽 38.5 米。现存残基约一米高。封土圆形，东面有一盗洞。围内满生杂草及种植小松。冢前规制原有享堂，现存残基及柱础 11 个。围外左右存有碑亭残基，左边碑亭保存龟座一个。

    石凿均放置墓围外，排列不整齐，不像其他墓有规律安置。现存翁仲一对，已仆倒，其中一个刻有□□〔1〕。武士、马、象、虎、华表等位于左边碑亭前方。武士一对，左边的已倒仆，右边的仅存残片。虎一对，均仆，四足残缺不全。羊存右一，跪状。华表一对，仅座完整，左边华表现遗两截，其形状为素面八方，座为覆莲形。

    从规制推断，疑为将军墓。

文物现状	
调查人处理意见	墓围内不准开荒种植，围内外石人、石马等石凿不得损坏。 保护者：尧山农场郑坛乾、骆正华、牛建农等六人。
审查意见	
备注	

广西壮族自治区文物调查记录表 8

文物类别	古墓葬	编号	总号	
			分号	
文物名称	靖江王第十号墓			
所在地点	悼僖王墓（第十二号墓）右前方 200 米，正西			
调查者	方一中、黄增庆、周安民、罗标元	记录者		
测绘者		图纸号		
摄影者		照片号		
传拓者		拓片号		
调查日期	1962 年 3 月			
概述				

    墓有长方形围墙一道，墙为土建筑，现存高 20～50 厘米，长 68、宽 37.5 米。墓的封土呈馒头形，高 4.4、宽 16 米，正面崩塌约五分之一，成一大缺口，可能是盗洞。墓前享堂存基。碑亭存右边，仅有残基。

    围外秉笏翁仲一对、马一对、武士一对，左边均倒仆并略残缺，武士持剑。石虎一对均仆地，石羊一对作跪状，仍保存完整。华表一对，素面八方形，顶端为莲花圆珠，现左边完好，右边仅存座。

    根据武士持剑，推测可能是将军墓。

文物现状	
调查人处理意见	墓围内不准开荒种植，围内外石马、石人等石凿不得破坏。
审查意见	
备注	

---

〔1〕 原表中留空无字。

广西壮族自治区文物调查记录表 9

文物类别	古墓葬	编号	总号
			分号
文物名称	靖江王墓第十一号（安肃王墓）		
所在地点	三圈门外右前方约 200 米，西偏南 10°		
调查者	方一中、黄增庆、周安民、罗标元	记录者	
测绘者		图纸号	
摄影者		照片号	
传拓者		拓片号	
调查日期	1962 年 3 月		

概述

据墓碑记载是安肃王墓葬，规制宏伟。围有内外两层，外围长 168、宽 84 米，内围长 67、宽 43 米。封土隆起呈馒头形，高 8.4、内宽 26 米，与八号墓大小形状相类似。围墙仍存，墙基高 0.6 ~ 1、宽约 2 米。从遗存墙基来看是以土建筑，基下布大石头。

墓前原有享堂、中门、外门及左右碑亭。现享堂及中门、外门仍存基。碑亭石基在 1959 年修水利时被群众取石捣毁，两碑及龟座尚存。右碑字迹已剥蚀，不能辨别。左碑字迹尚清楚，碑额为"安肃王神道碑"等篆书，碑文亦能辨识为嘉靖七年（1508 年）五月初九日所立。这是普查中所获可贵资料，我们已拓印。

墓前的石凿有翁仲三对，高 2.5 ~ 3.8、宽 1.2 ~ 2 米，厚 50 ~ 80 厘米，两对袖手立于中门与享堂间，另一对秉笏立于中门外。石兽有象、麒麟、虎、狻、羊、狮等六对。武士一对站在马旁。这些石凿都在中门前排列成两行相对，现右虎已倒仆，左右武士手残。华表一对为素面八方形，顶刻莲花和小狮，座亦为莲花雕刻。外门前有蹲狮一对。
围前后现已为农民开荒种植。封土前有水利渠道通过，在墓前享堂上有现代墓两座。

各石刻情况述下：

享堂前与中门之间两对翁仲，从形态来看是侍人。后者头戴弯顶帽，身衣宽长袍，腰扎纹带，两手缩入袖中。前者头戴圆帽，帽前及眉部的帽后有一围布盖至背掩着头发，身衣宽长袍，腰束纹带，两手缩入袖中并平放于腹上，眉作弯月，眼鼻口均小巧，比后两者矮小些。

秉笏翁仲体壮大，高 3.8 米。头戴弯顶帽，帽两侧原有翅角，现存插角孔，衣为宽长袍，宽袖，腰缠纹带，两手执笏，双足露出大型靴，大耳、大眼、闭口、方脸。

象作跪卧，面内向，鼻弯放于前足上，头戴饰缰，腰背骑装。马及马武作骑装，马武立于旁，一手执缰绳，一手拿宝剑，头戴弯顶帽，衣宽袍，腰缠纹带，足踏靴，身躯矮小。麒麟作跪卧。虎蹲状。羊跪状，背披方锦布，布角挂福寿钱。

文物现状	
调查人处理意见	墓围内不准开荒种植，围内外石马、石人等石凿不得破坏。 保护者：尧山农场郑坛乾、骆正华、牛建农等六人。
审查意见	
备注	

广西壮族自治区文物调查记录表 10

文物类别	古墓葬	编号	总号
			分号
文物名称	靖江王墓第十二号		
所在地点	墓正对三圈门，正西		

续表 10

调查者		记录者	
测绘者		图纸号	
摄影者		照片号	
传拓者		拓片号	
调查日期	1962 年 3 月		

概述

墓规模宏伟而大，分内外两层。三圈门即外围墓门，外围长 577、宽 364 米，残基仍存，高 0.5～1、宽 2.5 米左右，用土建筑。内围长 100、宽 62 米，残基高 1～3、宽 2 米左右。三圈门原建筑宏浑，有三道拱门并列，上为券顶，均以四方块石砌成，各长 6.5、宽 3 米。而基厚，在中间的拱两边仅 1.6 米，两边的基厚为 1.8 米，拱高 3 米。由于 1958 年修筑水利用来筑水沟，现已残破不堪。

墓的封土于松林间隆起呈馒头形，高 10、宽 40 米，形如冈峦，为王墓中最大的一座。墓前享堂、中门仍存残基和少数柱础，甬道余迹可辨。内围外现存执笏翁仲一对，武士控马一对，虎、羊各一对，左虎已仆倒，右虎倾。华表一对，素面八方形，顶为莲嵌宝珠，现左倾右仆，并残断为两截。

封土西面凹下，疑为盗洞。内围及享堂基上现种植松树，松高 2～6 米。外围现为尧山农场耕地。

根据 1953 年广西文物管理委员会调查资料，朱氏后裔朱友三说此系悼僖王赞仪之墓。我们根据墓的规制以及朱氏后裔口传推断此为悼僖王的墓可能性甚高。

文物现状	
调查人处理意见	墓围内不准开荒种植，石人、石马等石凿不得破坏。 保护者：新建大队毛四癸（队长）、夏润有、李龙祭、李志贵
审查意见	
备注	

广西壮族自治区文物调查记录表 11

文物类别	古墓葬	编号	总号	
			分号	
文物名称	靖江王墓第十三号			
所在地点	三圈门左侧 150 米，西偏南 30°			
调查者	方一中、黄增庆、周安民、罗标元	记录者		
测绘者		图纸号		
摄影者		照片号		
传拓者		拓片号		
调查日期	1962 年 3 月			

概述

墓有内外两围，呈长方形，外围仍存大部分遗痕，为土墙建筑内围基用石料，现存高约 1、宽约 2 米；内围长 73.8、宽 37.5 米，左墙基被挖得零乱。封土隆起呈半圆形，高 5.6、宽 21 米。封土基四围均用石料砌，高 1.8 米，整齐美观。墓前原有享堂、中门建筑，无外门，可能与在三圈门内有关。享堂、碑亭和柱础的石料被捣乱不堪。

内围外的各种石凿，除了狮、翁仲、马及马武在中门前排列外，虎、羊、华表等石凿向左侧自排一列，推其原因可能是受三圈外围所限。在左侧与华表、虎、羊等有门石一对，可能是该墓外门遗下建筑物。

各种石凿都是一对，彼此相对排列。虎、狮蹲状，羊跪状。翁仲执笏，右已倾。武士手持长刀。华表为素面八方形，上端为仰覆莲花蹲狮顶，左边华表已倒仆，顶被毁。

翁仲后各有碑亭一个，右边碑亭被毁遗痕不明，左边残基遗高约 50 厘米。

在亭中间仍竖神道碑一块，小字均剥蚀辨不清楚，大字仍可辨认。墓前的碑面有"大明""靖江王故世子碑铭"等字，可知是悼僖王故子之墓。

续表11

文物现状	
调查人处理意见	基围内不准开荒种植，石人、石马等石凿不得破坏。 保护者：尧山农场郑坛乾、骆正华、牛建农等六人。
审查意见	
备注	

广西壮族自治区文物调查记录表 12

文物类别	古墓葬	编号	总号
			分号

文物名称	靖江王墓第十四号		
所在地点	三圈门左前方约 300 米，正面		
调查者	方一中、黄增庆、周安民、罗标元	记录者	
测绘者		图纸号	
摄影者		照片号	
传拓者		拓片号	
调查日期	1962 年 3 月		

概述

　　墓有长方形墓围，长 96、宽 51 米，存残基高 0.3~0.6、宽约 2 米。封土不大，呈半圆形，高 3.3、宽 13.5 米。墓前规制有享堂、外门。享堂存高 1.8 米，前后有台阶，台阶周围石头已被破坏用于修水利。石凿除一对蹲狮在外门相对面向前和存一个翁仲在墓前左边，其余均在享堂前对称排列成行。

　　在墓前与享堂左边存下的翁仲为袖手动作。享堂前的三对翁仲，第一对手拿绵梅两手缩入袖内，第二对为袖手状，最后一对为手持笏。石兽有一部分已被用于修水利。存象一对，右已倒仆地下，左边象鼻推断。麒麟一对，均倒仆。另存兽座（虎座）两个。华表一对，左存，右已毁，素面八方形，顶刻莲花，上蹲小狮。门外蹲狮完好。华表与兽座间有一条水渠横过。

　　据恭惠王次妃墓也有一翁仲手拿绵梅，该墓疑为王妃墓葬。

文物现状	
调查人处理意见	基围内不准开荒种植，石人、石马等石凿不得破坏。 保护者：尧山农场郑坛乾、骆正华、牛建农等六人。
审查意见	
备注	

广西壮族自治区文物调查记录表 13

文物类别	古墓葬	编号	总号
			分号

文物名称	靖江王墓第十五号		
所在地点	挂子山东，水管站东北 20 米，南偏西 10°		
调查者	方一中、黄增庆、周安民、罗标元	记录者	
测绘者		图纸号	
摄影者		照片号	

传拓者		拓片号	
调查日期	1962 年 4 月		

概述

　　墓形较大，有内外围墙各一道，呈长方形。外围墙长 100.5、宽 62 米，内围墙长 78、宽 48 米，墙基为石块砌建上筑以土。

　　内围墙围护封土及享堂，前面为中门。外围墙围护整个墓葬，前有外门。封土在内墙后段的正中隆起尖顶，底略呈圆形，高 7.5 米。封土前为享堂，二者相距 3 米左右。堂作长方形，长 13 米，宽与封土等，深三间，宽作五间，已塌，残留柱础八个。享堂前为一平台，台长 2.5、宽 20 米。

　　平台前两侧置翁仲各一对，两手缩袖站立，右前一翁仲已仆地。

　　中门宽与平台一致，深 10 米，广五间，现存柱础八个。中门基高 50 厘米，作长方形，左右两侧连接内墙。

　　中门外为广庭，两旁置立石雕，最后为执笏翁仲左右各一，身躯高大，戴帽、衣宽长袍，右已仆。次为石象，再次为虎，均仆地。虎前为麒麟，麒麟之前为羊，羊前则为狻猊蹲状，次为骏马及马武，左马武已仆地。最前为华表，均仡立完整，表为八角，刻以凸云龙，顶及座均刻莲花，右一顶残断。外门残迹不辨，外有蹲狮二。

　　该墓规制完备，建有两道度围墙。根据其规制初步推断为王墓，但系谁王之墓尚待稽考。

文物现状	
调查人处理意见	基围内不准开荒种植，石人、石马等石凿不得破坏。 保护者：新建大队保护小组毛四发等。
审查意见	
备注	墓右侧外围墙内有一小型砖室墓，已被群众挖破其顶部，室为券顶，长方形。这座墓为明代形制，可能与第十五号墓有关系。

广西壮族自治区文物调查记录表 14

文物类别		编号	总号
			分号
文物名称	靖江王墓第十六号		
所在地点	挂子山东北角距山约 1000 米，西偏南 30°		
调查者	方一中、黄增庆、周安民、罗标元	记录者	
测绘者		图纸号	
摄影者		照片号	
传拓者		拓片号	
调查日期	1962 年 4 月 22 日		

概述

　　墓原有长方形内外两道围墙，外墙宽 88、长 176 米，内围墙宽 36.5、长 79.5 米。封土位于内围墙后段的中央，隆起近于圆形，宽 23、高 5 米，形如包子。从表面观察未发现盗洞的痕迹。

　　墓葬规制宏伟，享堂宽 2.3 米，作五间；深 13 米，作两间。堂后段正中有一方小石，似为石袱。此外残存柱础八个。享堂之外为平台，内台宽 15、深 7.5 米。台外为石级，宽 11.8、深 4.5 米，与平台呈"凸"字形，台上未发现柱础。

　　平台之前为内庭院，距平台前 2 米两旁各有石砌供案一方。案作长方形，宽 1.5、长 3.5 米。在左供案后 6 米处有方形石炉一个，边长 1.5 米，系何作用尚待考证。供案后 5 米置翁仲各一，前 3.2 米又设翁仲各一，此四翁仲对面拱应，双手缩于袖中，后一对略为高大。

中门距平台 17 米，高与平台相同；宽 16 米；深 11 米，作三间。现残存柱础六个，正中两侧各有直放的石条两块，石条正中凿有似木围、木条用的孔穴，是否为门臼仍待加以考证。门前有石级三道，正中一道宽 5 米，旁两道较窄，均呈斜坡式痕迹。

中门外为一大广院，甬道两旁各置石雕，左右对立。最后为执笏翁仲，身材高大，高 3.2 米。次为象作跪卧状，再次为骏马及马武。马武牵马手执剑，衣长袍、露两靴、外衬短褂、腰扎纹带。马武之前为麒麟跪卧，次为虎作蹲状，虎前为绵羊跪卧，羊前为蹲狮，狮前为华表。华表座为须弥覆莲花，柱为素面八方形。在执笏翁仲与象背后 4 米处有碑亭，右亭已无痕迹，左碑亭残留基脚及一碑，但字不辨。在两象中间，即正中走道侧有一灯座刻以覆莲花，边长为 50 厘米（是否为灯座仍待加以考证）。

外门距中门 57 米，宽与中门等，深 8 米，略高于中门 20 厘米。门前有两道石级，石级左右 5 米有门狮一对，门狮前 4 米残存长方形石座一对，宽 80、长 200、高 40 厘米，表面平整，作何用仍待研究。

这座墓葬规制与第十一号安肃王墓类似，然宏伟过之，当是王墓，但系何王坟茔仍缺乏材料。

文物现状	
调查人处理意见	基围内不准开荒种植，石人、石马等石凿不得破坏。 保护者：新建大队保护小组毛四发等五人。
审查意见	
备注	

广西壮族自治区文物调查记录表 15

文物类别		编号	总号
			分号
文物名称	靖江王墓第十七号		
所在地点	挂子山东北约 300 米、水管站东南，西偏北 10°		
调查者	方一中、黄增庆、周安民、罗标元	记录者	
测绘者		图纸号	
摄影者		照片号	
传拓者		拓片号	
调查日期	1962 年 4 月 22 日		

概述

墓葬规制不大，围以一道墙，长 68、宽 31 米。封土呈包子状，高 6、宽 9 米。封土前为享堂，基脚高 2.2 米，作长方形，宽 8、深 10.4 米。堂前有一道石级，高于享堂 4 米，作斜坡式。由于残缺，形制不知。享堂前为大院，在甬道两侧各置石雕，院前为外门，宽 15、深 5 米，其两侧与围墙相接。

封土与享堂之间左右两侧各置翁仲一，似为侍者，身段矮小，头戴帽，帽后有二绑带，带长垂肩，衣宽袖长袍，双手平胸缩入袖内，两袖间放一三角形花锦巾，腹扎方纹带，面貌小巧，鼻口均小，眼小，眉呈新月形，雕刻精巧，似妇女。享堂前甬道两侧距石级 1 米处各置一翁仲，左已仆地、右仍挺立，此翁仲前 150 米也为翁仲，右仆、左垂立。此四翁仲缩手袖中，衣长袍，扎纹带，头戴帽。第三为执笏翁仲，均仆于地上，身躯比后四个高大，衣长袍，扎纹带，左者首已不存，仅余残身两截。最前为二华表，素面八方形，座为覆莲花，顶为蹲狮一对，完好未损。

整个墓葬位于山坡上，故呈现各部位次第高起，墓地倾斜度大，围内及封土多生荆棘灌木。享堂前距石级 6 米的左右两侧原有碑亭，现仅存右碑亭残基及碑一块，但也为风雨所剥蚀，字不辨，因之死者为谁不得而知。就其规制不类王墓，但比将军墓则过之。从封土与享堂之间的二翁仲来看，手上放有三角形锦布，其貌又似妇女，当为侍从。以此规制及二侍者和第二十三号墓的规制极相类似，推测可能是王妃之墓。

文物现状	
调查人处理意见	基围内不准开荒种植，石人、石马等石凿不得破坏。 保护者：新建大队保护小组毛四发等五人。
审查意见	
备注	

广西壮族自治区文物调查记录表 16

文物类别			编号	总号
				分号
文物名称	靖江王墓第十八号			
所在地点	挂子山东北 300 米、水管站东南 200 米，南偏东 10°			
调查者	方一中、黄增庆、周安民、罗标元		记录者	
测绘者			图纸号	
摄影者			照片号	
传拓者			拓片号	
调查日期	1962 年 4 月 22 日			

概述

墓筑以围墙，呈长方形，长 60.6、宽 41 米。封土位于围内中央，微近圆形，隆起为包子状，高 5.5、宽 20 米。封土前 4 米为享堂，左边被水利工程挖取石块而毁掉，成一深 2.8 米的水塘，就残存右边的一部分观察，规制很小。享堂前原有石凿之设已无一存在。

由于墓围的东面有水利渠纵贯其间，故封土的东面被破坏了一部分，有崩塌的危险。至于围墙基脚，整个残存 0.3～1 米。此墓与第十七号墓为隔邻，在第十七号墓之东约 20 米，规模略小些。由于石凿无存，是否为将军墓尚待进一步考证。

文物现状	
调查人处理意见	划定保护范围：围墙内宽 41、长 60 米范围内不准开荒种植，石人等石凿不得破坏。 保护者：新建大队保护小组毛四发等五人。
审查意见	
备注	

广西壮族自治区文物调查记录表 17

文物类别	古墓葬		编号	总号
				分号
文物名称	靖江王墓第十九号			
所在地点	挂子山东北 100 米、端懿王墓北侧			
调查者	方一中、黄增庆、周安民、罗标元		记录者	
测绘者			图纸号	
摄影者			照片号	
传拓者			拓片号	
调查日期	1962 年 4 月 22 日			

续表 17

概述

　　墓位于端懿王墓北面，与第二十一号墓平行居于小岗之上。建有围墙一道，宽 42.3、长 51.5 米，呈长方形，现存残基高约 1 米，系土筑基脚砌以石块。封土很小，呈圆形，宽 12、高 4 米，与围墙内的宽度比例极不相称。由于开垦种植，封土前享堂早被夷平，痕迹全无。外门基脚模糊，宽长均失痕迹，现存遗迹比门前地面高出 3 米。

　　门外甬道两侧陈列四对石凿及一龟碑。外门前 10.5 米处左右各有执笏翁仲一，相距 10.5 米，个体矮小。翁仲前为马，短小，身饰骑装，马武已毁。右马后 12 米处残存金龟承碑一，存龟，龟形小，未发现碑亭痕迹。马之前 7 米为跪羊。羊之前为华表，系素面八方形，顶作球状。

　　石凿形制矮小，雕刻不大精巧。就规制来看与第二十九号墓极为类似，可能系将军墓。

　　封土西面下陷一道，是否为盗洞不得而知。

文物现状	
调查人处理意见	划定保护范围：围墙内宽 42、长 52 米及围外石凿。墓围内不准开荒种植，石人、石马等石凿不得破坏。 保护者：新建大队保护小组毛四发等四人。
审查意见	
备注	

广西壮族自治区文物调查记录表 18

文物类别	古墓葬	编号	总号	
			分号	
文物名称	靖江王墓第二十号			
所在地点	挂子山村东南 500 米，南偏西 40°			
调查者	方一中、黄增庆、周安民、罗标元	记录者		
测绘者		图纸号		
摄影者		照片号		
传拓者		拓片号		
调查日期	1962 年 4 月 21 日			

概述

　　墓建二度围墙，外墙圈至外门，全长 220.2、宽 131.5 米；内墙圈到中门，全长 132、宽 49 米，均作长方形。墙基为石块砌建，墙为土筑，宽约 1 米。外墙卫护整个墓葬，内墙内为封土、享堂、内庭、碑亭。

　　封土呈圆形，凸起如包子状，宽 26、高 6 米。封土前 5 米为享堂，宽与封土齐，长 15 米。宽作五间，进深三间，正间最大，次间较小，稍间狭窄，正间正中偏南距左础 2 米及前第二础之间各有石门臼一个，作半月形，各柱础为四方底。

　　享堂前为一平台与享堂相接，台低于享堂约 10 厘米，台前面建三道石级通内广庭，并有甬道与中门相接，在甬道两旁各立有翁仲两个。后二者较高，头戴弯顶帽，帽后露出头发，系属男性，衣宽长袍，袍及地，仅露两足尖，腰束方带挺立，两手缩于袖中；前二翁仲头戴平顶帽，帽后有一方布，掩及背面，把头及颈遮掩，衣宽长袍，腰扎方带，足踏小靴，个体矮小、面脸纤小、眼细眉弯，两手缩于袖中，似属女性。此四翁仲似为侍者。

　　碑亭二方，左右相称。亭作四方形，亭中为神道碑，座为金龟承碑，碑高 3.3 米。左碑已无根据，右碑残留字为靖江端懿王妃杨氏的册封年月日、死葬日期、所生子女及享年等，有"册封于弘治八年十一月十七日""死于正德十四年二月十七日""享年四十七岁""子女各一""正德十五年十月十九日葬"等字样。

　　中门宽为三间，进深二间，宽 16、深 8 米，前后各有三道石级与内外庭相通。门正中留有门栿四块，门基高与平台齐。

　　中门外为外庭，院中甬道两侧陈设石人、石兽、华表等。后者执笏二翁仲，身躯高大，头戴弯顶帽，帽两边各有小方孔一个，就观察系翘角用的，角已缺，衣宽长袍、腰扎方纹带，两手握笏、平胸，下部露出两靴端，神态肃然。次为伏象作跪卧，面内向，身饰骑装，头系羁绳。象之前为骏马及马武，马作全副骑装，旁立马武，一手执宝剑、一手牵马状，头戴帽，外穿战袍，内衬长袍套几及足，腰扎方纹带，足踏靴。再次为麒麟作跪卧状，缩头。麟之前为猛虎作蹲状，尾长卷于背上。虎前为羔羊，跪卧状。羊前为蹲狮，左为雄，右为雌。再前为华表，方座覆莲花，柱作八角形，无纹饰，顶刻蹲狮坐莲。

　　外门高与中门同，宽16、深6米，内外两侧各有三道石级，门外左右各置一蹲狮。

　　整个墓葬规制宏大，内外围墙已塌，仅残存基脚。封土完整，似未被盗挖。享堂残存柱础，两稍间共缺柱础三个。平台无遗物。台前石级已崩，塌残存遗迹。

　　四侍者右前一尊仆地，三尊多被风化。碑亭均被拆除，右碑存。中门外执笏二翁仲及石兽等仍完整，唯马武执羁之手已缺。左华表顶部蹲狮已缺，右华表蹲狮被砍断头。中门和外门均倒塌，外门蹲狮已倒下，但仍完好。

文物现状	
调查人处理意见	划定保护范围：外围墙长230、宽130米以内不得开荒动土。 保护者：新建大队保护小组毛四发等。
审查意见	
备注	有碑拓一份。 该墓就其规制以及1953年调查情况，为端懿王及妃杨氏合葬。

广西壮族自治区文物调查记录表19

文物类别	古墓葬	编号	总号	
			分号	
文物名称	靖江王墓第二十一号			
所在地点	挂子山南200米、后龙山西北100米，西偏南40°			
调查者	方一中、黄增庆、周安民、罗标元	记录者		
测绘者		图纸号		
摄影者		照片号		
传拓者		拓片号		
调查日期	1962年4月22日			

概述
墓位于端懿王墓左前方150米，右面围墙与端懿王墓围墙之南角接邻。面对毡帽山，原有一道围墙，宽41.5米，由于两端接近现代墓和被开垦种植所破坏，长度已不可辨。 　　封土基完整，略成圆丘状，宽18、高5米。封土前原有享堂，但由于被现代墓所破坏，形制如何已不可辨。此外别无他物，石凿及外门也不存在。封土正面稍陷下，疑为盗洞。封土后现被群众开荒种植。由于规制已遭破坏，其级别难行分辨。

文物现状	
调查人处理意见	封土不得破坏。 保护者：新建大队保护小组毛四发等。
审查意见	
备注	

广西壮族自治区文物调查记录表20

文物类别	古墓葬	编号	总号	
			分号	
文物名称	靖江王墓第二十二号			
所在地点	林业试验站果苗队西北300米，南偏东20°			
调查者	方一中、黄增庆、周安民、罗标元	记录者		
测绘者		图纸号		
摄影者		照片号		
传拓者		拓片号		
调查日期	1962年4月22日			
概述				

　　位于林业站果苗队西北300米之岗上，面向后龙山，在恭惠王次妃墓（第二十三号墓）之西200米。墓有长方形围墙，宽35、长58米，高则仅留墓脚。墓葬形制不大，封土隆起为丘陵，宽22、高6米，南面有陷下遗迹，疑为盗洞。封土前4米为享堂，宽22、深10米，宽作三间，进深二间，现存柱础六个。享堂前为庭院，低于享堂2米，很窄，仅4米。山门残存基脚，宽11、深6米，高于庭院50厘米。封土与享堂之间的右侧边残存碑亭遗迹，作正方形，边长4米；左侧边是否有碑亭未知，没有保存遗迹。山门内侧，距门基1米的左右两侧各有华表一个，已仆，素面八方形，顶刻凸起覆莲花。华表之后没有发现翁仲及石兽遗迹。门外有蹲狮一对，左已仆地，右则倾卧草中。

　　就墓的规制来看，可能为王妃墓。

文物现状				
调查人处理意见	保护范围：墓围内宽35、长58米，门狮一对。 保护者：林业站果苗队保护小组李文达等。			
审查意见				
备注				

广西壮族自治区文物调查记录表21

文物类别	古墓葬	编号	总号	
			分号	
文物名称	靖江王墓第二十三号			
所在地点	林业试验站果苗队北200米，西偏南30°			
调查者	方一中、黄增庆、周安民、罗标元	记录者		
测绘者		图纸号		
摄影者		照片号		
传拓者		拓片号		
调查日期	1962年4月23日			
概述				

　　墓位于林试站果苗队以北约200米，与悼僖王墓平行相距约300米，形制完整但规模不大。建以二道围墙，均为长方形，外围墙宽47、长96米，内围墙宽29、长58米。各墙前端均开有门，墙基为石块砌脚上筑以土，基宽1米，墙高不详。就地面残留遗物分析，墙盖琉璃瓦，瓦有黄蓝两种，有当并印花纹，造作精巧。墙基石块于1959年被水利工程和林业站拆取了大部分。

续表 21

封土在内围墙后端，接近圆形，宽 13.5、高 4.5 米。墓室于 1950 年被林业试验站自行发掘充作种子储藏所。从墓门前挖出一道斜坡走道，墓门、墓室为券顶。玄室宽 2.9、深 5.5、高 3.85 米，有一头龛，宽 1.2、高 1 米；左右各有四个耳室，均作券顶，室宽 0.45、深 0.5、高 1 米，各室均高于墓底 0.6 米。玄室通外有一道门，门宽 1.7、高 2.4 米，券顶并有门扇，已不存（可能系木制），上下均有门臼，门内有顶门石一具及顶石孔一个，石为四方形，门有地袱一。门外为通道，与中室相通，道宽 1.7、长 0.75、高 2.4 米，中室宽 1.9、深 1.75、高 3.25 米，前开一门，残存上下门臼，正中底部凿一顶门石孔，形制如三室，门有地袱一。中室外有甬道，长、宽、高均与后甬道一样，墓门系券顶，宽 1.75、高 2.4 米，五道券形砌建。墓券一平砖砌作与侧放相间隔，较为美观。门外壁宽约数米，壁涂拍石灰厚约 2 厘米，拍面平滑，并加上红色，现已大部分剥落。墓室顶部就墓门上露出的情况来看遗有琉璃瓦，顶部似用琉璃瓦盖后再填土，是否有墓道待详细发掘才能看出。室内遗留瓷瓶二个、三彩鸠一件、墓志铭两块（已打碎成数块）及大铜锁一把（已被卖掉），随葬物的位置已不得而知。就碑志知为恭惠王次妃刘氏墓，一块书大明靖江王恭惠王次妃圹志，一述妃之身世。葬具已无，垫樟砖也已被拆除。

墓封土之前有一享堂残基，距封土 5.5 米，堂宽 13.5、深 10 米，前为平台，宽 10.8、深 6.4 米，平台两侧距离 4 米处有厢房，是否为东西厢尚待考证。西厢房遗迹宽 4.4、长 10 米，东厢房遗迹宽 3.4、长 4.4 米。台前为内庭院，前为外门，宽 10.8、深 7 米。

平台与中门之间的内庭甬道两侧设有翁仲三对，均仆地。一对为女侍者，双手缩于袖中，其上置一三角形锦巾，头被打掉；余两对身躯较高，似男像，两手缩袖中。中门外左右各 3 米处为执笏翁仲，高 3 米，均完好。翁仲之前 1 米为麒麟，次为狻猊，再次为象，最前为华表，素面八方，顶为蹲狮覆莲花座。外门蹲狮一对，左狮已倾仆。由于水利工程拆取石料及林业所挖掘，墙基大部分已被拆取，石凿被打损或仆地，如左麒麟被损坏，右麒麟倒地，两象鼻已断，华表仆地并被打断为数截、右顶狮被毁，这些是该墓被人为损坏的一般情况。

文物现状	
调查人处理意见	保护范围：外围墙内宽 47、长 96 米。 保护者：林业站果苗队保护小组李文达等。
审查意见	
备注	

广西壮族自治区文物调查记录表 22

文物类别	古墓葬	编号	总号	
			分号	
文物名称	靖江王墓第二十四、二十五号			
所在地点	林业试验站果苗队，西偏南 20°			
调查者	方一中、黄增庆、周安民、罗标元	记录者		
测绘者		图纸号		
摄影者		照片号		
传拓者		拓片号		
调查日期	1962 年 3 月			
概述				

墓有内外围及奉祠，外围长 364、宽 264 米，残基高 0.2～0.5、宽 2.5～3 米；内围长 110、宽 76 米，残基高 0.3～0.8、宽约 2 米。奉祠在外围内，与内围平列相距 19 米，长 100、宽 68 米。封土隆起，形如冈峦，与第十二号墓（悼僖王墓）相类大，高 11、宽 30 米，正面前有塌陷，可能已被盗过。

墓地前有享堂、中门、外门等部分，享堂尚存残基，基起 1.2 米。墓左右两旁原有方形建筑各一，基础尚存，作何用待考。内外围原有左右碑亭各一，残基尚辨。享堂前左右两边有方形建筑，何用未明。内围石基、翁仲、华表、石兽等石凿，已于 1959 年修水利时全部被毁作工程之用。现内围及封土种植松树甚多，高 3～4 米，封土左右两侧、后部及外围内均已开荒种植。中门前遗大方形残基，何用未明。在外门及奉祠前门各有蹲狮一对，除奉祠门前右侧保存完好外，余均残缺不全。

续表 22

奉祠分三进，头进为三开间，二、三进为六开间，左右上下建庑廊各二，现建筑无存，四周基础料石及部分柱础被水利工程用于修水渠。现残基还存柱础的，头进存 5 个、二进存 24 个、三进存 30 个，庑廊左上廊存 6 个、下廊存 6 个，右上廊存 5 个、下廊存 8 个，各进和庑廊均有阶梯 3 个。奉祠外门内存有四个柱座，也有阶梯。

文物现状	
调查人处理意见	保护范围：墓围内和奉祠遗址不准开荒种植、不得挖墙基石头。 保护者：林业站罗马（队长）、郑嘉风、李文达。
审查意见	
备注	

广西壮族自治区文物调查记录表 23

文物类别	古墓葬	编号	总号	
			分号	
文物名称	靖江王墓第二十六号			
所在地点	后龙山前、距第二十四号墓外围西南 30 米，西偏南 30°			
调查者	方一中、黄增庆、周安民、罗标元	记录者		
测绘者		图纸号		
摄影者		照片号		
传拓者		拓片号		
调查日期	1962 年 4 月 24 日			

概述

墓位于后龙山前水利渠旁，距第二十四号墓外围墙西南角 30 米左右，建有一道围墙，宽 29、长 45 米，围墙西南角被水利渠切去，水路贯通其间。规制很小，封土在围内中央，宽仅 9 米，高 4 米，微近圆形。封土前面竖有墓碑一块，上面刻有一道文字，文曰"靖江故侯封辅国将军之墓"（篆体），左写"生于景泰癸酉十二月初九日戊时"、右曰"殁于天顺戊寅六月十三日时"（正楷），从碑志知为侯封辅国将军墓，究系何名，旁无字可考。封土之前已被开垦，围外前面早已被水利工程所破坏，无遗迹可寻。墙基石块砌脚，仅一层上筑以土，现存 20～30 厘米。从墓碑志生死年月推算，死者五岁又六月，而封为辅国将军并厚葬，非王之子，孰能如此，当为朱氏之直系无疑。

文物现状	
调查人处理意见	保护范围：围墙内宽 29、长 45 米。 保护者：毛四发等人（新建大队保护小组）。
审查意见	
备注	

广西壮族自治区文物调查记录表 24

文物类别	古墓葬	编号	总号	
			分号	
文物名称	靖江王墓第二十八号			
所在地点	穿山窝前 300 米、第二十七号墓之东南，南偏西 20°			
调查者	方一中、黄增庆等四人	记录者		
测绘者		图纸号		

摄影者		照片号	
传拓者		拓片号	
调查日期	1962 年 4 月 24 日		

概述

墓位于穿山窝前 300 米，靠近石山脚，在果苗队之东约 1000 米。墓建以内外围墙，外墙宽 100、长 169 米，前有外门，内墙宽 38、长 86.8 米，均呈长方形。基脚为石块砌建，残高 0.2～1.2 米。

封土呈圆形，顶成尖状，基脚高 2 米，形似圆帐篷，顶大如小山冈，宽 29、高 7 米，前面基脚露出石块砌脚，平直并向两侧伸延。其结构与第二十七号墓极类似，封土前为享堂。

享堂距封土 5 米，宽 22 米，作五间，深 17 米，现存柱础 17 个，正中柱础为四方底上覆莲花座，其余为素方座。享堂前为一平台，略窄于享堂，高度微低些，台前左右二角放有八角形覆莲花座，座中央凿一圆孔，可能为插宫灯之用。台前铺有三道石级，石级两侧的砌边石饰以四道花纹。平台之前中门内侧为内庭院。

内庭院长 12 米，距平台两边 3 米处各有供案一方，案作长方形，宽 1.2、长 3、高约 0.5 米，系石块砌成，外刻草藤纹，四角边刻以方形竹节纹，供案侧边 4 米各有二侍者，两者相距 5 米。后者在供案侧边，头戴冠，衣长袍，袍长及地，仅露两靴端，衣褶条痕显现，腹扎纹带，面方圆，双手缩于袖中平放胸前，神态肃然，貌类男人。前侍者距后侍者 3 米，身段稍矮，个体也较小，头戴帽，帽后围布及背，看不到头发，衣长袍，露小靴，腹扎纹带，带全露出，缩两手于袖中放于胸前，貌小巧，类妇人。

中门基脚宽与平台相同，但高度矮 2 米，门作三间，深三间，角础为素方座，体础为方座覆莲花。正中间残存门基石两块，上凿有放板槽孔两道；次间中央两柱础中间也放有栏板石，形制如中间基石。门前后各有三道石级走道。

中门与外门之间的庭院内走道两侧各设石凿。距中门 4 米有执笏翁仲对立，身躯高大，头戴弯顶帽，帽两侧翅角已缺，仅存方孔各一；身衣宽长袍，宽袖，腰存纹带，双手握笏平置胸前，头大脸长，闭口，神态诙谐。翁仲前 3 米为跪象，鼻下垂，背披长骑布。翁仲与象之间后面 4 米各有碑亭一方，呈方形，四面各有一门，亭中为金龟承碑，两碑均存，字已剥蚀不可辨。象之前为骏马及马武，马饰全套骑具，侧头向外；武士矮胖，头戴帽，身穿战袍，内衬宽衣及足，露足部，足踏靴，腰缠纹带，一手执刀，一手牵马。马武之前系瑞麟，作蹲伏，头有角，足为偶蹄，遍体鳞纹，微仰视。麟外为猛虎，作蹲坐状，尾卷于背上，口闭露双獠牙。次为羔羊，跪卧，身无纹饰。羔之前为狻猊，作蹲伏，身刻鳞片，露四爪，无角。再次为华表，方座覆莲花，高 4 米，八角素身，顶刻莲花，蹲狻猊（身有鳞）。华表与羔羊之间后方 16 米有面阔 13、纵深 8 米的围墙痕迹，无柱础，是否系东西厢尚待考查。

外门高出庭院 2 米，前后均有三道石级，但已崩塌。门外两侧各有门狮一个，雄者在左，前二足夹绣球，雌者前足为一小狮。

仅就墓葬规制来看，结构宏伟，制度完备，是一座王墓。规制与第十六号墓相同，在王墓群中和第十六号墓关系似较为密切，可能有先后之分，即两者互相接续，这是初步推断，如何仍待详加考证始克明确。

该墓地面建筑已塌，封土后背残留一大洞，似类盗洞，余仍完好。享堂及中门外留残基，碑亭被拆毁。石凿仆地的有猛虎、华表，象鼻均被打掉，余仍完好。

文物现状	
调查人处理意见	
审查意见	
备注	

广西壮族自治区文物调查记录表 25

文物类别	古墓葬	编号	总号	
			分号	
文物名称	靖江王墓第二十九号			
所在地点	铁峰山西北 500 米、第二十八号墓西南，南偏西 10°			

调查者	方一中、黄增庆、周安民、罗标元	记录者	
测绘者		图纸号	
摄影者		照片号	
传拓者		拓片号	
调查日期	1962 年 4 月 23 日		

概述	

墓位于穿山窝之南，铁峰山西北一里许，形制很小，围以一道短墙，宽 43、长 54 米，呈长方形绕护封土及享堂。封土小，宽 14、高 4 米，呈包子形。封土前 6 米为享堂，堂宽 14 米，作三间，深 9 米。享堂前为平台，宽 8、深 4 米。距平台 7 米为山门，宽与享堂相等，作三间，深 6 米。围内无陈设。

山门外 9 米处两侧设有执笏翁仲各一个，身体矮小，高仅 2 米，头戴帽，帽顶后段高起，身穿窄袖长袍，腰间扎纹带，双手握笏，足踏靴，雕刻粗糙。次为骏马及马武，与翁仲相距 18 米，马饰以全套骑具，双耳上竖；马武立于旁，个体矮小，戴尖顶帽，穿宽袍盖过膝，露出全靴，腰缠纹带，一手牵马，一手拿剑。在左翁仲与骏马之间的后方，马右侧 3 米处有碑亭，亭为长方形，宽 7、深 8.5 米，残留柱础。亭中为金龟承碑，碑高连座为 3.2 米，龟足有鳞纹，碑顶为双蟠龙，碑边刻各花藤草纹，隐约可辨 "靖江故八辅国将军神道碑" "悼僖王之弟" 等字样。右侧无碑亭遗迹。马武之前 10 米为山君，作蹲状，直视，尾弯于足旁。虎之外为羔羊，作跪卧状，背披纹布。羊之外未发现遗物遗迹。

目前情况：围墙已塌，残高 1～1.5 米，泥筑。封土后有一洞，似系盗洞。享堂存础七个，小门存础六个，碑亭存础两个。此外翁仲两具均仆地，左仰右俯；左马及马武已倒，右马武断手；两虎及左羔羊倾斜。

从碑字知为靖江八辅国将军之墓，该墓资料对靖江将军墓的鉴别有很大帮助。

文物现状	
调查人处理意见	保护范围：围墙内宽 43、长 54 米及墙外石凿。 保护者：新建大队保护小组毛四发等。
审查意见	
备注	

广西壮族自治区文物调查记录表 26

文物类别	古墓葬	编号	总号	
			分号	
文物名称	靖江王墓第三十号			
所在地点	铁锋山西北 500 米、第二十九号墓西北 30 米，南偏西 20°			
调查者	方一中、黄增庆、周安民、罗标元	记录者		
测绘者		图纸号		
摄影者		照片号		
传拓者		拓片号		
调查日期	1962 年 4 月 24 日			

概述	

位于八辅国将军墓右侧，建以一道围墙，宽 39、长 48.5 米，残存基脚，围墙内有封土、享堂。封土矮小扁形，现高 3、宽 12 米，已被盗掘破坏。封土前 5 米为享堂，宽 12 米，作三间，深 4 米，残础五个。堂外为院，无陈设。院前为外门，外门台明高于院内地面 50 厘米，宽 12 米，作三间，深 5.3 米，正中残，残石门基两块。此外各柱础仍存，计八个。

外门前 16 米处设有执笏翁仲，左右各一，均已倒于草丛中，风化严重，几不可辨。左翁仲前 2 米残存金龟一具，无碑，龟身纹饰模糊；右侧无金龟及碑遗迹。龟前为虎，两者相距 20 米，足已断，仆倒于地。虎前为羊，存右羊，作跪卧状。石凿风化严重，刻纹模糊，几不可辨。

该墓规制与八辅国将军墓相同，似系同一时期，可能也是一座辅国将军墓，但无碑文可考。由于破坏严重，已缺乏重点保护意义，故不插牌（不划保护范围）。

文物现状	
调查人处理意见	
审查意见	
备注	

广西壮族自治区文物调查记录表 27

文物类别	古墓葬	编号	总号	
			分号	
文物名称	靖江王墓第三十一号			
所在地点	挂子山前西北 1000 米、第十一号墓前方，西偏南 60°			
调查者	方一中、黄增庆、周安民、罗标元	记录者		
测绘者		图纸号		
摄影者		照片号		
传拓者		拓片号		
调查日期	1962 年 4 月 24 日			

概述

墓位于挂子山村西北 1000 米，东距安肃王墓（第十一号墓）1500 米左右，建以围墙一道，呈长方形，宽 32.4、长 49 米，残基脚，规模不大。封土呈圆锥形，宽 14、高 4.2 米。封土前原有享堂，现已无遗迹。封土前右侧遗存碑龟一个，当有碑亭，但已早塌，现无遗迹，就一些高起之土观之系四方形。左亭及龟未发现。龟距封土 6 米，此外封土前右侧在围墙内已无遗物。

围外前方 5 米处左右两侧各有执笏翁仲一个，相距 12 米。次为马及马武，现有左马，右马残断，马武有躯缺首。华表一对，仅存座，座为覆莲花。各石凿刻不精。

从形制及规模看似系将军墓，确否待清理时更正之。现该墓划入调节器厂址范围内，准备清理。

文物现状	
调查人处理意见	保护范围：因工厂已划为工程地区，故不插牌保护。
审查意见	
备注	

广西壮族自治区文物调查记录表 28

文物类别	古墓葬	编号	总号	
			分号	
文物名称	靖江王墓第三十二号			
所在地点	挂子山村西北 900 米左右、第三十一号墓西南，西偏南 30°			
调查者	方一中、黄增庆、周安民、罗标元	记录者		

测绘者		图纸号	
摄影者		照片号	
传拓者		拓片号	
调查日期	1962 年 4 月 24 日		
概述			

　　墓建围墙一道，呈长方形，宽 34、长 68 米，形制较小。封土宽 15、高 5 米，隆起如馒头状。封土前 2 米为享堂，残基宽 16、深 11 米，现仅在左右侧存一柱础。享堂前后有斜道各一，宽 12 米。享堂前内庭中原有翁仲、华表等石凿，均已被毁，仅遗翁仲残身、华表一截。左华表后 6 米处存一碑亭残迹，碑已毁，有承龟座。

　　从墓葬形制及其规模来看可能为一将军墓，待清理后获得更多材料加以考证。

文物现状	
调查人处理意见	保护范围：因工厂划为工程地区已决定发掘，故不插牌。
审查意见	
备注	

广西壮族自治区文物调查记录表 29

文物类别	古墓葬	编号	总号	
			分号	
文物名称	靖江王墓第三十三号			
所在地点	铁锋山前 50 米			
调查者	方一中、黄增庆、周安民、罗标元	记录者		
测绘者		图纸号		
摄影者		照片号		
传拓者		拓片号		
调查日期	1962 年 4 月 24 日			
概述				

　　有小围墙卫护封土，封土及墓室已被挖掉，仅残留乱土碎砖，享堂已无痕迹。围墙外有执笏翁仲左右各一，个体矮小，风化严重，从模糊遗痕知其所着为宽衣绸袖长袍。次为马及马武，马饰骑具，武一手执马羁，另一手持剑。左马与左翁仲之间的后方有碑亭一间，柱建、亭毁、碑存，碑为双龙蟠顶，从碑额残存的大字可辨出为"大明靖江第九辅国将军"。神道碑次为虎，左右各一，再次为羔羊，最前为华表一对，相距各 5 米左右。

　　石刻造作粗糙、矮小，一如第二十九号墓。翁仲已被打断倒在地上。

　　从碑字知为靖江第九辅国将军之墓，其规制与第二十九号墓没有分别，当是同一时期。第九辅国将军为朱守谦之第九子，即朱赞仪之九弟。

文物现状	
调查人处理意见	保护范围：封土及墓室已全部被破坏，故不插保护牌。
审查意见	
备注	

广西文物调查复查记录表

广西壮族自治区文物管理委员会

1965 年

广西壮族自治区文物管理委员会文物调查记录表

文物类别	古墓葬	编号	总号	
			分号	
文物名称	桂林明代靖江王族墓群			
所在地点	桂林市郊尧山挂子山一带			
调查者	廖浩中、潘世雄、巫惠民、张益贵	记录者		
测绘者		图纸号		
摄影者	庄礼伦、方一中	照片号		
传拓者		拓片号		
调查日期				

概述

　　桂林明靖江王，自洪武三年（1370 年）明太祖朱元璋封其侄孙朱守谦来桂林就藩，传十三代，除第一代朱守谦死于北京及最后一代朱亨嘉因谋称监国被杀外，其余历代诸王、妃、将军、宗室及王亲等死后均葬于桂林的东部一带，分布范围甚广，其中王、妃及一些将军等主要墓葬分于尧山西麓一带。墓葬按明代典章制度的规定，有墓围、享堂、碑亭、奉祠等建筑（残基尚存），冢前还有翁仲、华表、石兽等。

　　靖江王墓群是研究明代历史、艺术的实物资料之一。由于党对文物工作的重视，曾于 1953 年及 1962 年先后在尧山做过两次调查，登记了王、妃、将军等主要墓葬 32 座，并进行了测量、绘图和记录等工作（详见 1962 年靖江王墓群普查工作报告）。但是，过去历次调查只限于尧山一带，对整个王族及王亲等墓葬的分布情况未加注意。

　　根据朱氏后裔朱密、朱永存等人反映，靖王宗室墓葬还有部分分布于江东村。1962 年底，柘木公社光辉大队掘古墓取砖用作修水利材料，在东郊岳山东侧的岭坡上曾挖掘到嘉靖十四年靖江王府镇国将军朱云渠墓葬一座（中有墓志一方）。附近的马鞍村群众也在村旁挖掘了"王坟"（群众对靖江王宗室所有墓葬的总称），墓中出土的青花瓷瓶制作精湛，与尧山王族墓出土瓷器大致相同，桂林市文管会曾征集到一对。由此可见，这一带有靖江王宗室墓葬的分布。

　　1965 年 5 月下旬，区文管会组织的桂林专区文物普查工作组第一组（其中有桂林市文管会的同志）在桂林东郊一带对靖江王室墓葬继续进行普查，发现从尧山至漓江岸畔卫家渡一带的山坡都有王室、王亲墓葬，登记 100 多座，并进行了测绘和记录。此外韦江义同志带领的小组也在尧山西南麓和西北麓发现了王室墓 15 座，另外做记录和编号。

　　由于过去宣传保护工作做得不够，1958 年以来，东郊各生产队曾挖掘古墓取砖作为建筑材料。在靖江王墓群分布地区，已被破坏的墓葬据不完全统计已达五六十座。在普查过程中，经过工作组同志的宣传教育，当地群众已交出这些墓里出土的明代青花瓷瓶 20 个、黑釉陶罐 2 个。

	此外，普查组还复查了尧山靖江王墓第 1 号、第 8 号、第 24 和 25 号（25 号为奉祠）、第 28 号四座王墓，纠正了过去记录上的错误，补充登记了过去没有发现的诸王墓新的遗迹，对过去的测绘图做了修改或补充。巫惠民、张益贵、潘世雄对尧山的王坟做了测绘，并补充登记了较小的王族墓冢。 　　此次参加普查的有本组同志庄礼伦、陈左眉、罗坤馨、冯丽娟、田丽森、廖浩中、潘世雄、周安民（桂林市文管会）及区文化局社文处梁景津等。
文物现状	以上墓葬都散葬于丛葬墓区，封土基本完好。
调查人处理意见	已经调查编号的墓葬一律列为保护单位，并分片在附近各村生产队建立保护小组进行保护，同时通知各所在公社生产队，今后不得挖掘墓砖及在封土上开垦种植、铲草皮等。
审查意见	
备注	

靖江王墓复查记录

广西壮族自治区文物管理委员会

1965 年

靖江王墓第一号的复查

第一号墓位于众岭上山坡，阳家村西北约 1500 米，置于陡峭的山腰间，也许是受地形的限制，范围很小，规制也不完备，仅设一道围墙，故中门和外门只能用同一道围墙。但是从其地面现存的陈设规制来看，中门之内庭院设有左右侍者各一对，门外庭院左右则置有碑亭及执笏翁仲、象、虎、麒麟、羊、华表等，属于王墓的规制，是一座王墓无疑。从十一座王墓来看，它是最小的，又是比较简陋的。再从石刻来看，它是后期的。确否仍待考证。

封土被现代墓所占用，并被破坏，顶部陷落，前端被挖掉大部分泥土，并将其夷平，数座现代墓丛葬于此，是以被扰乱已甚，加以荆棘杂草蔓生，封土已隐约难辨。由于封土崩塌于前，享堂形制受到波及，进深无从依据，宽 15.6 米。因柱础已被埋没或挖掉，难辨出享堂的间数，仅获知宽大与封土齐。其前端有一道石级，极模糊。

享堂与中门之间为内庭院，其左右两侧各置有二侍者，袖手拱立，衣长袍，扎纹带，下露出靴头，头戴软冠，神态自然，高 3 米。侍者后 3 米处各有一长方形的建筑遗迹，基座犹存。左侧的基座边沿用石条砌建，被杂草所覆盖，"四有"工作时未予发现，此次复查才找到遗迹，宽 10.4、深 6.8 米左右。右侧基座边沿石条已不见，残基与左侧的石基相当。属何规制尚待查证，而得定名。

中门距享堂 18.6 米，宽与享堂齐，深 10 米，左右两侧外接围墙。中门仅存台基，柱础已被挖掉，结构如何无从查证。前面有三道甬路遗迹，当为石级的脚。在中门外墙的右侧角有一隆起的土堆痕迹，略呈长方形，高于地面 30～40 厘米，与残存的墙垣平，四周及内面无石条遗物，宽约 8 米，是否为建制中的建筑物遗痕抑或墙垣崩塌的泥土堆积，则无从知悉，还待查证。

该墓原有碑亭之设，但在"四有"工作时未予找出，此次复查发现右碑亭遗迹，位于石象后 2 米。亭宽 4、深 6 米，微呈长方形，建制与诸王碑亭无异，碑及承碑物已被破坏。此外，庭院两侧的陈设物已全部倾倒于地，左侧无碑亭。碑亭前面、石兽后面有无建筑物，因杂草荆棘丛生，一时无法查明。

外门在"四有"工作时仍可辨识，宽与中门相等，深 7.6 米，唯建制已被破坏，情况为何无从查证。门外两侧设有蹲狮，左狮已倒地，右狮依然挺立，雕刻细致，形态生动，表现了工匠手法的高超。狮之外未发现遗迹。

靖江王墓第八号的复查

第八号墓有四座建筑物残基以前没有查出，现补述如下：

享堂左右侧各有一座，右侧的基座明显，长9.5、宽6.2米；左侧不明。中门外左右碑亭及翁仲、石兽后面各有一座，长8.8、宽6.4米。这四座建筑物的残基已补绘于原来的平面测量图中。

靖江王墓第二十四、二十五号的复查

第二十四号墓相当宏大，规制仅次于第十二号墓，是一座早期的王墓，惜地面建筑物茫然无存，基脚和柱础等也部分被挖取，是以对其规制只能从模糊的残迹去辨识记录和绘图。1962年2月建立"四有"时，由于工作经验不足，加以调查未能深入，资料记录和绘图等工作又欠准备，1965年5月复查时发现遗漏不少，现特补充并对部分内容加以更正。

该墓封土特大，封土后面46米处有一近似椭圆形的小土堆，长30、宽25、高4米，其上满生青草，据观察不是现代墓葬。从位置来看，其与王墓有密切关系，是王墓的后土吗？但观之其他王墓均没有后土设施，则是否为王妾之墓，或其最喜爱的"卑者"之墓，或作其他用处，仍待考证。另外，在封土两侧各有一个似半月形的土堆，距封土仅4米，左侧土堆长33、宽9.65、高2.1米，右侧土堆长18、宽8、高1米，两者顶端均隆起，形似小丘。1962年建立"四有"时定为方形建筑物，是不正确的。据观察，可能是将封土上盗洞挖出的泥土搬于此存放而堆成的。

封土前为享堂，两者相距12米。享堂仅残存基台填土，从残基看略呈四方形，宽20.5、长23.1、高1.2米，前有平台，平台宽16.9、长7.5米。享堂和平台前正中各设有一道石级通路，石已被搬拆。享堂和平台的柱础一无所存，因而辨不出间数。享堂左右侧无陈设，遗有空旷地而已。平台与中门之间为内庭院，其两侧遗有方形的石基建筑物，基脚存，而建筑物形式及作用不详。平台通往中门原设有一石道，现已断续不全，但仍模糊可辨，其两侧应有石翁仲一对，现已缺。

中门距平台16米，宽与平台齐，长12米，是内围墙的通道。由于柱础被挖，间数不明。前端设有一石级，现残留遗痕。无其余遗迹。

中门之外为一大平台，从左边缘残存的遗痕来看宽约72米，在中门前的左右两侧遗有碑亭残基，宽11、长19米。两碑亭之前，按规制应设有执笏翁仲、象、虎、羊、华表等石凿，现找不到遗痕，对其陈设情况及雕刻手法无从知悉。大平台的东南角，距碑亭23.5米处有一长方形残基，宽11.8、长8.5米，除东面基石被挖掉外，其余三面仍残存，但看不出全貌，究作何用、属于何建制仍待考证。此遗迹在1962年"四有"工作时只做了记录，但没有谈明其大小，也未在平面图上绘出，现特补缺。此外，西南角附近，在外墙右侧50米、距正面墙26.6米处有一长方形残基，长9、宽7.3米，基围条石尚存，内部地面系用石灰夹石粒、片石铺的。又在外门内侧46米处发现有用条石砌建的长道式遗物，长约50、宽80厘米，条石厚16厘米，沟道内已填满泥土，沟深不详。此一沟道由西而东，断续连接并与正面的外墙略呈平行，其砌建颇为平整，当与墓葬有关系。此两者作何建制待考。

外门已被破坏，形制不明。两蹲狮已倒塌，均不在原位置。围墙基脚大部分被挖去，不完整。

奉祠一座，位于王墓左侧，在王墓与外围围墙之间，距内围墙19米，祠外围为短墙。奉祠为第二十四号墓建制的一部分，建筑完整。在十一座王墓中，除了第十二号墓也有奉祠，其余九座均未设。第十二号墓奉祠被泥土填没，遗迹不存，难以了解其规制。为便于研究和切实保护起见，1962 年开展"四有"工作时将第二十四号墓的奉祠单独编号，但档案资料与第二十四墓合在一起。

祠分三进和左右厢庑等部分。头进即祠门，为三开间。前面设三道石级，是为通道。两侧各有一蹲狮，互相对望，形态生动。进了祠门，中隔天井就是前堂。前堂宽 33、深 15 米，面阔七间，进深三间，有前廊一间，明间减去左右二金柱。前堂前后设有三道石级，遗痕尚存。后堂当为奉祀神位的，宽与前齐，深 24 米，面阔七间，进深五间，明间也减去左右二金柱，正面设有石级三道。"四有"工作时，前后堂的记录档案和绘制平面图上面阔均作六间，进深皆作三间，没有前廊。

两堂之间为庭院，院内未发现陈设痕迹。前庭（天井）两侧为左右厢房，两者对向，宽 17、深 13 米，面阔作三间，进深三间；前另有一走廊，深一间；正面各设三道石级。后庭院两侧也设有左右廊房，宽 15、深 10 米，面阔作三间，走廊进深一间，里面廊房进深三间，走廊前后有过道，连接前后堂。"四有"工作时，平面图未绘前过道，后过道也计短了 1 米，现予补正。

祠前约 50 米有一小丘陵，是否原有或人工堆起，与墓葬或奉祠有何关系，值得查证。

靖江王墓第二十八号的复查

在复查时发现，距右侧外墙 10.8 米、距 20 号翁仲后 26 米处有一圆形的台基残迹，用石灰混合石粒、石片铺底，径 4.6 米。

靖江王族墓群调查记录

广西壮族自治区文物管理委员会

1965 年

广西壮族自治区文物管理委员会文物调查记录表 1

文物类别	古墓葬	编号	总号	
			分号	
文物名称	桂林明代靖江王族墓群			
所在地点	桂林东郊莲花塘、狮子塘、母塘岭、鬼魔塘附近			
调查者	第一组	记录者	第一组	
测绘者	廖浩中、潘世雄	图纸号		
摄影者		照片号		
传拓者		拓片号		
调查日期	1965 年 6 月 2 日			

概述				

　　莲花塘、狮子塘、母塘岭、鬼魔塘位于桂大公路的东北侧，和大园岭相接，以公路为界各压一侧。桂大公路"4 公里"里程碑东面约 350 米为莲花塘。"5 公里"里程碑北稍偏西方向约 150 米处为狮子塘。莫家坪位于狮子塘东稍偏南方向约 500 米处。鬼魔塘在吊罗山（独山）脚下合心大队的烟场南面 150 米处，与莲花塘间隔着将军塘。

　　在莲花塘边山坡上有王室墓一座，编号为 M15；在狮子塘边山坡上有两座，编号为 M16、M17；在莫家坪旁山岭上有三座，编号为 M18 ~ M20；在鬼魔塘边山坡上有一座，编号为 M99。这些地方也是丛葬区，植有松树，平缓处多为畲地种有农作物。

　　M15

　　在莲花塘西南面的土岭上，封土距塘边 32 米，塘边有一乡道穿过。封土高 2.7、直径 13.2 米，墓向 50°。墓前 28 米有两个华表的柱础，两柱础相距 16 米。塘边有倒着的残翁仲一个，残石马一匹及残断的华表等。对面塘里还有一对石狮子，可能是从这边移过去的。享堂残基已无存，上面有六座近代墓葬。在墓前的路边捡到有压印花卉纹的琉璃滴水（琉璃釉已脱落）及其他砖瓦残片，与其他靖江王室墓葬所用的琉璃滴水相似，证明此墓是靖江王室墓。封土上树立有一块短小的石碑，中间碑文为"明赐进士任江西吉安府邹志德墓"，是邹的后人于"民国廿六年初九日"立的。查靖江王室墓葬，有此种规模形制的，石碑都很高大，圆顶方身饰有盘龙纹饰，且有碑座或有碑亭，远树于封土前方而不在封土上。可见此碑非原来所有，是邹的后人盗用这座封土作墓而立的。

　　M16

　　在桂大公路"5 公里"里程碑北偏东方向 110 米处，位于狮子塘东南面，距塘边 70 米。封土高 1.75、直径 9.4 米，墓向西北。墓前有一对石狮，距墓 62 米，距塘边 22 米，两狮相距 5 米，右边的石狮完整，左边的石狮已不存，只剩下台基。狮再向前 10 米有一对覆莲石柱础。墓地上遗留有压印花卉的琉璃瓦当、滴水等。其他瓦饰形制不明。

M17

在 M16 东北侧 17.9 米处，封土高 1.4、直径 8.3 米，按墓的形制看与明靖江王族墓相同。封土周围是墓葬丛葬区，有现代墓，地表的空隙处种有农作物。距 M16 封土 73 米处的原有华表已不存，仅留两座覆莲石柱础，两础相距 4.7 米。距封土 56 米处是两座石狮，两狮相距 3.2 米，石狮与华表柱础距离为 10 米，其中一狮已毁损。在墓地周围发现有压印花卉的瓦当、滴水以及其他瓦饰（有的用途不明），可能是当时筑享堂时所用的装饰品。由于年代已久，碑石已经没有了，但是从封土、石狮、华表柱础仍可以看出墓的整个范围和形制，与明靖江王室墓当为同一时期。

M18

在朝阳公社合心大队莫家坪村 60 余米处的母塘岭上，墓向 60°。封土隆起，呈圆形，高 4、直径 13.1 米。墓前有一石碑，上刻"考都指挥杨公诰封昭毅将军显墓，妣人门氏、孝子周琚等泣立"。

在墓碑前 4 米有享堂残迹，享堂进深 7.8、面宽 11.7 米，在享堂范围内葬有三个现代墓。封土前 24 米有碑亭，亭高 3、进深 1.5、面阔 1.93 米。距亭 14.3 米处有两座石虎，左虎立、右虎仆地，两石虎距离 4.5 米。一座华表被人移去村里撑墙，为素面八角形。墓墙残基痕迹尚存，呈长方形，残长 33.5、宽 24 米。根据碑文所记，M18 按规制原建有享堂、祭品库、神厨间，堂中有碑亭，亭的前面有神道，且有杨门，门外有华表二、翁仲二、马二、羊二、虎二等，现仅存碑亭一座及虎二、华表一。碑亭可分基座、梁架和亭顶三个部分，皆石作。

基座露土部分高约 65 厘米，正面上部阔 193、沿 16 厘米；胸阔 187、高 26 厘米，刻有宝相纹饰；下部阔 193、沿高 23 厘米，凿有云纹。墓座下层大部分埋于地下，露明部分阔 204、高约 2 厘米。台侧面进深 1.5、腰深 1.42 米，花纹与正面的相似。梁架结构只有四根柱，前设阑额，左右平梁，前面阑额已失。基座四角距离边缘 7 厘米处为四根素面八角形石柱，每边宽 9~10、径 22 厘米，柱高 1.87 米。在柱间的台基面上凿有安门的八个槽，深约 4、长约 10.8 厘米，呈腰子形。柱高 1.59 米处为阑额及平梁，大小一样，长 1.34、宽 0.28 米，上凿有宝相纹饰。

亭顶为歇山式。中脊长 1.23、宽 0.18 米。瓦当直径 10 厘米，滴水高 12、宽 20 厘米。碑亭中树立一石碑，碑座长 102、宽 44、高约 8 厘米，石碑为圆顶，通高 173、宽 89、厚 18 厘米。碑阳碑额高 50 厘米，篆额"奉天诰命"，字径 6 厘米，其文曰：

奉天承运皇帝制曰：昔者圣王之治天下也，必姿威武以安黔黎，未尝修文而不渲武。朕特做古制，设武职以卫治功，受斯任者，必忠以立身，仁以摄众，智以察微，对奸御侮，机此暇时，能此则荣及前人，福延后嗣，而身家永昌矣，敬之勿怠。正统元年十二月初八。（拓片号：桂靖墓 01）

楷书字径 10 厘米，字迹尚清楚。碑额两侧刻有双龙纹，碑身两侧刻有云纹，极为精致。碑额高约 41 厘米，碑身高 132 厘米，真人书字径 3 厘米，碑文曰：

昭勇将军都指挥佥事杨公诰命碑阴记

杨公观，字国，广西都指挥佥事，诰封昭勇将军，弘治庚申卒，葬桂林城东母塘岭，越十有五年，正德甲戌，公女靖江王妃谓其弟仪宾用珉、散官用琦若曰："亡夫功烈著于生平，今尚在人耳，第恐世远渐湮，□淮□答，且闻坟止浸敧，久且圮，又朝廷念先君勋德，锡封以诰，苟不图永存以诏后世，何以昭国家之庞光，以扬前人之大烈？兹惟新厥堂宇，用妥神栖，仍树石刻诰文其上，如之何？"三弟乃润应曰："我二人不肖，不能明光于前人，不孝甚矣，闻姊姊之教言，且□□□巫图，惟莫敢弗令之从。"于是卜以九月二十五日，计材命工，悉新厥旧，墓之前建享堂，为间□，东西为寄牲所，为斋所，为祭器库，为神厨间，各如堂。中有亭即以贮诰命碑者，前为神道榜，门外有华表二、翁仲二、马二、羊二、虎二，皆以为云，材用咸。诰命碑者，前为神道杨门，闩门外有华表二、翁仲二、马二、羊二、虎二，皆石为之，材用咸妃出之赀，而经营督戒则珉、琦耳。越乙亥六月六日，工告毕，美哉，烨烨然具而丽矣，珉、琦□诣予请曰："珉等不肖，赖吾姊妃之惠，斯克显先人之遗迹，匪有记，后曷知所从。愿先生勿固靳耳！"余乃叹曰："仁者，必有后。"其言信夫！虽然，亦有赖于后也，夫人美矣，匪后何传？有后矣，匪贤何能以传？扬公，仁人也，已故，其后有贤妃之贵，洎其诸子咸克绍厥美。向使有后弗克肖，身弗暇计，又安能为前美图哉！此又君子之幸不幸也，余有感于斯请，遂与记，俾刻之碑之阴云。

正德十年岁次乙亥六月良吉，赐进士第四道监察御史汝南孟洋书。（拓片号：桂靖墓 02）

M18

周围已种农作物，冢上也种了蔬菜。从墓的封土来看，整体保存比较完整。

M19

在 M18 西南面 325 米处，位于莫家坪至桂林村路的南面山坡上，在松林中。封土高 2、直径 8.4 米，墓向不明。

续表1

M20	
	在 M18 北偏东方向 198 米处，南面距莫家坪 128 米，北面 26 米处有一水塘。封土高 1.65、直径 8 米，墓向不明。
M99	
	在帛罗山（独山）脚下合心大队烟场南面 150 米处的山坡上（烟场上住有几户人家，已形成一个小阪村），西北距会仙岩约 200 米，北面距普陀山约 400 米，前距鬼磨塘 50 米。封土高 2、直径 10.5 米，边缘被挖去 1.4 ~ 1.6 米宽，周围有近代墓葬。附近有两座王室墓被挖毁。
文物现状	以上墓葬都散葬于丛葬墓区，凡已列入编号的封土基本完好。
调查人处理意见	已经调查编号的墓葬一律列为保护单位，并分片在邻近各村生产队建立保护小组进行保护，同时通知各所在公社生产队，今后不得挖掘墓砖及在封土上开垦种植、铲草皮等。
审查意见	
备注	

广西壮族自治区文物管理委员会文物调查记录表2

文物类别	古墓葬	编号	总号	
			分号	
文物名称	桂林明代靖江王族墓群			
所在地点	桂林市朝阳公社湖塘大队马鞍村—卫家渡			
调查者	第一组	记录者	第一组	
测绘者		图纸号		
摄影者		照片号		
传拓者		拓片号		
调查日期	1965 年 6 月 3 日			

概述

马鞍村—卫家渡的王室墓

由桂林出发，沿桂大公路至 7.5 千米处，路旁的右侧便是朝阳公社胡塘大队马鞍村，再由村向西南走约 1.5 千米，便是柘木公社漓江岸畔的卫家渡（村）。两村之间连绵相接的丘陵地由马鞍村西南的夺门山岭、桐梧岭、小窝岭和卫家渡东面的老塘岭等土岭组成，面积较为宽广，地势低矮，许多形似馒头的王室墓错落分布其间，邻接七星店、大园岭、乌石岭的王室墓群。现除了马鞍村的桐梧岭尚有两座王室墓外，其余分布于各岭上的王室墓已被卫家渡、马鞍村的生产队挖毁取出墓砖（初步统计有 8 座）。

桐梧岭位于马鞍村西南约 200 米，面积较其他岭稍大，地势较为平缓，所发现的两座墓在岭的东北面。由于社员年年铲草皮作肥料，封土已被铲得低少了。

M100

封土已不完整，西面被挖出一个大缺口，残高 1.1、残径 7.7 米，墓向东北，形制不明。封土周围有近代的零星墓葬，空余地已开垦成畲地。

M111

位于 M100 东北面，相距约 40 米，正对马鞍村，封土残高 1.13、残径 6 米，墓向东北。封土前有一座清墓，离坡地 30 米的地方为低洼水田。

在岭的北面有一座王室墓被毁，存少许残断的墓砖，与马鞍村西南面村旁的耒门岭与桐梧岭相邻，这片土岭地形矮小，两座王室墓已被毁。据马鞍村生产队长卫桂喜等人反映，其中一座为三室砖墓、一座为双室砖墓，墓中有明代青花瓷瓶和铜钱等（瓶已打碎），出土遗物均在农民家里。经宣传教育后，群众拿出青花瓷瓶 8 个、"崇祯通宝"铜钱 3 枚，其中大瓷瓶两个出于三室墓中，瓶中有"崇祯通宝"铜钱。据一社员反映，墓中曾出土"天启通宝"铜钱，但不知出自何墓。现将得到的出土遗物分述为下：

续表2

1. 双龙戏宝小口青花盖樽〔2件，桂·马（征）：1、2〕

小口内撇，口沿微卷，细颈，鼓肩，束腰，底稍外撇，内凹形矮圈足，足微内敛，底与足没有明显分界线。颈部有蕉叶纹，肩部饰万字花地蟠桃宝相花纹，肩腹间为云水双龙戏宝纹，四季灵芝纹，底部有蝉纹。釉色青黛凝重。口径7.4、腹径20、底径13.2、高45厘米，足深1.5厘米。其中一件口沿已损一块。

2. 双凤小口青花盖樽〔桂·马·（征）：3〕

小口微撇，细颈，圆肩，束腰，矮圈足微内敛。颈部有蕉叶纹，颈下部为串枝宝相花纹，肩部为八宝纹，肩腹间为杂双凤纹，腰部为串枝花，腹下部为四季灵芝、方胜吉祥纹饰。釉色青黛凝重，有水裂纹。口径4.8、肩径12、腹径16、底径10.05、高26.5厘米，足深0.4厘米。盖圆口撇，上有小纽，顶饰三角形图案，身饰八宝纹。盖口径6.8、高4厘米。

3. 双凤串枝菊小口青花盖樽〔桂·马·（征）：4〕

小口微卷，细颈，圆肩，束腰，矮圈足微向内敛。颈部为蕉叶纹，颈下部为八宝纹，腰部为云彩双凤串枝菊纹，腰部为串枝花纹，底部为四季灵芝、水藻、方胜吉祥纹饰。釉色青黛凝重，有水裂纹。口径4.8、腹径15.5、底径10.7、高26.8厘米，足深0.5厘米。盖为三角图案，有小纽，口微残一块。盖口径7、高4.7厘米。

4. 双龙戏宝小口青花盖樽〔桂·马·（征）：5〕

小口微撇，口沿微卷，细颈，鼓肩，束腰，腰下部微凸，底稍外撇，矮圈足微内敛。颈部为蕉叶纹，颈下部为八宝纹，肩腹间为双龙戏宝水波火焰云朵纹饰，底部为山水飞马纹饰。釉色雅淡。口径4.9、腹径15.5、底径10.3、高26.5厘米，足深0.5厘米。盖为西番莲纹，上有小纽。盖口径8、高5.4厘米。

5. 双龙戏珠小口青花樽〔桂·马·（征）：6〕

小口微撇，细颈，圆肩，束腰，底稍外撇，矮圈足微微内敛。颈部为蕉叶纹，颈下部为串枝花纹、八宝纹，肩腰间有双龙戏火球及水陷、波涛纹饰，底部为纹彩、方胜吉祥纹、波涛纹、飞马动物纹饰。釉色青黛凝重。口径4.9、腹径15.8、底径10.3、高25.8厘米，足深0.8厘米。腹部已破裂为两部分，可复原。

6. 双龙戏宝小口青花樽〔桂·马·（征）：7〕

小口微撇，细颈，鼓肩，束腰，底稍外撇，矮圈足微敛。颈部为蕉叶纹，颈下部为八宝纹，腹部为双龙戏宝、火焰、波涛纹饰，底部为蕉叶纹、波涛纹以及三飞马动物纹饰。釉色雅淡。口径4.9、腹径15.3、底径10.2、高25.8厘米，足深0.6厘米。口至肩部有裂痕。

7. 双龙戏火球小口青花盖樽〔桂·马·（征）：8〕

小口微撇，细颈，圆肩，束腰，底稍外撇，矮圈足向内收敛。颈部蕉叶纹，颈下部为串枝纹、八宝纹，肩腹间为双龙戏火球及火焰、波涛纹饰，底部为云彩绕山及三飞马纹饰。釉色青黛凝重。口径4.9、腹径15.8、底径10.5、高25.8厘米，足深0.8厘米。盖较完整。盖口径8、高5.5厘米。

文物现状	以上墓葬都散葬于丛葬墓区，凡已列入编号的封土基本完好。
调查人处理意见	已经调查编号的墓葬一律列为保护单位，并分片在邻近各村生产队建立保护小组进行保护，同时通知各所在公社生产队，今后不得挖封土上开垦种植、铲草皮等。
审查意见	
备注	

广西壮族自治区文物管理委员会文物调查记录表3

文物类别	古墓葬	编号	总号	
			分号	
文物名称	桂林明代靖江王族墓群			
所在地点	桂林市东郊朝阳公社合心大队半塘尾			
调查者	第一组	记录者	第一组	
测绘者	廖浩中、潘世雄	图纸号		
摄影者		照片号		

续表3

传拓者		拓片号	
调查日期	1965 年 6 月 5 日		

概述

半塘尾东南面公园岭、带头岭一带王室墓群

半塘尾属合心大队，距市中心约 3000 米，在东南面村旁及石公园岭、青头岭一带有王室墓群，东北面与欧家村到竹桥村至三里店、七星店间的王墓相连接。这里是一片绵延起伏的丘陵地，已成为丛葬区，较平坦的坡岭多被开垦种植农作物。这里的王室墓已被挖毁，保存下来的只有九座，编号为 M21～M29。封土由于附近农民铲削草皮作肥料而变得矮小。

M21

在半塘尾村东南的岭坡上，中间隔有水田，距村约 200 米。封土高 2.6、直径 10.9 米。根据岭坡西南高东北低的情况，墓向可能是东北向。前面有现代墓冢。北侧约 20 米处有连续两座墓，形式与该墓相似，已被群众取砖而挖毁。

M22

在 M21 南侧，相距 10 米。封土高 3、直径 11.5 米。墓向与前同。前面有现代墓冢，四周为畲地。

M23

在 M22 西南侧，相距 8 米。封土高 2.85、直径 10.9 米。墓向与前同。四周为畲地。

在半塘尾东南的石公园有王室墓冢六座，其中封土最大的一座已被挖毁，墓砖全被取走，封土旁边遗存靖江王族墓常见的琉璃滴水残片，前面有石碑、残翁仲，过去可能有围墙。围墙似园，中有石翁仲，故称石公园。这些现象反映了此墓早期的形制，此墓封土直径 14.4 米，东向，前面 39 米处有圆顶大石碑两块，对称树立两侧，相距 4.3 米。碑高 253、宽 105、厚 17 厘米，下有座，长 115、宽 65、高 32 厘米，碑石完好，但字迹全部剥蚀无存。石碑前 2 米为一倒于地面的残翁仲。墓四周已被开垦种植并夹有近代墓葬，其余规制不明。

M24

在被毁墓冢左前方 20 米，西北距半塘尾约 300 米。封土高 2.9、直径 10.6 米。墓向可能为东北向。附近有近代墓冢，西南有畲地。

M25

在 M24 西北侧，两墓相邻仅 1 米。封土较矮小，高 1.9、直径 8 米。墓向与前同。

M26

在 M24 东南侧，两墓相邻仅 1 米。封土高 2.3、直径 8.8 米，墓顶长芦草及荆棘。附近有近代墓冢，M24～M26 三座封土并排而立。

M27

在 M24 东南方，与被破坏的墓相邻 7.4 米。封土高 2.3、直径 9.8 米，上面杂草丛生。墓向不明。

M28

在 M27 西南侧，相距 15.5 米。封土基本完好，高 2.1、宽 10 米。墓向不明。

M29

在西北的青头岭顶，东南距 M24 约 300 米，南面为水塘。封土高 2.3、宽 11.4 米。根据山坡北高南低的情形来看，墓向可能向南。封土有两个洞，四周为丛葬地区。

半塘尾、莫家坪、田心里、三里店、七里店、李家里、周家里间的王室墓

半塘尾、莫家坪、田心里、三里店、七里店、李家里、周家里之间是一片开阔的丘陵地，土岭起伏连绵，上面有靖江王室墓葬分布，东北与半塘尾至竹桥村一带，东南与马鞍村、卫家渡一带土岭的王室墓群相连接。

半塘尾、莫家坪、田心里属朝阳公社合心大队，居于东面。李家里、周家里属穿山公社樟木大队，住于西南。三里店在西北角。七里店在东南端。桂大公路（桂林—大圩）从西北三里店斜穿过东南七里店，把这里的山岭划出一条线来。公路上 "5 公里" "6 公里" 的里程碑西南侧为大园岭（又称龙口岭）、乌石岭，属樟木大队；公路东北侧有七里店岭、黑地园岭、狮子塘、莲花塘、将军塘、鬼魔塘、母塘岭等地点，属合心大队。这些地点的岭坡上都有王室墓群，已变成丛葬区。根据观察，非朱家王室的墓葬多属清代至近现代，其中近现代的最多，明末的仅有个别，且是明代官僚的（奉直大夫孔晴阁之墓）。

三里店一带也有王室墓（竹桥村至唐家里间的 M67 明辅国将军朱约麐墓碑碑文也有记载），但现在已经无存了。

续表 3

文物现状	以上墓葬都散葬于丛葬墓区，凡已列入编号的封土基本完好。
调查人处理意见	已经调查编号的墓葬一律列为保护单位，并分片在邻近各村生产队建立保护小组进行保护，同时通知各所在公社生产队，今后不得挖掘墓砖及在封土上开垦种植、铲草皮等。
审查意见	
备注	

广西壮族自治区文物管理委员会文物调查记录表 4

文物类别	古墓葬		编号	总号	
				分号	
文物名称	桂林明代靖江王族墓群				
所在地点	桂林市东郊竹桥村、寨山村、欧家村一带土岭上				
调查者	第一组		记录者		
测绘者	廖浩中、潘世雄		图纸号		
摄影者			照片号		
传拓者			拓片号		
调查日期	1965 年 6 月 5 日				

概述

竹桥村东南为寨山村，寨山村西南 1.5 里为欧家村，竹桥村西南 1 里有张家山，寨山村与欧家村间有罗汉山、西岩山。这些石山像一座座屏风，在这些村落与石山所环绕的弧形地带，除寨山村、欧家村、罗汉山、西岩山的西面有一片水田外，都是连绵起伏的土岭，王墓群便分布在这些土岭上，北与竹桥村、唐家里的西坡岭，西南与半塘尾、莫家坪等地的王室墓群相互连接。其中在张家山南面的东莞义地上有 1 座，编号为 M32；在欧家村西北面、西岩山东南面的小岭头及对面大雁山岭有 19 座，编号为 M30、M31、M33～M49；在欧家村罗汉山的东南麓有 2 座，编号为 M50、M51；在竹桥村南面、小岭头北面的社公岭上有 2 座，编号为 M52、M53；在竹桥村南面的九圈岭上有 2 座，编号为 M54、M55。

这些土岭都成了丛葬区，上植松树，平缓处多被垦为畲地种上农作物。这些畲地由上述三个村的生产队分区耕种，小岭头及大雁山岭属欧家村生产队，小岭头后面至东莞义地的畲地为寨山村生产队耕种，九圈岭及社公岭属竹桥村生产队。由于附近农民经常铲削草皮烧作肥料，封土多有铲削痕迹且逐年变小，被挖毁的有 8 座。有的墓葬附近还遗有砖瓦残片，原先似有享堂建筑。绝大部分仅有馒头形的封土，封土上大多杂草丛生或种有松树。

现将各墓情况分述于下：

M32 在张家山南东莞义地上，西南距凉亭约 60 米。封土高 1.85、直径 8.4 米。墓向不明。在东莞义地范围内还有被毁的同类墓冢两座。

M30 在小岭头的西南山坡上，西距凉亭约 130 米，前面有水塘，名仙鸭塘。封土高 1.9、直径 10.2 米。墓向不明。山坡上遍植小松树。

M31 在 M30 东北侧，相距 10 米。封土高 1.4、直径 6.9 米，上有小松树。墓向不明。前有现代墓冢。

M33 位于小岭头最高处，西北距张家山约 150 米，东北距竹桥村 500 米，南距欧家村 1000 米，距西岩山约 400 米。封土直径 8.4、高 1.8 米，上有小松树。据山势由西向东低下的情况来看，墓向可能是东向。

M34 在 M33 之南，相距约 82 米。封土直径 11.5、高 2.2 米，上植小松树。从山势西北高东南低的情况来看，墓向可能是东南向。前方左右各有一较小封土（由于群众铲草皮作肥料把它们削小了），没有编号。

M35 在 M34 前方 90 米处，距西岩山约 150 米。封土直径 10.3、高 1.75 米，上面杂草丛生。

M36 在 M35 南面 124 米处。封土直径 9.3、高 2.1 米，封土上及四周有小松树。

M37 在 M36 左邻，相距 2 米。封土直径 9.3、高 1.9 米。

M38 在 M35 东面 174 米处，前距小沟约 40 米。封土直径 10.5、高 2.2 米，上面杂草丛生。

M39 在 M38 东北侧，相距 2 米。封土直径 7.4、高 1.5 米，上面杂草丛生。

M40 在 M38 北面 117 米处。封土直径 9.1、高 1.9 米，上面杂草丛生。

续表4

	M41 在 M40 之北，相距 15 米。封土直径 9.1、高 2.3 米，上面杂草丛生。 　M42 在 M33 东北面，相距 76 米，左侧距由寨山村到桂林的小路约 8 米。封土直径 7.5、高 1.5 米，因群众在上面铲削草皮，杂草不多，部分光秃。 　M43 在 M33 东北面 107 米处，距左侧小路约 15 米。封土直径 9.5、高 1.9 米，上植小松树，部分光秃。 　M44 在 M43 东南面，相距 72 米。封土直径 8.5、高 2 米，上植小松树，边缘部分三面被近代墓占用，近旁有压印龙纹的残砖。从山坡北高南低的情况来看，墓向可能是向南的。 　M45 在 M44 东侧，相距 2 米，封土直径 10.6、高 2.4 米。封土东、西、北三面有小洞穴。 　M46 在 M44 东北面，相距 5 米，与 M45 和 M46 呈一"品"字形。封土直径 10.4、高 1.9 米，上有小松树，部分光秃。 　M47 在 M46 东北面，相距 83 米，距小路约 10 米。封土残径 6.6、残高 1.8 米，被挖土过多，已暴露基砖。 　M48 在 M47 南侧，相距 3 米。封土残径 8、残高 1.65 米，上面杂草丛生，北面被削低很多。 　M49 在 M47 之东，相距 25 米，距左侧小路约 20 米。封土直径 7.2、高 1.7 米。上面杂草丛生，被挖得凹凸不平。 　在小岭头北面、竹桥村南面的社公岭头有两座。 　M52 在 M47 之北，相距 35 米，距右侧小路 15 米。封土残径 6.8、残高 1.3 米。南面挖去一片泥土，墓向可能为东向。 　M53 在 M52 之北，相距 15 米，封土直径 7.3、高 1.5 米。 　竹桥村南面、村旁的九圈岭有两座，编号为 M54、M55。 　M54 坐西北向东南（120°），距寨山村约 400 米，北距竹桥村约 350 米，东南距西岩山约 300 米，距 M53 为 182 米。封土直径 12.7、高 3.35 米，顶部被挖成凹形，东南边被挖损约 1 米。 　M55 在 M54 之西北，相距 98 米，北距竹桥村约 300 米。封土残径 8.4、高 1.7 米，西南被挖成斜坡状。 　在欧家村旁、罗汉山的东南麓有两座，编号为 M50、M51。 　M50 墓向为 150°，在欧家村之东半里，距腰鼓山约 1 里，东北距公路约 250 米。封土残径 7.9、残高 1.7 米。顶部被挖平种有农作物，四周为畲地。 　M51 在 M50 东北侧，相距 80 米。封土直径 7.1、高 1.1 米。上有小松树，周围为畲地。 　在这里还有一座较大的王墓已被当地生产队挖毁夷为平地。
文物现状	以上墓葬都散葬于丛葬墓区，封土基本完好。
调查人处理意见	已经调查编号的墓葬一律列为保护单位，并分片在邻近各村生产队建立保护小组进行保护，同时通知各所在公社生产队，今后不得挖掘墓砖及在封土上开垦种植、铲草皮等。
审查意见	
备注	

广西壮族自治区文物管理委员会文物调查记录表5

| 文物类别 | 古墓葬 | 编号 | 总号 | |
			分号	
文物名称	春岭古墓葬			
所在地点	桂林市东郊新建大队龙汉圹东南春岭			
调查者	罗标元等七人	记录者	韦仁义	
测绘者	第二组	图纸号		
摄影者		照片号		
传拓者		拓片号		

续表 5

调查日期	1965 年 6 月 6 日
概述	

 春岭古墓群位于桂林市东郊新建大队龙汉塘村东南、皎霞弄场西面 150 米左右的春岭，春岭为尧山西麓向西伸延的余脉之一，黄色土坡，地势平坦，稍从东向西倾斜。高出两旁凹低平地约 10 米，南北宽约 80、东北长约 200 米。春岭南北两面各有比它稍高的东西走向的丘陵（土坡）与之平行，中间间隔宽 80 ~ 100 米的低平狭长地带，紧接南丘陵为波浪起伏的丘陵地，北面尧山西麓之余脉为靖江王墓散布之地，东北约 500 米即为尧山主脉西麓。尧山及其南面峦群绵恒的大山形成一个弧圈形的天然屏障。

 墓葬分布于春岭的西端，遥望对面的圣人山，现有圆形封土可查的墓葬四座，其现状及分布情况如下：

 M1 位于墓葬群中部。圆扁形封土，高 2.2、直径 11.2 米。封土东西两面分别有一个 2.6 米 ×2 米 ×1.2 米、3.3 米 ×3.2 米 ×1.1 米的土坑，东面坑可能是群众为挖穿山甲所掘，西面坑疑为盗口。

 M2 在 M1 西南（255°）8.5 米处。封土高 2、直径 10 米。封土东面有一个 2.3 米 ×3 米 ×1.2 米的缺口，疑为盗口。紧靠墓的西北边有一座近代墓。

 M3 在 M1 西北（300°）8 米处，与 M2 相距 8.8 米。封土保持完整，高 1.7、直径 8.8 米。

 M4 在 M1 东面（75°）89.8 米处，封土高 2.5、直径 15.6 米。封土西边有一个 4.2 米 ×3.8 米 ×1.4 米的缺口，疑为盗口。紧靠墓的西南边有一座现代墓葬。

 墓葬的封土几乎都有损毁，有被盗过的可能。在墓葬的周围未发现任何有关遗物，年代难以断定。从其所处的位置来看，北与靖江王墓群相距不过 500 米，西面与新发现的从卫家渡往东直到挂子山一带的靖江王宗室墓葬相邻近，且墓葬的外表很相似，所以春岭古墓群与卫家渡—挂子山一带墓葬有所关联，为靖江王宗室之墓。

文物现状	除 M3 封土保存完整外，其余封土都有小部分被掘掉，很可能是盗口。
调查人处理意见	四座均该归入靖江王墓群保护范围之内。
审查意见	
备注	

广西壮族自治区文物管理委员会文物调查记录表 6

文物类别	古墓葬	编号	总号	
			分号	
文物名称	桂林明代靖江王族墓群			
所在地点	桂林东郊朝阳公社新建大队竹桥村到唐家里			
调查者	第一组	记录者	第一组	
测绘者	廖浩中、潘世雄	图纸号		
摄影者		照片号		
传拓者		拓片号		
调查日期	1965 年 6 月 7 ~ 8 日			
概述				

 竹桥村在唐家里南 1.5 里，两村之间是一片低矮的山岭，土名叫西坡岭，它的东南角伸入唐家村，东南端延至竹桥村，西边接汇通路，西南端旁依张家山，在这里发现王室墓葬 28 座。墓群东北与唐家里毛家村的王室墓，南与竹桥村、欧家村的王墓葬相连接，现在这里成了丛葬区，间插着零星开荒之地。墓群由于当地农民取砖已被毁掉了十多座，保存完整的仅有 28 座，分布在西坡岭东南、东北、西北三面的山坡间，编号为 M56 ~ M83。墓葬的封土由于群众经常在上面铲削草皮烧作肥料，逐年变得低小。

 M56 位于竹桥村西南面 42 米、张家山东北面 150 米处，墓向不明。封土较小，直径 8.4、高 1.7 米，上面杂草丛生。

　　M57 位于 M56 北面，两墓相距 270 米，墓向不明。由于被农民铲削草皮，封土凹凸不平，两边被挖出一个缺口，残径 6.6、高 1.1 米。四周有现代墓葬。

　　M58 在 M57 西北 30 米处，墓向不明。封土小，直径 8.7、高 1.75 米。周围有现代墓葬及农作物。

　　M59 位于 M58 西北（315°）46 米处，墓向不明。封土呈椭圆形，南北径 8.7、东西径 9.5、高 2.15 米，上面长有四棵小松和荆棘。

　　M60 位于 M59 西面 70 米处，墓向不明。封土较小，直径 7.9、高 1.75 米，北面被挖一个洞。四周有现代墓葬，草棘丛生。

　　M61 位于 M60 西北（300°）70 米处，墓向不明。封土直径 8.8、高 2.2 米，上面被挖凹凸不平，边缘残缺。周围种有农作物，有现代墓葬。

　　M62 位于 M61 西北（315°）约 32 米处，墓向可能为西向。封土西北边缘被铲掉 1 米宽，残直径 8.6、高 2 米。墓上面杂草荆棘丛生。

　　M63 位于 M62 南面 3 米，墓向不明。封土南边已被挖掉 2 米宽，西南面被挖下一个凹坑，残直径 9.4、高 1.95 米，墓上有棵松树。周围有现代墓。

　　M64 位于 M63 南面约 28 米处，墓向不明。封土南面被挖去 5.2 米宽，墓被毁，墓砖全被拆走，仅余残砖、棺钉等物。封土面积大约保存 2/3，南北残宽 6.9、东西长 11.1、高 2.25 米。周围有现代墓葬。

　　M65 位于 M64 西北（330°）3 米处，墓向不明。封土较小，直径 7.42、高 1.8 米。东北面（60°）有一条水渠，周围种作物。

　　M66 位于较高山坡（俗称金鸡岭）的顶部，在 M65 北偏东 15°，相距约 170 米，墓向可能为南向。封土较小，直径 7.1、高 1.8 米。仅东南面有现代墓葬。

　　M67 位于 M59 东北（15°）约 130 米处，墓向东南（165°）。封土较大，直径 11、高 2.4 米。为明辅国将军朱约麚之墓。墓前有石碑一块，为约麚的后代子孙于清嘉庆年间立的碑，高 1.4、宽 0.7、厚 0.2 米。中间刻的是"皇明敕授辅国将军颐寿老祖朱公讳约麚字忠庵府君之墓"；右边碑文刻的是"公系明靖江之裔，僖赞仪公、姚徐太君之孙，谥昭和规裕公、姚林太君生第三子约麚，敕授辅国将军，配李氏夫人，生三子俱授奉国将军。长子经伦，媳石氏；三子径巡，媳韩氏，俱生子嗣，移象洲族繁未列。次子经逷，媳潘、山氏，合葬斯土。孙邦苤，授奉国中尉，孙媳黄、廖氏，生四曾孙，俱授辅国中尉。长琴岩、三琴洲、四琴谭，俱生子嗣，族繁未列；次鹤洲，名任滕，因国朝锦孙贵，貤赠文林郎，曾孙媳阳氏貤赠孺人，俱葬七里店祖茔。生五元孙，长履蹓，例赠修职郎，姚奉氏，俱葬父坟之左；次履录，例赠登仕郎，姚栗、伍氏，合葬尧山；三履跃，众举孝义，入省志，葬七里店，姚王氏，葬斯土；四履□，诰封中宪大夫，葬尧山茅庵左岭，姚刘氏，葬桐木塘；五履跋，诰封文林郎，葬湖塘天鹅岭，姚左氏葬五岭，鲁氏葬七里店。谷辅嗣孙于嘉庆孟各立石，长胞兄谥端懿约麒，二胞兄辅国将军约麟，长胞侄谥安肃经扶"；左边碑文刻的是约麚众嗣孙的名字（M67 墓碑拓片号：桂靖墓 03）。墓前已开垦为畲地，西北面有近代墓葬，原规制已不明。

　　M68 位于 M67 东面 19.2 米处。封土较完整，直径 8.4、高 2 米，上面有杂草荆棘。三面为畲地。

　　M69 位于 M68 东北（60°）100 米处，墓向可能是向东的。封土直径 8.8、高 1.6 米，顺着山坡由西向东低下，西南被挖了一个大窟窿。周围有畲地及现近墓葬。

　　M70 位于 M79 东南（165°）30 米处，墓向不明。封土直径 8.7、高 2 米，凹凸不平，杂草丛生。周围有畲地。

　　M71 位于 M70 东南（120°）120 米处，墓向不明。封土被挖，故凹凸不平，封土直径 10.1、高 2.2 米，杂草丛生。周围种有农作物。

　　M72 位于 M71 南偏东 15°，两墓相距 3 米，墓向不向。封土直径 9.5、高 1.75 米，草棘丛生，西南面被挖了一个缺口。周围种有农作物。

　　M73 位于 M72 南偏东 15°，两墓相距 20 米，墓向不明。封土直径 9.5、高 2 米，草棘丛生，东南面被挖了一个小坑。M73 北面、东北面半弧形范围内还有三座被破坏的王室墓，北面一座较大，被挖毁，墓砖被取走；东北面两座较小，一座被毁，一座被他人重葬。

　　M74 位于 M71 东北（30°），两墓相距 2 米，墓向不明。封土直径 9、高 2 米，东面有新辟的小道经过，把封土削去两米宽。周围草棘较多，还有近代墓葬。

续表 6

M75 位于 M74 东北（30°）15.9 米处，墓向不明。封土直径 9.3、高 2.1 米，三面都有挖洞，杂草荆棘丛生。周围有畲地。

M76 位于 M75 东北（30°），墓向不明。封土残径 7.5、高 1.7 米，上有凹陷。

M77 位于 M76 东北（30°），相邻 30 米，墓向不明。封土残径 7.5、高 1.7 米，上有凹陷。

M78 位于 M73 东南，两墓相距 150 米。封土直径 11、高 2.4 米，杂草丛生。四周为畲地及近代墓葬，东北（30°）约 8 米处有一座王室墓被毁。

M79 位于 M78 东南（150°），两墓相距 2.5 米，墓向不明。封土直径 10.3、高 2.2 米。周围有近代墓葬。

M80 位于 M79 南侧，两墓相邻仅 1 米，中间夹葬有现代墓，墓向不明。封土直径 7.8、高 2.1 米，上面长有小竹及杂草，周围荆棘丛生，东、西两面种有农作物。

M81 位于 M80 南侧，两墓相邻仅 1 米，墓向不明。封土直径 7、高 1.9 米，现状和 M80 相同。

M82 位于 M81 南侧，两墓相邻仅 1 米，墓向不明。封土直径 7、高 1.9 米。四周种有农作物。M79 ~ M82 连成一排，总长 48.8 米。

M83 在唐家里西南（225°）50 米处，即 M77 北面 122 米处，墓向可能向东。封土西高东低，直径 9.3、高 2.2 米，上面杂草丛生，中央有洞，东面有小坑两处，是群众为探取里面的墓砖而挖。该墓左右两侧有四座墓被破坏，三座被全毁，一座封土被挖去约 1/2。

文物现状	以上墓葬都散葬于丛葬墓，但封土基本完好。
调查人处理意见	已经调查编号的墓葬一律列为保护单位，并分片在邻近各村生产队建立保护小组进行保护，同时通知各所在公社生产队，今后不得挖掘墓砖及在封土上开垦种植、铲草皮等。
审查意见	
备注	

广西壮族自治区文物管理委员会文物调查记录表 7

文物类别	古墓葬	编号	总号	
			分号	
文物名称	桂林明代靖江王族墓群			
所在地点	桂林市东郊大河公社阳家大队一字岭			
调查者	第三组	记录者	王绍鹏、颜志娟等	
测绘者	王炜岳	图纸号		
摄影者		照片号		
传拓者		拓片号		
调查日期	1965 年 6 月 7 日			

一、地理环境

一字岭为桂林市东北郊尧山西北麓向西北伸延，高约 20 米，西南至东北宽约 280 米，西北向东南长约 500 米的起伏土岭。一字岭位于桂林至灵川公路东侧，距市区 10 公里，属大河公社阳家大队，位于阳家果木园园地东北，相距约 195 米。南距塘岭约 300 米，东北隔宽 150 米的平地为朱家村，岭上长着 2 米左右高的稀疏小松树和灌木丛，较平缓的东南和西南面为耕地种有作物。岭的边沿有近现代墓葬。靖江王族墓葬分布于岭之西南、西北面，计有较大的圆形封土共 28 座，其中 13 座被毁坏。这些墓葬均无碑、亭、石兽等，现仅余下 15 座墓，编号为 M1 ~ M15，分述如下：

续表7

概述

二、墓的位置

　　M1 在岭的西偏北 70°，距阳家大队 195 米。墓是圆形，完整，封土高 2、直径 8.6 米。

　　M2 在 M1 的 208°方向，相距 3 米。封土高 2.2、直径 8.2 米。

　　M3 在 M2 的 242°方向，相距 4.5 米。封土高 2.5、直径 8.5 米。封土的西南面有盗洞，长 3.8、宽 2.2、深 2.6 米。

　　M4 在 M3 的 134°方向，相距 28 米。封土高 2、直径 9.3 米。在 M4 以南 11.8 米处有被盗掘过的墓葬一座，因盗掘甚久，封土上已茅草丛生，远观疑为完整，近至顶上方可看出已被盗掘一空，仅剩下半壁砖砌券顶空室。

　　M5 在 M4 的 214°方向，相距 28 米。封土高 1.5、直径 8 米。在 M5 以南 12.8 米处有被生产队取砖破坏的墓一座，在掘开的土穴周围尚有残砖碎块，整砖长 25.7、宽 13.2、厚 3.7 厘米。

　　M6 在 M5 的 138°方向，相距 18.5 米。封土高 1、直径 7 米。

　　M7 在 M6 的 250°方向，相距 9 米。封土高 1、直径 5.5 米。墓的西南边有盗洞，洞长 2.6、宽 1.71、深 1.8 米。

　　M8 在 M6 的 118°方向，相距 19 米。封土高 1.5、直径 7.5 米。

　　M9 在 M8 的 262°方向，相距 0.8 米。封土高 2、直径 7.3 米。

　　M10 在 M9 的 150°方向，相距 37.5 米。封土高 1、直径 6.1 米。

　　M11 在 M10 的 87°方向，相距 179 米。封土高 2.2、直径 11 米。

　　M12 在 M11 的 335°方向，相距 1.3 米。封土高 2.3、直径 10 米。

　　M13 在 M12 的 99°方向，相距 60 米。封土高 1.2、直径 6 米。

　　M14 在 M13 的 136°方向，相距 15 米。封土高 1.5、直径 5.5 米。

　　M15 在 M14 的 70°方向，相距 23 米。封土高 1.5、直径 5.5 米。

　　此外在岭的西边尚有被挖掘破坏的墓葬 11 座，均不编号。

三、时代的推断

　　一字岭所发现的墓葬均未见有附属建筑，如碑、享堂、亭、石兽等，也无一定的墓园规制。从已被破坏的墓葬的墓式构造来看，与尧山挂子山明墓相似。在新破坏的墓室附近还发现一些青花碎片和陶器残片等，器物的釉色和胎骨与尧山挂子山明墓出土器物相同。推断一字岭墓群为明靖江王宗室墓葬。

文物现状	15 座墓葬除墓三、墓七（M3、M7）有盗洞外，其余封土皆完整。封土长茅草和棘，M13、M14、M15 封土上有松树。
调查人处理意见	墓群各墓葬基本完整，应建立保护小组，由阳家大队、阳家果木队负责保护。
审查意见	
备注	

广西壮族自治区文物管理委员会文物调查记录表8

文物类别	古墓葬	编号	总号	
			分号	
文物名称				
所在地点				
调查者	廖浩中、潘世雄、巫惠民、张益贵	记录者		
测绘者	庄礼伦、方一中	图纸号		
摄影者		照片号		

传拓者		拓片号	
调查日期	1965 年 6 月		

概述

桂林明靖江王，自洪武三年（1370 年）明太祖朱元璋封其侄孙朱守谦来桂林就藩，传十三代，除第一代朱守谦死于北京及最后一代朱亨嘉因谋称监国被杀外，其余历代诸王、妃、将军、宗室及王亲等死后均葬于桂林的东部一带，分布范围甚广，其中王、妃及一些将军等主要墓葬分布于尧山西麓一带。墓葬按明代典章制度的规定，有墓围、享堂、碑亭、奉祠等建筑（残基尚存），冢前还有翁仲、华表、石兽等。

靖江王墓群是研究明代历史、艺术的实物资料之一。由于党对文物工作的重视，曾于 1953 年及 1962 年先后在尧山做过两次调查，登记了王、妃、将军等主要墓葬 32 座，并进行了测量、绘图和记录等工作（详见 1962 年靖江王墓群普查工作报告）。但是，过去历次调查只限于尧山一带，对整个王族及王亲等墓葬的分布情况未加注意。

根据朱氏后裔朱密、朱永存等人反映，靖王宗室墓葬还有部分分布于东江村。1962 年底，柘木公社光辉大队掘古墓取砖用作修水利材料，在东郊岳山东侧的岭坡上曾挖掘到嘉靖十四年靖江王府镇国将军朱云渠墓葬一座（中有墓志一方）。附近的马鞍村群众也在村旁挖掘了"王坟"（群众对靖江王宗室所有墓葬的总称），墓中出土的青花瓷瓶制作精湛，与尧山王族墓出土瓷器大致相同，桂林市文管会曾征集到一对。由此可见，这一带有靖江王宗室墓葬的分布。

1965 年 5 月下旬，区文管会组织的桂林专区文物普查工作组第一组（其中有桂林市文管会的同志）在桂林东郊一带对靖江王室墓葬继续进行普查，发现从尧山至漓江岸畔卫家渡一带的山坡都有王室、王亲墓葬，登记 100 多座，并进行了测绘和记录。此外韦江义同志带领的小组也在尧山西南麓和西北麓发现了王室墓 15 座，另外做记录和编号。

由于过去宣传保护工作做得不够，1958 年以来，东郊各生产队曾挖掘古墓取砖作为建筑材料。在靖江王墓群分布地区，已被破坏的墓葬据不完全统计已达五六十座。在普查过程中，经过工作组同志的宣传教育，当地群众已交出这些墓里出土的明代青花瓷瓶 20 个、黑釉陶罐 2 个。

此外，普查组还复查了尧山靖江王墓第 1 号、第 8 号、第 24 和 25 号（25 号为奉祠）、第 28 号四座王墓，纠正了过去记录上的错误，补充登记了过去没有发现的诸王墓新的遗迹，对过去的测绘图做了修改或补充。巫惠民、张益贵、潘世雄对尧山的王坟做了测绘，并补充登记了较小的王族墓冢。

此次参加普查的有本组同志庄礼伦、陈左眉、罗坤馨、冯丽娟、田丽森、廖浩中、潘世雄、周安民（桂林市文管会）及区文化局社文处梁景津等。

靖江王室墓的分布范围

靖江王室墓包括明朝历代诸王、妃及所属朱氏宗室子孙的墓葬，分布范围广，大部分位于桂林市东郊，部分至灵川地界，东沿尧山西麓、西南麓，西至阳家大队、临竹大队，西南至三里店江东村，北达灵川县境的朱家村老虎岭、狮子岭等地，南临漓江岸畔的卫家渡、劳改队砖瓦厂等地。据初步调查，占用面积达 46 平方公里以上，墓冢在二百座以上。墓冢有的已遭破坏，位于灵川境内的还未进行调查。历代诸王、妃及一些将军等主要墓葬均分布于尧山西麓和西南麓。其他属于王室宗亲及王戚的则分布于其他村落间的土岭上。这些墓葬以尧山为中心逐渐向外扩散，岭岭相连，墓墓相望，在这广大地带里面几乎所有村落或石山间的土岭都被王室墓群占据了。

王室墓的特征是具有高大的圆馒头形的封土，有的远望若冈峦；封土上除个别外都没有石碑，前面另有碑亭或树立高大的石碑；墓冢的形制大体根据明朝历代中央政府关于亲王墓制的规定，按照王、妃、将军、中尉及以下不同等级进行建筑，有的墓有享堂、神厨间、宰牲间、左右厢房、碑亭、奉祠堂等建筑，设翁仲、石兽、华表（望柱）等石作，规制雄伟，工程浩大。有的墓葬占地达 210028 平方米，有的墓葬仅一圆形封土。群众把这些墓葬通称为"王坟"。

这些"王坟"所在地大多已变成了丛葬区。除了王室墓冢外，丛葬区的墓葬年代最早的为明代末期，寥寥可数且只限于尧山以外的地区，多属于明朝官僚，较多的是清代及近现代墓葬。这一情况说明，这些地方成为丛葬区是在明朝灭亡以后，而在明亡之前，靖江王府可以任意圈地为坟。

续表8

文物现状	以上墓葬都散葬于丛葬墓区，封土基本完好。
调查人处理意见	已经调查编号的墓葬一律列为保护单位，并分片在邻近各村生产队建立保护小组进行保护，同时通知各所在公社生产队，今后不得挖掘墓砖及在封土上开垦种植、铲草皮等。
审查意见	
备注	

广西壮族自治区文物管理委员会文物调查记录表9

文物类别	古墓葬	编号	总号	
			分号	
文物名称	桂林明代靖江王族墓群			
所在地点	桂林东郊朝阳公社新建大队唐家里西南的排坟脚岭			
调查者	第二组	记录者	第二组	
测绘者	廖浩中、潘世雄	图纸号		
摄影者		照片号		
传拓者		拓片号		
调查日期	1965 年 6 月 9 日			

概述

　　排坟脚在唐家里村西南面约 300 米，南面与金鸡岭相接，东西隔着赤脚塘为马鞍山，西面为汇通路左侧的桂林市合作管理处饲养场，在岭的东南发现王室墓五座，续马鞍山编号为 M94 ~ M98。

　　在岭顶三座墓呈"品"字形排列，外面有围墙，三墓全居于围墙的后部，居中的已被毁，其余两座编号为 M94、M95。围墙呈长方形，从岭顶伸至岭脚，现仅剩残基，东西长 83、南北宽 43 米，墙基厚 1.5 米。三座墓中居中被毁的一座为王墓，封土残径 13 米，距背后围墙 7 米，距左右两侧围墙 13 ~ 14 米，东向，墓砖已全部被挖走。表土尚有一些黑釉瓷片。其他两座墓位于这座墓的左前方和右前方。

　　M94

　　在已毁墓冢左前方 15 米处，距背后墙基 19 米，距左边墙基 4.5 米，残径 9、高 2.35 米。

　　M95

　　在已毁墓冢右前方，距后面墙基 19 米，距边墙基 7 米，封土残径 8.5、高 2.2 米，两座封土上都长满杂草。

　　在已毁封土前面有一石碑，碑通高 356、身高 231、宽 105 厘米，碑盖呈半月形，高 74 厘米，碑座露土部分高 44、宽 60、长 140 厘米，碑身边缘刻有云龙纹饰，碑文模糊、字迹不清，可隐约看出上段《御祭文》曰：

御祭文

　　维弘治十五年岁次壬戌六月朔祭日，皇帝遣本府右长史萧宛赐祭于靖江王府镇国中尉约踌，曰：惟尔生于宗藩，早膺封命，胡为遘疾，脩焉云止，爰推恤恩，赐葬与祭，尔灵不昧，尚克承之。

下段碑文部分高 171 厘米，四周饰以缠枝花纹，纹饰边宽 8.8 厘米，碑文字高 3、宽 2.5 厘米，碑文曰（碑文拓片号：桂靖墓04）：

　　　　大明宗室镇国中尉月坡公之□□……

　　　　赐进士第前江□□监□□……

　　　　赐进士第奉直大夫□□直□……

　　　　赐进士第□□……

　　　　月坡公者靖江之镇国中尉也谥约踌□□……

　　　　国初始祖封

　　　　靖江王传国至

　　　　简王王之次子相□为镇国将军□公□……

　　　　号兰坡公自号月坡□敏愆信□□……

　　　　国家制宗室不得任用长民□庶吾□□……奉公……

物惟恐布及事静菴君□母许夫人……月坡……

夜戚惕既卒月坡哀毁岁不□□许夫人……

归后遗以钱币用毕乃葬事□□□……

□□或悼其善人身□葬桂□□□……

雅巴乃闻之乡评考其谥□□□……

吾先人之遗体□□□□岁□□□……

□谨敕述其实德俾刻之石□……

正德十一年至次丙子季冬……

围内原有享堂，现痕迹模糊。石人、石马、华表已无存，规制不明。围内已开垦成畲地，植有番茄。地表残砖断瓦很多，还有压印花卉的琉璃滴水以及黑釉瓷片等。

M96

在围墙外西南面，M95 的 275°方向 33 米处，墓向 100°。封土直径 15、高 2.3 米，底部周围有乱石暴露。前面约 15 米处有四个现代墓。

M97

位于 M96 的 270°方向 36 米处，墓向 90°。封土直径 8.15、高 2.7 米。前面是畲地。

M98

位于 M93 的 300°方向 19 米处，墓向 80°。封土直径 8.35、高 2.3 米。墓边周围有乱石暴露，前面是畲地。

M96 ~ M98 仅有封土，上部都长满杂草。

文物现状	发现的五座明代靖江王族墓封土均呈圆形，都长满杂草，封土周围已垦地。
调查人处理意见	古墓五座都属明代靖江王族墓，对研究明代王室内容和明代历史很有价值，应加以保护，划出保护范围，成立保护小组，禁止任何人乱掘。
审查意见	
备注	

广西壮族自治区文物管理委员会文物调查记录表10

文物类别	古墓葬	编号	总号	
			分号	
文物名称	桂林明代靖江王族墓群			
所在地点	尧山西南麓			
调查者	第二组	记录者	第二组	
测绘者	第二组	图纸号		
摄影者		照片号		
传拓者		拓片号		
调查日期	1965 年 6 月 19 ~ 24 日			

概述

一、地理环境（略）

二、调查墓葬分述

一号墓位在林业试验站通往果苗队的公路东边，距林业试验站约 350 米。墓向正南，墓呈圆形。封土硕大，高 4、直径 15 米。墓有围墙，宽 35、长 45 米，墙高 1.3、宽 2.5 米。墓前有享堂遗址，享堂为几开间今不可辨认。其他未见石作、碑刻。疑为宗室或将军、妃子之墓。

二号墓位于果苗队东南 80 米，在二十四号墓东 30 米。方向正南。该墓在十二四号墓外围内，封土不大，呈馒头形，高 4、直径 8 ~ 10 米。墓周围已辟为耕地，墓无石作、碑刻、享堂等，疑为宗室之墓。

	三号墓位于挂子山村北面 300 米，东南距水管站 250 米，东距十一号墓 350 米，方向正西。墓的封土不大，呈圆形，高 2、直径 10 米。墓后已辟为耕地，墓无围墙、石作、碑刻等。 四号墓位于三号墓西面 90 米，方向正西。墓的封土不大，呈圆形，高 2、直径 9 米。墓在荒草丛中，墓无围墙，亦无石作、碑刻。 五号墓位于四号墓西面 5 米，方向正西。墓的封土不大，呈圆形，高 2、直径 10 米。墓在荒草丛中，墓无围墙，亦无石作、碑刻。 六号墓位于五号墓西南约 5 米，方向正西。墓的封土较小，呈圆形，高约 1.8、直径 8 米。墓在荒草中，墓无围墙、石作、碑刻。 七号墓位于六号墓西南 6 米，方向正西。墓的封土较小，呈圆形，高 1.8、直径 9 米。墓无围墙、石作、碑刻。 八号墓位于七号墓南 2 米，方向正西。墓的封土小，呈圆形，高 2、直径 8 米。墓在荒草丛中，墓无围墙、石作、碑刻。 以上各墓均疑为宗室墓葬。
文物现状	除一、二号两墓有盗洞外，其余均未见盗洞痕迹，大致保存尚完好，只是墓上长满杂草灌木，有的墓周围还辟为耕地。
调查人处理意见	以上各墓应划入靖江王墓群内，加以妥善保护，以供将来发掘研究。保护办法：（1）树立标志，在墓周围 40 米内不得开垦和建筑他物。（2）一号墓可委托林业试验站保护，其他可交挂子山村原王坟保护小组代保护。
审查意见	
备注	

广西壮族自治区文物管理委员会文物调查记录表 11

文物类别	古墓葬	编号	总号	
			分号	
文物名称	桂林明代靖江王族墓群			
所在地点	桂林市东郊朝阳公社黑地园岭、七里店岭			
调查者	第一组	记录者	第一组	
测绘者	第一组	图纸号		
摄影者		照片号		
传拓者		拓片号		
调查日期	1965 年 6 月 29 日			
概述				

黑地园岭、七里店岭位于桂大公路"5 公里""6 公里"里程碑间的东北侧，与大园岭相接连。黑地园岭在田心里西面，七里店岭在田心里西南面，二岭相连，都属田心里。七星店口有王室墓一座，编号为 M11。黑地园岭上有王室墓两座，编号为 M12、M13。这里已成了丛葬区，植上了松树，平缓的山坡多垦为畲地种上农作物。

M11 在田心里西南七里店岭上，在大园岭 M14 东北面 134 米处，墓向东南。封土高 3.15、直径 13 米，顶部被一现代墓所叠葬，上面还有一个测量标志（桂测 A642）。墓前有享堂残基及祭亭围墙残迹。享堂面阔 13、进深 12.8 米，台基高 1.5 米，上有现代墓葬五座。祭亭进深 13.5、宽 9 米，上有现代墓葬两座。外围墙仅余部分残迹，距祭亭 9.5 米。其他形制不明，周围还有现代墓葬。

M12 在田心里西南约 400 米、M11 东北面 340 米处，墓向可能是东南。封土高 2、直径 12.1 米，顶部被挖一坑。周围有近代墓葬。

M13 在 M12 东北侧 26 米处，墓向可能是东南。封土较小，高 2、直径 8 米。与其相连的一座同类墓葬已被挖毁。

文物现状	以上墓葬都散葬于丛葬墓区，凡已列入编号的封土基本完好。
调查人处理意见	已经调查编号的墓葬一律列为保护单位，并分片在附近各村生产队建立保护小组进行保护，同时通知各所在公社生产队，今后不得挖掘墓砖及在封土上开垦种植、铲草皮等。
审查意见	
备注	

广西壮族自治区文物管理委员会文物调查记录表12

文物类别	古墓葬		编号	总号	
				分号	
文物名称	桂林明代靖江王族墓群				
所在地点	桂林市穿山公社樟木大队				
调查者	第一组		记录者	第一组	
测绘者	第一组		图纸号		
摄影者			照片号		
传拓者			拓片号		
调查日期	1965 年 6 月 29 日				

概述

大园岭、乌石岭的王室墓群

大园岭、乌石岭在东郊桂大公路（桂林—大圩）"5 公里""6 公里"里程碑间的南侧，周家里、李家里的东北面，中间隔着一片稻田。公路与大园岭脚相接，二岭连成一片起伏的丘陵地带，岭不高，坡度缓，上植松树，或被开垦辟为旱地种上农作物。墓冢星罗棋布，其中有王室墓冢 11 座，封土呈馒头状，高出其他墓葬。大园岭上有 8 座，编号为 M1 ~ M7、M140。乌石岭上有 3 座，编号为 M8 ~ M10。据当地一些老人反映，从前这些墓前面有石人、石兽，现在已不知去向，仅存封土。

在大园岭的有 8 座：

M1 在大园岭东南面坡地顶面石、桂大公路"5 公里"里程碑西南约 296 米处，东南面距土意塘 170 米。封土高 2.8、直径 12.4 米，墓向可能东南向。封土东南侧有弧形壕沟穿过，沟深 0.8、宽 0.5、长约 3 米，是解放军某部军事演习时所挖。周围有现代墓冢和矮小的松树。

M2 在 M1 东南 20 米处。封土高 2、直径 12.3 米，封土尚完整。

M3 在 M1 西南面 21 米处。封土高 1.9、直径 10.5 米，上植松树，后侧有一个小凹口。

M4 在 M1 东南面 46 米处。封土高 2.1、直径 9.23 米，上种有几棵小松树。

M5 在 M1 东北面 59.5 米处。封土高 3、直径 15.3 米，墓顶有测量标志（桂测 V112），植有松树，东南侧有一小洞。

M6 在 M1 东南面 192 米、土意塘西南畔 44 米处。封土高 2.15、直径 9 米，墓向东北。三面有现代墓冢。

M7 在 M6 东南面 170 米处，西北面距土意塘边 94 米，地势较低。封土高 1.85、直径 11.2 米，墓向不明。

M14 在 M7 东南面 230 米处，东北面距公路 53 米，墓的东北、东南面多处被开荒种植农作物。封土高 2.4、直径 11.4 米，墓向东北。墓前有一对石狮，距墓 22 米，两狮相距 7 米，右边的石狮已倒下。其他方面的形制不明。

在乌石岭的有 3 座：

M8 在 M1 东南面 460 米、桂大公路"6 公里"里程碑西面约 450 米处，坐落于乌石岭东南坡上。封土高 2.7、直径 12 米，墓向可能东南向。周围三面种有经济作物。

M9 在 M8 东北面 10 米处。封土高 2.5、直径 7.3 米。

M10 在 M8 西北面 24 米处。封土高 1.6、直径 7.3 米。

文物现状	以上墓葬都散葬于丛葬墓区,凡已列入编号的封基本完好。
调查人处理意见	已经调查编号的墓葬一律列为保护单位,并分片在邻近各村生产队建立保护小组进行保护,同时通知各所在公社生产队,今后不得挖掘墓砖及在封土上开垦种植、铲草皮等。
审查意见	
备注	

对靖江王墓的守墓祭墓制度及当地群众反抗
朱氏统治者的压迫、剥削的调查资料

广西壮族自治区文物管理委员会

1965 年

为了进一步了解靖江王墓群的历史，我们就王墓群分布地区附近村庄的群众和朱家后裔进行访问，共访问了 14 个村，群众 26 人、朱家后裔 1 人，共 27 人，现将访问的资料归纳如下：

一是靖江王墓设有专门的守墓人。

根据我们访问的资料，朝阳公社新建大队挂子山村就是看守王墓的人发展起来的。挂子山原名"挂纸山"，是为王墓上坟挂纸的意思。挂子山的始祖是王府派来姓王的看墓人，群众叫他为"奴狗"。另外还有丫头山，也是因王府派来看墓的丫头而得名，这个名称是对劳动人民的侮辱，解放后便把它改为丫吉山（现有丫吉大队）。但挂子山的群众不承认他们村是看墓的，可能是数百年来受到封建道德思想的影响，认为说祖先是看墓的有辱祖先，是不名誉的事，他们还没有认识到这是阶级的压迫剥削。我们了解，不仅王墓有专人看守，就是王亲墓也有专人看守，合心大队莫家坪原称莫家坟，就是由靖江王亲杨观墓看守发展起来的，是一个很好的证明。

朝阳公社新建大队党支部书记邵冬生说："听老一辈人说，挂子山的人原来是看王坟的。开始的是'王奴狗'。丫头山是一个看坟的丫头，所以叫丫头山。一个丫头，一个奴狗。解放后丫头山改名为丫吉山。"

竹桥村的秦初旺（贫农，73 岁），唐家里的唐龙妹（贫农，女，64 岁）、唐有寿（贫农，男，45 岁）等人都说，从古以来听说挂子山是看王坟的，帮王坟烧香挂纸，所以叫挂纸山。

冷水塘、社塘村、莫家村、潘家村、中村等村中六七十岁的老人都说挂子山村是看守王坟的。

挂子山村的夏轮德（贫农，64 岁）、王十二（贫农，59 岁）、王二生（贫农，61 岁）等人均说："我们村帮看王坟的事情从来没有听说过。"

据朝阳公社合心大队党支部书记莫木旺（47 岁）、群众莫日寿（59 岁）所说，莫家坪过去叫莫家坟，祖先是从半塘尾搬来看守杨观墓的，从夫妇二人发展到现在近 200 人的村庄。杨观是靖江王的亲戚，尚设专人看守，从此可见，挂子山的王墓不设专人看守是不可能的。

二是靖江王墓占有大量土地，对群众进行残酷的压迫剥削。

据朱家后裔朱密说，王墓祀田在桂林的马家村、朱头村、杏坡村、中村等地均有，仅马家村就有租谷一百多担，另外在全州、灌阳、义宁的朱家也占有大量的祀田。又从其每年二月十五日的祭扫杀猪宰羊，大摆宴席，多时有 120 余桌、近 1000 人参加，少时二三十桌、二三百人参加。剥削情况可想而知了。

靖江王的后裔朱密说："每年祭扫的费用，除了我们这里的祭祀田收入以外，还有些房租收入，别位子的人来，他们也有祭祀田，也带点钱来的。我们这里的祭祀田，多半都在马家村、朱头村、杏坡村等，马家村就有百多担租谷，尧山脚的中村也有少数田亩，我估计尧山脚的中村、藩家村、临桂大村及桂子山村这一带田亩山场都是王府圈定给他们种的。王府在这里还用什么钱来买田，不是圈定给他们种每年收点租，多少由王府规定。他们这几村大约是王府里当差的，后来到了清朝，他们不是都说这些田是他们的，只有中村这里个别老实人才承认是王府的田，所以中村少数田是以前留下来的。"

据中村毛金嫂（女，72 岁）、毛福生（男，72 岁）说，中村有五户种过朱家的田，共约 10 多亩，年交租米 500 多斤。年成不好也要交一半。毛福生种四分水的田，约等于两亩，年成好收干谷三四担，要交租米 125 斤，年成不好减半收，限期送去。

花园村王五四（男，64 岁）说："朱家每年上坟，都是我们这里帮他煮饭，磨豆腐，煮一甑（每甑为 16 斤）饭给两斤米作工资和柴火费。每年多的煮 10 甑，少的 8 甑，煮好还帮挑到坟地上。"

花园村黄有嫂（女，84 岁）说："我是做豆腐的，朱家每年到挂子山上坟，都来我这里定做豆腐，每年多少不定，有的年三四百块，有的年五六百块。"

花园村邓林弟（女，62 岁）说："朱家到挂子山上坟，我也替他们煮过饭，每甑给米两斤。"

三是靖江王霸占土地，圈地为茔，穷者死后无葬身之地，与人民群众有尖锐的阶级矛盾。从清到民国以来，朱家不断与尧山脚附近的一些村庄打官司就是很好的例证。

挂子山夏轮德（贫农，64 岁）说："我们和朱家打官司是为了不给葬坟，王坟围墙里不准葬，连外面也不准葬，嫌挡他的风水。"

挂子山王二生（贫农，61 岁）说："和朱家打官司我就听说过了，大约在清朝手上，为了葬坟的事情。我们只是这样听说，具体情况我们也不知道。"又说："我们和朱家打官司打了 18 年，听说是为了不给朱家葬坟而官司的，打官司的时间那就很久了。"

挂子山王十二（贫农，59 岁）说："听说以前朱家尽抬坟来这里葬，我们就不给他葬，因此就打官司的。"

唐家里的唐有寿说："挂子山和朱家打官司打了 18 年，他们是换人去坐牢的，就是几人坐了几年，又另换一批人去坐，后来挂子山村的人官司打赢了。""我们牌坊脚这块地也和朱家打过官司，在民国二十四年和朱家打官司，又和临桂大村打官司。共打了 7 年官司，后来高等法院派人来实际踏勘，才判决这块地是我们的。"又说："挂子山村的人和朱家打了官司以后，又和竹桥、临桂大村、莫家、半塘尾等村打官司，又打了好多年。因为他们人少地盘宽，用也用不了，别人又来占，又和别人打官司。"

朱家后人朱密说："与挂子山的人打官司，我们晓得有这回事，具体情况不知道。"

调查资料原始记录卡 1

1965 年 6 月 26 日上午　调查人：田丽森、罗坤馨、周安民

姓名	邵冬生	性别	男	年龄	30	民族	汉	桂林市朝阳人民公社新建大队支书
阶级成分			文化程度			与访问内容关系		有关靖江王墓情况

　　挂子山村是不是种过朱家的田我不知，听老一辈的人说，挂子山村的人原来是帮看王坟的，开始的是"王奴狗"，他是姓王的"奴狗"。丫头山是个看坟的丫头，所以才叫了丫头山。一个丫头，一个奴狗。丫头山解放后嫌太难听了，才改为丫吉山的。挂子山是现在改的"挂子"两个字，原来是叫"挂纸"，就是纸的"纸"，他是帮朱家上坟挂纸的，所以叫挂纸山。

　　过去听老人家说，朱家每年农历二月十五来上坟，凡是姓朱的去都有吃，不是姓朱的跑去，你说我是姓朱的也有吃。我那时还小，有个老人说，朱家来上坟我们跑去说姓朱的，可捞他一餐吃。我说我才不去，为了吃他那餐连姓都改了。

调查资料原始记录卡 2

1965 年 6 月 26 日上午　调查人：田丽森、罗坤馨、周安民

姓名	夏轮德等	性别	男	年龄	64	民族	汉	桂林市朝阳人民公社挂子山村
阶级成分			文化程度			与访问内容关系		有关靖江王墓情况

　　夏轮德（男，贫农，64 岁）：过去朱家来扫王坟，我们这里的人，有的想吃的就去给他们烧茶水，扛谷垫，扛板凳，花园村帮他们煮饭和磨豆腐。田是朱家向来没有田在这位子，我们也从来没有种朱家的田，看坟的事情更加没听讲过。打官司的事情就有，我们和朱家打官司是为了不给葬坟，王坟围墙里不准葬，连外面也不准葬，嫌挡他的风水。

　　王十二（男，贫农，59 岁）：朱家从来没有田在这里，我们也没有给他们种田，看坟的事更没听过。朱家的坟围墙围得好好的，里面用绿瓦来盖的房子，进都不给你进去，他要你来和他看坟？

　　王二生（男，贫农，61 岁）：给朱家看坟的事情，古了来（即从古以来）就未听见过，和朱家打官司我就听过了，大约在清朝手上，为了葬坟的事情。我们只是这样听说，具体情况我们也不知道。

　　夏润有（男，贫农，30 岁，挂子山生产队长，夏轮德的儿子）：访问人向夏启发说："这些事情，不论看坟也好，种田也好，反正不是什么丑事，主要是了解朱家对我们压迫和剥削的事情，我们应该控诉他们才行。"队长的父母在旁边插嘴说："老子娘六十几岁都不知道，他二三十的人哪得知道。"队长说："我什么也不知道。"

调查资料原始记录卡 3

1965 年 6 月 26 日下午　调查人：田丽森、罗坤馨、周安民

姓名	秦初旺	性别	男	年龄	73	民族	汉	桂林市朝阳人民公社竹桥村
阶级成分			文化程度			与访问内容关系		有关靖江王墓情况

　　朱家有没有田在挂子山，我不知道，因为我们少走过那边。附近的村帮朱家看坟我不知道，古了来就是听说挂子山村是帮看守王坟的，他是帮烧香挂纸所以叫挂纸山。别的事情我就没听到讲，最好你们去问唐家、毛家，他们可能知道些。

调查资料原始记录卡 4

1965 年 6 月 26 日下午　调查人：田丽森、罗坤馨、周安民

姓名	唐龙妹	性别	女	年龄	64	民族	汉	桂林市朝阳人民公社唐家里
阶级成分			文化程度			与访问内容关系		有关靖江王墓情况

　　给朱家看王坟的，我们没有听见什么，听以前的人传说是挂子山村是帮朱家看坟的。这里朱家有没有田我就不知道。

调查资料原始记录卡 5

1965 年 6 月 26 日下午　调查人：田丽森、罗坤馨、周安民

姓名	王五四	性别	男	年龄	64	民族	汉	桂林市朝阳人民公社花园村
阶级成分				文化程度			与访问内容关系	有关靖江王墓情况

　　挂子山的王坟过去朱家每年去上坟，都是我们这里帮他们煮饭和磨豆腐，现在煮饭的人通通都不在了。饭是由城里挑来的米，每煮一甑饭给两斤米作工资和柴火费。煮好饭帮他们挑到坟地上，就在那里吃一餐，吃了又挑东西回来。磨豆腐也是去领来的，磨豆腐的情况我就不知道。煮饭是每甑饭带来的米 18 斤，煮就煮 16 斤扣除两斤做工资和柴火。每年都是我们这里有个姓佐的老人家去领的，具体情况因我没有经手所以不知道，姓佐的老人家也死了。现在知道情况的人恐怕很少了。

调查资料原始记录卡 6

1965 年 6 月 29 日下午　调查人：周安民

姓名	朱密	性别	男	年龄		民族	汉	桂林市南门人民公社
阶级成分				文化程度			与访问内容关系	有关靖江王墓情况

　　靖江王墓主要在尧山一带，东江村以外，也有一些墓葬，具体好多，我们也不清楚，过去有本资料的，也有王坟图，走日本人时，我们把东西搬到乡下。因为那个也挨掳了，所以什么都失光了，过去我们也要经常翻看才知道的，我家 1962 年拿给你看的那本手抄本族谱，前年火烧房子也烧去了，那本族谱是我兄弟的，我是借来看的，现在连那点资料都没有了。

　　王坟我们是每年农历二月十五日去祭扫，到那天全州、灌阳、义宁等地的朱家人都来祭扫，他们远位子不能全部来，只派一些人来。我们去祭扫时就杀起猪羊去祭，祭了就在墓地上煮来吃，三圈门中间那空（即中门）可砌灶来煮的，有些菜，头天煮了些，不然来不及。我们去祭扫大部分人去尧山，少部分去东江村外去祭扫，去东江的每年轮流派人去，去东江这边祭扫的，祭扫完了就转去尧山集中吃饭，碗、筷、饭及垫子等是花园村的人帮挑去，给钱他们，他们每年来领惯了的，去祭每年都很多人去，多的时候有 120 桌，少的也有二三十桌，煮饭总是花园村的人来领去煮，每甑饭煮 20 斤米，他们就煮 16 斤，有 4 斤米由他们扣除作工资和柴火费。豆腐也是花园村的人帮做去的。

　　每年去祭扫时铁定农历二月二十五日，不论天晴下雨都去，涨水漂桥断了也用船过河去。走日本以后远位子的就很少了，只有城里的和附近乡下的来。

　　每年祭扫的费用，除了我们这里的祭祀田收入以外，还有些房租收入，别位子的人来，他们也有祭祀田，也带点钱来的。我们这里的祭祀田，多半都在马家村、朱头村、杏坡村等，马家村就有百多担租谷，尧山脚的中村也有少数田亩，我估计尧山脚的中村、潘家村、临桂大村及挂子山村这一带地方的田亩山场都是王府圈定给他们种的。王府在这里还用什么钱来买田，不是圈定给他们种每年收点租，多少由王府规定。他们这几村大约是王府里当差的，后来到了清朝，他们不是都说这些田地是他们的，只有中村这里个别老实人才承认是王府的田，所以中村这少数田是以前留下来的。

　　与挂子山的人打官司，我们晓得有这回事，具体情况不知道。

调查资料原始记录卡 7

1965 年 6 月 29 日上午　调查人：周安民

姓名	秦初旺等	性别	男	年龄	73	民族	汉	桂林市朝阳人民公社竹桥村
阶级成分				文化程度			与访问内容关系	有关靖江王墓情况

　　秦初旺（男，贫农，73 岁）：我那天也跟你说过了，路了来就是听说挂子山村是与朱家看王坟的，别的我们没听到了。

　　秦科毅（男，贫农，64 岁）：朱家祭王坟每年农历二月十五日，他们来祭扫都挑饭菜来的，花园村帮他们煮饭菜，姓朱的去都有吃。

　　黄觅子（男，贫农，71 岁）：朱家有不有田在挂子山，我们都不清楚，也没有听过说。王坟的坟地，坟头的茅草挂子山村的人每年到下年割来烧石灰是有的。

调查资料原始记录卡 8
1965 年 6 月 29 日上午　调查人：周安民

| 姓名 | 王二生等 | 性别 | 男 | 年龄 | 61 | 民族 | 汉 | 桂林市朝阳人民公社挂子山村 |
| 阶级成分 | | | | 文化程度 | | | 与访问内容关系 | 有关靖江王墓情况 |

　　王二生（男，贫农，61 岁）：我们和朱家打官司打了 18 年，听说是为了不给朱家葬坟而打官司的，打官司的时间那就很久了。

　　王十二（男，贫农，59 岁）：听说以前朱家尽抬坟来这里葬，我们就不给他葬，因此就打官司的。

调查资料原始记录卡 9
1965 年 6 月 29 日上午　调查人：周安民

| 姓名 | 黄有嫂 | 性别 | 女 | 年龄 | 84 | 民族 | 汉 | 桂林市朝阳人民公社花园村 |
| 阶级成分 | | | | 文化程度 | | | 与访问内容关系 | 有关靖江王墓情况 |

　　我过去是做豆腐卖的，朱家过去每年去挂子山上坟，来我这里定做豆腐，是我们这里有人去领来做的，煮饭也是他们去领来，他们来定，我也给他们磨过。每年定做豆腐的数量多少不定，有年把是三四百块，有年把又是五六百块不定，定做后他给钱的。

　　听他们替朱家送东西的人说过，挂子山村的人在朱家去祭扫墓时个个人都有份去吃，是不是真的，我也不知道。

调查资料原始记录卡 10
1965 年 6 月 29 日上午　调查人：周安民

| 姓名 | 唐有寿 | 性别 | 男 | 年龄 | 45 | 民族 | 汉 | 桂林市朝阳人民公社唐家里 |
| 阶级成分 | | | | 文化程度 | | | 与访问内容关系 | 有关靖江王墓情况 |

　　我们排坊脚这块地也和朱家打过官司，在民国二十四年和朱家打官司，又和临桂大村打官司。共打了 7 年官司，后来由高等法院踏勘，才判决这块地是我们的。

　　挂子山村和朱家打官司打了 18 年，他们是换人去坐牢的，就是几个人坐了几年，又另换一批人去坐，后来挂子山村的人官司打赢了。

　　挂子山村的人和朱家打了官司以后又和竹桥、临桂大村、莫家、半塘尾等村打官司，又打了好多年。因为他们人少地盘宽，用也用不了，别人又来占，又和别人打官司。

调查资料原始记录卡 11
1965 年 6 月 29 日上午　调查人：周安民

| 姓名 | 王宝仔 | 性别 | 男 | 年龄 | 39 | 民族 | 汉 | 桂林市朝阳人民公社花园村 |
| 阶级成分 | | | | 文化程度 | | | 与访问内容关系 | 有关靖江王墓情况 |

　　朱家到挂子山上坟，我也和他们挑过一次垫子，那是跑日本回来以后的事。垫子是小小块的，好像挑了三十块，记得挑垫子是给了那时国民党的纸币壹块钱，到那吃一餐，我那时才一二十岁。我们这里帮煮饭也是每年去领回来的，以前去领这些事情做都是那个姓佐的，名字叫二弟，佐二弟去领回来分给这些人做。我那次去挑垫子，也是姓佐的给我领来的，姓佐这个人现在已经死了。

调查资料原始记录卡 12
1965 年 6 月 29 日　调查人：周安民

| 姓名 | 邓林弟 | 性别 | 女 | 年龄 | 62 | 民族 | 汉 | 桂林市朝阳人民公社花园村 |
| 阶级成分 | | | | 文化程度 | | | 与访问内容关系 | 有关靖江王墓情况 |

　　朱家过去挂子山上坟，我也替他们煮过一次饭，每甑饭给米两斤。也是姓佐那个人去领来的，姓佐的现在死了。

关于靖江王陵的一些调查资料

大河公社潘家大队中村，毛金嫂，72岁，女。据她说，中村南虞桂旺、桂奶、毛福生、毛四八和她（即毛金嫂）等五户种过朱家的田，每户约三亩许，共十多亩，要交租大米约500斤。毛金嫂种的田，年成好的年收湿谷700～800斤，要交干净好的米120斤，天旱失收时也要交一半。每年过了8月15日（日历）不送去，就传信来催收。送租米去，大都是爱理不理的，没有什么招呼的，从她种朱家田40多年（她的父亲就种了的）的送租米，只招待她吃过一两次午饭。他们五户人家，只给朱家种田，不替其看坟。

中村，毛福生，72岁，男。种朱家四分水的田，约等于现在二亩，年成好能收三四担干谷。要租米125斤，年成不好亦减半收。是限期送去。

社塘村、莫家村、潘家村的群众均说，挂子山是朱家看坟的。

朱家在每年二月十五日扫墓，有的说摆酒席30～40桌，每桌8人，8碗菜。有的说在三圈门坡上坐满了人。种朱家田的人可以去吃，毛福生、毛金嫂去吃过一两次。别的人如自己承认姓朱，又能说出辈分和朱家历史也可吃饭。

朝阳公社合心大队支书莫木旺（47岁），群众莫日寿（59岁）。据他们说，莫家坪过去叫莫家坟，在一二百年前才改叫莫家坪。他们的祖先是替杨家看墓，从半塘尾搬来的，现在最早的房子一间尚在，从两夫妇开始，相传到现在已有十代，近200人，这个村后于田心里、半塘尾。现在莫家坪房子所在地是杨家的地皮。他们原来没有一点田地，后来才在莫家坪塘边周围买了些田地，但是塘还是田心里的，他们立石碑，不准他们抓鱼、钓鱼等。他们从小时起就没有看到杨家坟有石人、石马了，只见有石牌坊，有的石柱后来搬去做桥及做塘基用了。解放前看见杨家来扫墓，老的小的几十人，自己带来粽子、包子之类东西。祭完就吃，剩下给村里的人，帮烧茶水送去的给二毫银子，去看扫墓的给一毫银子，给些小恩小惠讨好人们。

还访问了田心里的秦连发（73岁），半塘尾的莫日符（71岁），欧家村的欧家保（70岁），他们均说莫家坪过去叫莫家坟，是从半塘尾过去看坟的。

明代靖江王墓群调查报告

桂林市文物管理委员会

1983 年

　　明代靖江王墓群是研究当时社会政治、经济、艺术和典章制度的重要资料之一。中华人民共和国成立以来，由于党对文物工作的重视，自治区博物馆和桂林市文物管理委员会曾做过多次调查。为了贯彻国务院关于对历代文化名城调查研究的要求，1983 年 2 月至 5 月间，我们再一次做了踏查，除对原有墓葬进行了核实登记外，又新发现墓葬多处，编号已达 320 座。为了使这具有重要研究价值的文物资料不被湮没，现结合前人的有关成果报告如后。

　　明朝开国皇帝朱元璋（明太祖）于洪武二年（1369 年）在南京正式即位后，为了巩固皇权，除大肆杀戮文臣武将外，还实行分封制，把他二十四个儿子和一个从孙分封在各地，让他们"夹辅王室"，确保朱明统治的长治久安。洪武三年（1370 年）其从孙朱守谦受封为靖江王，洪武九年（1376 年）就藩桂林。但朱守谦因淫虐被废。《明史·朱守谦传》记载"守谦知书，而好比群小，粤人怨咨，召还，戒谕之。守谦作诗怨望，帝怒，庶为庶人。居凤阳七年，复其爵，从镇云南。……守谦暴横如故，召还，使再居凤阳，复以强取牧马，锢之高精尖师，二十五年卒"。明成祖永乐元年（1403 年）朱守谦的长子赞仪来桂林复藩，并继设王府于独秀峰下（今广西师范大学校址）。清顺治七年（1650 年），清兵入桂林，十四代王朱亨歅自缢，靖江王至此告终。

　　历代靖江王除第一代朱守谦和第十三代朱亨嘉葬于他处外，其余诸王均葬在桂林。历有悼僖王朱赞仪、庄简王朱佐敬、怀顺王朱相承、昭和王朱规裕、端懿王朱约麒、安肃王朱经扶、恭惠王朱邦苧、康僖王朱任昌、温裕王朱履焘、宪定王朱任晟、荣穆王朱履祐等十一王（朱亨歅墓葬未明）。朱守谦有九子，序为赞仪、赞俨、赞侃、赞俊、赞偕、赞伦、赞杰、赞储、赞亿。除赞仪承袭靖江王位外，其余诸子俱授将军，一同随长兄赞仪来桂，死后亦葬在桂林。据多次调查所知，陵园东自灵川县大圩公社铁山圩流水山，西至穿山公社穿山大队望城岗，南自市郊柘木公社蒋家渡大园岭，北至灵川县甘棠公社王家大队社山村老虎岭，构成一片规模巨大分布极广的墓群，大都集中在尧山西南麓。墓群中除王墓外，还有次妃、将军、中尉及夫人、县君等宗室墓。

　　明代葬制较为严格，从史书记载及调查资料来看，上列几种墓葬无论墓茔规制或是墓室结构都有所区别，现就各类墓葬情况试述如下：

　　类型一：封土硕大，顶室圆尖，冢高 5～15、直径 22～36 米，封土基底多围以 60～102 厘米高的料石。

类型二：茔地开阔，建筑富丽。墓围建有长方形内外两道围墙，各墓围墙长宽不一。内围墙砖石砌筑，长为 79.5 ~ 100、宽为 36.5 ~ 62 米，墙上盖以绿色琉璃瓦。外围墙以黄土夯筑，为了加固，在泥浆中羼有砖、瓦及罐残片。墙身剖面下宽上窄呈梯形，墙顶盖以绿色琉璃筒瓦。外围墙长 105 ~ 577、宽 37.5 ~ 364 米。墓前有享殿、左右碑亭、东西朝房、中门及陵门等建筑。从残存于地面的遗址看，中门是三开间，享殿一般为五开间。左右碑亭内各竖一神道碑，碑为整块巨石凿成，由赑屃负托，碑高 260 ~ 340、宽 95 ~ 100、厚 15 ~ 25 厘米，碑面周边饰以 7.5 厘米宽的云龙纹线雕图案，碑面多无字，其用意如何尚待研究。中门及享殿各有御阶三路，中门一道较宽、左右较窄。但第三代庄简王墓与其他王墓稍有区别：其一，无神道碑、亭建置；其二，在獬豸与石虎间加建了三座单拱石桥，桥身长 5.9、宽 3.66 米，拱高 2.75、宽 3 米。经分析，砌桥目的主要是利用原山洪沟泄洪，但也因此使墓更加壮观。

类型三：石作硕大，朴拙生动。这类墓葬的享殿前都有翁仲三对。第一对（依近享殿顺序），戴冠着长袍，袍长至地仅露出靴头，衣褶条痕清晰，腰佩织纹带。面方圆，双手缩于袖中，平放胸前。石作神态肃然，应是男侍者。第二对，戴帽，帽后有围布披背，不露发髻。衣着长袍，仅露小靴头，腰扎纹带。双手缩于袖内，平放胸间。身材矮小，面部纤细，衣着多饰，应为女侍者。第三对，立于中门前两侧，形体高大，其中最大者高达 3.75 米，小者也有 2.87 米。头戴弯顶帽，两侧各有一小方孔（插翅角所用）。身着长袍，袖宽大，腰缠玉带。双手秉笏，平置胸前。头大脸长，神态肃严，应是文臣。石作除翁仲外，还有石兽及华表。石兽一般为狮、虎、象、獬豸、狻猊、麒麟等各一对，对列在神道两则，石兽连座高约 2、长 2 ~ 3.5 米。兽式有卧有立有蹲，造型生动，尤以狮子、麒麟、狻猊凶猛有力，栩栩如生。另有勇士控马一对，左勇士左手执剑（或鞭）、右手控马，右勇士右手执剑（或鞭）、左手控马。陵门外还置有狮子一对，通高 1.35 ~ 2.2、身长 1.45 ~ 1.8 米，左雄右雌，前肢挺立，阔口昂首，巍然蹲守在陵门两侧。华表共有三种，一为素面等八边形，上刻浮雕仰覆莲花，顶为蹲兽，础座方形，最高 4.1 米；二为素面不规则八边形，莲顶嵌珠，础座同第一种，最高 4.3 米；三为全身浮雕缠云龙八方柱，通高 4.5 米，顶为宝珠，础与前两种同，制作较精湛。据考察，前两种为明早中期风格，后一种为明晚期风格。

1. 王墓

王墓墓室是以青砖和料石构砌。正面建筑山墙，山墙高 4.44 米，顶脊及檐面均盖以绿色琉璃瓦，四面出檐，檐前的勾头和滴水均饰龙纹，正脊两端安有鸱吻和垂脊，两侧檐脊各饰悬兽。因王墓均为王、妃合葬，所以墓室分左右两室，两室间隔一墙，有的壁龛相通。左右两室开同一山墙，室内结构有前室、甬道、中门、玄室、头龛一和左右壁龛各四或六。各玄室后段用青砖或料石砌成长方形棺床，棺床四角各嵌入一竖放的雕饰缠枝的砖或料石，以承托棺座的四角，三面再镶以缠枝花薄砖。棺床中央开有长槽，是死者腐水的流积处。墓壁多有批灰，地面均用正方形青砖错缝平铺。各木扉均系木质，门后承托一条长 130、宽 75、厚 7 厘米的顶门长石，条石下端可稳于凹槽内，使墓门封闭。券顶为船篷式，一般高约 2.5 米，砌砖一平一竖相间，砖缝以石灰浆黏合。墓室砖有 29 厘米×15.5 厘米×5 厘米、37 厘米×18 厘米×6.5 厘米、32 厘米×16 厘米×5 厘米等多种规格。墓室前还有砖砌隧道与地面相通，下葬后即予填封。

这类墓葬结构上大同小异，石作初拙后精，茔地则早期宽大（如庄简王茔地面积 58000 平方米）、晚期缩敛（如安肃王茔地 16850 平方米）。

2. 子袭王位的次妃墓

有恭惠王次妃刘氏、郑氏和康僖王次妃赵氏等三座，偏明中晚期。规制、封土、茔地仅次于王墓。墓前有享殿、神道碑、陵门及长方形外围墙等建筑。可辨享殿为三开间。封土高 4 ~ 6、直径 9 ~ 14 米。神道两旁翁仲四对，石兽三对，门外蹲狮、华表各一对。华表为素面八方形，上端及座均为仰覆莲花，顶饰蹲兽。这类墓葬的特点有三：一是石作仪仗中无勇士控马。二是翁仲身躯较王墓矮小。一对拱立女侍，一对秉笏文臣，一对袖手侍者。三是均为单砖室券顶墓，内分前室、玄室。玄室有头龛一，左右壁龛各四。

这类墓葬，茔地一般在 5000 平方米以内，石作简朴。

3. 将军墓

规制、茔地和封土简、小于王墓。但初期的二至九世将军墓略同于后期子袭王位的次妃墓，而繁大于中晚期的将军墓。如早期的八世辅国将军墓园是 2322 平方米，晚期万历间长长子朱履祥茔地面积只有 2030 平方米。封土高 0.9 ~ 11、直径 7 ~ 22 米。成年将军墓前有三开间享殿，一方神道碑，石人、石兽仪仗五对，华表一对。石人为秉笏翁仲，仪仗中必有勇士控马。华表为素面八方形，柱顶和柱座饰仰覆莲花。石作矮小，雕凿精制。夭折将军墓仅有外围墙。

4. 中尉墓

此类墓葬的规制小于上述三类。无石作仪仗，部分仅有外围墙。封土高 0.5 ~ 2、直径 5.5 ~ 11 米。分布较广，墓室为砖室券顶或浇灰浆土坑结构。大都有墓碑，一部分还有墓志。

5. 宗室墓

包括王的夫人、宫人、县君、王亲国戚等。数量较多、分布较广，但多数葬在王墓、将军墓和中尉墓附近，表现出各世系府属的关系。规制更为简小，墓周、前无建置。封土高 0.5 ~ 3.5、直径 5 ~ 11 米。墓室为砖室券顶或浇灰浆土坑结构。

尧山西南麓是明代靖江王及其宗室的墓地，通过普查，我们基本摸清了它的大体情况，现依据普查资料，谈几点肤浅认识：

第一，靖江王从明初至南明，历 280 余年，王子王孙繁衍众多，现可识墓葬还有 320 多座。整个墓群南北长 15 千米，东西宽 7 千米，分布范围 100 多平方千米。像这样保存完整而且延续时间较长的明代藩王墓群在全国已属少见，具有较高的历史、资料、艺术价值，是应该值得重视的。

第二，洪武年间，朱元璋以子孙藩众，命名虑有重复，乃于东宫、亲王世系各拟二十字，一字为一世，自孙辈起取二字为名，以所拟之字为上一字，其下一字则取五行偏旁者，以火、土、木、为序，唯靖江王不必拘此。靖江王班辈如何？普查中我们带着这一问题对散于各处的朱氏后裔做了大量的采访，同时还收集到一批各种类型的墓志铭。经证实，靖江王共编三十字（代），现已传到第二十二代。它们是：

> 赞佐相规约，经邦任履亨。
>
> 若依纯一行，远得袭芳名。
>
> 继志立从本，登收贵尚习。

靖江王府各种墓志铭及班辈资料的获得，为研究靖江王室的历史提供了重要资料。

第三，靖江王墓群的地面石作虽是取材于附近石山，但翁仲和石兽较为巨大，每座重量均在两吨以上，在当时运输超大型工具极为困难的情况下，要从石山运到墓地，所消耗的劳力是可以想见的。就凿刻而言，据现在石工估计，每座石雕刻凿费就需要 15000 元以上，再加上运输费及其他建筑，一座王墓所花费的人力、财力就更加难以计算。王墓群石作的造型和雕刻都出于技术高超的工匠之手，实为明代雕刻艺术中不可多得的珍品，其中温裕王墓前的石作仪仗群更是王墓群的精华。工程浩大的靖江王墓建筑群既是明代王亲藩戚奢靡生活的缩影，也是古代桂林地区劳动人民创造灿烂文化的实物例证。

第四，靖江王墓群常见的随葬品是青花梅瓶（或敛口鼓腹釉陶罐）、陶缸、镂空黑釉陶器座、锡器等，其中青花梅瓶到目前为止已发现两百余件。桂林出土的青花梅瓶，从造型、胎质、釉色和纹饰图案等方面分析，当属明中晚期（个别偏早期）景德镇窑的产品，其输入路线应为景德镇（昌江）—鄱阳湖—长江—洞庭湖—湘江—灵渠—桂林。

梅瓶系宋代瓷窑创新之作，在明代得到高度发展，是一种小口、短颈、丰肩的瘦体瓶。青花梅瓶之美，除它那亭亭玉立的造型外，就是它那倩丽流畅的蓝色图案。梅瓶是珍贵之物，因此到了明代只有王府、达官贵人才能享用或用来随葬。靖江王墓群大量青花梅瓶的出土反映了当时手工业发展的高度水平，同时这也是桂林地区有大量青花瓷器的重要原因。

第五，据普查采集证实，靖江王墓群当为红墙绿瓦（琉璃），与此等藩王规制吻合，在王府遗址内采集所得也是如此。文献记载是红墙黄瓦，实误。

关于靖江王墓群的情况，尤其是某些制度，我们目前所掌握和研究的还很不够。过去曾有周安民、方一中等同志做过很多探讨，并取得了一定的成果。今天，我们有条件做了些调查工作，弄清了某些问题，是要感谢他们的。这仅是研究的开始，随着有关工作的深入，我们相信更多的问题会得到更好的解决。

靖江王陵墓群一览表

桂林市文物管理委员会

1983 年

编号	墓主	墓葬地址	墓（碑）志	封土情况	地面情况	地下情况	备注
001	靖江王府妃墓	灵川县甘棠乡王家大队杜山村老虎岭	原陵门前立有民国六年县府告示，内有朱远缙等后裔诉墓地被他人偷葬事（现告示碑移置杜山村井边）	高3，直径15米	墓依山势，面向西南，墓周有夯土版筑的外围墙，左右各长80，厚0.8米，墙址采到大量青灰简瓦、牡丹缠枝瓦当等；墓前由外至内序列蹲狮（盘龙云柱）、陵门、华表（盘龙云柱）、麒麟、翁仲（一）、翁仲（二）；三开间享殿，柱础圆形直径20厘米，方形边长75厘米	据采访，为单砖室，券顶结构，浇有灰浆砌成玄室，壁上有一尊石刻佛像，棺床前置有陶制祭缸等	墓葬及石作仪仗在20世纪50年代被挖毁，现存残穴
补01	宗室墓	王家大队寺边村东岭上	碑已毁	高0.9，直径8.5米	墓依山势向西，墓前无建筑	单砖室券顶结构，浇灰浆，室宽3.25，长3.6米，高不明；头、左右壁龛各一，据盗墓人供，龛内各放青花双龙抢珠梅瓶一件；砖规格32厘米×16厘米×5厘米	1983年被盗挖

续表

编号	墓主	墓葬地址	墓（碑）志	封土情况	地面情况	地下情况	备注
002	宗室墓	市郊大河公社新民大队，桂林至灵田公路 11.5 千米处东长岭		高3.5、直径11米	墓依山势向西，墓前无建筑	单砖室券顶结构，浇灰浆	早年被盗挖，仅存残穴
003	宗室墓	市郊大河公社新民大队，桂林至灵田公路 11.5 千米处东长岭		直径11米	墓依山势向西，墓前无建筑	不明	早年被盗挖，仅存残穴
004	宗室墓	桂林至灵田公路 11.5 千米处西长岭（石窟岭）		高1、直径5米	墓依山势向西，墓前无建筑	双砖室券顶结构，浇灰浆；各室宽1.07，长2.8米，券高1.3米；头龛一、左右壁龛各一	早年被盗挖，仅存墓穴
005	宗室墓	桂林至灵田公路 11.5 千米处西长岭（石窟岭）		高1.5、直径8米	墓依山势向西，墓前无建筑	双砖室券顶结构，浇灰浆；各室宽1.07，长2.8米，券高1.3米；头龛一、左右壁龛各一	早年被盗挖，仅存墓穴
006	将军墓	桂林至灵田公路 11.5 千米处西长岭（石窟岭）		高3、直径13米	墓依山势向西，墓周有版筑夯土围墙，左右各长50、宽41、厚1.2米，墙址采到外至内青灰筒瓦、灰砖等；墓前由外至内序列蹲狮、陵门、华表、勇士挎马、翁仲、三开间享殿等	双砖室券顶结构，浇灰浆；据址附近大河公社新民李家巷李初生老人口述："民国十多年被盗后我各各进墓室看过，取出玉杯一件。"	20世纪20年代被盗挖，仅存墓穴

续表

编号	墓主	墓葬地址	墓（碑）志	封土情况	地面情况	地下情况	备注
007	宗室墓	桂林至灵田公路11.7千米处西黄泥岭		高1.4，直径11米	墓依山势向西，墓前无建筑	双土坑墓室结构，壁高石灰浆批壁，各室宽1米，左右壁二，浇有灰浆	20世纪50年代被盗挖，现存墓穴
008	宗室墓	桂林至灵田公路11.7千米处西黄泥岭		高1.6，直径8米	墓依山势向西，墓前无建筑	单砖墓室券顶结构，券拱砌砖四层，浇灰浆	20世纪50年代被盗挖，现存墓穴
009	宗室墓	桂林至灵田公路11.5千米处西长岭（石窟岭）		高1.5，直径5米	墓依山势向西，墓前无建筑	单砖墓室券顶结构，券拱砌砖四层，浇灰浆	20世纪50年代被盗挖，现存墓穴
010	宗室墓	桂林至灵田公路11.5千米处西长岭（石窟岭）		高0.5，直径6米	墓依山势向西，墓前无建筑	单砖墓室券顶结构，券拱砌砖四层，浇灰浆	20世纪50年代被盗挖，现存墓穴
011	辅国中尉朱复齐墓	桂林至灵田公路11.5千米处西长岭（石窟岭）	朱复齐（居士）殁于正德十六年；碑高90，宽48厘米，中字径5厘米，上下字径2.5厘米	高1.5，直径5.5米	墓依山势向西，墓前无建筑	单砖墓室券顶结构，券拱砌砖四层，浇灰浆	20世纪50年代被盗挖，现存墓穴
012	宗室墓	桂林至灵田公路11.5千米处西长岭（石窟岭）		高2，直径10米	墓依山势向西，墓前无建筑	单砖墓室券顶结构，券拱砌砖四层，浇灰浆	20世纪50年代被盗挖，现存墓穴
013	宗室墓	桂林至灵田公路11.5千米处西长岭（石窟岭）		高1，直径6米	墓依山势向西，墓前无建筑	单砖墓室券顶结构，券拱砌砖四层，浇灰浆	20世纪50年代被盗挖，现存墓穴
014	宗室墓	桂林至灵田公路11.5千米处西长岭（石窟岭）		高2，直径9米	墓依山势向西，墓前无建筑	单砖墓室券顶结构，券拱砌砖四层，浇灰浆	20世纪50年代被盗挖，现存墓穴

续表

编号	墓主	墓葬地址	墓（碑）志	封土情况	地面情况	地下情况	备注
015	宗室墓	桂林至灵田公路11.5千米处西长岭（石窟岭）		高1.5，直径12米	墓依山势向南，墓前无建筑	双砖室券顶结构，浇灰浆中采到陶缸残片等	20世纪50年代被盗挖，现存墓穴
016	宗室墓	桂林至灵田公路11.5千米处西长岭（石窟岭）		高1.5，直径11米	墓依山势向南，墓前无建筑	单砖室券顶结构，浇灰浆	20世纪50年代被盗挖，现存墓穴
017	宗室墓	桂林至灵田公路11.5千米处西长岭（石窟岭）		高2，直径9米	墓依山势向南，墓前无建筑	双砖室券顶结构，浇灰浆	20世纪50年代被盗挖，现存墓穴
018	宗室墓	桂林至灵田公路11.5千米处西长岭（石窟岭）		高1，直径9.5米	墓依山势向南，墓前无建筑	单砖室券顶结构，浇灰浆	20世纪50年代被盗挖，现存残穴
019	将军墓	桂林至灵田公路11.5千米处西长岭（石窟岭）		高2.5，直径18米	墓依山势向西，墓周有版筑夯土外墙，左右各长48、宽49、厚2米，墙顶砌砖上盖青灰筒瓦；墓前无石作仪仗，有三开间享殿，殿柱础外方内圆，内圆直径30厘米；墓两侧筑有夯土挡水墙，呈"八"字形；后围墙外紧邻处有守墓人宅基遗址	不明	
020	奉国中尉朱缕爱（讳骁之）墓	大河公社新民大队董家巷东北牛湾岭南麓	顶门石中刻有碑文，朱缕爰殁于隆庆六年十二月三十一日，子奉国中尉朱邦棣、朱邦芑；碑文高70、宽25厘米，中字径3厘米，上下字径3.5厘米	高0.5，直径8米	墓依山势向南，墓前无建筑	单砖室券顶结构，浇灰浆，室已无存，顶门石高130、宽75厘米	20世纪50年代被盗挖，现存残穴

续表

编号	墓主	墓葬地址	墓（碑）志	封土情况	地面情况	地下情况	备注
021	奉国中尉朱缓溪妻林氏墓	朱缓溪墓（020号）右（西）侧2米	顶门石中刻有碑文，奉国中尉大安人林氏殁于隆庆三年十一月二十日，子同朱缓溪；碑文尺寸同朱缓溪墓	高0.5、直径8米	墓依山势向南，墓前无建筑	单砖室券顶结构，浇灰浆，室已无存，顶门石高130、宽75厘米	20世纪50年代被盗挖，现存残穴
022	宗室墓	桂林至灵田公路11千米处东长岭北麓冲槽上		高0.5、直径9.5米	墓依山势向南，墓前无建筑	单砖室券顶结构，浇灰浆砌成；墓室残穴中采到陶缸残片	20世纪50年代被盗挖，现存残穴
023	宗室墓	桂林至灵田公路11千米处东长岭南麓		高0.5、直径6米	墓依山势向南，墓前无建筑	单砖室券顶结构，浇灰浆砌成；墓室残穴中采到陶缸残片	20世纪50年代被盗挖，现存残穴
024	宗室墓	桂林至灵田公路11千米处东长岭南麓		高0.5、直径6米	墓依山势向南，墓前无建筑	单砖室券顶结构，浇灰浆砌成；墓室残穴中采到陶缸残片	20世纪50年代被盗挖，现存残穴
025	宗室墓	桂林至灵田公路11千米处东长岭南麓		高1、直径7米	墓依山势向南，墓前无建筑	土坑墓室结构数已不明，墓壁批有石灰浆；龛数不明，浇有石灰浆	20世纪50年代被盗挖，现存残穴
026	宗室墓	桂林至灵田公路11千米处东长岭南麓		高1、直径7.5米	墓依山势向南，墓前无建筑	砖室券顶结构，室壁批石灰浆；龛数不明，浇灰浆	20世纪50年代被盗挖，现存残穴
027	宗室墓	桂林至灵田公路11千米处东长岭南麓		高0.5、直径5米	墓依山势向南，墓前无建筑	土坑墓室数不明，墓壁批石灰浆；龛数不明，浇石灰浆	20世纪50年代被盗挖，现存残穴

续表

编号	墓主	墓葬地址	墓（碑）志	封土情况	地面情况	地下情况	备注
028	宗茔墓	桂林至灵田公路11千米处东长岭南麓		高0.8，直径9.5米	墓依山势向南，墓前无建筑	砖室券顶结构，室顶不可查，数石灰浆	20世纪50年代被盗挖，现存残穴
029	宗茔墓	桂林至灵田公路11千米处东长岭南麓		高0.5，直径9米	墓依山势向南，墓前无建筑	结构同028号墓，残穴中采到黑釉陶罐残片	20世纪50年代被盗挖，现存残穴
030	宗茔墓	桂林至灵田公路11千米处东长岭南麓		高1.5，直径11.5米	墓依山势向南，墓前无建筑	双砖室券顶结构，浇灰浆；残穴采到敛口鼓腹黑釉陶罐及陶缸残片	20世纪50年代被盗挖，现存残穴
031	昭勇将军朱□滕墓	桂林至灵田公路11.5千米东、东灵川县王家大队凤凰岭	有墓碑，朱□滕殁于嘉靖三十一年，子朱邦彦，碑高120、宽50厘米，中字径10厘米，上下字径2厘米	高2，直径7.5米	墓依山势向西，墓前无建筑	双砖室券顶结构，浇灰浆；残穴采到敛口鼓腹黑釉陶罐及陶缸残片	20世纪50年代被盗挖，现存残穴
032	宗茔墓	桂林至灵田公路11.5千米东、灵川县王家大队凤凰岭		高1.5，直径4米	墓依山势向西，墓前无建筑	单砖室券顶结构，浇灰浆	20世纪50年代被盗挖，现存残穴
033	宗茔墓	桂林至灵田公路11.5千米东、灵川县王家大队凤凰岭		高1，直径4.5米	墓依山势向西，墓前无建筑	单砖室券顶结构，浇灰浆	20世纪50年代被盗挖，现存残穴
034	宗茔墓	桂林至灵田公路11.5千米东、灵川县王家大队凤凰岭		高1，直径4.5米	墓依山势向西，墓前无建筑	单砖室券顶结构，浇灰浆	20世纪50年代被盗挖，现存残穴

续表

编号	墓主	墓葬地址	墓（碑）志	封土情况	地面情况	地下情况	备注
035	宗室露人朱氏墓	桂林至灵田公路11.5千米东，灵川县王家大队凤凰岭	有墓碑，朱氏殁于崇祯己巳二年，子万钟等四人；碑高100，宽65厘米，中字径7厘米	高1.5、直径6米	墓依山势向西，墓前无建筑	单砖室券顶结构、浇灰浆	20世纪50年代被盗挖，现存残穴
036	宗室墓	桂林至灵田公路11.5千米东，王家大队山头岭		高1.5、直径10米	墓依山势向西，墓前无建筑	单砖室券顶结构、浇灰浆	20世纪50年代被盗挖，现存残穴
037	宗室墓	桂林至灵田公路11.5千米东，王家大队山头岭		高1.5、直径10米	墓依山势向西，墓前无建筑	单砖室券顶结构、浇灰浆	20世纪50年代被盗挖，现存残穴
038	宗室墓	桂林至灵田公路11.5千米东，王家大队山头岭		高2.5、直径15米	墓向南，墓前无建筑	单砖室券顶结构、浇灰浆到残穴中采到陶罐片	20世纪50年代被盗挖，现存残穴
039	宗室墓	桂林至灵田公路11千米东，朱家坟岭东麓		高0.5、直径9米	墓依山势向西，墓前无建筑	单砖室券顶结构、浇灰浆；残穴中采到陶罐片	039～051号墓均在朱家坟岭，20世纪50年代都被盗挖，现存残穴
040	宗室墓	桂林至灵田公路11千米东，朱家坟岭东麓		高0.5、直径4米	墓依山势向西，墓前无建筑	单砖室券顶结构、浇灰浆	见039号墓说明
041	宗室墓	桂林至灵田公路11千米东，朱家坟岭东麓		高1.4、直径9.5米	041～044号墓同址，各墓依山势均向西，夯土围墙左右已毁，宽57，厚2米；041、042号墓前序列有蹲狮、陵门、翁仲、石神道碑，三开间享殿，该墓群表现了同一府属关系	单砖室券顶结构、浇灰浆	石作已毁

续表

编号	墓主	墓葬地址	墓（碑）志	封土情况	地面情况	地下情况	备注
042	将军墓	桂林至灵田公路11千米东，家坟岭东麓		高2.4、直径14米	见041号墓说明	单砖室券顶结构，浇灰浆	石作已毁
043	将军墓	桂林至灵田公路11千米东，家坟岭东麓		高0.5、直径10米	见041号墓说明	单砖室券顶结构，浇灰浆	石作已毁
044	将军夫人墓	桂林至灵田公路11千米东，家坟岭东麓		高1.7、直径12米	见041号墓说明	单砖室券顶结构，浇灰浆	石作已毁
045	宗室墓	桂林至灵田公路11千米东，家坟岭东麓		高1、直径6米	045、046号墓并列位于041~044号墓墓群雨墙前右侧，墓向西南，墓前无建筑	单砖室券顶结构，浇灰浆；残穴采到青花戏鱼梅瓶残片（底款署"福寿广宁"）及陶缸缸残片	石作已毁
046	宗室墓	桂林至灵田公路11千米东，家坟岭东麓		高0.8、直径9米	见045号墓说明	单砖室券顶结构，浇灰浆	石作已毁
047	宗室墓	桂林至灵田公路11千米东，家坟岭西麓		高1.2、直径8米	墓依山势向西，墓前无建筑	单室土坑墓结构，浇灰浆	047~051号墓同址，20世纪50年代被盗挖
048	宗室墓	桂林至灵田公路11千米东，家坟岭西麓		高1.3、直径7米	墓依山势向西，墓前无建筑	单室土坑墓结构，浇灰浆	见047号墓说明
049	宗室墓	桂林至灵田公路11千米东，家坟岭西麓		高0.9、直径5米	墓依山势向西，墓前无建筑	单室土坑墓结构，浇灰浆	见047号墓说明

续表

编号	墓主	墓葬地址	墓（碑）志	封土情况	地面情况	地下情况	备注
050	宗室墓	桂林至灵田公路11千米东，朱家坟岭西麓		高1，直径7米	墓依山势向西，墓前无建筑	双砖室券顶结构，浇灰浆中采到青花梅瓶残片	见047号墓说明
051	宗室墓	桂林至灵田公路11千米东，朱家坟岭西麓		高0.5，直径6米	墓依山势向西，墓前无建筑	保存完好，情况不明	见047号墓说明
052	宗室墓	桂林至灵田公路西，砖厂将军岭南麓		高0.3，直径8.5米	墓依山势向西南，墓前无建筑	单砖室券顶结构，浇灰浆中采到陶陶缸	052～059号墓同址，20世纪50年代被盗挖
053	将军墓	桂林至灵田公路西，砖厂将军岭南麓	有碑，仅存碑头，无文，形制同将军碑制	高1.2，直径14.5米	墓依山势向西南，墓前无建筑	单砖室券顶结构，浇灰浆中采到陶陶缸	见052号墓说明
054	将军夫人墓	桂林至灵田公路西，砖厂将军岭南麓		高1，直径13.5米	墓依山势向西南，墓前无建筑	单砖室券顶结构，浇灰浆中采到陶陶缸	见052号墓说明
055	将军夫人墓	桂林至灵田公路西，砖厂将军岭南麓		高0.9，直径10米	墓依山势向西南，墓前无建筑	单室土坑墓券顶结构，浇灰浆	见052号墓说明
056	宗室墓	桂林至灵田公路西，砖厂将军岭南麓		高0.5，直径7米	墓依山势向西南，墓前无建筑	砖室券顶结构，室数不明，浇灰浆；残穴中采到陶缸片	见052号墓说明
057	宗室墓	桂林至灵田公路西，砖厂将军岭南麓		高0.4，直径5米	墓依山势向西南，墓前无建筑	结构不明	见052号墓说明

续表

编号	墓主	墓葬地址	墓（碑）志	封土情况	地面情况	地下情况	备注
058	宗室墓	桂林至灵田公路西，砖厂将军岭南麓		高0.4、直径5米	墓依山势向西南，墓前无建筑	结构不明	见052号墓说明
059	宗室墓	桂林至灵田公路10.5千米东，阳家大队果园后面一字岭		高0.6、直径7米	墓依山势向西，墓前无建筑	单砖室券顶结构，浇灰浆	见052号墓说明
060	宗室墓	桂林至灵田公路10.5千米东，阳家大队果园后面一字岭		高1.4、直径9.5米	墓依山势向西，墓前无建筑	单砖室券顶结构，浇灰浆	060~087号墓同址
061	宗室墓	桂林至灵田公路10.5千米东，阳家大队果园后面一字岭		高0.7、直径11米	墓依山势向西，墓前无建筑	双砖室券顶结构，浇灰浆	见060号墓说明
062	宗室墓	桂林至灵田公路10.5千米东，阳家大队果园后面一字岭		高1.5、直径11.8米	墓依山势向西，墓前无建筑	单砖室券顶结构，浇灰浆	见060号墓说明
063	宗室墓	桂林至灵田公路10.5千米东，阳家大队果园后面一字岭		高1、直径10米	墓依山势向西，墓前无建筑	单砖室券顶结构，浇灰浆	见060号墓说明
064	宗室墓	桂林至灵田公路10.5千米东，阳家大队果园后面一字岭		高1.7、直径13米	墓依山势向西，墓前无建筑	单砖室券顶结构，浇灰浆	见060号墓说明

续表

编号	墓主	墓葬地址	墓（碑）志	封土情况	地面情况	地下情况	备注
065	宗室墓	桂林至灵田公路10.5千米东，阳家大队果园后面一字岭		高0.6，直径9.5米	墓依山势向西，墓前无建筑	单砖室券顶结构，浇灰浆	见060号墓说明
066	宗室墓	桂林至灵田公路10.5千米东，阳家大队果园后面一字岭		高0.6，直径10米	墓依山势向西，墓前无建筑	单砖室券顶结构，浇灰浆	见060号墓说明
067	宗室墓	桂林至灵田公路10.5千米东，阳家大队果园后面一字岭		高0.6，直径7米	墓依山势向西，墓前无建筑	单砖室券顶结构，浇灰浆	见060号墓说明
068	宗室墓	桂林至灵田公路10.5千米东，阳家大队果园后面一字岭		高0.7，直径9米	墓依山势向西，墓前无建筑	单砖室券顶结构，浇灰浆	见060号墓说明
069	宗室墓	桂林至灵田公路10.5千米东，阳家大队果园后面一字岭		高0.4，直径8米	墓依山势向西，墓前无建筑	单砖室券顶结构，浇灰浆	见060号墓说明
070	宗室墓	桂林至灵田公路10.5千米东，阳家大队果园后面一字岭		高0.7，直径10米	墓依山势向西，墓前无建筑	单砖室券顶结构，浇灰浆	见060号墓说明
071	宗室墓	桂林至灵田公路10.5千米东，阳家大队果园后面一字岭		高0.8，直径11米	墓依山势向西，墓前无建筑	单砖室券顶结构，浇灰浆	见060号墓说明

续表

编号	墓主	墓葬地址	墓（碑）志	封土情况	地面情况	地下情况	备注
072	将军夫人墓	一字岭西南麓		高2、直径11米	墓依山势向西南，072～077号墓共一版筑夯土周墙内，左右残长40、宽50、厚2.2米；有陵门，无石作仪仗	单砖室券顶结构，浇灰浆	见060号墓说明
073	宗室墓	一字岭西南麓		高1、直径7米	见072号墓说明	单砖室券顶结构，浇灰浆	见060号墓说明
074	将军墓	一字岭西南麓		高1、直径13米	见072号墓说明	单砖室券顶结构，浇灰浆	见060号墓说明
075	宗室墓	一字岭西南麓		高1.1、直径8米	见072号墓说明	单砖室券顶结构，浇灰浆	见060号墓说明
076	宗室墓	一字岭西南麓		高0.5、直径8米	见072号墓说明	单砖室券顶结构，浇灰浆	见060号墓说明
077	宗室墓	一字岭西南麓		高0.6、直径9米	见072号墓说明	单砖室券顶结构，浇灰浆	见060号墓说明
078	将军墓	一字岭顶		高1.3、直径16米	墓向西，墓周依山势版筑有不规则长方形的版筑夯土围墙，左右各长约25、宽60米；有陵门，无石作仪仗	双砖室券顶结构，浇灰浆；残穴中采到陶缸片	见060号墓说明
079	宗室墓	一字岭顶		高0.9、直径7米	墓向西，墓前无建筑	单室土坑墓，浇灰浆	见060号墓说明
080	宗室墓	一字岭顶		高0.2、直径7米	墓向西，墓前无建筑	单室土坑墓，浇灰浆	见060号墓说明
081	宗室墓	一字岭顶		高0.8、直径5.3米	墓向西，墓前无建筑	单室土坑墓，浇灰浆	见060号墓说明
082	宗室墓	一字岭顶		高1、直径6米	墓向西，墓前无建筑	单室土坑墓，浇灰浆；残穴中采到敛口鼓腹黑釉陶残片	见060号墓说明
083	宗室墓	一字岭顶		高1、直径8.5米	墓向西，墓前无建筑	单砖室券顶结构，浇灰浆	见060号墓说明

续表

编号	墓主	墓葬地址	墓（碑）志	封土情况	地面情况	地下情况	备注
084	宗室墓	桂林至灵田公路10千米东莲花心		高0.6，直径10米	墓依山势向西，墓前无建筑	单砖室券顶结构，浇灰浆	见060号墓说明
085	宗室墓	桂林至灵田公路10千米东莲花心		高0.5，直径10米	墓依山势向西，墓前无建筑	单砖室券顶结构，浇灰浆，券拱砌砖四层	见060号墓说明
086	宗室墓	桂林至灵田公路10千米东塘岭西麓		高0.7，直径9米	墓依山势向西，墓前无建筑	单砖室券顶结构，浇灰浆，券拱砌砖四层	见060号墓说明
087	将军墓	桂林至灵田公路10千米东塘岭西麓		高1.8，直径22米	墓依山势向西，墓周有版筑夯土外围墙，左右各长50，宽54，厚4.4米；墓前有陵门，无石作仪仗	双砖室券顶结构，浇灰浆砌筑，残穴采集到陶瓿片	见060号墓说明
088（原1号）	荣穆王朱履祐墓	桂林至灵田公路东，大河阳家村大队窑头前王坟岭	神道碑无字迹，墓志有历年间荣穆王朱履祐、妃合葬；朱履祐为宪定王朱任晟长子	高6，直径26米	墓依山势西偏北20°，墓周有版筑夯土内外围墙，左右各长120，宽37.5，厚2.8米；墓前由外至内序列蹲狮（浮雕盘龙）、华表、陵门、石马、獬豸、麒麟、虎、象，秉笏翁仲（一）、右神道碑、秉笏翁仲（二）、袖手翁仲（三），三开间中门、袖手翁仲（三），五开间二进棂享殿；建筑红墙绿瓦，石作仪仗颇大，雕琢生动精致，墓周规制较明初精致，风格同明晚期温裕王、康僖王墓	不明	20世纪20年代被盗挖一次，石作仪仗完整
089	将军墓	桂林至灵田公路西岸塘岭（又名野狗塘）	有符篆地券，刻八卦及符语	高4.5，直径16米	墓向西南，墓周有版筑夯土外围墙，左右各长40，厚1.6米，宽不明，墙基砌以青砖，上盖青灰筒瓦；墓前无石作仪仗	双砖室券顶结构，浇灰浆，据采访，大河阳家村社员挖该墓时曾出土凸 8 形金冠顶和金簪一件，符篆地券一件	1971年建二级路时被挖，墓室封土保存

续表

编号	墓主	墓葬地址	墓（碑）志	封土情况	地面情况	地下情况	备注
090	将军墓	桂林至灵田公路10千米西，大河连塘村后面岭		高3.4，直径21.5米	墓依山势向西，墓周有版筑夯土外围墙，左右各长60，宽40.04，厚2.3米；墓前序列蹲狮、陵门、獬豸、麒麟、勇士控马各一，奠笏翁仲二及左神道碑、三开间享殿	单砖室券顶结构，浇灰浆	20世纪50年代被盗挖，现存残穴、残墙及獬豸一件
091	宗室墓	桂林至灵田公路9.5千米东，光塘脚岭		高1.5，直径7.1米	墓依山势向南，墓前无建筑	双砖室券顶结构，浇灰浆	091～102号墓同址，20世纪50年代被盗挖，存残穴
092	宗室墓	桂林至灵田公路9.5千米东，光塘脚岭		高1，直径6米	墓依山势向南，墓前无建筑	单砖室券顶结构，浇灰浆	见091号墓说明
093	宗室墓	桂林至灵田公路9.5千米东，光塘脚岭		高0.7，直径11米	墓依山势向南，墓前无建筑	单砖室券顶结构，浇灰浆	见091号墓说明
094	宗室墓	桂林至灵田公路9.5千米东，光塘脚岭		高1.1，直径5米	墓依山势向南，墓前无建筑	单砖室券顶结构，浇灰浆	见091号墓说明
095	将军墓	桂林至灵田公路9.5千米东，光塘脚岭	据大河林场潘福有口述，挖墓时有墓志，为王府将军墓，志已毁	高1.5，直径12米	墓依山势向南，墓周有夯土围墙一道，左右各长31，宽30，厚2.8米，墙基砌有青砖，上盖青灰筒瓦；墓前无石作仪仗	单砖室券顶结构，浇灰浆	见091号墓说明
096	宗室墓	桂林至灵田公路9.5千米东，光塘脚岭		高1.2，直径10米	墓依山势向南，墓前无建筑	单砖室券顶结构，浇灰浆	见091号墓说明

续表

编号	墓主	墓葬地址	墓（碑）志	封土情况	地面情况	地下情况	备注
097	宗室墓	桂林至灵田公路9.5千米东，光塘脚岭		高1.2，直径8米	墓依山势向南，墓前无建筑	单砖室券顶结构，浇灰浆	见091号墓说明
098	宗室墓	桂林至灵田公路9.5千米东，光塘脚岭		高1.5，直径14米	墓依山势向南，墓前无建筑	单砖室券顶结构，浇灰浆	见091号墓说明
099	宗室墓	桂林至灵田公路9.5千米东，光塘脚岭		高1.1，直径13米	墓依山势向南，墓前无建筑	单砖室券顶结构，浇灰浆	见091号墓说明
100	宗室墓	桂林至灵田公路9.5千米东，光塘脚岭		高1.2，直径14米	墓依山势向南，墓前无建筑	单砖室券顶结构，浇灰浆	见091号墓说明
101	宗室墓	桂林至灵田公路9.5千米东，光塘脚岭		高1.3，直径13.2米	墓依山势向南，墓前无建筑	单砖室券顶结构，浇灰浆	见091号墓说明
102	宗室墓	桂林至灵田公路9.5千米东，光塘脚岭		高1.2，直径11米	墓依山势向南，墓前无建筑	单砖室券顶结构，浇灰浆	见091号墓说明
103（原2号）	将军墓	桂林至灵田公路9.5千米东，龙脉岭南麓		高6，直径18米	墓依山势向南，墓周有版筑夯土围墙一道，左右各长63，宽38.2，厚3.2米，上盖青灰筒瓦，有石作仪仗，但与众墓不同，顺山势尽曲处列是石作序列向右方、石作人边形、仰覆莲顶）、虎（素面人边形，石右作龛各三，头）、华表（素面人边形，仰覆莲顶）、勇士控马、翁仲（形态已不明）、陵门），三开间享殿	单砖室券顶结构，浇灰浆，室壁高1米左右，以下为方石，以上为砖拱；左右壁龛各一；砖规格31厘米×16厘米×5厘米	103～108号墓同址，1958年被盗挖，现存残穴及部分石作

续表

编号	墓主	墓葬地址	墓（碑）志	封土情况	地面情况	地下情况	备注
104	宗室墓	桂林至灵田公路9.5千米东，龙脉岭南麓		高1，直径9.5米	该墓紧邻103号墓后墙外右角，墓示从属关系，墓向南，墓本无建筑	单砖室券顶结构，浇灰浆；头、龛一，左右壁龛各三	见103号墓说明
105	将军夫人墓	桂林至灵田公路9.5千米东，龙脉岭南麓	据访，盗挖时墓室有墓志，属将军夫人墓，后散失	高0.6，直径13米	与103墓为平列墓；依山势向南，墓周有版筑夯土围墙一道，左右各长40、宽31、厚1.9米；三开间享殿，建筑红墙灰筒瓦，本身无石作仪仗，103号墓曲向其陵门外	单砖室券顶结构，浇灰浆；头、龛一，左右壁龛各三	见103号墓说明
106	将军夫人墓	桂林至灵田公路9.5千米东，龙脉岭南麓	墓志已毁	高1，直径15米	规制基本同105号墓，墓周有版筑夯土外围墙，左右各长75、宽56、厚2.5米，上盖青灰筒瓦，墓前序列灰筒瓦	单砖室券顶结构，浇灰浆；头、龛各一，砖左右壁龛各三；砖规格29厘米×15.5厘米×4.5厘米	见103号墓说明
107[1]							
108	将军夫人墓	桂林至灵田公路9.5千米东，龙脉岭南麓		高0.6，直径7米	规制基本同105号墓，墓周有版筑夯土外围墙，左右各长75、宽56、厚2.5米，上盖青灰筒瓦，墓前序列灰筒瓦	单砖室券顶结构，浇灰浆；头、龛各一，砖左右壁龛各三；砖规格29厘米×15.5厘米×4.5厘米	见103号墓说明
109	三奉国将军米口墓	桂林至灵田公路9千米东，大河公社潘家村后白虎塘岭	有墓志，仅留有志盖，盖篆字载："大明靖江三奉国将军圹铭志"，尺寸为57厘米×45厘米×5.5厘米，字径7.5厘米字，三行，行四	高0.5，直径16米	墓依山势向西南，墓周有版筑夯土外围墙，左右各长43、残宽33、厚2.7米；墓前无建筑，仪仗	单砖室券顶结构，浇灰浆	109～112号墓共一围墙内，同府属关系，1958年被盗挖，现存表现残穴

[1] 原表中此行为空。

续表

编号	墓主	墓茔地址	墓(碑)志	封土情况	地面情况	地下情况	备注
110	宗室墓	桂林至灵田公路9千米东，大河公社潘家村后白虎塘岭		高1.2，直径6.2米	与109号墓共一围墙	单砖室券顶结构，浇灰浆	见109号墓说明
111	宗室墓	桂林至灵田公路9千米东，大河公社潘家村后白虎塘岭		高0.5，直径6米	与109号墓共一围墙	单砖室券顶结构，浇灰浆	见109号墓说明
112	宗室墓	桂林至灵田公路9千米东，大河公社潘家村后白虎塘岭		高1.2，直径7米	与109号墓共一围墙	单砖室券顶结构，浇灰浆	见109号墓说明
113（原4号）	宪定王朱任晟、妃白氏合葬墓	桂林至灵田公路8千米东，大河中村后尧山西麓祝圣寺右侧	各有墓志一合，志载朱任晟为恭惠王朱邦苧次子，叔袭储位，万历十年八月六日由辅国将军进封靖江王，万历三十六年十二月二十六日病逝，终年七十一岁；长子朱履祥封长长子，未袭王位而逝，次子朱荣穆履祐改封长子，袭荣穆王；女四人，一殇，三封为乡君	高9.5，直径23米	墓依山势向西偏南30°，墓周有围道，外围墙两道，外围至内各长120、宽47，厚1.41米，上盖绿色琉璃瓦；由外至内序列蹲狮，陵门（八边形、宝珠顶），八边形（浮雕盘龙、勇士控马），华表，麒麟、獬多，象，秉笏翁仲（一），左右神道碑、中门，袖手翁仲（二），五开间二进深享殿（圆形柱端直径59厘米），神道碑面无字，建筑红墙绿瓦	双砖室券顶结构，浇灰浆，封土距券顶7.7米，山墙高4.44米，顶盖琉璃瓦，脊两端饰鸱吻，两侧檐脊各饰蟠兽，龙纹瓦当；护门石底础有500余块，石底础有"天""子""千""万""刘""南""丁""中""之""事""才""天"字字样，以"天"字较多；墓分左右，男左女右，各有前室、甬室、玄室，左右壁龛各一，玄室、玄室头各一，出土有玉、金、银、铜、铁、瓷、陶器等	20世纪20年代被盗挖一次，1972年经批准发掘清理

续表

编号	墓主	墓葬地址	墓（碑）志	封土情况	地面情况	地下情况	备注
114	中尉或宗室墓	芜定王墓以西500米左右		高4，直径11米	墓向西北，墓前无建筑	单砖室券顶结构，浇灰浆，封券顶4米；墓室上盖有青灰筒瓦，门外封砖，室高1.5，宽2.02，深2.7米；石壁砖拱，无龛	114～116号墓同址，1982年被盗挖，墓室存
115	宗室墓	东距114号墓4.4米		高2.1，直径8米	墓向西北，墓前无建筑	单砖室券顶结构，浇灰浆，封券顶4米；墓室上盖有青灰筒瓦，门外封砖，室高1.5，宽2.02，深2.7米；石壁砖拱，无龛	见114号墓说明
116	中尉或宗室墓	东距115号墓2米		高4，直径11.5米	墓向西北，墓前无建筑	双砖室券顶结构，浇灰浆，无龛；采到陶规格砖28厘米×14.5厘米×4厘米	见114号墓说明
117	宗室墓	地区林科所西围墙外杉树林中		高2，直径9米	墓向西，墓前无建筑	单砖室券顶结构，浇灰浆；采到陶缸片	117～118号墓同址，1980年前后被盗挖
118	中尉或中土墓	与117号墓相距1米左右		高2，直径11米	墓向西，墓前无建筑	单砖室券顶结构，浇灰浆；采到陶缸片	见117号墓说明
119	宗室墓	地区林科所南郊芜岩山园艺场后岭西麓		高1.5，直径7米	墓依山势向西，墓前无建筑	单室土坑墓结构，浇灰浆	119号、120号，朴2号同址，1982年被盗挖

续表

编号	墓主	墓葬地址	墓（碑）志	封土情况	地面情况	地下情况	备注
120	宗室墓	地区林科所南，郊区尧山园艺场后岭西麓		高1.5，直径7米	墓依山势向西，墓前无建筑	单室土坑墓结构，浇灰浆	见119号墓说明
补2	宗室男墓	地区林科所南，郊区尧山园艺场后岭西麓		高0.5，直径7米	墓依山势向西，墓前无建筑	单室土坑墓，浇灰浆；出土青花双龙梅瓶两件	1982年被盗挖
补3	宗室男墓	地区林科所南，郊区尧山园艺场后岭西麓		高0.5，直径7米	墓依山势向西，墓前无建筑	单室土坑墓，浇灰浆；出土青花双龙梅瓶两件	1982年被盗挖
补4	宗室墓	火葬场东松树林内		高0.5，直径8米	墓依山势向西，封土以方石，墓前无建筑	双砖室券顶，浇灰浆；男（左）室出土敛口鼓腹黑釉陶罐两件，女（右）室出土青花双凤梅瓶两件	1982年被盗挖
补5	宗室墓	火葬场东松树林内		高0.5，直径8.5米	墓依山势向西，封土以方石，墓前无建筑	双砖室券顶，浇灰浆；男（左）室出土青花梅花纹梅瓶两件，女（右）室出土敛口鼓腹黑釉陶罐两件	1982年被盗挖
补6	奉国中尉朱□□、安人□氏合葬墓	火葬场东松树林内	有墓碑，碑载奉国中尉朱□与安人□氏合葬墓，朱□□殁于天启甲黄，子朱邦紫	高1，直径9米	墓依山势向西，墓前无建筑	双砖室券顶，浇灰浆；男（左）室出土青花双龙梅瓶两件，女（右）室出土青花双凤梅瓶两件	1982年被盗挖

续表

编号	墓主	墓葬地址	墓（碑）志	封土情况	地面情况	地下情况	备注
121	宗室墓	郊区尧山园艺场西羊角岭西麓		高1、直径13米	墓依山势向西，墓前无建筑	单砖室券顶，浇灰浆	20世纪50年代被盗挖
122	宗室墓	郊区尧山园艺场东300米长岭北麓		高0.6、直径7米	墓依山势向西，墓前无建筑	双砖室（未起券顶）结构，浇灰浆砌筑；男（左）室出土青花八仙梅瓶两件，女（右）室出土青花双凤梅瓶两件；砖规格30.5厘米×15厘米×4厘米	1982年被盗挖
123	宗室墓	122号墓所在长岭西南麓		高1.3、直径8米	墓依山势向西南，墓前无建筑	双砖室券顶，浇灰浆，券拱砌砖七层；砖规格28厘米×15厘米×5厘米	1958年被盗挖
124	宗室墓	122号墓所在长岭西南麓		不明	墓依山势向西南，墓前无建筑	已不明	1958年被盗挖
125	五辅奉国中尉朱怡庵、夫人黄氏合墓	郊区尧山园艺场西南水塘边	有墓碑，五辅奉国中尉朱怡庵殁于正德十年正月十二日，夫人黄氏子四人	高1.2、直径6米	墓依山势向东南，墓前无建筑	合葬墓，男（左）男（右）砖室券顶结构，浇灰浆砌筑，砖规格28厘米×15.5厘米×4厘米；女（右）为土坑墓结构，浇灰浆残穴；两室残穴内采到陶缸片	125、126号墓同址，1981年被盗挖
126	宗室墓	近邻125号墓北		高1、直径4米	墓依山势向东南，墓前无建筑	单砖室券顶，浇灰浆，砖规格27.8厘米×14.5厘米×3厘米	见125号墓说明

续表

编号	墓主	墓葬地址	墓（碑）志	封土情况	地面情况	地下情况	备注
127	中尉或宗室墓	郊区尧山园艺场东南小脚岭西北麓		高2.5、直径15米	墓依山势向西北，墓前无建筑	单砖室券顶，浇灰浆；室内左右壁龛各一	127～135号墓同址，1958年被盗挖
128	宗室墓	郊区尧山园艺场东南小脚岭西北麓		高2、直径6.5米	墓依山势向西北，墓前无建筑	单室土坑墓结构，浇灰浆	见127号墓说明
129	宗室墓	郊区尧山园艺场东南小脚岭西北麓		高1、直径6米	墓依山势向西北，墓前无建筑	单室土坑墓结构，浇灰浆；残穴中采到敛口鼓腹黑釉陶缸片	见127号墓说明
130	宗室墓	郊区尧山园艺场东南小脚岭西北麓		高1、直径8.3米	墓依山势向西北，墓前无建筑	单砖室券顶结构，浇灰浆；室内左右壁龛各一	见127号墓说明
131	将军墓	郊区尧山园艺场东南小脚岭西北麓		高2.5、直径15米	墓依山势向西，围有围墙，其中外围墙左右各长55，宽60.5米；墓前序列陵门，三开间享殿	单砖室券顶结构，浇灰浆；砖规格27.5厘米×15厘米×5厘米	见127号墓说明
132	将军墓	郊区尧山园艺场东南小脚岭西北麓		高5、直径14米	墓依山势向西，墓前周有版筑夯土围墙一道，左右各长47.4，宽36，厚2.5米；墓前序列陵门，三开间享殿	单砖室券顶结构，浇灰浆；砖规格27.5厘米×15厘米×5厘米	该墓园前有133、134、135号墓，表现同府属关系，1958年被盗挖，存残穴
133	奉国中尉朱恰泉墓	在132号墓围墙前8米	有墓碑，奉国中尉朱恰泉生于弘治己未十二年九月初三日，终于嘉靖辛卯十年正月初七日；碑高55、宽40厘米，中行字径5厘米	高0.7、直径6米	墓依山势向西，墓前无建筑	单砖室无券顶结构，浇灰浆；砖规格29厘米×15.5厘米×5厘米	见132号墓说明

续表

编号	墓主	墓葬地址	墓（碑）志	封土情况	地面情况	地下情况	备注
134	宗室墓	在132号墓围墙前面		高1.5、直径7米	墓依山势向西，墓前无建筑	单砖室券顶，浇灰浆；室高1.7、宽1.5，进深2.7米，左右壁龛各一	见132号墓说明
135	宗室墓	在132号墓围墙前面		高1、直径8米	墓依山势向西，墓前无建筑	双砖室券顶结构，浇灰浆	见132号墓说明
136	宗室墓	郊区尧山园艺场南小桥岭西麓		高1、直径4米	墓依山势向西，墓前无建筑	单砖室土坑墓券顶结构，浇灰浆	136～144号墓同址，1985年被盗挖，仅存残穴
137	宗室墓	郊区尧山园艺场南小桥岭西麓		高2、直径8.1米	墓依山势向西，墓前无建筑	单砖室券顶结构，浇灰浆	见136号墓说明
138	宗室墓	郊区尧山园艺场南小桥岭西麓		高1、直径8米	墓依山势向西，墓前无建筑	单砖室券顶结构，浇灰浆	见136号墓说明
139	宗室墓	郊区尧山园艺场南小桥岭西麓		高2、直径11.5米	墓依山势向西，墓前无建筑	单砖室券顶，浇灰浆；残穴中采到陶缸片	见136号墓说明
140	宗室墓	郊区尧山园艺场南小桥岭西麓		高0.8、直径9米	墓依山势向西，墓前无建筑	单砖室券顶，浇灰浆；残穴中采到陶缸片	见136号墓说明
141	宗室墓	郊区尧山园艺场南小桥岭西麓		高1、直径8米	墓依山势向西，墓前无建筑	双砖室券顶结构，浇灰浆；残穴中采到陶缸片	见136号墓说明
142	宗室墓	郊区尧山园艺场南小桥岭西麓		高2、直径8米	墓依山势向西，墓前无建筑	单砖室券顶结构，浇灰浆；残穴中采到陶缸片	见136号墓说明

续表

编号	墓主	墓葬地址	墓（碑）志	封土情况	地面情况	地下情况	备注
143	宗室墓	郊区尧山园艺场南小桥岭西麓		高1.5，直径9米	墓依山势向西，墓前无建筑	单室土坑墓，浇灰浆	见136号墓说明
144	宗室墓	郊区尧山园艺场南小桥岭西麓		高0.5，直径5米	墓依山势向西，墓前无建筑	单砖室券顶结构，浇灰浆，与众不同使用红砖，残中采到陶缸片	见136号墓说明
145	六府五奉国将军朱佐弼墓	茶科所北围墙外东干渠东黄泥头岭	有墓志，朱佐弼为明太祖五世孙六辅国将军赞伦的五子，生于永乐十三年十一月初三日，殁于天顺五年，终年四十七岁，子三人俱授镇国中尉，志长56.5厘米，志文11字，字径9厘米，志文23行，字径1.5厘米	高1.5，直径13.2米	墓依山势向西，墓前无建筑	双砖室券顶结构，浇灰浆；残穴中出土墓志一合及陶缸残片；砖规格21厘米×14厘米×3厘米	145～152号墓同址，1958年被盗挖，仅149、150、152号墓完好，余存残穴
146	宗室墓	茶科所北围墙外东干渠东黄泥头岭		高0.5，直径6米	墓依山势向西，墓前无建筑	单砖室券顶结构，浇灰浆；室内残留棺木及墓主肢骨	见145号墓说明
147	宗室墓	茶科所北围墙外东干渠东黄泥头岭		高1.5，直径6米	墓依山势向西，墓前无建筑	单砖室券顶，浇灰浆	见145号墓说明
148	宗室墓	茶科所北围墙外东干渠东黄泥头岭		高1.05，直径6米	墓依山势向西，墓前无建筑	单砖室券顶，浇灰浆	见145号墓说明
149	宗室墓	茶科所北围墙外东干渠东黄泥头岭		高1，直径4米	墓依山势向西，墓前无建筑	结构不明	墓冢完好

续表

编号	墓主	墓葬地址	墓（碑）志	封土情况	地面情况	地下情况	备注
150	宗室墓	茶科所北围墙外东干渠东黄泥头岭	有墓碑，风化严重，不能识别字迹	高2、直径5.2米	墓依山势向西，墓前无建筑	结构不明	墓冢完好
151	宗室墓	茶科所北围墙外东干渠东黄泥头岭	有墓碑，风化严重，不能识别字迹	高1.5、直径7米	墓依山势向西，墓前无建筑	单砖室券顶结构，砖规格26厘米×14厘米×4厘米	见145号墓说明
152	宗室墓	茶科所北围墙外东干渠东黄泥头岭	有墓碑，风化严重，不能识别字迹	高1.5、直径6米	墓依山势向西，墓前无建筑	结构不明	墓冢完好
153（原8号）	康僖王朱任昌、妃支氏合墓	林业技校北300米李家坟岭	墓志载朱任昌为恭惠王长子，嫡母妃滕氏，生母次妃刘氏，生于嘉靖十一年十月初五日，嘉靖二十五年二月十五日封为长子，万历三年八月二十九日册封为靖江王，万历十年正月十二日疾逝，终年五十一岁；妃支氏，次妃赵氏；赵氏生子履焘，封为长子，袭靖江王，谥温裕王；女四，均封县君	高8、直径27米	墓依山势向西，墓周有版筑夯土内外围墙，外围墙左右各长105.5、宽59.5、厚1.5米，内围墙左右各长81、宽46.3、厚2.5米；墓前序列蹲狮、勇士控马、陵门、华表（浮雕盘龙、八边形）、狻猊、獬豸、麒麟、虎、象、拱手翁仲（一）、左右神道碑（无字）、中门、袖手翁仲（二）、袖手翁仲（三）、三开间二进深享殿（柱础外方内圆，方形边长77厘米，圆形直径55厘米）；红墙绿瓦，石作宏大、比例匀称、雕刻细致，墓围缩敛，具明晚期规制	双砖室券顶结构，浇灰浆，券拱砌砖十层，山墙有脊顶，檐面覆盖绿色琉璃瓦；左右两室共一山墙，各有前室、甬道、玄室，玄室左右壁龛各四、头龛一；第二次被盗后经清理，男（左）室遗有墓志一合、陶缸残片、镂空黑釉器座一件，妃墓深红残棺尚存	20世纪20年代及1982年各被盗挖一次，封土、石作仪仗完好
154	宗室墓	康僖王墓陵门前十余米		高1.5、直径6米	墓依山势向西，墓前无建筑	单砖室券顶结构，浇灰浆；砖规格29.5厘米×17厘米×4厘米	154～158号墓紧依在康僖王墓前，表现出附葬关系，1982年被盗挖

续表

编号	墓主	墓葬地址	墓（碑）志	封土情况	地面情况	地下情况	备注
155	宗室墓	康僖王墓陵门前十余米		高1.5、直径7米	墓依山势向西，墓前无建筑	单室券顶结构，浇灰浆；砖规格32厘米×17厘米×5厘米	见154号墓说明
156	宗室墓	康僖王墓陵门前十余米		高1.5、直径6	墓依山势向西，墓前无建筑	单室土坑墓结构，浇灰浆砌成	见154号墓说明
157	宫人魏氏墓	康僖王墓门前十余米	有墓碑，宫人魏氏生于正统，殁于正德；碑高80、宽52厘米，中行字径3厘米	高1、直径5米	墓依山势向西，墓前无建筑	单室无券顶结构，周方石，内浇灰浆	见154号墓说明
158	宗室墓	康僖王墓陵门前十余米		高2、直径6米	墓依山势向西，墓前无建筑	双砖室券顶结构，浇灰浆	见154号墓说明
159	宗室墓	林业技工学校北围墙外张家坟岭北麓		高2、直径6.1米	墓依山势向西，墓前无建筑	单砖室券顶结构，浇灰浆；砖规格29厘米×15.5厘米×5厘米	159、160号墓同址，1958年被盗挖
160（原9号）	将军墓（疑为□口辅国将军未赞□墓）	张家坟岭上		高7、直径17米	墓依山势向西偏南，墓周有夯土围墙一道，宽38.5、厚3.5米；墓前序列华表（素面八边形）、獬豸、虎、控马（一）、秉笏翁仲（二）、陵门，三开间二进深享殿，石作仪仗造型偏矮胖	双砖室券顶结构，浇灰浆	20世纪20年代及1981年被盗挖，封土及石作尚存
161（原10号）	将军墓（疑为□口辅国将军未赞□墓）	张家坟西南麓（南距三圈门遗址约300米）		高5、直径16米	墓依山势向西，墓周有夯土围墙一道，左右各长72.8、宽38.8、厚3.5米；墓前序列华表（素面八边形、仰覆莲花圆宝顶）、獬豸、虎、勇士控马（马驮剑）、秉笏翁仲、陵门，三开间二进深享殿，石作仪仗造型偏矮胖	单室砖券顶结构，浇灰浆；左右壁龛各三，头龛；砖规格29.6厘米×16.7厘米×5.5厘米	20世纪20年代及1981年被盗挖，封土及石作尚存

续表

编号	墓主	墓葬地址	墓（碑）志	封土情况	地面情况	地下情况	备注
162	宗室墓	张家坟西南麓（南距三圈门遗址约100米）		高2，直径5米	墓依山势向东偏南，墓前无建筑	单砖室券顶，浇灰浆；左右壁龛各二	见161号墓说明
163（原7号）	六辅国将军朱赞伦墓	茶科所东北角围墙外高马脚西麓	有墓志，据残志其母为夫人林氏，洪武二年封辅国将军，殁年不明，朱氏后裔朱守谦未友三口述其为朱守谦六子，依墓葬规制应为朱赞伦墓	高7，直径15.3米	墓依山势向西，有版筑夯土围墙一道，左右各长52.3、宽36.3、厚3.3米；序列跪狮、华表（素面八边形）、獬豸、勇士控马、翁仲、左神道碑、陵门，三开间二进深享殿	单砖室券顶结构，浇灰浆，券高1.95、宽2.05，进深8.97米，室壁1.05米以下砌方石，上起券有前、玄二室，玄室左右壁龛各三头龛一；盗后采到敛口鼓腹黑釉陶缸残片，墓志一合（60余字）；砖规格29厘米×14厘米×5厘米	被盗两次，大部分石作已用于修建东干渠，现封土尚好
164	宗室墓	朱赞伦墓（163号）前50米左右		高3，直径9米	墓向西，墓前无建筑	砖室券顶，浇灰浆，砖规格27厘米×14厘米×4.5厘米	1958年被盗挖，仅存残穴
165	宗室墓	朱赞伦墓（163号）前50米左右		高1，直径7.2米	墓向西，墓前无建筑	同164号墓	见164号墓说明
166	六府三奉国将军朱佐顺墓	茶科所北围墙内安甫王墓西100米左右	有墓志，志载朱佐顺是六辅国将军朱赞伦季子，殁于景德三年二月六日，终年三十九岁，子镇国中尉朱相观；志尺寸为70厘米×55厘米×4.5厘米，中行字径5厘米	高1，直径7米	墓依山势向西，墓前无建筑	单砖室券顶结构，浇灰浆；左右壁龛各三头龛一；砖规格有28厘米×14厘米×3厘米、26厘米×10厘米×3.8厘米多种，色有青灰、棕红	1982年被盗挖，已被夷为茶地

续表

编号	墓主	墓葬地址	墓（碑）志	封土情况	地面情况	地下情况	备注
167（原11号）	安肃王朱经扶、妃徐氏合葬墓	茶科所北围墙内东干渠东西两侧	王、妃各有墓志一合，志载朱经扶为端懿王朱约麒嫡长子，母妃杨氏，弘治六年十月初二日生，正德十三年七月初三日册封靖江王，嘉靖四年三月十三日疾逝，终年三十二岁；妃徐氏，河南孟津知县徐敦长女，弘治五年生，嘉靖口口年口月初七日册立王妃，嘉靖口口年口月初三日疾逝，终年六十三岁	高8、直径24米	墓依山势向西偏南10°，墓周有版筑夯土内外围墙两道，外围墙左右各长184、宽80、厚40，内围墙左右各长48.5、宽40、厚2米，下方石，上苏土，顶盖绿色琉璃瓦（素面八边形，顶双蹲狮），狻猊、狮豸、麒麟、虎、象、勇士左右手执剑（一），左右神道碑（左碑有字为大学士将冕翼撰文，右碑无字），袖手翁仲（二），中门（三），五开间三进深享殿，石作整个建筑红墙绿瓦，刻较生动，偏胖，加之墓园规划属较小者，当是明世后期风格	双砖室券顶结构，浇灰浆，山墙脊顶及檐面覆以绿色琉璃瓦，饰龙纹，墓分左右两室，共一山墙，各室有前室、甬道、中门、玄室，玄室左右壁龛各四，头盝；经1972年发掘，两墓尚遗各种玉牌17件，"长生不老"、"长生不老"、永寿无疾"等大小金钱及金质刻花罐珠饰8件，"长生不老"银钱及银制香罐、筷、帐钩及"百年增福禄"、千岁团圆"银牌等13件，青花人物梅瓶2件，釉陶碗碟，陶罐等19件，釉陶器座，陶罐一合，墓志二合，御祭安肃王碑一件	20世纪20年代被盗挖，1972年经批准发掘，现墓室及石作仅仪保存
168（原补1号）	次妃或夫人墓	康僖王墓北侧200米左牟军头岭两麓		高2.2、直径12.3米	墓依山势向西，墓周有版筑夯土围墙一道，左右各长50、宽46米；墓前序列陵门，三开间二进深享殿；整个建筑红墙灰筒瓦	单砖室券顶结构，浇灰浆，山墙檐件饰梅花，玄室：分前室、玄室，券顶宽2.58米，玄室左右壁龛各一，头盝，盗后遗有黑釉陶器残片，用陶罐残片等	1982年被盗挖，封土规制尚存

续表

编号	墓主	墓葬地址	墓（碑）志	封土情况	地面情况	地下情况	备注
169	宗室墓	康僖王墓北侧300米左右犁头岭西麓		高2、直径7米	墓依山势向西，墓前无建筑	单砖室券顶结构	1982年被盗挖
170（原12号）	悼僖王朱赞仪、妃□口氏合墓	茶科所东面茶地（三圈门正东300米左右）	据朱友三口述，此墓是朱守谦长子，即第二代靖江王朱赞仪合墓；朱赞仪于永乐元年就藩，永乐六年疾逝	高15、直径30.5米	墓周有版筑夯土内外围墙两道，外围墙左右各长577、宽364米，内围墙左右各长100、宽62米；墓前序列深深享殿、陵门、华表（素面八边形、圆宝顶）、獬豸、虎、勇士控马、秉笏翁仲、中门，五开间三进深深享殿、石作最大，墓园粗制，雕刻粗整，仪仗队列前窄后宽不甚规整，无神道碑	结构及随葬器物不明	20世纪20年代被盗挖一次，现存封土、石作
171（原13号）	怀顺王朱相承、妃谷氏合墓	悼僖王墓南300米左右	据神道碑及妃志载为怀顺王，妃相承，朱相承是庄简王朱佐敬长子，早年天亡，妃谷氏，生于宣德年间，殁于弘治十八年，终年七十余；子未规袭王位，谥昭和县君，女二，俱封县君	高12、直径36米	墓依山势向西偏南30°，墓周有围墙，外围夯土内外围墙各长147、宽59.3，宽48、厚2米左右；墓前序列陵门、跪立蹲狮、顶立跪狮、勇士控马、秉笏翁仲、华表（素面八边形、顶立跪狮）、獬豸、虎、石作序列"大明靖江故世子碑铭"，大面面碑文已剥蚀不可识），秉笏深深享殿，石作仅五开间三进深深享殿，石作曲转向（虎以前）依山势尽处（虎以前）南呈"L"形，守墓人宅基作"「"形；墓周规制较大，建筑具明初风格，柱础具明初风格，建筑红墙绿瓦	双砖室券顶结构，浇灰浆，分左右室，中室又分前室、中室、玄室（比一般王墓多一室），每室有门，中门一般王墓下砌以方石，上为砖拱，棺床也为方石叠砌，周饰缠枝二次被盗挖无随葬品，男（左）、女（右）室有志一合，已剥蚀严重；该墓的地下结构在已知王墓群中为特殊者，封土一般，但地下多、较深且多用料石，较幽深气魄，显得幽深	20世纪20年代及1981年被盗挖两次，现封土及石作尚存

编号	墓主	墓葬地址	墓（碑）志	封土情况	地面情况	地下情况	备注
172（原14号）	恭惠王朱邦苧次妃（厚葬次妃）郑氏墓	怀顺王墓（171号）西南200米左右，东干渠东侧	有无墓志不明，据宪定王未任晟封郑氏墓宪定王是郑氏是该王未任晟生母，宪定王任晟子袭王位的厚葬王次妃墓	高4，直径14米	墓向南，墓周有版筑夯土围墙一道，左右各长96，宽51，厚2米；墓前序列蹲狮，陵门，华表（素面八边形，顶立蹲狮），麒麟，象，秉笏翁仲，袖手翁仲，女侍翁仲；三开间二进深享殿，石作朴拙红墙绿瓦	不明	20世纪20年代被盗挖，现封石作仅石作保存
173（原17号）	康僖王次妃赵氏墓	恭惠王次妃郑氏墓（172号）南100米左右，东干渠西南侧	有墓志，志载赵氏乃桂林府灵川县万兴乡女，万历十八年八月二十一日敕封为次妃，二十一年闰十一月初四日疾逝，终年四十七岁；子一人，袭王，谥温裕王，女侍县君；该墓为子袭王位的厚葬次妃墓	高6，直径9米	墓向南，墓周有版筑夯土围墙一道，左右各长68，宽31米；墓前序列蹲狮，陵门，华表（素面八边形，顶立蹲狮），秉笏翁仲，袖手翁仲，右神道碑，女侍翁仲；三开间二进深享殿，封土较小，石作朴拙且偏小	单砖室券顶结构，浇灰浆	1980年9月被盗挖，现封石作仅石作保存
174（原18号）	将军墓	朝阳水管站东300米左右，东干渠西南侧	有地券一件，券左右分别书"口"及"琼验"数字，中书东南西北虚拟方位，无墓主姓名；生平券边长39，厚7厘米，方青砖	高6，直径20米	墓向南，墓周有版筑夯土围墙一道，左右各长60.6，宽41米；墓前序列蹲狮，陵门，三开间二进深享殿；建筑围墙均覆盖青灰筒瓦	双砖室券顶结构，浇灰浆，各有前玄室，左右壁龛各三；左室出土数口鼓腹黑釉陶罐两件，砖书地券一件	
175	宗室墓	与康僖王次妃赵氏墓（173号）近邻		高2，直径10米	墓向南，墓周有版筑夯土内外围墙，外围墙左右各长44.4，宽34米，内围墙左右各长34.1，宽26.8米；墓前二进深享殿，三开间二进深陵门；建筑红墙筒瓦	单砖室券顶结构，浇灰浆	1983年1月被盗挖，现封土保存
							被盗挖两次，封土尚存

续表

编号	墓主	墓葬地址	墓（碑）志	封土情况	地面情况	地下情况	备注
176（原16号）	昭和王朱规裕、妃林氏合墓	怀顺王墓（171号）东300米左右	有无墓志不明，据分析当为昭和王合墓；史载朱规裕是怀顺王朱相承嫡长子，相承先卒，成化七年朱规裕嗣王位，弘治二年疾逝，妃林氏；子朱约麟，谥端懿王	高5，直径23米	墓向南，墓周有版筑夯土围墙两道，外围墙左右各长176，宽88米，内围墙左右各长79.5，宽36.5米；墓前序列蹲狮、獬豸、虎、华表（素面八边形）、陵门，左神道碑（无字）、袖手翁仲（二）、袖手翁仲（三）、五供（石香案），中门，五开间三进深享殿；茔地较朴拙，具明早期风格，考石作较朴拙	地下规制不明	20世纪20年代，1981年先后被盗挖两次，封土及石作尚存；1986年2月又被盗挖一次，从享殿后朝墓门行盗
177（原15号）	温裕王朱履焘、妃石氏合墓	朝阳水管站东北十余米	有温裕王墓志一合，载朱履焘是康僖王朱任昌庶子，嫡母大妃支氏，生母次妃赵氏，明隆庆六年七月二十九日生，万历九年七月初二日封为长子，十三年七月二十五日册封为靖江王，十八年八月二十日疾逝，终年十九岁，谥温裕；王妃石氏，未生子女；志边长79，厚13厘米，篆盖九字，径11厘米，行三，志文楷书，径3厘米	高7.5，直径28米	墓向南墓，有版筑夯土围墙两道，外围墙左右各长100.5，宽62米，内围墙左右各长78，宽48米；墓前序列蹲狮、獬豸、麒麟、华表（浮雕盘龙云饰、八边）、勇士控马、象、秉笏翁仲（一）、中门、袖手翁仲（二）、袖手翁仲（三），五开间三进深享殿；整个建筑红墙绿瓦，茔地石作雕刻精致，比例匀称，具明末风格	双砖室券顶结构，浇灰浆，券拱砌砖两层，各有前、玄室，室宽2.8，进深9.6米，玄室左右壁龛各四，头龛一，男女各一，盗后经清理，男（左）室出土青花双龙赶珠梅瓶一件，前门铜环铜锁一套，中门铜环一对，铜刻菊花门饰一对，梅瓶中装有红枣、龙眼、荔枝及三只小灰鼠等中药、剂液呈红色	20世纪20年代及1983年先后被盗挖两次，现封土及石作保存

续表

编号	墓主	墓葬地址	墓（碑）志	封土情况	地面情况	地下情况	备注
178	宗室墓	温裕王墓（177号）右外围墙内		直径8米	墓向南，在温裕王墓外围墙内，内围墙内	单砖室劵顶结构，浇灰浆	最近被盗挖，仅存残穴
179	宗室墓	温裕王墓（177号）右外围墙西8米处			墓向南，墓前无建筑	单砖室劵顶结构，浇灰浆	被盗挖，墓室现被压在公路下
180（原31号）	将军墓（疑为辅国将军朱赞□墓）	茶科所南围墙内机耕道东侧1米		高4.2、直径14米	墓向南，墓有夯筑夯土围墙一道，宽32.4米；墓前序列为陵门、华表（素面八边形）、勇士控马、秉笏翁仲，三开间二进深享殿，茔地较宽，应为明中前风格，石作雕刻朴拙	单砖室劵顶结构，浇灰浆；有前、玄二室，室壁1.2米以下砌方石，以上砌劵顶，前室高2.5、宽3.08米，玄室劵高2.4、宽3.72米，左右壁翕各二，头翕一；二次被盗后清理已无遗物；砖规格26厘米×14厘米×3.3厘米	1958年及1982年两次被盗挖，现仅存封土
181（原32号）	□王夫人墓	茶科所南围墙外挂子山村西100米		高5、直径15米	墓向西，墓有夯筑夯土围墙一道，左右各长68、宽34米；墓前序列为陵门、华表（素面八边形），勇士控马、秉笏翁仲、右神道碑，三开间二进深享殿，石作雕刻朴拙、矮壮、陵壮	单砖室劵顶结构，浇灰浆；分前、玄二室，前室劵高5.4米，玄室劵高2.5米，玄室劵高2.4、宽3.45米，左右壁翕各二，头翕二	被盗挖，封土及部分石作仪仗保存
182	宗室墓	181号墓南300米挂子山村南公路西侧		高1.5、直径7米	墓向南，墓前无建筑	单砖室劵顶结构，浇灰浆	被盗挖，仅存残穴

续表

编号	墓主	墓葬地址	墓（碑）志	封土情况	地面情况	地下情况	备注
183	宗室墓	182号墓附近			墓向南，墓前无建筑	已不明	被盗挖，仅存残穴
184（原20号）	端懿王朱约麟、妃杨氏合墓	挂子山村东500米左右公路西侧	据墓志，朱约麟是昭和王朱规裕嫡长子，母妃林氏，成化十一年正月二十二日生，正德三年十一月二十五日册封为靖江王，正德十一年六月十二日疾逝。妃杨氏，广东都指挥佥事杨观女，弘治八年二月十七日册封为正妃，正德十四年四月十七日疾逝，终年四十六岁；子七人，长子朱经扶袭王，谥安肃王；女五人	高6，直径22米	墓向南，墓周有版筑夯土围墙两道，外围墙左右各长220，宽131.5米，内围墙左右各132，宽48米；墓前八边形，顶立碑。墓前序列镇墓兽、素面镇墓兽，顶立碑；华表（素面）、狻猊、象、虎、麒麟、勇士控马、中门、左右神道碑（右碑有字）、袖手翁仲（二）、袖手翁仲（三），五开间三进深享殿	双砖室券顶结构，浇灰浆；1982年盗后只发现王、妃墓志	20世纪20年代及1982年被盗挖两次，墓园在"文革"后划作公墓区，已破坏严重，封土及石作仅保存
185	康僖王朱任昌夫人莫氏墓	挂子山公墓区端懿王合墓东60米左右	志载莫氏生于嘉靖二十八年八月初十日，殁于万历三十二年十月十三日，终年五十六岁，子一天亡，女一封永新县君；志高79.5、宽78厘米，志盖字径15厘米，志文真书，字径4厘米	高4，直径15米	墓向南，墓前曾有蹲狮、陵门、华表、麒麟、狻猊、翁仲等（调查不详）	单砖室券顶结构，券拱砌砖九层；分前、玄二室，进深6.4米，玄室左右壁宽各二，头宽2.3，高2.5，玄室左右龛各四，宽二；1982年3月7日盗后清理出土美人肩青花岁寒三友梅瓶两件，通高64厘米，明中期产品（全破），砖规格27厘米×15厘米×5厘米	早年及1982年3月7日被盗挖两次，现存封土，石作全毁

编号	墓主	墓葬地址	墓（碑）志	封土情况	地面情况	地下情况	备注
186	将军墓	李家坟岭东（康僖王合墓后）300米处新妇塘		高1.2、直径12米（包括扶手）	墓依山势向西，墓周无围墙，封土周两翼"扶手"均整以方石；墓前有华表（圆柱、浮雕盘龙云饰）。墓前有清代嘉庆间朱氏若字辈后裔墓群，该墓当是晚期墓	双室碗墓结构，浇灰浆；碗葬灰绿色，此种碗碗墓葬在桂林多见于明末清初，当是明末墓	1982年被盗挖，仅存残穴，华表
187（原23号）	恭惠王次妃刘氏墓	林科校北围墙外庄园王墓（193号）前100米左右	志载刘氏是桂林□□□□佥事经□女，万历四年九月二十四日救封为次妃，五年六月初七日病卒，终年六十四岁；一子，一女，袭王、溢康僖王，封高乐县君；志高73、宽70厘米	高5、直径14米	墓向西偏南30°，墓周有版筑夯土围墙两道，围墙左右各长96、宽47、厚2米，内围墙左右各长58、宽29米；墓前序列镇墓（素面人边形、仰覆莲花）、疑视、麒麟、中门、拱手侍女翁仲（一）、拱手翁仲（二）、拱手翁仲（三）、拱手侍女翁仲（四）、东西配殿、三开间二进深享殿，石作雕刻瓦当有牡丹缠枝纹饰，建筑与围墙均为红墙绿瓦，规制较其他诸王袭子袭王位厚葬的次妃墓过于大且繁	单砖室券顶结构，浇灰浆，山墙覆盖绿色琉璃瓦，券拱砌砖九层；有前室、玄二室，玄二室各四壁；玄室左右、头龛各一，1962年林业试验站挖掘时出土青花梅瓶两件、青花盖尊两件、三彩鸠一件、门铜锁一件。墓志一合；砖规格30厘米×14.3厘米×4厘米	1962年被林业试验站擅自挖掘墓室，出墓种，现封土、石作尚存
188（原22号）	长子奉国将军朱履祥、夫人汤氏合墓	林技校西南围墙外120米处，恭惠王次妃刘氏墓（187号）西南300米左右	志载朱履祥为宪定王朱任晟子，嫡母妃白氏，嘉靖三十五年六月二十四日生，万历二年九月二十五日封奉国将军，二十一年二月十三日改封长子，二十二年十二月十九日病逝，终年四十岁；嫡配汤氏，万历九年正月二十日封淑人，同月改封夫人，二十一年闰十一月二十日疾世，终年三十六岁，生子一天	高6、直径22米	墓向南，墓周有版筑夯土围墙一道；墓前曾有蹲狮、陵门、华表、麒麟、狮等多，翁仲等（调查不详）	双砖室券顶结构，浇灰浆；每室各分前、玄、后三室，玄、玄室各四，头龛各一；盗墓人供称，头龛左（男）、右（女）室出土墓志各一合，左墓（男）室出土白色开片梅瓶两件，棺、骨朽存	1979年3月第一次被盗挖，盗墓人李双才等，出土文物供认不明，现封土及部分石作尚保存

续表

编号	墓主	墓葬地址	墓（碑）志	封土情况	地面情况	地下情况	备注
189	宗室墓	长长子朱履祥合葬（188号）南20米		高1，直径9.3米	墓向南，墓前无建筑	单砖室券顶结构，浇灰浆	被盗挖，仅存残穴
190	侯封辅国将军朱口墓	朝阳公社新建大队部西东干渠北侧	据碑载，侯封辅国将军朱口生于景泰癸酉十二月初九日，殁于天顺戊黄六月十三日，终年63岁半，中篆字，碑高97、宽5厘米，径4.5厘米	高4，直径9米	墓向西，封土周整高0.9米料石，墓周有版筑夯土围墙一道，左右各长45、宽29米；墓前有石碑	单砖室券顶结构，浇灰浆，有前、玄室，券高2.2、宽2.35、进深5.7米，室壁3米以下为方石，以上为砖券，玄室左右壁龛三、头龛一；第三龛被盗后采到黑釉镂空陶缸座，陶缸座（碎）；砖规格30厘米×14厘米×4厘米	被盗挖三次
191（原24号）	朱守谦衣冠墓（？）	林技校东南角南墙外侧，奉祠遗址西邻	无志碑，疑是第一代靖江王朱守谦衣冠墓	高11，直径30米	墓向南，墓周有版筑夯土围墙两道，外围墙左右各长111、宽76、厚2.5～3米，内围墙左右各长36.4、宽26.4米；墓前作仪仗（调查不详）、陵门，石作序列守陵蹲狮，中门，左右神道碑（开间已无法核实），享殿（开间已无法核实），封土两侧有左右配殿	双砖室券顶结构，浇灰浆，墓壁2米以下为方石，以上为砖券，各分前、中、玄三室，玄室有石砌浮雕纹饰，左右墓龛各四、头龛一；二次被盗后清理，男（左）女（右）室出土改口鼓腹陶缸两件（置祭用陶缸内）。室出土石雕灯座一件，铜饰，冥器及首饰箱，壶锡器各一件，漆器一件，镂空黑釉陶器座两件，左右厢棺骨和灰烬；两室均未见，规制较大，似同早期王、妃合葬墓（如怀顺王墓等）	被盗挖两次，仅存封土

续表

编号	墓主	墓葬地址	墓（碑）志	封土情况	地面情况	地下情况	备注
192（原25号）	奉祠遗址	林技校东南角周围墓墙外，191号墓左（东）邻			奉祠坐东朝西，有版筑夯土围墙，左右各长100，面宽68，厚3米，祠门外序列蹲狮，祠门（三开间二进深），前殿（三开间四进深），左右庑（三开间二进深），后殿（七开间六进深），即三进两庑建筑，红墙绿瓦		祠基柱础、蹲狮尚存
193（原27号）	庄简王朱佐敬、妃□氏合葬墓	尧山石盘岭和义山岭西南麓，林技校东板栗园内	无志，《明史》载朱佐敬为悼僖王朱赞仪长子，永乐九年袭封，初给银印宣德，中改用金瓷，正统初与其弟奉国将军佐敏相讦奏，土杨荣，帝怒，成其使人（是否因此无志），化五年疾逝，在位时间最长，达五十八年；子朱相承，谥怀顺王	高10、直径36米	墓依山势向西，墓周有版筑夯土围墙，内围墙左右各长85.8，宽40，厚2.8米，剖面呈梯形；墓前序列东西（左右）朝房，守陵蹲狮，三券陵门，宝珠顶，八边形，三单拱石桥，虎，麒麟，骏犼，獬豸，勇士控马，秉笏翁仲（一），中门，袖手翁仲（二），袖手翁仲（三），与一般王墓有异，开间三进深享殿，有御桥无神道碑，封土周砌方石，垒地宽墙绿瓦，石作朴拙，类明初风格，考为第三代靖江王庄简王朱佐敬合墓	双砖室券顶结构，浇灰浆，厚1.62米，券拱砌有绿色琉璃瓦，龙纹瓦当；山墙檐脊以上是两侧各分前、玄两室，室壁1.03米以上是砖券，室头一玄室一，下是方石，玄室右室无左右壁龛，棺床二次被盗后清理，男女（右）室已无遗物，女（左）室出土祭用陶缸残片一件，石雕供器座一（类似石臼），欲口鼓腹黑釉陶罐残片等，有尸骨残迹	20世纪20年代及1979年被盗挖两次，第二次盗墓人李双才等，1983年10月起进行修复

续表

编号	墓主	墓葬地址	墓（碑）志	封土情况	地面情况	地下情况	备注
194（原补2号）	宗室墓	奉祠遗址（192号）后外围墙内		高1，直径5米	墓向东，墓前无建筑，为何葬在奉祠遗址后不明	结构不明	完好
195（原28号）	恭惠王朱邦苧、妃滕氏合葬墓	庄简王墓（193号）东200米左右	无志，《明史》载朱邦苧是安肃庄王朱经扶长子，嘉靖六年袭王位，隆庆六年疾逝，在位四十六年，曾"与巡按史徐南金相讦奏，夺禄米，罪其官校"（是否因此而无志；滕氏据祭文载为桂林清源人，北门兵马指挥滕榆长女，祖母蒋氏是大学士蒋冕之姐，正德八年八月六日生，嘉靖六年（十五岁）入宫，靖九年十二月初十日册封王妃，十六年十一月二十日殁	高7，直径29米	墓依山势坐北向南，墓周有版筑夯土围墙两道，外围墙左右各长169，宽109米，内围墙左右各长86.8，宽38米；墓前序列守陵跪狮、陵门、华表（素面八边形）、麒麟、獬豸、左右朝房、虎、象、秉笏翁仲、袖手翁仲（一）、左右神道碑、中门、袖手翁仲（二）、中门、袖手翁仲（三）、石砌五供、五开间三进深享殿；建筑红墙绿瓦，石作硕大朴拙，具明中期规制	双砖室券顶结构，浇灰浆；每侧各有前、玄两室，玄室左右壁龛各四，头左右壁龛各一；第三次被盗后清理，男（左）室出土青花梅瓶两件，墓志，女（右）室出土白色（冰裂纹开片）梅瓶两件（已残），黑釉瓷陶两座两件，朱邦苧学祭滕氏石刻两件	20世纪20年代及1983年被盗挖三次
196	宗室墓	恭惠王合葬墓（195号）围墙前（西）侧35米左右		高2.5，直径10.6米	墓向南，墓前无建筑	单砖室券顶结构，浇灰浆，左右壁龛各一，头龛一；盗墓后出土附加堆纹陶魂坛两件，锡壶三件（已朽残），铜钱四枚（朽不可辨字）	已被盗挖

续表

编号	墓主	墓葬地址	墓（碑）志	封土情况	地面情况	地下情况	备注
197（原30号）	将军墓	工业管理学校西长岭中段		高5，直径12米	墓向南，墓周有版筑夯土围墙一道，左右各长48.5、宽39米；墓前序列陵门、䝙多、虎、左右神道碑（颇屃背无碑文竖碑），秉笏翁仲，三开间二进深享殿	墓室已毁	已被盗挖，部分石作尚保存
198	宗室墓	197号墓前数十米		高0.8，直径5米	墓向南，墓前无建筑	单砖室券顶结构，浇灰浆	198~200号墓同在197号将军墓前，已被盗挖，仅存残穴
199	宗室墓	197号墓前数十米		高0.8，直径5.2米	墓向南，墓前无建筑	单砖室券顶结构，浇灰浆	同198号墓
200	宗室墓	197号墓前数十米		高1.5，直径5.5米	墓向南，墓前无建筑	双砖室券顶结构，浇灰浆	同198号墓
201	宗室墓	202号墓前围墙内		高1.5，直径5.2米	墓向南	单砖室券顶结构，浇灰浆	被盗挖，封土存
202（原29号）	入府府辅国将军朱赞储，夫人□氏合葬墓	工业管理学校西长岭中段	据神道碑载，朱赞储是第一代靖江王朱守谦八子，生于洪武二十年，殁于宣德六年，终年四十四岁；夫人有□氏、王氏，子三，佐达、佐政，佐□，宣德九年子三立石	高4，直径14米	墓依山势向南，墓周有版筑夯土围墙一道，左右各长54、宽43米；墓前列蹲狮、华表（素面八边形）、䝙多、陵门、勇士控马（左瘦右肥）、左神道碑（有碑文）、秉笏翁仲、中门，三开间二进深享殿；建筑红墙绿瓦	双砖室券顶结构，浇灰浆；盗后清理已无遗物，无志	被盗挖，封土及部分石作保存，墓围内已被生产队作为果园

续表

编号	墓主	墓葬地址	墓（碑）志	封土情况	地面情况	地下情况	备注
203	九府辅国将军朱约亿、夫人口氏合墓	工业管理学校东南100米铁封山东南50米处		高2，直径12米	墓向南，墓周有版筑夯土围墙一道，左右各长54、宽37、厚2米；墓前序列蹲狮、獬豸、虎、勇士控马（左瘦右胖）、华表（素面八边形）、左神道碑（有碑文，已残）、秉笏翁仲，中门，三开间二进深享殿；建筑红墙绿瓦	双砖室券顶结构，浇灰浆；盗后遗物不知去向	1979年被李双才盗挖，1983年经区文化局批准作种禽场用，右作迁置桂海碑林前
204	四府奉国中尉朱约眈、夫人同氏同墓	工业管理学校南龙汉塘村东20余米处	志载朱约号草肉，考为四府辅国将国将军朱赞俊后裔，生于成化十三年六月二十八日，殁于嘉靖十四年十二月十八日，终年五十九岁，嘉靖二十一年归葬，志文后有符篆一则，子经容立志。志高63.5、宽58.5厘米，字径1.5厘米	高1.5、直径11米	墓向南，墓周无建筑	双砖室券顶结构，浇灰浆；收男墓主墓志一合	204~206号墓同址，已被盗挖，仅存残穴
205	宗室墓	工业管理学校南龙汉塘村东20余米处			墓向南，墓周无建筑	已不明	见204号墓说明
206	宗室墓	工业管理学校南龙汉塘村东20余米处			墓向南，墓周无建筑	已不明	见204号墓说明
207	靖江王府宫眷大妊黄氏墓	恭惠王合墓（195号）左前侧长岭西麓	据墓碑及残志载，大妊黄氏为靖国宫眷，曾长期效勤于恭惠王生母（安肃王次妃刘氏）及恭惠王妃滕氏	高2，直径7.5米	墓依山势向西，墓周无建筑，有墓碑	单室土坑结构，浇灰浆；盗后仅采集的墓志	1983年被盗挖，封土，墓碑保存到被打碎的墓志

编号	墓主	墓葬地址	墓（碑）志	封土情况	地面情况	地下情况	备注
208	靖江王府大褓姆盘氏墓	大姑黄氏墓（207号）右（南）2米处	据墓碑，大褓姆盘氏生于成化十一年九月十七日，终于嘉靖四十一年十月二十二日，为王府保姆，盘氏应为瑶族人	高2，直径8米	墓依山势向西，墓周无建筑，有墓碑	单室土坑结构，浇灰浆；盗后仅采集到被打碎的墓志	见207号墓说明
209	宗室墓	朝阳公社马鞍山西麓强劳劳队西南围墙外5米		高已平，直径9米	墓向西，墓周无建筑	单室土坑墓，浇灰浆，室内长宽均为2.5米左右，据采访，有人骨及灰烬、棺钉，无墓志	强劳队因基建挖掘
210	宗室墓	马鞍山西麓原二砖厂南南80米处东鱼垌岭上		已不可测	墓向西，墓周无建筑	单砖室券顶结构，浇灰浆，据采访，有大石板封顶，门内前，玄两室，玄室左右壁龛各一，无头龛；有墓志一，已佚	1958年建桂林二砖厂时挖掘
211	辅国中尉朱云峰墓	朝阳公社新建大队毛家村西，张同敞墓北50米东初初岭上	志载朱云峰曾祖为辅国将军朱赞俊（朱守谦四子），祖奉国将军朱佐诬（号筠斋），父镇国中尉朱相贲（号梅村），母肖太夫人李氏，受前禄年三百石，生于成化二十年八月初二日，终年五十八岁	已推平，直径10米	墓向南，墓周无建筑	单砖室券顶结构，浇灰浆，据挖墓人口述是单砖室券顶墓；出土青花梅瓶两件（已遗失），墓志一合已交出	

续表

编号	墓主	墓葬地址	墓（碑）志	封土情况	地面情况	地下情况	备注
212	奉国将军朱规聍夫人鲁氏墓	朝阳公社新建大队唐家里（村）北"老祖背"	志载鲁氏名淑顺，广西金都指挥鲁绍长女，生于成化十一年三月，弘治元年适庄简王六子辅国将军耆，弘治三年诰封夫人，正德十年九月二十二日疾终；子三人，约仁、约信、约值，约镇国中尉；女三	已推平，不可测高，直径11米	墓向南，212～216号墓共一版筑夯土围墙；墓前50米左右序列蹲狮、陵门、华表（素面八边形），马（有无马武不明），翁仲，三开间享殿；石作粗拙，小型，风格同203号九世将军墓	单室土坑墓结构，浇灰浆	早年被唐家里社员挖掘，212～216号墓同一围墙，从属未规形
213	奉国将军朱规聍夫人口氏合葬墓	与212号墓相近邻13米		高2，直径16米	同212号墓	三砖室券顶结构，浇灰浆；据挖墓人供称，左室仅出土银勺四件，笋一件（金纽银身），无志，中室、右室不详	1984年2月24日，社员李富贵为扩建牲舍擅自挖掘左室
214	宗室墓	近邻212号、213号墓		直径8米	同212号墓	单室土坑墓，浇灰浆	见212号墓说明
215	宗室墓	近邻212号、213号墓		已推平	同212号墓	单室土坑墓，浇灰浆	见212号墓说明
216	宗室墓	近邻212号、213号墓		已推平	同212号墓	单室土坑墓，浇灰浆	见212号墓说明
217	宗室墓	朝阳公社岩前大队赵家村后大路背岭		高0.7，直径6米	墓向南，墓周无建筑	单砖室券顶结构，浇灰浆	217～220号墓同址，被盗挖，存残穴
218	宗室墓	朝阳公社岩前大队赵家村后大路背岭		高2，直径12米	墓向南，墓周无建筑	双室土坑墓结构，浇灰浆；残穴中采到陶鼓口鼓腹黑釉陶缸和敛口陶缸残片	见217号墓说明

续表

编号	墓主	墓葬地址	墓（碑）志	封土情况	地面情况	地下情况	备注
219	宗室墓	朝阳公社岩前大队赵家村后大路背岭		高2，直径8米	墓向南，墓周无建筑	单砖室券顶结构，浇灰浆	见217号墓说明
220	宗室墓	朝阳公社岩前大队赵家村后大路背岭		高1.2，直径9米	墓向南，墓周无建筑	单砖室券顶结构，浇灰浆	见217号墓说明
221	宗室墓	岩前大队葛家村南腊树园里		高4，直径12.3米	墓向南，墓周无建筑	单砖室券顶结构，浇灰浆	被盗，存残穴
222	宗室墓	葛家村西南200米		高2.2，直径10.2米	墓向西，墓周无建筑	单砖室券顶结构，浇灰浆	222～227号墓同址，1958年被农民盗挖，存残穴
223	宗室墓	222号墓东南9米		高1，直径8.6米	墓向西，墓周无建筑	单砖室券顶结构，浇灰浆	见222号墓说明
224	宗室墓	朝阳砖厂北300米		高1.3，直径9.4米	墓向西，墓周无建筑	单砖室券顶结构，浇灰浆	见222号说明
225	宗室墓	224号墓向南10米		高0.87，直径10.8米	墓向西，墓周无建筑	双砖室券顶结构，浇灰浆	见222号墓说明
226	宗室墓	225号墓西北21米		高0.78，直径8.5米	墓向西，墓周无建筑	单砖室券顶结构，浇灰浆	见222号墓说明
227	宗室墓	与226号墓近邻		高0.75，直径7.9米	墓向西，墓周无建筑	单砖室券顶结构，浇灰浆；残穴中采到陶缸片	见222号墓说明

续表

编号	墓主	墓葬地址	墓（碑）志	封土情况	地面情况	地下情况	备注
228	宗室墓	朝阳公社金鸡岭北麓激光所		高0.75、直径11.5米	墓依山势向北，墓周无建筑	双砖室券顶结构，浇灰浆	228～243号墓同址，1958年被盗挖，仅存残穴
229	宗室墓	朝阳公社金鸡岭北麓激光所		高0.8、直径8.4米	墓依山势向北，墓周无建筑	单室土坑墓，浇灰浆	见228号墓说明
230	宗室墓	朝阳公社金鸡岭北麓激光所		高1.3、直径11米	墓依山势向北，墓周无建筑	双砖室券顶结构，浇灰浆	见228号墓说明
231	宗室墓	朝阳公社金鸡岭北麓激光所		高0.7、直径8.2米	墓依山势向北，墓周无建筑	单砖室券顶结构，浇灰浆	见228号墓说明
232	宗室墓	朝阳公社金鸡岭北麓激光所		高1.5、直径9米	墓依山势向北，墓周无建筑	单室土坑墓，浇灰浆	见228号墓说明
233	宗室墓	朝阳公社金鸡岭北麓激光所		高2、直径9米	墓依山势向北，墓周无建筑	双砖室券顶结构，浇灰浆；每侧有玄室，左右壁龛各一，头龛穴一；残穴采到致口鼓腹黑釉陶罐残片	见228号墓说明
234	宗室墓	朝阳公社金鸡岭北麓激光所		高2.1、直径9米	墓依山势向北，墓周无建筑	墓葬形制同233号墓	见228号墓说明
235	宗室墓	朝阳公社金鸡岭北麓激光所		高2、直径9.2米	墓依山势向北，墓周无建筑	墓葬形制同233号墓	见228号墓说明
236	宗室墓	朝阳公社金鸡岭北麓激光所		高2.1、直径9.8米	墓依山势向北，墓周无建筑	墓葬形制同233号墓	见228号墓说明
237	宗室墓	朝阳公社金鸡岭北麓激光所		高1.3、直径7米	墓依山势向北，墓周无建筑	单砖室券顶结构，浇灰浆	见228号墓说明

续表

编号	墓主	墓葬地址	墓（碑）志	封土情况	地面情况	地下情况	备注
238	宗室墓	朝阳公社金鸡岭北麓激光所		高0.7、直径7米	墓依山势向北，墓周无建筑	单砖室券顶结构，浇灰浆	见228号墓说明
239	宗室墓	朝阳公社金鸡岭北麓激光所		高1.7、直径11米	墓依山势向北，墓周无建筑	单砖室券顶结构，浇灰浆	见228号墓说明
240	宗室墓	朝阳公社金鸡岭北麓激光所		高2、直径12米	墓依山势向北，墓周无建筑	双砖室券顶结构，浇灰浆	见228号墓说明
241	宗室墓	朝阳公社金鸡岭北麓激光所		高1.2、直径10米	墓依山势向北，墓周无建筑	单砖室券顶结构，浇灰浆；残穴中采到陶缸片	见228号墓说明
242	宗室墓	朝阳公社金鸡岭北麓激光所		高0.8、直径12米	墓依山势向北，墓周无建筑	单砖室券顶结构，浇灰浆；残穴中采到陶缸片	见228号墓说明
243	镇国中尉朱约踄墓	朝阳公社金鸡岭北麓激光所	据御祭碑载，朱约踄为靖国中尉，弘治十五年六月皇帝派王府右长史萧元谥；祭碑高50、宽100厘米，真书，字径3.3厘米		墓向西，墓周无建筑	单砖室券顶结构，浇灰浆	御祭碑已毁
244	将军墓	朝阳公社邓家村西500米处大水源头	据采访记录，墓前原有将军墓碑	高2、直径14米	墓向西，封土两翼有"扶手"，墓周有版筑夯土围墙一道；墓前有华表（素面八边形）	双砖室券顶结构，浇灰浆，残穴中观察原墓门以大青石板封堵，门石高105，宽98，厚17厘米	20世纪20年代被盗挖，封土、墓门石尚存
245	宗室墓	朝阳公社丫夫大队娘娘山前狮子岭		高1、直径9.5米	墓依山势向东，墓周无建筑	砖室券顶结构，浇灰浆，室数不明	245～247号墓同址，1958年被盗挖，砖已取走

续表

续表

编号	墓主	墓葬地址	墓（碑）志	封土情况	地面情况	地下情况	备注
246	宗室墓	朝阳公社丫夫大队娘娘山前狮子岭		高0.6、直径7米	墓依山势向东，墓周无建筑	单室土坑墓，浇灰浆	见245号墓说明
247	宗室墓	朝阳公社丫夫大队娘娘山前狮子岭		高2、直径9米	墓依山势向东，墓周无建筑	单砖室券顶结构，浇灰浆	见245号墓说明
248	宗室墓	朝阳公社朝阳砖厂乌山前鱼塘岭		高0.5、直径6米	墓向南，墓周无建筑	单砖室券顶结构，浇灰浆；盗后采到陶缸残片	248~252号墓同址，1958年被盗挖，砖已取走
249	宗室墓	朝阳公社朝阳砖厂乌山前鱼塘岭		高1.5、直径8米	墓向南，墓周无建筑	单砖室券顶结构，浇灰浆	见248号墓说明
250	宗室墓	朝阳公社朝阳砖厂乌山前鱼塘岭		高1.3、直径8.5米	墓前序列华表一对（素面八边形）	单砖室券顶结构，浇灰浆	1958年被盗挖，存残穴，华表已毁
251	奉国中尉朱仁桥合葬墓	朝阳砖厂广东司公村西200米处	据墓碑，朱仁桥生于嘉靖四十三年，葬于天启二年，子任旨、任肌、任胜、任口四人	高1、直径7米	墓向南，墓周无建筑	双砖室券顶结构，浇灰浆	见248号墓说明
252	宗室墓	朝阳砖厂广东司公村西200米处		高2、直径12.5米	墓向东，墓周无建筑	单砖室券顶结构，浇灰浆	见248号墓说明
253	宗室墓	尧山南麓风动工具厂宿舍区西北"烧箕岭"		高0.24、直径9米	墓向东，墓周无建筑	单砖室券顶结构，浇灰浆；盗后采到陶缸残片	253~268号墓在同一岭上，1958~1983年全被盗挖，存残穴

编号	墓主	墓葬地址	墓（碑）志	封土情况	地面情况	地下情况	备注
254	宗室墓	尧山南麓风动工具厂宿舍区西北"烧箕岭"		高 0.6、直径 9 米	墓向东，墓周无建筑	单砖室券顶结构，浇灰浆	见 253 号墓说明
255	宗室墓	尧山南麓风动工具厂宿舍区西北"烧箕岭"		高 0.3、直径 6 米	墓向东，墓周无建筑	单砖室券顶结构，浇灰浆	见 253 号墓说明
256	宗室墓	尧山南麓风动工具厂宿舍区西北"烧箕岭"		高 1、直径 7 米	墓向东，墓周无建筑	土坑墓室，浇灰浆；据采访内有志被土埋没过深，未挖出	见 253 号墓说明
257	宗室墓	尧山南麓风动工具厂宿舍区西北"烧箕岭"		高 1、直径 12 米	墓向东，墓周无建筑	双砖室券顶结构，浇灰浆；据盗墓者供，男室出土敛口鼓腹黑釉陶罐两件（破一件），女室出土青花双凤梅瓶两件	见 253 号墓说明
258	宗室墓	尧山南麓风动工具厂宿舍区西北"烧箕岭"		高 1.5、直径 16 米	墓向东，墓周无建筑	单砖室券顶结构，浇灰浆；据盗墓者供，该墓出土敛口鼓腹黑釉陶罐两件（破一件）	见 253 号墓说明
259	宗室墓	尧山南麓风动工具厂宿舍区西北"烧箕岭"		高 0.6、直径 7 米	墓向东，墓周无建筑	单砖室券顶结构，浇灰浆；盗后采到陶缸片	见 253 号墓说明

续表

编号	墓主	墓葬地址	墓（碑）志	封土情况	地面情况	地下情况	备注
260	宗室墓	尧山南麓凤动工具厂宿舍区西北"烧箕岭"		高1、直径6米	墓向东，墓周无建筑	单砖室券顶结构，浇灰浆；盗后采到陶缸片	见253号墓说明
261	宗室墓	尧山南麓凤动工具厂宿舍区西北"烧箕岭"		高1.4、直径12米	墓向东，墓周无建筑	双砖室券顶结构，浇灰浆	见253号墓说明
262	宗室墓	尧山南麓凤动工具厂宿舍区西北"烧箕岭"		高1、直径7米	墓向东，墓周无建筑	单砖室券顶结构，浇灰浆	见253号墓说明
263	宗室墓	尧山南麓凤动工具厂宿舍区西北"烧箕岭"		高0.7、直径8.5米	墓向东，墓周无建筑	单砖室券顶结构，浇灰浆	见253号墓说明
264	宗室墓	尧山南麓凤动工具厂宿舍区西北"烧箕岭"		高0.6、直径9米	墓向东，墓周无建筑	单砖室券顶结构，浇灰浆	见253号墓说明
265	宗室墓	尧山南麓凤动工具厂宿舍区西北"烧箕岭"		高0.7、直径13米	墓向西，墓周无建筑	双砖室券顶结构，浇灰浆；据盗墓者供出土敛口鼓腹陶魂坛两件，左（男）室出供，右（女）室出青花双凤梅瓶两件	1982年被盗
266	宗室墓	尧山南麓凤动工具厂宿舍区西北"烧箕岭"		高1.3、直径8.3米	墓向西，墓周无建筑	单砖室券顶结构，浇灰浆；盗后采到祭缸残片26.5厘米×15.5厘米×5厘米	1958年被盗挖，存残穴

续表

编号	墓主	墓葬地址	墓（碑）志	封土情况	地面情况	地下情况	备注
267	宗室墓	尧山南麓风动工具厂宿舍区西北"烧箕岭"		高0.2，直径8米	墓向西，墓周无建筑	墓葬形制同266号墓	1958年被盗挖，存残穴
268	宗室墓	尧山南麓风动工具厂宿舍区西北"烧箕岭"		高0.5，直径9米	墓向西，墓周无建筑	墓葬形制同266号墓	1958年被盗挖，存残穴
269	宗室墓	尧山南麓朝阳公社寨山脚村西凤岭		高0.6，直径7米	墓向西，墓周无建筑	单砖室券顶结构，浇灰浆	1958年被盗挖，存残穴
270	宗室墓	尧山南麓朝阳公社寨山脚村西凤岭		高2.3，直径12米	墓向西，墓周无建筑	双砖室券顶结构，浇灰浆	1958年被盗挖，存残穴
271	宗室墓	尧山南麓朝阳公社寨山脚村西凤岭		高0.6，直径8米	墓向西，墓周无建筑	单砖室券顶结构，浇灰浆	1958年被盗挖，存残穴
272	宗室墓	尧山南麓朝阳公社寨山脚村西凤岭		高1，直径9米	墓向西，墓周无建筑	双砖室券顶结构，浇灰浆	1958年被盗挖，存残穴
273	宗室墓	尧山南麓朝阳公社寨山脚村西凤岭		高1，直径6米	墓向西，墓周无建筑	单砖室券顶结构，浇灰浆	1958年被盗挖，存残穴
274	宗室墓	桂林至大圩公路三里店北半塘尾岭王半塘墓东3米处		高0.7，直径12米	墓向西，墓周无建筑	单砖室券顶结构，浇灰浆	1958年被盗挖，存残穴

续表

编号	墓主	墓葬地址	墓（碑）志	封土情况	地面情况	地下情况	备注
275	庄简王夫人陈氏墓	半塘尾岭莲花塘南侧	碑载陈氏为庄简王夫人，生于正德十年，殁于嘉靖十八年；碑高80、宽50厘米	高不明，直径9米	墓向西，墓周无建筑	单砖室券顶结构，浇灰浆	275～278号墓同址，现已在墓地原址建房
276	将军墓	半塘尾岭莲花塘南侧		高3.5、直径14米	墓向西，据采访，墓周原有版筑夯土围墙一道，墓前原列序列蹲狮、陵门、华表、勇士径马、翁仲，石作矮小，当为早期将军墓	三砖室券顶结构，浇灰浆六层，券拱砌砖厚0.66米，券高1.8米；三室每室宽1.6米，各仅一玄室，左右壁龛各一，头各一；左（男）室有厚漆残棺，出土敛口鼓腹陶黑釉陶罐两件，陶（泥）俑两尊（俑高85厘米，中（女）室残留墓主牙槽骨，无遗物；右室出土墓志	石作早毁，1979年3月因建设需要进行发掘
277	宗室墓	276号将军墓东20余米		直径12米	墓向西，墓周无建筑	双砖室券顶结构，浇灰浆	1958年被盗挖，仅存残穴
278	宗室墓	276号将军墓东20余米		封土顶部被盗挖，高度不明，直径12米	墓向西，墓周无建筑	双砖室券顶结构，浇灰浆	见277号说明

续表

编号	墓主	墓葬地址	墓（碑）志	封土情况	地面情况	地下情况	备注
补7	端懿王妃杨氏父杨观墓	桂林至大圩公路五里片区北莫家坪（村）母塘岭	志载杨观字国宾（1441～1500年），生于北京，曾祖父至父都是明有战功之将，天顺八年因妻发勇锦衣卫都指挥门达事发株连贬来广西，在广西历军职48年，镇压广西少数民族起义十余次，杀起义首领一千余人，弘治四年其长女入宫为端懿王妃，弘治十二年升广东都指挥佥事，两年后死于广东南诏，归葬于此；志高67，宽64，厚0.7厘米	高3.2，直径12.5米	墓向东，周有版筑围墙一道（尺寸不可测）；墓前原序列蹲狮、石作、翁仲，石作，享门，翁兽（详情不明）殿占地约20余亩	单砖室券顶结构，浇灰浆；分前、玄室，直券，前室横券，玄室；1978年8月配合基建清理，尚余敛腹黑釉陶罐两件、服饰、金箔、锡制酒壶、烛台、门扉、钥匙及一批北宋铜钱、墓志一合	被盗挖一次，1978年8月因力车厂基建拆除，石作早几年已拆毁
279	宗室墓	龙隐路南穿山大队部北，望城岗南麓		高1，直径9米	墓向西，墓周无建筑	单砖室券顶结构，浇灰浆	望城岗原有王墓群，20世纪60年代建疗养所时全部挖毁，情况不明
280	宗室墓	龙隐路南穿山大队部北，望城岗南麓		高1，直径9米	墓向西，墓周无建筑	单砖室券顶结构，浇灰浆	
281	宗室墓	桂林至罐头厂公路电线下岭上（羊帖岭邻岭）		高1，直径10米	墓向西，墓周无建筑	单砖室券顶结构，浇灰浆	墓室保存

续表

编号	墓主	墓葬地址	墓（碑）志	封土情况	地面情况	地下情况	备注
282	辅国将军朱约猎墓	桂林至大圩公路石化公司土地塘南	志载朱约猎是昭和王未规裕妃林氏的三子，救授辅国将军，夫人李氏，生三子俱授奉国中孙"邦"辈俱授奉国将尉，长兄朱约麒谥端懿王，次兄朱约麟辅国将军，长佐未经扶谥安肃王，嘉靖十八年盂冬玄石	直径 14 米	墓向西，墓周无建筑	单砖室券顶结构，浇灰浆；有墓志一合	282～286 号墓同址，20 世纪 60 年代建石化公司后挖毁
283	宗室墓	桂林至大圩公路石化公司土地塘南		直径 14 米	墓向西，墓周无建筑	单砖室券顶结构，浇灰浆	见 282 号墓说明
284	宗室墓	桂林至大圩公路石化公司土地塘南		直径 14 米	墓向西，墓周无建筑	单砖室券顶结构，浇灰浆	见 282 号墓说明
285	宗室墓	桂林至大圩公路石化公司土地塘南		直径 10 米	墓向西，墓周无建筑	单砖室券顶结构，浇灰浆	见 282 号墓说明
286	宗室墓	桂林至大圩公路石化公司土地塘南		直径 6 米	墓向西，墓周无建筑	单砖室券顶结构，浇灰浆	见 282 号墓说明
287	宗室墓	桂大公路南穿山公社和平大队乌石山南麓		直径 10 米	墓向南，墓周无建筑	单砖室券顶结构，浇灰浆	早年被盗挖
288	宗室墓	桂大公路北 301 工厂后黑地园岭		直径 12 米	墓向南，墓周无建筑	单砖室券顶结构，浇灰浆	早年被盗挖

编号	墓主	墓葬地址	墓（碑）志	封土情况	地面情况	地下情况	备注
289	宗室墓	桂大公路北301工厂后黑地园岭		直径10米	墓向南，墓周无建筑	单砖室券顶结构，浇灰浆	
290	宗室墓	桂大公路北301工厂后黑地园岭		直径8米	墓向南，墓周无建筑	单砖室券顶结构，浇灰浆	
291	宗室墓	桂大公路七里店东数米		直径7米	墓向西，墓周无建筑	砖室券顶结构，浇灰浆	修桂大公路时挖毁
292	宗室墓	桂大公路七里店西涵洞附近		高2，直径9米	墓向西，墓周无建筑	砖室券顶结构，浇灰浆	修桂大公路时挖毁
293	宗室墓	尧山东麓桂大公路朝阳公社马鞍村西南包子岭上西部		直径10米	墓向东，墓周无建筑	双砖室券顶结构，浇灰浆	被盗挖
294	□□中尉朱□合墓	尧山东麓桂大公路朝阳公社马鞍村西南包子岭东部（距293号墓15米）		高1，直径9米	墓向东，墓周无其他规制；据马鞍村社员讲原有墓碑，不知抬到什么地方架桥去了	双砖室券顶结构，浇灰浆；据盗墓者供，左（男）室出土青花八仙梅瓶两件，右（女）室出土数口数缸腹陶魂坛两件及祭缸残片等，无墓志	被盗挖
295	宗室墓	桂大公路东板木公社蒋家渡村天鹅岭（军分区酒厂东北400米）		高1，直径8米	墓向西，墓周无建筑	单砖室券顶结构，浇灰浆	被盗挖，295~299号墓相邻

续表

编号	墓主	墓葬地址	墓（碑）志	封土情况	地面情况	地下情况	备注
296	宗室墓	桂大公路东板木公社蒋家渡村天鹅岭（军分区酒厂东北 400 米）		高 1，直径 8 米	墓向西，墓周无建筑	单砖室券顶结构，浇灰浆	见 295 号墓说明
297	宗室墓	桂大公路东板木公社蒋家渡村天鹅岭（军分区酒厂东北 400 米）		高 1，直径 8 米	墓向西，墓周无建筑	单砖室券顶结构，浇灰浆	见 295 号墓说明
298	宗室墓	桂大公路东板木公社蒋家渡村天鹅岭（军分区酒厂东北 400 米）		高 1，直径 6 米	墓向西，墓周无建筑	单砖室券顶结构，浇灰浆，据采访，曾出土刻砖墓志一件，遗失	见 295 号墓说明
299	宗室墓	桂大公路东板木公社蒋家渡村天鹅岭（军分区酒厂东北 400 米）		高 1，直径 6 米	墓向西，墓周无建筑	墓葬形制同 298 号墓	见 295 号墓说明
300	宗室墓	蒋家渡大天鹅岭		直径 8 米	墓向西，墓周无建筑	双砖室券顶结构，浇灰浆；据采访，曾出土青花八仙梅瓶两件，均散失	
301	宗室墓	尧山东麓桂大公路东柘木公社蒋家渡东北大园岭		高 1，直径 11 米	墓向西，墓周无建筑	双砖室券顶结构，浇灰浆	1958 年被盗挖，仅存残穴

续表

编号	墓主	墓葬地址	墓（碑）志	封土情况	地面情况	地下情况	备注
302	宗室墓	尧山东麓桂大公路东栖木公社蒋家渡东北大园岭		高0.6，直径7米	墓向西，墓周无建筑	单砖室券顶结构，浇灰浆	1958年被盗挖，仅存残穴
303	富城县君朱氏、奉训大夫鲁□□合墓	蒋家渡（村）东北大园岭东（铁路北10米）	碑志载朱氏是靖江王府富城县君，适奉训大夫鲁□□，万历三十八年立石	高1，直径9.1米	墓向北，墓周无建筑	双券顶结构，浇灰浆；据采访，男室为石券，出土敛口鼓腹黑釉陶罐两件，各左右两壁龛一	1958年被盗，仅存残穴
304	宗室墓	尧山东麓大圩公社李家大队铁山圩东泼水山东麓		高1，直径9米	墓依山势向东，封土周整石（现已被拆去），墓周无建筑	形制不明	为靖江王墓群中最东一座，墓冢保存
305	福靖县君合墓	羊牯岭南麓（今榕城饭店内）	志载福靖县君是荣穆王女，宪定王孙女，生于万历二十年正月初六日，殁于万历四十五年七月初八日，下嫁刘养桂，志方形，边长54.5厘米	高3，直径6米	墓向西，墓周无建筑	双砖室券顶结构，浇灰浆，券拱砌砖六层，室高1.4，宽1.02，深2.94米，左右壁室龛各一；男（左）室无物，女（右）室出土青花釉里红梅瓶两件（高25~28，腹径约15厘米），胭脂铜盒一合，县君墓志一合	1981年10月榕城饭店工地保管不善遗失

续表

编号	墓主	墓葬地址	墓（碑）志	封土情况	地面情况	地下情况	备注
补8	奉国中尉朱圣山墓	三里店南羊牯岭西麓		高1.58、直径8米	墓向西，封土周整方石，前有墓碑，无其他建筑	三砖室券顶，浇灰浆；三单室，中男室、右女室，左右壁龛各一，无头龛；每室宽1，进深3，高1.8米，后壁绘有黄蓝色太极图；左、中室共出土青花梅瓶盖七件、银饰数件	1976年桂大路修建时挖掘
306	宗室墓	桂林至罐头厂和平大队乌石山山					1960年被盗挖，残存穴
307	宗室墓	和平大队梁房村后"新果园"岭上		直径10米	墓依山势向南，周无建筑，封土前有碑，被人为凿字，无法辨认	双砖室券顶结构，浇灰浆，每侧单室，砖规格28.5厘米×16.3厘米×4.5厘米	1983年被盗挖，残存穴
308	四辅国将军夫人墓	城西西山西麓工具厂后	据墓志，墓主应为四辅国将军朱赞俊后裔四辅国将军夫人，殁于弘治十三年		墓向西，周无建筑，封土前有碑	单砖室券顶结构，浇灰浆，据盗墓人供，出土青花梅瓶四件（已盗运出境）	1982年被黄树火等人盗挖

参与人员：赵 平 曾少立 周开保

刘 琦 顾全昆

执笔人：赵 平 曾少立

靖江王陵石像生调查记录表

桂林市靖江王陵文物管理处

1997 年

编号	名称	时代	尺寸（厘米）	保存状况	隶属关系
001	袖手翁仲（左）		高 290、宽 110、厚 50	严重风化	
002	袖手翁仲（右）		高 305、宽 110、厚 50	严重风化	
003	袖手翁仲（左）		高 240、宽 100、厚 45	右肩缺损，面部略有风化	
004	袖手翁仲（右）		高 240、宽 100、厚 50	完整	
005	秉笏翁仲（左）			已成碎块，难以复原	
006	秉笏翁仲（右）		残高 257、宽 125、厚 60	肩以上残缺	
007	卧象（左）			头颈皆缺，身体右侧碎裂	
008	卧象（右）		长 190、宽 58、连座高 130	鼻伸出部分残缺	
009	坐虎（右）		长 195、宽 50、连座高 145	右前腿缺损	
010	麒麟（左）		长 170、宽 50、连座高 150	完整	
011	麒麟（右）	崇祯四十年	长 185、宽 50、连座高 145	完整	M88 荣穆王陵
012	跪羊（左）		长 160、宽 50、连座高 140	头及身体左半侧残缺，严重风化	
013	跪羊（右）		长 175、宽 50、连座高 110	完整	
014	武士控马（左）		武士残高 280，马长 235、宽 50、高 200	武士全身风化严重且头与右手均缺损，马完整	
015	武士控马（右）		武士尺寸不明，马长 220、宽 50、高 190	武士断成两截且严重风化，马完整	
016	盘龙望柱（左）		残高 260、直径 60	柱下半部残缺	
017	守门坐狮（左）		长 170、宽 65、连座高 160	表面略有风化	
018	守门坐狮（右）		长 150、宽 70、连座高 160	完整	
019	袖手翁仲（左）		高 270、宽 105、厚 55	面部风化严重	
020	袖手翁仲（右）		高 270、宽 95、厚 55	完整	
021	袖手翁仲（左）	万历三十八年	高 240、宽 90、厚 55	完整	M113 宪定王陵
022	袖手翁仲（右）		高 230、宽 85、厚 50	肩部出现断裂纹	
023	秉笏翁仲（左）		高 345、宽 120、厚 70	完整	
024	秉笏翁仲（右）		高 355、宽 120、厚 62	完整	

编号	名称	时代	尺寸（厘米）	保存状况	隶属关系
025	卧象（左）		长210、宽60、连座高148	象鼻伸出部分缺损	
026	卧象（右）		长195、宽62、连座高154	同025号	
027	坐虎（左）		长220、宽56、连座高182	完整	
028	坐虎（右）		长215、宽60、连座高193	完整	
029	麒麟（左）		长180、宽60、连座高213	完整	
030	麒麟（右）		残长140、宽58、连座残高163	齐腰折断，头落于地，上肢及胸部缺损	
031	跪羊（左）		长187、宽60、连座高140	完整	
032	跪羊（右）		长155、宽53、连座高158	头部略残损	
033	獬豸（左）		长170、宽50、连座高206	完整	
034	獬豸（右）		长165、宽60、连座高217	完整	
035	武士控马（左）	万历三十八年	武士高230、连臂宽150、厚40，马长240、宽50、厚55	完整	M113 宪定王陵
036	武士控马（右）		武士高250、连臂宽120、厚55，马长220、宽60、高160	完整	
037	盘龙望柱（左）		高410、直径50	完整	
038	盘龙望柱（右）		高430、直径52	完整	
039	守门坐狮（左）		长185、宽60、连座高220	完整	
040	守门坐狮（右）		长180、宽55、连座高195	前腿缺损	
041	圆首龟趺神道碑（左）		碑高310、宽98、厚24，龟趺长345、宽190、高75	碑面风化，字迹不辨	
042	圆首龟趺神道碑（右）		碑高300、宽94、厚18，龟趺长340、宽205、高100	碑面风化，字迹不辨；龟吻部残缺	
043	袖手翁仲（左）		高225、宽100、厚58	完整	
044	袖手翁仲（右）		高270、宽100、厚65	完整	
045	袖手翁仲（左）		高230、宽90、厚50	完整	
046	袖手翁仲（右）		高225、宽90、厚55	完整	
047	秉笏翁仲（左）		高365、宽140、厚70	完整	
048	秉笏翁仲（右）	万历十年	高370、宽132、厚75	经修补完整	M153 康僖王陵
049	卧象（左）		长200、宽60、连座高185	象鼻伸出部分残缺，经修补完整	
050	卧象（右）		长215、宽70、连座高184	同049号	
051	坐虎（左）		长180、宽65、连座高195	完整	
052	坐虎（右）		长175、宽68、连座高208	完整	
053	麒麟（左）		长160、宽55、连座高195	完整	

编号	名称	时代	尺寸（厘米）	保存状况	隶属关系
054	麒麟（右）	万历十年	长 155、宽 65、连座高 209	完整	M153 康僖王陵
055	跪羊（左）		长 185、宽 65、连座高 165	完整	
056	跪羊（右）		长 187、宽 69、连座高 176	完整	
057	獬豸（左）		长 165、宽 55、连座高 220	完整	
058	獬豸（右）		长 180、宽 59、连座高 218	完整	
059	盘龙望柱（左）		高 435、直径 60	完整	
060	盘龙望柱（右）		高 450、直径 66	完整	
061	武士控马（左）		武士高 250、连臂宽 135、厚 70，马长 185、宽 60、高 180	完整	
062	武士控马（右）		武士高 255、连臂宽 140、厚 70，马长 210、宽 65、高 180	完整	
063	守门坐狮（左）		长 160、宽 60、连座高 210	完整	
064	守门坐狮（右）		长 155、宽 63、连座高 190	完整	
065	圆首龟趺神道碑（左）		碑高 315、宽 95、厚 25，龟趺长 320、宽 190、高 65	碑面风化，字迹不辨	
066	圆首龟趺神道碑（右）		龟趺长 320、宽 210、高 68	碑身缺损	
067	秉笏翁仲（左）	明早期	高 235、宽 110、厚 65	完整	M160 墓主未明，根据墓葬规制及石刻风格特点确定为明代早期
068	秉笏翁仲（右）		高 240、宽 110、厚 60	完整	
069	武士控马（左）		武士残高 130、宽 90、厚 55，马长 210、宽 65、高 170	武士上半身缺损	
070	武士控马（右）		武士高 215、宽 90、厚 55，马长 235、宽 80、高 150	完整	
071	坐虎（左）		长 150、宽 55、残高 100	前腿俱缺损	
072	坐虎（右）		长 145、宽 60、高 95	完整	
073	跪羊（左）		长 185、宽 65、高 100	完整	
074	跪羊（右）		长 185、宽 60、高 105	完整	
075	宝珠顶素面八棱望柱（左）		高 250，八面柱每面宽 18.5	完整	
076	秉笏翁仲（左）	明早期	高 300、宽 110	正面卧倒，没入土中	M161 墓主未明，根据墓葬规制及石刻风格特点确定为明代早期
077	秉笏翁仲（右）		高 300、宽 120、厚 60	朝冠残损	
078	带鞍残马（左）		残长 220、宽 55、残高 120	头及四腿均残损	
079	带鞍残马（右）		残长 220、宽 70、残高 110	头及四腿均缺损	
080	残虎（左）		长 180、宽 50、残高 75	四腿均缺损	
081	残虎（右）		长 210、宽 65、残高 100	同 080 号	

编号	名称	时代	尺寸（厘米）	保存状况	隶属关系
082	跪羊（右）	明早期	长 190、宽 70、高 110	完整	M161 墓主未明，根据墓葬规制及石刻风格特点确定为明代早期
083	素面八棱望柱（右）		柱残高 110，八面柱每面宽 13～20，方形柱础边长 70、高 30	柱残断于柱础旁	
084	望柱（右，覆莲柱础）		方形柱础边长 75、高 51	柱身缺失，柱础完整	
085	残龟趺（左）		残长 190、宽 120、高 60	碑已缺失，龟趺头尾俱残损	
086	带鞍马（右）	宣德年间	长 220、宽 80、高 170	完整	M163 六辅将军朱赞伦墓
087	秉笏翁仲（右）		残高 195、宽 110、厚 55	头部缺损	
088	带鞍残马（左）		残长 150、宽 60、残高 100	头及四腿俱缺损	
089	跪羊（右）		长 170、宽 55、高 100	头部略残	
090	望柱柱础		方形柱础边长 60、高 15	柱身缺失，柱础完好	
091	残龟趺		残长 190、宽 120、高 80	碑身缺失；龟趺背有碑槽，龟趺头缺损	
092	袖手翁仲（左）	嘉靖四年	高 240、宽 110、厚 50	完整	M167 安肃王陵
093	袖手翁仲（右）		高 250、宽 105、厚 50	完整	
094	袖手翁仲（左）		高 210、宽 100、厚 45	完整	
095	袖手翁仲（右）		高 220、宽 95、厚 60	完整	
096	秉笏翁仲（左）		高 335、宽 150、厚 80	完整	
097	秉笏翁仲（右）		高 325、宽 145、厚 80	完整	
098	卧象（左）		长 230、宽 80、连座高 155	完整	
099	卧象（右）		长 210、宽 100、连座高 170	完整	
100	武士控马（左）		武士身高 215、连臂宽 120、厚 60，马长 230、宽 50、高 160	武士右手缺损，马完整	
101	武士控马（右）		武士身高 190、残宽 110、厚 55，马长 240、宽 65、高 160	同 100 号	
102	麒麟（左）		长 190、宽 66、连座高 172	完整	
103	麒麟（右）		长 195、宽 80、连座高 185	完整	
104	坐虎（左）		长 140、宽 80、高 130	兽座没入土中	
105	坐虎（右）		长 165、宽 75、高 120	兽身侧倒，完整兽座没入土中	
106	跪羊（左）		长 185、宽 65、高 128	兽座没入土中	
107	跪羊（右）		长 200、宽 70、连座高 138	完整	
108	坐狮（左）		长 175、宽 80、连座高 167	完整	
109	坐狮（右）		长 180、宽 70、连座高 172	完整	
110	素面八棱望柱（左）		残高 35，八面柱面宽 19、29 交替	柱身仅存根部	

编号	名称	时代	尺寸（厘米）	保存状况	隶属关系
111	蹲兽顶素面八棱望柱（右）	嘉靖四年	连柱础高425，八面柱面宽19、29交替	完整	M167 安肃王陵
112	守门坐狮（左）		长170、宽70、连座高175	完整	
113	守门坐狮（右）		长160、宽72、连座高171	完整	
114	圆首龟跌"靖江安肃王神道碑"（左）		碑高305、宽120、厚32，龟跌长310、宽210、高85	完整	
115	圆首龟跌神道碑（右）		碑高300、宽115、厚30，龟跌长280、宽210、高80	碑面风化，字迹不清；龟跌头尾略残	
116	中门守门坐狮（左）	天顺二年	长155、宽60、连座高171	完整	M171 怀顺王陵
117	中门守门坐狮（右）		长143、宽70、连座高172	足部幼狮略残	
118	秉笏翁仲（左）		高325、宽130、厚70	完整	
119	秉笏翁仲（右）		高322、宽130、厚80	完整	
120	武士控马（左）		武士高235、宽120、厚60，马长235、宽60、高140	武士右臂缺损	
121	武士控马（右）		武士高270、宽120、厚55，马长245、宽90、高145	武士左臂缺损	
122	坐虎（左）		长165、宽92、连座高188	完整	
123	坐虎（右）		长165、宽97、连座高190	完整	
124	跪羊（左）		长200、宽76、连座高163	完整	
125	跪羊（右）		长196、宽80、连座高152	完整	
126	顶兽素面八棱望柱（左）		连柱础高360，八面柱每面宽24	顶兽残损，存臀部	
127	顶兽素面八棱望柱（右）		连柱础高394，八面柱每面宽25	完整	
128	守门坐狮（左）		长88、宽43、残高90	头缺损	
129	守门坐狮（右）		长95、宽42、残高115	头部及前左腿残缺	
130	圆首龟跌神道碑（左）		碑高283、宽94、厚16，龟跌长270、宽165、高75	碑面风化，字迹难辨；龟跌左后部大块缺损	
131	袖手翁仲（左）	万历年间	高230、宽80、厚55	完整	M172 恭惠王次妃郑氏墓
132	袖手翁仲（右）		高240、宽97、厚40	完整	
133	袖手翁仲（左）		高217、宽95、厚40	完整	
134	袖手翁仲（右）		高210、宽110、厚47	完整	
135	秉笏翁仲（左）		高327、宽150、厚75	完整	
136	秉笏翁仲（右）		高327、宽140、厚70	完整	

编号	名称	时代	尺寸（厘米）	保存状况	隶属关系
137	卧象（左）	万历年间	长 200、宽 65、连座高 168	象鼻伸出部分残缺	M172 恭惠王次妃郑氏墓
138	卧象（右）		长 190、宽 56、连座高 185	同上	
139	麒麟（左）		长 165、宽 56、连座高 188	完整	
140	麒麟（右）		长 150、宽 56、高 165	兽座没入土中	
141	顶兽素面八棱望柱（右）		高 344，八面柱每面宽 16、32 交替	柱础没入土中	
142	守门坐狮（左）		长 150、宽 56、连座高 193	完整	
143	守门坐狮（右）		长 142、宽 62、连座高 188	完整	
144	袖手翁仲（左）	万历二十一年	残高 180、宽 100、厚 40	头部缺损	M173 康僖王次妃赵氏墓
145	袖手翁仲（左）		高 250、宽 90、厚 45	完整	
146	袖手翁仲（左）		高 240、宽 90、厚 50	完整	
147	袖手翁仲（右）		高 260、宽 100、厚 50	完整	
148	秉笏翁仲（左）		残高 244、宽 145、厚 60	头残缺	
149	秉笏翁仲（右）		高 370、宽 145、厚 60	朝笏残断	
150	顶兽素面八棱望柱（左）		高 351，八面柱每面宽 21	柱断成两截倒于地	
151	顶兽素面八棱望柱（右）		残高 185，八面柱面宽 21	柱顶及柱根残缺倒地	
152	守门坐狮（左）		长 142、宽 59、连座高 235	完整	
153	守门坐狮（右）		长 170、宽 58、连座高 212	完整	
154	袖手翁仲（左）	弘治二年	高 205、宽 85、厚 45	完整	M176 昭和王陵
155	袖手翁仲（右）		高 215、宽 92、厚 50	完整	
156	袖手翁仲（左）		高 195、宽 90、厚 45	左臂略残	
157	袖手翁仲（右）		高 188、宽 85、厚 50	完整	
158	秉笏翁仲（左）		高 315、宽 145、厚 75	完整	
159	秉笏翁仲（右）		高 320、宽 150、厚 75	完整	
160	卧象（左）		长 215、宽 90、连座高 155	完整	
161	卧象（右）		长 210、宽 87、连座高 176	完整	
162	武士控马（左）		武士高 240、连臂宽 128、厚 55，马长 230、宽 85、高 160	完整	
163	武士控马（右）		武士高 235、连臂宽 100、厚 70，马长 235、宽 80、高 175	武士面部风化，右臂残损	
164	麒麟（左）		长 205、宽 65、连座高 182	完整	
165	麒麟（右）		长 185、宽 70、连座高 196	完整	
166	坐虎（左）		长 185、宽 70、连座高 180	完整	

编号	名称	时代	尺寸（厘米）		保存状况	隶属关系
167	坐虎（右）	弘治二年	长190、宽74、连座高180		完整	M176 昭和王陵
168	跪羊（左）		长175、宽68、连座高152		完整	
169	跪羊（右）		长170、宽60、连座高145		完整	
170	坐狮（左）		长170、宽60、连座高175		前足部幼狮残损	
171	坐狮（右）		长165、宽65、连座高162		完整	
172	素面八棱望柱（左）		连柱础残高132，八面柱每面宽22		柱上部缺损	
173	素面八棱望柱（右）		连柱础残高137，八面柱每面宽22		同172号	
174	守门坐狮（左）		长175、宽75、连座高143		前足部幼狮残损	
175	守门坐狮（右）		长165、宽80、连座高135		完整	
176	圆首龟趺神道碑（左）		碑高320、宽95、厚22，龟趺长300、宽200、高120		碑面风化，字迹不辨；龟趺头部残损	
177	圆首龟趺神道碑（右）		碑残高32、宽95、厚22，龟趺长291、宽200、高110		碑身自根部缺损	
178	袖手翁仲（左）	万历十八年	高260、宽100、厚50		完整	M177 温裕王陵
179	袖手翁仲（右）		高275、宽105、厚60		完整	
180	袖手翁仲（左）		高245、宽90、厚60		完整	
181	袖手翁仲（右）		高240、宽85、厚50		完整	
182	秉笏翁仲（左）		高340、宽140、厚60		朝笏上端残损	
183	秉笏翁仲（右）		高355 宽140、厚60		同182号	
184	卧象（左）		长213、宽60、连座高186		象鼻伸出部分缺损	
185	卧象（右）		长220、宽56、连座高185		同184号	
186	坐虎（左）		长220、宽65、连座高204		完整	
187	坐虎（右）		长220、宽60、连座高174		前腿缺损	
188	麒麟（左）		长190、宽65、连座高242		完整	
189	麒麟（右）		长180、宽65、连座高240		完整	
190	跪羊（左）		长220、宽60、连座高191		完整	
191	跪羊（右）		长190、宽63、连座高180		完整	
192	獬豸（左）		长175、宽60、连座高232		完整	
193	獬豸（右）		长200、宽62、连座高235		完整	
194	武士控马（左）		武士高260、连臂宽150、厚60，马长240、宽65、高185		完整	
195	武士控马（右）		武士高255、连臂宽140、厚50，马长242、宽60、高180		完整	

编号	名称	时代	尺寸（厘米）	保存状况	隶属关系
196	盘龙望柱（左）	万历十八年	高380、柱直径70	完整	M177 温裕王陵
197	盘龙望柱（右）		高438、柱直径78	完整	
198	守门坐狮（左）		长175、宽60、连座高232	完整	
199	守门坐狮（右）		长165、宽68、连座高215	完整	
200	龟趺碑座（左）		长330、宽210、高25	碑身缺损	
201	龟趺碑座（右）		长290、宽200、高23	同200号	
202	秉笏翁仲（右）	万历十八年	高230、宽100、厚65	完整	M180 将军墓
203	武士控马（左）		武士高220、宽100、厚55，马长220、宽60、高170	武士右臂残缺	
204	武士控马（右）		武士残高140、宽100、厚55，马尺寸不明	武士肩部以上残缺，马仅辨马鞍	
205	秉笏翁仲（左）	明早期	高165、宽60、厚70	完整	M181 当地百姓称为娘娘坟，从石刻组合及风格特征分析，应为明早期靖江王夫人墓
206	秉笏翁仲（右）		高160、宽60、厚70	完整	
207	站马（左）		长160、宽60、高120	完整	
208	站马（右）		长160、宽60、高120	完整	
209	跪羊（左）		长130、宽60、高70	完整	
210	跪羊（右）		长130、宽60、高70	完整	
211	顶球素面八棱望柱（左）		柱高240，八面柱每面宽16	完整	
212	顶球素面八棱望柱（右）		尺寸不明	柱身布满野藤，柱顶长一小树，柱底没入土中	
213	袖手翁仲（左）	正德十一年	高240、宽100、厚65	完整	M184 端懿王陵
214	袖手翁仲（右）		高230、宽105、厚50	完整	
215	袖手翁仲（左）		高190、宽90、厚60	完整	
216	袖手翁仲（右）		残高150、宽90、厚50	头残缺	
217	秉笏翁仲（左）		高345、宽140、厚90	完整	
218	秉笏翁仲（右）		高370、宽170、厚110	完整	
219	卧象（左）		长210、宽110、连座高192	完整	
220	卧象（右）		长190、宽80、连座高175	完整	
221	武士控马（左）		武士高235、宽135、厚75，马长235、宽75、高180	武士右臂残缺	
222	武士控马（右）		武士高220、宽115、厚70，马长250、宽80、高170	武士左臂残缺	
223	麒麟（左）		长195、宽76、连座高194	完整	
224	麒麟（右）		长195、宽72、连座高182	完整	
225	坐虎（左）		长180、宽80、连座高180	完整	
226	坐虎（右）		长170、宽80、连座高175	完整	

编号	名称	时代	尺寸（厘米）	保存状况	隶属关系
227	跪羊（左）	正德十一年	长 170、宽 65、连座高 145	完整	M184 端懿王陵
228	跪羊（右）		长 160、宽 65、连座高 140	兽座前侧嵌入民坟	
229	坐狮（左）		长 175、宽 70、连座高 215	兽座前侧嵌入民坟	
230	坐狮（右）		长 170、宽 74、连座高 188	完整	
231	顶兽素面八棱望柱（左）		连柱础高 350，八面柱每面宽 24	顶兽残损	
232	顶兽素面八棱望柱（右）		连柱础高 430，八面柱每面宽 24	顶兽头部残缺	
233	守门坐狮（左）		长 195、宽 70、连座高 173	完整	
234	守门坐狮（右）		长 185、宽 100、连座高 187	兽座左侧嵌入民坟	
235	圆首龟趺神道碑（右）		碑高 245、宽 107、厚 28	碑面风化，仅辨"明靖江□□王□杨"数字；龟趺没入土中仅露出头部	
236	袖手翁仲（左）	万历五年	残高 157、宽 73、厚 35	头部缺损	M187 恭惠王次妃刘氏墓
237	袖手翁仲（右）		残高 180、宽 75、厚 42	同 236 号	
238	袖手翁仲（左）		高 245、宽 85、厚 45	完整	
239	袖手翁仲（右）		高 260、宽 95、厚 45	完整	
240	袖手翁仲（左）		高 225、宽 85、厚 45	完整	
241	袖手翁仲（右）		残高 200、宽 90、厚 50	头部缺损	
242	秉笏翁仲（左）		高 315、宽 135、厚 70	朝笏上端残缺	
243	秉笏翁仲（右）		高 335、宽 145、厚 80	同 242 号	
244	麒麟（左）		长 165、宽 56、连座高 197	完整	
245	麒麟（右）		长 170、宽 50、连座高 213	完整	
246	獬豸（左）		长 170、宽 63、连座高 215	完整	
247	獬豸（右）		长 150、宽 60、连座高 218	完整	
248	卧象（左）		长 215、宽 58、连座高 186	象鼻伸出部分缺损	
249	卧象（右）		长 205、宽 53、连座高 178	同 248 号	
250	蹲兽顶素面八棱望柱（左）		连柱础高 310，八面柱每面宽 23	顶兽残损，仅存兽足	
251	素面八棱望柱（右）		连柱础高 452，八面柱每面宽 23	完整	
252	守门坐狮（左）		长 150、宽 59、连座高 202	完整	
253	守门坐狮（右）		长 165、宽 65、连座高 202	完整	
254	龟趺碑座（左）		长 290、宽 175、高 65	碑缺失，龟趺背有碑槽	
255	坐狮（左）	万历二十三年	长 150、宽 60、连座高 205	完整	M188 奉国将军朱履祥墓
256	坐狮（右）		长 150、宽 60、连座高 185	完整	

续表

编号	名称	时代	尺寸（厘米）	保存状况	隶属关系
257	蹲兽顶素面八棱望柱（左）	万历二十三年	连柱础高400，八面柱每面宽17	顶兽残损，仅存兽足	M188奉国将军朱履祥墓
258	蹲兽顶素面八棱望柱（右）		连柱础高415，八面柱每面宽17	顶兽头部残损	
259	守门坐狮（左）	明早期	长165、宽80、连座高165	完整	奉祠遗址
260	袖手翁仲（左）	成化五年	高235、宽110、厚60	完整	M193庄简王陵
261	袖手翁仲（右）		高235、宽110、厚60	完整	
262	袖手翁仲（左）		高195、宽90、厚45	完整	
263	袖手翁仲（右）		高190、宽95、厚45	完整	
264	秉笏翁仲（左）		高300、宽150、厚73	完整	
265	秉笏翁仲（右）		高335、宽150、厚80	完整	
266	卧象（左）		长195、宽75、连座高175	完整	
267	卧象（右）		长200、宽80、连座高175	完整	
268	武士控马（左）		武士高215、宽110、厚55，马长220、宽65、高165	完整	
269	武士控马（右）		武士高225、宽135、厚50，马长215、宽65、高160	完整	
270	麒麟（左）		长170、宽65、连座高180	完整	
271	麒麟（右）		长200、宽65、连座高195	完整	
272	坐虎（左）		长190、宽70、连座高188	完整	
273	坐虎（右）		长195、宽60、连座高182	完整	
274	跪羊（左）		长180、宽62、连座高181	完整	
275	跪羊（右）		长200、宽64、连座高144	完整	
276	坐狮（左）		长175、宽72、连座高173	完整	
277	坐狮（右）		长160、宽66、连座高168	完整	
278	顶球素面八棱望柱（左）		连柱础高346，八面柱面宽14、26交替	完整	
279	顶球素面八棱望柱（右）		连柱础高356，八面柱每面宽21	完整	
280	守门坐狮（左）		长155、宽70、连座高173	完整	
281	守门坐狮（右）		长170、宽75、连座高175	完整	
282	袖手翁仲（左）	隆庆六年	高230、宽100、厚50	完整	M195恭惠王陵
283	袖手翁仲（右）		高235、宽100、厚55	完整	
284	袖手翁仲（左）		高210、宽95、厚50	完整	
285	袖手翁仲（右）		高210、宽90、厚65	完整	
286	秉笏翁仲（左）		高315、宽140、厚80	完整	
287	秉笏翁仲（右）		高335、宽145、厚85	完整	

编号	名称	时代	尺寸（厘米）	保存状况	隶属关系
288	卧象（左）		长 210、宽 60、连座高 176	象鼻伸出部分缺损	
289	卧象（右）		长 220、宽 70、连座高 185	同 288 号	
290	武士控马（左）		武士高 230、宽 140、厚 65，马长 230、宽 78、高 170	完整	
291	武士控马（右）		武士高 240、宽 132、厚 55，马长 220、宽 75、高 195	完整	
292	麒麟（左）		长 190、宽 60、连座高 198	完整	
293	麒麟（右）		长 180、宽 70、连座高 202	完整	
294	坐虎（左）		长 180、宽 65、连座高 185	完整	
295	坐虎（右）		长 170、宽 65、连座高 207	完整	
296	跪羊（左）	隆庆六年	长 170、宽 60、连座高 161	完整	M195 恭惠王陵
297	跪羊（右）		长 185、宽 65、连座高 160	完整	
298	獬豸（左）		长 170、宽 65、连座高 214	完整	
299	獬豸（右）		长 185、宽 60、连座高 217	完整	
300	顶兽素面八棱望柱（左）		连柱础高 355，八面柱每面宽 24	顶兽残损，仅存兽足	
301	顶兽素面八棱望柱（右）		连柱础高 410，八面柱每面宽 25	完整	
302	守门坐狮（左）		长 160、宽 60、连座高 187	完整	
303	守门坐狮（右）		长 145、宽 60、连座高 185	完整	
304	圆首龟趺神道碑（左）		碑高 310、宽 102、厚 24，龟趺长 280、宽 210、高 80	碑面风化，字迹不清；龟趺头略残	
305	圆首龟趺神道碑（右）		碑高 310、宽 102、厚 24，龟趺长 280、宽 220、高 85	碑面风化，字迹不清	
306	秉笏翁仲（左）		高 210、宽 90、厚 50	严重风化	
307	翁仲（右）		高 205、宽 100、厚 50	扑倒于地，头部有大裂缝	M197 从墓葬规制和石刻特点分析定为明早期靖江王府将军墓
308	坐虎（左）	明早期	长 120、宽 160、高 90	前腿缺	
309	坐虎（右）		长 130、宽 50、高 70	完整	
310	卧羊（右）		长 180、宽 50、高 100	完整	
311	龟趺碑座（右）		长 190、宽 140、高 60	龟背有碑槽	
312	袖手翁仲（左）		高 200、宽 80、厚 50	完整	
313	袖手翁仲（右）		高 180、宽 80、厚 45	完整	
314	武士控马（左）	宣德六年	武士高 180、宽 80、厚 45，马长 230、宽 60、高 145	武士右臂缺损	M202 八辅将军朱赞储墓
315	武士控马（右）		武士高 170、宽 70、厚 40，马长 195、宽 60、高 140	完整	
316	坐虎（左）		长 170、宽 60、高 120	完整	

续表

编号	名称	时代	尺寸（厘米）	保存状况	隶属关系
317	坐虎（右）	宣德六年	长 170、宽 60、高 120	完整	M202 八辅将军 朱赞储墓
318	卧羊（左）		长 180、宽 60、高 80	完整	
319	卧羊（右）		长 170、宽 60、高 80	完整	
320	螭首龟趺神道碑（左）		碑高 230、宽 110、厚 20，龟趺长 200、宽 145、高 70	碑面风化，字迹不清	
321	秉笏翁仲（左）	永乐六年	高 283、宽 120、厚 85	朝笏上端残损	M170 悼僖王陵
322	秉笏翁仲（右）		高 290、宽 120、厚 80	同 321 号	
323	武士控马（左）		武士高 190、宽 105、厚 55，马长 265、宽 70、高 155	武士右臂残损	
324	武士控马（右）		武士高 185、宽 95、厚 40，马长 270、宽 50、高 160	武士左臂残损	
325	坐虎（左）		长 145、宽 60、高 120	完整	
326	坐虎（右）		长 125、宽 60、高 120	完整	
327	跪羊（左）		长 190、宽 80、高 110	完整	
328	跪羊（右）		长 175、宽 70、高 100	完整	
329	坐虎	不明	长 150、宽 60、高 115	完整	不明
330	盘龙望柱		柱高 340、柱直径 43、柱础高 30	柱与柱础分离，柱倒地	
331	坐狮		长 105、宽 60、高 102	完整	
332	坐狮		长 110、宽 60、高 110	完整	
333	翁仲		残高 155、宽 90、厚 35	头缺损，扑倒于地	

参与人员：曾祥忠　易仕敏　秦忆红　吴武彪

执　笔　人：曾祥忠

安肃王陵和宪定王陵发掘工作报告

广西壮族自治区博物馆　桂林市文物管理小组

1972 年

　　为了贯彻执行毛主席"古为今用"的方针，在自治区党委和桂林市党委直接领导下，自治区博物馆和桂林市文物管理小组共同组建靖江王墓发掘工作组，得到有关部门和大河、朝阳两公社党委和社员的大力支援，于 1972 年 9 月 11 日至 10 月 7 日发掘了王墓中的安肃王和宪定王两座墓葬，揭露了两座王墓的山墙、墓门及墓葬部分轮廓，清理了墓室，获得出土文物一百余件，并进行了绘图、照相、记录和集成资料。这些文物提供了了解和研究明代封建典章制度和广西地区藩王的实物资料。

　　安肃、宪定两王墓相距约两千米，为了争取时间完成任务，我们把发掘组分成两个工作小组，采取两墓同时发掘分工负责和互相照顾的方法进行。（图一、二）

图一　靖江安肃王墓墓室发掘情况　　图二　靖江宪定王墓墓室发掘情况

一　安肃王墓

　　墓葬位于桂林市东郊尧山西麓南段，距挂子山北面约 300 米，占地约 21 亩，墓向西偏南 10°。

该墓历代均被破坏，1962 年青狮潭水库东渠工程正通过封土前面，从而把封土和享堂隔开。这些给发掘工作带来了困难。为了保护水渠，同时不使水流入墓室，发掘时只能在封土前端和渠道之间的狭窄地段挖掘一个长方形坑井式的槽沟，把王墓山墙整个暴露，现出墓室轮廓，人员勉强可以出入墓室操作。环境限制也只能这样发掘。

发掘工作采取半揭开式，按照发掘砖室墓的方法，由封土前端切下寻找墓门。挖至深约 2 米发现墓室山墙脊顶，再从山墙檐面下挖 30 厘米左右，出现大石垒叠的一壁石墙与山墙平行，其厚度 1～2 米，深至墓门底部，石与石之间填石灰浆合固。这些石块极不规整，有尖状的，有多角形的，把它全部拆掉，共 700 多块，是防盗用的护门石。

墓葬建制可分为地面、地下两部分。

1. 地面建置

（1）外围墙

原系土筑版墙，盖以琉璃瓦，高度不详，现存残基最高 1.5 米左右，呈长方形，南北宽 80、东西长 184 米，正面开一大门，已毁，石砌残基尚存。门两侧各置石蹲狮一座，门内庭院中央有通道，通道两侧陈设有华表、狮、羊、虎、麒麟、马夫及马、象、执笏翁仲、神道碑及碑亭各一座。

（2）内围墙

在外围墙内后段，也呈长方形，宽 40、长 84.5 米，现存残基。正面有中门，居于平台之上，有一石级和通道相接，门内庭院两侧各置男女侍者一座，身后为享堂，从残存柱础看，宽作三间，进深也三间，共九间。享殿前面有一平台，平台前段砌一石级通往庭院。享堂之后为封土，基底围以石块，高 50～60 厘米，其上填土，呈尖状形，故整个封土形如圆帐篷，直径 24、高 8 米。

2. 地下建置

墓室埋没在封土下，系青砖砌建，结构精致，正面建一壁山墙，山墙脊顶及檐面均盖琉璃瓦，四面出檐。墓室分左右两室，两室门同一山墙，室内各有前室、甬道、中门、玄室、头龛和左右壁龛。玄室后砌一棺床，床宽 102、长 225、高 42 厘米，前段作一平台，台基作座式，呈正方形，边长 50 厘米，正面镶以特别制作的塑花薄砖块，棺床中段和后段的中央开一长槽，宽 40、深 30 厘米，这一设施可能是为死者流积腐水用的。

墓室底部系用正方形薄砖铺设，中室和玄室各有一个顶门石的槽，石槽系用石料凿成，顶门石条平倒于其旁，门扉系木质，已腐朽。该墓被盗两次，盗洞均在左室，一从山墙脊顶中挖下，毁及砖墙，避开护门石，沿墙壁左边拆一道墙砖，而后打破墓门顶部，洞穴呈曲尺形，宽 50 厘米左右；另一处从玄室后左上角挖下，呈四方形的洞，宽 50 厘米左右，洞口下面堆积大量泥土，掩埋棺床及其四周，因而部分随葬品得以保存，未被盗走。从这些情况推测，此为第一次盗挖所致。右室没有盗洞，但妃的随葬品被盗一空，应是由左室右壁龛找一洞通过去的。

墓志石放在墓室甬道，贴于中门的地袱中央，志盖被打裂成数块。妃志石则放在墓门外，紧贴封门砖，志底在前，志盖在后，两者合起，用两圈铜束扎着，再加上四个铜楔塞紧。两墓志的文字风化很严重，已模糊莫辨。

3. 出土文物

出土文物计有玉器、金器、银器、铜器、铁器、瓷器、陶器等类，但多已破碎不完整，位置也已改变，其陈列规制无从获悉。

（1）玉器类

有长方形玉牌十件，方形小玉牌三件，鸡心形玉牌四件。玉牌正面光滑，背面镂穿小孔三四对，孔内残留银质线纽。这些玉牌当是佩戴用饰物，如何用法、用意何在尚待研究。

（2）金器类

"长生不老"大钱一枚，"长生不老，永寿无穷"小钱五枚，"不老"戒指半环，刻花袋形饰一件，镶珠饰一件（缺珠）。

（3）银器类

"长生不老"钱七枚，小香粉罐一件，小罐盖两件，筷子一件，小帐钩一件，"百年增福禄，千岁永团圆"牌一件。

（4）铜器类

圹志束两环，圹志楔七件，小铜锁五件，锁匙一件，长柄刀形器一件，小提梁八件，簪形器两对，勺形器一件，器骨架两件，鎏金饰件一截，活页箱牌五件。

（5）铁器类

铁环一件，已断裂数截。

（6）瓷器类

青花人物瓶两件，一件破裂碎。

（7）陶器类

陶瓶两件（均破），有流壶一件，有釉陶碟三件，有釉陶碗六件，镂空器座两件（均断碎），陶壶一件（破缺），陶缸两件（均破碎不完整）。

该墓为朱经扶及其妃徐氏合葬墓。朱经扶系靖江王第七代，死于明嘉靖四年三月初十日（1525年），谥安肃王，葬于嘉靖五年十一月十一日；其妃徐氏，册封正妃，死于嘉靖三十三年，嘉靖三十四年合葬于安肃王墓右室。

二　宪定王墓

墓葬位于尧山南麓北端，距祝圣寺北100米左右，高居于山坡之上，占地8亩多，墓向西偏南30°。

该墓系王墓中规模较小的一座，根据墓向方位，我们由封土西面发掘，切开其正面封土，使墓室山墙全面暴露，拆除墓门封砖，清理墓室，从而使墓室和享堂联系起来。

从封土南侧下挖2.7米即发现山墙（脊）顶，因而得知墓室埋土深2.7～4米，沿山墙脊顶南侧檐面下挖30厘米发现护门石，护门石砌叠规整，石块多系四角形，底面略平整，在近墓门处的较为大块，分层叠垒，从墓门脚起高至山墙滴檐，全部拆除，共计500余块。石块中有些在底部凿有"天""子""干""万""刘""寸""了""中""之""る""才"等字样，其中以"天"字较多，这些字是石工有意识的刻凿，具体用意何在不得而知。

该墓被盗一次，盗洞从山墙左角脊顶挖下，破坏一部分脊顶，沿壁墙直下，打破墓门顶部。1969年夏季，大河公社潘家大队拟以之作防空洞，从封土后背挖下一个大洞，打破妃室左上角，致使大量的泥土从洞穴流入室内，妃墓的棺床被整个掩埋。

墓葬建置可分为地面和地下两部分。

1. 地面建置

(1) 外围墙

呈长方形，南北宽48、东西长120米，墙已塌，仅存残基。墙的正前面有大门，已塌。门外两侧各有石蹲狮一座，门内庭院两侧陈列有华表、马夫及马、狻猊、羊、麒麟、虎、执笏翁仲、神道碑及碑亭各一座（碑亭已塌）。

(2) 内围墙

在外围墙内后段，呈长方形，南北宽38、东西长72米。正面开一中门，门居于平台之上，有一石级通外庭院，中门内庭院两侧各设有男女侍者一座。再上为享堂，堂基高于庭院约1.5米，柱础已被拆毁，间数无从得知。享堂前为一小平台，其前端设有石级与内庭通，享堂之后背即封土。

2. 地下建置

墓室埋在封土下，系用火砖砌建，分左右两室。正面建山墙，高4.44米，顶盖琉璃瓦，顶脊砌以薄琉璃砖片，脊两端各饰鸱吻，两侧檐脊各饰悬兽。形制和安肃王墓没有不同之处。

左右两室各开墓门，同一山墙，结构相同，有墓门、前室、甬道、中门、玄室、头龛、左右壁龛，室内各部均作券顶。除各龛内涂以红色灰沙外，其余部分涂以蓝色灰沙，并以白灰浆划出砖块线条。玄室后段棺床长250、宽50、高56厘米，前端为一正方形平台，边长50厘米，作座式，正面镶以薄花砖。棺床中段和后段的中央开一长槽，宽20、深约30厘米，底部筑鸽蛋石混红土，可能是给死者流积腐水用的。

墓室底部全用正方形蓝色薄砖铺砌，前室和玄室各有一个顶门石的槽，槽系用石料凿成。门已腐朽，存顶门石条侧倒于槽旁。

王和妃的圹志石均放在各自的中门外地祇中央。王的志盖被打破成三块，志底被移动位置。妃志倒下，位置也稍有变动。

3. 出土文物

由于被盗，随葬品被窃取一空，留下来的小件器物是被石灰浆盖没了的，挖取时要打碎石灰胶结层才能取出。未被盗走的瓷器和陶器也被打碎，仅残存部分碎片。

（1）玉器类

长方形小玉牌一件，器形小，正面光滑，背面钻半穿孔四个，当是佩饰物。残玉器半截，红白两色，刻划有纹线。

（2）铜器类

锁匙三件，一件存于王室，两件存于妃室，系墓门锁匙，锁已被盗。圹志铜束一截，存于妃室。鎏金镶边铜片两件，一件存王室，一件存妃室，系木器的镶边铜片，木器已朽。

（3）银器类

舌形银饰一件，正面刻字。

（4）陶器类

小陶碗一件，酱油色小盏一件。

（5）瓷器类

青花瓷瓶两件均破碎不全。

墓主人为朱任晟及其妻白氏。朱任晟系靖江王第十一代，初封辅国将军，万历二十年（1593年）八月初六日进封靖江王，其妻同日册封正妃。任晟死于万历三十六年十二月二十六日，于万历三十八年十二月十三日葬。白氏死于万历三十七年八月初十日，于万历三十八年十二月十三日合葬于宪定王墓右室。

任晟系恭惠王朱邦苧（靖江王第八代）庶次子。邦苧传位庶子任昌，任昌传位其子履焘。任晟袭履焘位，是叔侄位。就以上情况分析，可能履焘无后，而任昌也只一子，否则任晟不能袭王位。

三　小结

从两座王墓的发掘资料和安肃王神道碑记述，靖江王官属亲王之半，禄视郡王，《明史》和《续文献通考》记载，正统十三年定亲王茔地为五十亩、房十五间，郡王茔地为三十亩、房九间，安肃、宪定两墓系正统以后，其营建基本是符合规制的。

靖江王由朱守谦起共传十四代，从其子朱赞仪起定居桂林，也从朱赞仪起，这一支朱家王族才在死后埋葬于尧山一带，尧山自此成为他们的陵园。从已发掘的两座王墓和过去调查了解的资料，尧山的王墓是十一座。朱守谦早期来过桂林，后来被调回南京，之后又去云南，再被调回南京，晚年被废职禁锢在南京，王位也丢掉了。洪武二十五年朱守谦死于南京，未见有谥。就其情况分析，朱赞仪即使将朱守谦运来桂林埋葬，也不能以王制营葬，这是可以理解的。最后一代靖江王朱亨嘉虽然袭了王位，但后被瞿式耜所杀（一说押去福建被杀），姑无论其死于何处，当时明朝已亡，靖江王也随之湮灭，自然也就没有谥号。这些情况和十一座王墓可以互证。

《明史》记述靖江王历代王传，第三代庄简王死于成化五年，子相承先卒，"孙昭和王规裕嗣"，朱相承未袭王而先死，当然也就没有谥。但在安肃王神道碑刻载的靖江王世系中有"庄简王生怀顺王、怀顺王生昭和王"，则朱相承是袭了王位后死的。这两个记述各异，神道碑文是当时的最高统治者嘉靖皇帝批谕的，不会是错的，我们认为是正确的。再从另一方面分析，也许是其子给他追封，但靖江王虽系朱明宗室，如果追封也只能是"世子"，而不可能是王。《明史》或《续文献通考》中记载有明一代，郡王未袭位而死追谥册王的未见有例。从这些情况分析，追谥之说是不可能的。《明史》系清代所作，记述不那么全面也是可以理解的。

安肃、宪定两王墓的规制是王墓中比较小的，但其营建和陈设所耗费人力、物力也是十分可观的。地面上的石雕可能是取材于附近石山，硕大的石兽和翁仲每座重量在两吨以上，在当时的运载条件下，将其从附近石山运到墓地是不可想象的。再说凿琢工夫，据现在的石匠技工估计，加工细琢，每座耗时 150～200 工日，仅刻工费就需 300 元。一座王墓有 26 座石雕，单刻凿工费就需 8000 元，再加上部分建筑和材料费、运输费，一座王墓所需经费难于计算。明代封建王朝厚葬风尚诚足惊人，这是他们残酷压迫剥削劳动人民的罪证。

靖江王墓发掘工作组

1972 年 12 月 15 日

附：志文、碑文及出土文物移交清册

1. 靖江安肃王圹志

钦赐靖江安肃王圹志（篆盖）

钦赐圹志文

王讳经扶，乃端懿王之子，母妃杨氏。弘治六年十月初二日生，正德十三年七月初三日册封靖江王，于嘉靖四年三月十三日薨，享年三十三岁。妃徐氏。子三人，女二人。上闻讣，辍视朝一日，遣官谕祭，命有司治丧葬如制。文武衙门皆致祭焉。以嘉靖五年十月十一日葬于尧山之原。呜呼！王以宗室之亲，为国藩辅，茂膺封爵，贵富兼隆，兹以令终，夫复何憾！爰述其概，纳诸幽圹，用垂不朽云。

嘉靖七年五月初九日立石。

2. 大明靖江安肃王神道碑

大明靖江安肃王神道碑（篆额）

冕尝读两汉书，见其所列同姓诸侯王数百，而大雅不群有若河间献王德，为善最乐有若东平宪王苍，仅一二现。岂生长富贵而有德以将之世，固难其人哉？此冕于靖江安肃王之薨，其嗣王来请铭王神道之碑，不能无既焉者也。靖江虽僻在一隅，去京师数千里，而自疏封以来，世业相承，父祖子孙，世笃忠孝，奉法循理，切切以骄奢淫湎为戒，非有慕于河间、东平之大雅乐善而能若是哉！王自正德戊寅始膺封爵，至嘉靖乙酉三月十三日遂以疾薨，在位仅八年，寿止三十有三。其善美见于事行者，虽未足以充其所存，而仁孝诚敬，恪遵祖训，惴惴然惟恐其有违也。不以其累世。先王宏规懿范，足以垂裕于后，而有所持循也乎？我高皇帝大封同姓之初，以皇兄南昌王之子、前大都督讳文正未封而没也，特封其子为靖江王，赐名守谦，一切恩数与夫官属规制，概与秦、晋、楚、蜀诸藩等。盖都督少孤，母王守节，依帝居止，帝事之甚谨，抚都督爱逾己子，故虽身后，恩礼有加焉，载在国史，可考也。靖江王一传其子悼僖王，再传其孙庄简王，庄简生怀顺王，怀顺生昭和王，昭和生端懿王。怀顺，王之曾祖，昭和、端懿，则王之祖若考也。母妃杨氏，兄弟七人，王为之长，以弘治癸丑十月初二日生于寝宫，上矩南昌九代矣。王讳经扶，生而颖异不凡。年甫八九，端懿疾，委以国事，已一一区画有条。年十二，敕掌国事，赐一品服。逮袭爵后，日益老成慎重，事无小大，动遵成宪。自建藩至今，宗室繁衍，凡有事相接，其于尊卑等差与夫称谓拜揖之间，未尝一愆于度。岁时有事宗庙，必竭诚尽敬，牲、帛非躬亲省视，不敢以献，拜稽灌奠，俨乎祖考临之在上，于奉祀山川亦然。性尤克孝，怀顺王妃谷氏薨，王以曾孙代端懿王主祭，自始事至卒事，举无违礼。发引日，徒步送至坟所，中途有劝其登舆者，却之，且曰："送死大事，敢惮劳乎？"及端懿王与母妃杨氏相继以疾而薨。王于父母之疾也，昼夜躬侍汤药，未尝离侧。或中夜焚香吁天，诚意恳到。及其薨也，旦夕哀伤，几无以为生，有人所甚难者。平居喜学问，审理周垕，质而有文，日必延之讲究经史，改容礼貌，称之为先生而不名。读书之暇，随笔作诗文，皆有关于身心伦纪，不为无益语。尝于宫中独秀山间凿石为盂以盥手，而铭之以着自新之义。又为《敬义箴》，皆刻之于石山之胜处。时登眺焉，兴之所至辄形于诗，长篇短章，多至数十首。间与儒生游岩洞间，商略名之，岩曰乐天，洞曰潜修。又于山之左右，竖二绰楔，而以"报国""思亲"扁焉。凡此皆足以见其志之所存矣。国中山场土田所入，岁有常数。先是，或不计丰歉而敛之，至有破家不能偿者。王始因其丰歉而增损焉，遇歉率量减其入数。终王之世，人蒙其惠。心虽慈仁，用法不私于近习。尝爱一善书者，遇有吟咏，辄命之书。后其人欺诳事败，卒置之于法不少贷。性明达，未薨前半岁，预制棺敛之具。属纩三日前，设饮馔与宫眷诀别，下至内使、宫人，皆有赉予，疎戚重轻，锱铢无爽。爱嗣王虽笃，而教之必以义方。将易簧，犹呼至膝前，丁宁教戒，至于忠君爱亲、读书好礼、宽罚恤众事，言之尤力，其神奕不乱如此。讣闻，皇上嗟悼，辍视朝，遣行人傅鹗谕祭。自闻丧至祥禫，凡十有三，命有司营葬事，赐谥安肃，所以宠恤之者甚厚。以薨之次年十月十一日，奉葬尧山世墓之次。配妃徐氏，河南孟津知县敫之长女，江西按察金事乾之女弟，生子女各一，皆早殇。次刘氏，桂林右卫指挥使祯之长女，嗣王之生母也。嗣王名邦苧，先帝所命也。王之薨，嗣王方奉敕以长子掌国事，居垩室，遣承奉正鲁潮、左长史胡杰偕来请铭，既而又遣典膳陈拜储累来速之。来必有书，凡书必称孤称名。初奉徐金事所述状，后又自具状，其欲贻父令名于无穷，意甚恳恳。冕以衰老多病，学殖荒落，不足以副孝子显亲之心，再三辞谢，不获命。乃取状阅之，节其事行之大者，暨得于国史所录者书之，复系之以铭。其词曰：

高皇诸兄，长惟南昌。抚孤守节，厥配则王。孤翊兴运，勋业未究。乃有贤嗣，克承厥后。国封肇启，曰维靖江。建藩树屏，以殿遐邦。修德砺行，允如圣谕。国史大书，日星昭著。历七八传，百五十年。世惇忠孝，有光于前。懿哉安肃，志勤继述。未竟厥施，遽殒于疾。皇情悼悯，恤典诞加。寿虽弗永，名则孔遐。尧山之原，穿碑百尺。太史勒铭，昭示无极。

嘉靖七年戊子岁五月初九日。

光禄大夫、柱国少傅兼太子太傅、户部尚书、谨身殿大学士、知制诰、□知经筵事、国史总裁致仕蒋冕撰。

3. 靖江宪定王圹志

皇明靖江宪定王圹志（篆盖）

钦赐圹志文

王讳任晟，靖江恭惠王之庶次子，嫡母妃滕氏，生母次妃郑氏。于嘉靖十七年十月二十二日生，嘉靖三十一年三月初九日封辅国将军，万历二十年八月初六日进封册立为靖江王。万历三十六年十二月二十六日薨逝，享年七十一岁。妃白氏。子二人：一子履祥，封长子，未袭而薨。次子履佑，改封长子，承袭王爵。女四人：一女殇卒，二女封庐江乡君，三女封金河乡君，四女封永新乡君，俱已适配。讣闻，上辍朝一日，遣官谕祭，特谥曰"宪定"，命有司治丧如制。东宫及在京文武官皆致祭焉。以万历三十八年十二月十三日葬于尧山之原。呜呼！王以帝室懿亲，为国藩辅，备享荣贵，以天年终，复何憾哉？爰述其概，勒之幽础，用垂不朽云。

4. 靖江宪定王妃圹志

靖江宪定王妃圹志文（篆盖）

钦赐靖江宪定王妃白氏圹志文

妃白氏，原任湖广永州府道州永明县儒学教谕白骥之女。母张氏。以嘉靖十八年三月二十九日生，嘉靖三十三年二月二十六日封夫人，万历二十年八月初六日册封为靖江王妃，万历三十七年八月初十日薨逝，享年七十一岁。子二人，一子履祥，封长子，未袭而薨；次子履佑，改封长子，承袭王爵。女四人，一女殇卒，二女封庐江乡君，三女封金河乡君，四女封永新乡君，俱已适配。讣闻，上赐祭，命有司营葬如制。圣母中宫、东宫皆遣祭焉。以万历三十八年十二月十三日合葬尧山之原。呜呼！妃以淑德，作俪宗藩，今兹令终，夫复何憾。爰述其概，纳之幽圹，用垂不朽云。

5. 安肃王墓出土文物移交清册

附表1 安肃王墓出土文物移交清册[1]

类别	编号	品名	件数	附件	现况	备注
陶	1	琉璃鸱吻	2	1	两件均微破裂	附件为连瓦底座
陶	2	琉璃悬兽	2	2	一件头部破损	附件为连瓦底座
陶	3	琉璃板瓦	1	1		附件为脊边瓦
陶	4	琉璃砖片	1			
陶	5	琉璃滴当	4			
陶	6	琉璃瓦当	2			
陶	7	琉璃筒瓦	1			

---

〔1〕 文物移交清册与简报文字内容略有出入，均按原文抄录。

类别	编号	品名	件数	附件	现况	备注
陶	8	墓砖	4			
陶	9	陶碗	6		内有两件残缺大角不完整，三件破碎不完整	
陶	10	有流执把壶	1			
陶	11	陶碟	3		内有两件残存一边	
陶	12	陶瓶	2		均破，用石膏复原	
陶	13	琉璃镂空器座	2		均破，不完整	一件缺底部
陶	14	大陶缸	2		均破碎，一件仅存底部，一件不完整	
陶	15	陶壶	1		破碎不完整	
瓷	16	青花人物瓶	2		内有一件破碎，用石膏复原	
金	17	"长生不老"钱	1		被压微曲	
金	18	"长生不老，永寿无穷"钱	5			
金	19	"不老"戒指半环	1		缺断一截	
金	20	刻花袋形小金饰	1			金器9件，共重22.2克
金	21	扣形小金饰	1			座式、镶珠，座缺珠
银	22	"长生不老"钱	7		有一枚破为两边	
银	23	小罐盖	2			
银	24	小香粉罐	1			附盖一
银	25	筷子	1		微曲	一支
银	26	小帐钩	1			
玉	27	长方形玉牌	5		有两件一头作弧形	
玉	28	中型长方形牌	5		有一件破缺一段	
玉	29	方形小玉牌	3			
玉	30	鸡心形玉牌	4			
铜	31	圹志铜束	2			安肃王妃墓
铜	32	圹志铜楔	7		一件小形	妃二，王一
铜	33	小铜锁	5	5	有两件缺一头封片	
铜	34	小铜锁匙	1			
铜	35	蝶形活页	4	1	有一件活页缺一边	
铜	36	铜小提梁	7		有一件扁形提梁	
铜	37	长柄刀形器	1			
铜	38	勺形器	1			
铜	39	"百年增福禄千岁永团圆"牌	1			
铜	40	铜簪	2			两对
铜	41	铜器骨架	3			
铜	42	铜器零件	5		器物附件	器名不详
铜	43	小提梁	1			

续附表1

类别	编号	品名	件数	附件	现况	备注
铜	44	铜钩	2			
铜	45	卯钉	1			
铜	46	器盖	1			
铜	47	箱扣	2			
铜	48	□元圣宝钱	1			
铜	49	鎏金小铜饰	1			
银	50	银饰	1			破碎
瓷	51	瓷碗	1			破碎残一半

移交者：靖江王墓发掘组方一中、阳吉昌
验收人：桂林市文管小组王静宜
1972 年 12 月 15 日

6. 宪定王墓出土文物移交清册

附表2　宪定王墓出土文物移交清册

类别	编号	品名	件数	附件	现况	备注
陶	1	琉璃悬兽	2		一件断裂头部，一件尾部断破	
陶	2	琉璃脊银瓦	1			
陶	3	琉璃瓦	2		破	
陶	4	琉璃脊砖片	4			
漆	5	棺漆片	1			王妃棺漆
银	6	舌形饰	1			
玉	7	长方形小玉牌	1			
玉	8	花玉球	1		破缺一半	红、白两色
铜	9	圹志楔	4			王、妃各两件
铜	10	圹志束（一小截）	1		残存一小截	
铜	11	锁匙	3			两件，存妃墓
铜	12	鎏金银边铜片	2			
铜	13	小帐钩	2		一件仅存一小截	
陶	14	器骨架	1			
陶	15	小陶碗	1			
瓷	16	青花瓶	2		破碎不完整	
陶	17	棺木花砖	1		基本完整	

移交者：靖江王墓发掘工作组方一中、阳吉昌
验收人：桂林市文物管理组王静宜
1972 年 12 月 15 日

大河乡靖江王陵宗室墓发掘简报

桂林市叠彩区大河乡人民政府：

广西文物保护与考古研究所于2008年1月11日至26日派出专业技术人员会同桂林市文物工作队及桂林市靖江王陵文物管理处对《桂林市叠彩区大河乡新民农副产品加工区第一期用地范围考古勘探报告》中发现的14座古墓葬进行考古发掘。现将发掘情况简报如下：

一 发掘情况

本次发掘为《桂林市叠彩区大河乡新民农副产品加工区用地范围内古墓葬考古协议书》中协议的14座墓葬，位于桂林市叠彩区大河乡绕城高速公路东北面，灵田公路11.5千米处的石窑岭上，在尧山的西北麓，处于全国重点文物保护单位靖江王陵北部边缘。本次古墓葬发掘严格按照国家文物局颁布的相关文物考古操作规程进行。在整个考古发掘中均按考古规程操作，对遗迹现象、遗物的出土情况进行记录，同时进行照相、录像记录，把每天的数码照片输入电脑。绘制墓葬的平面分布图及剖面图，填写好墓葬登记表。

由于墓葬被盗十分严重，有的甚至多次被盗，且有些墓葬被盗以后，墓室砖在20世纪70年代被生产队挖走做他用，因此墓葬的结构不明确。虽然如此，本次发掘还是获得了一些宝贵的资料。墓葬结构方面，大部分为砖室墓；有的为单人葬，有的为夫妻合葬，一般有棺床；有些墓葬还有墓围。由于所有墓葬被盗，因此出土文物不多，有魂坛、釉陶罐、铜钱、铁棺钉等物，有的墓葬甚至空无一物。

二 发掘收获

这批墓葬处于靖江王陵保护区边缘，在20世纪80年代文物普查过程中曾确认这一带有靖江王宗室墓分布，因此本次的古墓葬发掘对了解靖江王宗室不同身份的葬制以及明代的埋葬习俗有着重要意义。特别是M7还保存有墓碑，碑文中行为"明故辅国中尉复齐居士墓"，右侧为"正德十六年岁次辛巳"，左侧为"辛巳夏四月十六日立"，为判断这批墓葬的年代提供了有力的证据。

三 处理意见

根据《桂林市叠彩区大河乡新民农副产品加工区用地范围内古墓葬考古协议书》中的相关协

议，我所按时对用地范围内的古墓葬进行抢救性发掘。现发掘工作已完毕，贵乡可进现场进行工程施工。

广西文物保护与考古研究所
桂林市文物工作队
桂林市靖江王陵文物管理处
2008 年 2 月 1 日

参与人员：覃 芳 苏 勇 盘 立 符保兴
执笔人：覃 芳

靖江王陵考古清理发掘综述

广西文物保护与考古研究所　桂林市靖江王陵文物管理处　桂林市文物工作队

2012 ～ 2015 年

一　历史工作回顾

自 20 世纪 60 年代以来，广西文物考古工作者多次对靖江王陵开展调查勘探，在尧山西麓发现大量与明代靖江王府相关的墓葬及陵墓附属建筑基址，确认了自悼僖王陵至荣穆王陵的十一座靖江王陵的序列，初步明确了历代靖江王陵的位置、朝向和陵寝建筑的规模、布局、规制，基本掌握了王陵陵寝制度的演变规律。1972 年 9 ～ 10 月，广西壮族自治区博物馆和桂林文物管理小组共同对靖江安肃王墓及宪定王墓进行抢救性发掘，出土梅瓶等文物 100 余件；2008 年，广西文物考古研究所对桂林市大河乡数座宗亲墓进行抢救性发掘。

二　发掘前的准备工作

发掘领队：韦革。

机构、人员组成：本次发掘在自治区文化厅、自治区文物局的领导下，以广西文物保护与考古研究所为主要承担单位，协作单位有桂林市靖江王陵文物管理处、桂林市文物工作队，广西师范大学文旅学院于 2012 年 10 月派出 6 位研究生参加为期 2 个月的工地实习。

工作思路：本次发掘严格按照国家文物局颁布的《田野考古规程》施行，以弄清楚陵园布局、构筑方式为目的，为靖江王陵遗址的保护、展示与利用提供科学依据。

工作理念及原则：

1）最小干预、最大保存的原则。

2）多种技术手段相结合的原则。

3）信息完整的原则。

4）遗址保护的可逆性及展示的科学性原则。

三　发掘过程

2012 年 10 ～ 12 月：昭和王陵，发掘清理面积 20000 平方米。

2012 年 11 月 ～ 2013 年 1 月：温裕王陵，发掘清理面积 10000 平方米。

2013 年 3 ～ 12 月：资料整理。

2014 年 2 月～2015 年 2 月：安肃王陵、悼僖王陵内陵及奉祠遗址、怀顺王陵、宪定王陵、荣穆王陵，发掘清理面积 40000 平方米。

2014 年 6 月：科学出版社出版《桂林靖江昭和王陵考古发掘清理报告》。

2017 年 12 月，科学出版社出版《桂林靖江王陵考古发掘清理报告集》。

四　新技术手段的运用

1. 三维数字化系统

我所联合相关单位实施。该系统具有如下关键技术：基于激光扫描的文物精细建模，多源数据融合的陵墓三维场景建模，大型文化遗产场景高真实感实时渲染，文物信息组织与查询。本项目研究过程中涉及的关键技术和应用共撰写和发表论文 10 篇，其中 5 篇发表在 SCI 刊物上。

2. 4K 高清航拍技术

由于各个王陵的面积较大，为了全面掌握和体现陵园状况，我们使用了当时比较先进的 4K 高清航拍技术。

五　各王陵考古发掘清理概况

从 2012 年 10 月～2015 年 2 月，我们一共发掘清理了昭和、温裕、安肃、悼僖、怀顺、宪定、荣穆等王陵 7 个及奉祠遗址 1 处，发掘清理面积共计约 70000 平方米，田野工作历时约 15 个月，资料整理工作历时 12 个月。其中 2014 年 2 月～2015 年 2 月，历经春夏秋冬，不论酷暑严寒，不间断地开展野外考古工作，完成近 50000 平方米的发掘工作。

1. 昭和王陵考古发掘清理

2012 年 10～12 月发掘清理昭和王陵，布 10 米×10 米探方 234 个，实际发掘 96 个。昭和王陵为第五代靖江王的陵园，坐东北朝西南，方向 225°，由内外两重陵墙分成两重院落，平面呈不规则"回"字形。版筑夯土外陵墙，西南侧长 90.72 米，东北侧长 104 米，西北侧长 188 米，东南侧长 167 米。以神道为中轴线，在这条线上的主要建筑及陈设依次为外门、望柱、神道两侧石像生、碑亭、中门、石供台、焚帛炉、享堂、宝顶。在五代陵园外围墙内没有发现同时期的厢房建筑，但在外围墙西南角外侧发现了早于五代陵园的较大规模的官式建筑，具体用途不明，尚待进一步发掘。（彩版二三～二六）

2. 温裕王陵考古发掘清理

2012 年 11 月～2013 年 1 月清理温裕王陵，布 10 米×10 米探方 100 余个，实际发掘 45 个。温裕王陵为第十任靖江王的陵墓，陵园占地面积约 10.6 亩，平面呈梯形，墓向 195°，建有内外两道围墙，围墙皆已倒塌，地表散步青砖、绿釉龙纹滴水、筒瓦、砖雕、脊兽等建筑构件。东、西外围墙长 110 米，北外围墙长 67.5 米，南外围墙长 60.8 米；内围墙呈长方形，长 61.5、宽 42.4 米。

陵园内建筑已基本毁坏，从陵门至宝顶的中轴线上各类建筑及石刻遗存依次为陵门、神道、神道两侧石像生、碑亭两间、中门、侍女、内侍、享殿、宝顶。在十代陵园外围墙内发现了四处同时期的厢房类建筑基础。陵园的形式与昭和王陵基本相同，只是规模相对较小。（彩版二七~二九）

3. 安肃王陵考古发掘清理

安肃王陵为第七任靖江王的陵墓，2014 年 2 ~ 6 月发掘清理，布 10×10 米探方 108 个，实际发掘 42 个。安肃王陵平面呈不规则长方形，坐东北朝西南，墓向 250°。建有内外两道围墙，围墙皆已倒塌，其中北外围墙长 181.1 米，南外围墙长 177.5 米，西外围墙长 105 米，东外围墙长 90.4 米；内围墙呈长方形，长 88.1、宽 40.1 米。陵园布局与昭和、温裕王陵基本相同，从陵门至宝顶的中轴线上有各类建筑及石刻遗存。由于陵园内被后期耕作破坏太严重，目前只在陵园内的西北角发现建筑条石基础一排，判断此处原来应该有配殿或厢房等建筑。地宫早年被盗多次，且由于 20 世纪 60 年代修建的东干渠从北向南穿过宝顶，因此安肃王地宫已于 1972 年被发掘。安肃王陵内外陵墙上使用的屋脊式墙帽皆为素瓦件。（彩版三〇~三二）

4. 悼僖王陵考古发掘清理

第一任靖江王朱守谦为朱元璋大哥朱兴隆嫡孙，卒于凤阳泗州，未谥。悼僖王为第二任靖江王朱赞仪，是守谦嫡长子，永乐元年十一月诏赞仪之国桂林，永乐六年五月二十日卒于桂林靖江王府。现靖江王陵陵区只有朱守谦衣冠墓，从这个意义上讲，第二任靖江王朱赞仪的陵园为第一个靖江王陵陵园。陵园依地势坐东朝西，地表遗存有外门遗址、外围墙一周、神道石像生、中门基址、内围墙一周、享堂基址、圆丘形墓冢，构成传统的中轴对称布局。两道夯土围墙平面呈长方形"回"字布局，石像生全部在内陵墙外，由西而东呈折线形对称排列于中门之前而远离外门，有望柱、石羊、石虎、武士驭马、文臣各一对。据以前普查资料记载，悼僖王陵占地 315 亩，为十一座靖江王陵园中占地面积最大的，但目前陵园范围内分别被茶科所、林科所辟为生产用地，我们清理的仅为其内陵墙范围以内及中门前面的神道。外陵墙及陵园内建筑我们将根据线索进行局部清理，以弄清楚其布局。（彩版三三~三五）

（1）内陵及神道

悼僖王陵内陵平面大致呈长方形，坐东朝西，地势东高西低。2014 年 7 ~ 10 月进行考古发掘清理，清理了 3 个内陵墙转角，西内陵墙（含陵门）长 65.05 米，东内陵墙长 65.8 米，南内陵墙长 106.3 米，北内陵墙长 106.6 米。宝顶直径约 40 米，残高 12 米。中门与享堂之间的神道已损毁，亦不见供台、焚帛炉等遗迹。中门左右两侧各辟有一排水孔将内陵园的水依地势向西排出陵园。中门前面的神道平面呈"L"形，石像生全部在内陵墙外，由西而东呈折线形对称排列于神道两侧。望柱以西由于土地问题未进行发掘清理，望柱远离外门，距离约有 200 米。

（2）奉祠遗址

悼僖王陵陵园内南面偏西分布有一建筑遗址，平面大致呈"凸"字形，南北长 49 米，东西长 46 米，面积 2254 平方米。由于地表耕作的原因，局部破坏较为严重，根据发现情况，我们推测该遗址为奉祠遗址。该建筑遗址坐东朝西，从发掘清理情况来看为三进院落，大致以大门、中门正门、后殿正门为中轴线，左右对称分布各三间厢房，左侧第2、第3间厢房北侧还分布有三间小房，第三进收分为后部大殿。在厢房外侧建有地下排水沟，自东向西从第3间厢房延伸到第1间厢房转角处再分别折向南北，然后通过外围墙下的水孔向外排出。后部大殿外侧没有排水沟，大殿两侧通过自然地形将水汇聚到厢房外侧的排水沟排出，而各个厢房之间也都有南北向的排水沟通往这两条东西向的主排水沟。

奉祠遗址大门的朝向应该通往陵园西面的道路，由于这片区域已被当地村民用挖掘机翻动后种植桂花树，桂花树前又被怀顺王陵陵园建筑破坏，目前没有发现道路遗迹。

（3）发掘收获

经过清理我们发现了悼僖王陵外陵墙的东北、东南、西南三个转角，西北转角由于分布在私人苗圃内暂未开展清理工作，但整个外陵墙的规模已经清楚，北外陵墙长578.6米，西外陵墙长（含外陵门）418.7米，陵园的面积约为363.4亩，纠正了原来315亩的说法。

怀顺王陵（在悼僖王陵内）陵园的西侧外墙内发现墁砖道路一条，宽3.2米，合明尺一丈，路面中间铺砖，两侧有竖砖铺砌的路沿。目前发现该道路南侧与怀顺王陵的神道相接，我们推测该道路应该往南后折向东通往奉祠遗址，只是怀顺王陵的建设已将这部分道路破坏。道路往北跨过一条长年流水的小水沟后延伸约100米处与一亭相接，当时应该建有一桥跨过水沟，目前已不见桥的遗迹，但是桥下的料石基础砌筑得很厚实。亭平面为长方形，长5.8、宽4.4米，亭内地面墁砖，尚存一道南北向的门栏石和门枢石。怀顺王陵的北外围墙在此与亭相接形成闭合，具有明显的后期加筑特征，特别是在西侧亭与外围墙之间加筑了一道长约0.8米的墙体，堵塞缝隙的同时兼具排水沟的功能，据此判断悼僖王陵的外围墙、奉祠遗址先于怀顺王陵的外围墙而存在。这条道路经过亭后继续往北延伸向"三券门"方向，由于经过的茶树地在20世纪70年代已用农机翻耕，道路基本已被破坏，且茶树地未曾征用，我们的发掘只能暂时至此。"三券门"为当地人对悼僖王陵外陵门的称号，听年纪大的人说20世纪50年代该门还存在部分，后来因建设需要被拆走石料，后来茶科所翻耕土地造成更大的破坏，目前已没什么明显的痕迹了。从外陵墙的中点及悼僖王陵的朝向看，外陵门也是在"三券"这片区域。

从目前发现来看，悼僖王陵陵园范围内分布有其内陵、奉祠遗址以及同期的将军墓和其孙子怀顺王的陵园，同时悼僖王陵陵园范围内路网以及亭子的发现也不禁让我们产生疑问：悼僖王陵陵园是否存在一个大的布局？譬如从"三券门"通往内陵、通往将军墓是否还有道路，是否还存在其他建筑或陵园设施等等。由于土地权属问题尚未解决，目前我们发掘清理的面积约占总面积的1/8，还有很多疑问待将来的发掘来回答。

5. 怀顺王陵考古发掘清理

怀顺王为第四代靖江王朱相承，宣德二年生，天顺二年未袭而卒。怀顺王陵是尧山西麓入葬的第二座王陵，与悼僖王陵的位置关系奇特。怀顺王陵位于悼僖王陵外围墙内西南角，地表遗存有外门遗址、外围墙一周、神道石像生、中门基址、内围墙一周、享堂基址、圆丘形墓冢，与悼僖王陵基本相同，唯多出碑亭一座。陵园坐东朝西，神道呈曲尺形朝南折向后，外门开辟在悼僖王陵南侧外围墙上，形成与悼僖王陵共用两段外围墙的园中园布局。神道石像生较悼僖王陵在外门和中门前增置守门狮各一对。（彩版三六~四〇）

清理发现，怀顺王陵外陵墙呈五边形，其中南、西外陵墙共用悼僖王陵的外陵墙，北外陵墙从亭子处起建，东北、东南外陵墙则分别连接到奉祠遗址。外陵墙南长138.5米，西长146.7米，北长113.65米（含亭子），东长173.7米（含奉祠）。内陵墙大致呈长方形，东、西内陵墙长都是41.4米，北长83.5米，南长79.5米。

6. 宪定王陵考古发掘清理

宪定王为第十一任靖江王朱任晟，是第八任靖江王恭惠王朱邦苎庶次子。宪定王陵位于尧山西麓北面，陵园大致坐东朝西，平面呈"回"字形，墓向65°，建有内外两道围墙，外围墙呈梯形，北外围墙长120.8米，南外围墙长120米，西外围墙长46.54米，东外围墙长41.5米；内围墙呈长方形，北长71.2米，南长71.7米，宽37.5米。陵园内建筑已基本毁坏，从陵门至宝顶的中轴线上各类建筑及石刻遗存依次为陵门、神道、神道两侧石像生、碑亭两间、中门、侍女、内侍、享殿、宝顶。内陵墙左右两侧对称建有厢房各一间。地宫已于1972年被发掘。（彩版四一~四三）

整个陵园地势东高西低，在陵门及门前广场前垫有土层找平地面，陵门内靠近外陵墙的区域也填垫两层土层。由于地势陡峭，中门、享殿都是用天然石料夹杂泥土夯筑的土台，殿内柱础下面有磉墩。

在内陵墙左右两侧与外陵墙之间依据地势建有挡水墙及排水孔，将水汇聚向西排出。由于陵园地表破坏较为严重，未发现有排水孔可将这些水排出陵园外，只在西南侧的外陵墙内转角处发现两个蓄水坑，推测陵园内的水分别汇聚于外陵墙左右两处内转角后再向外排出。

7. 荣穆王陵考古发掘清理

第十二任靖江王朱履祐为第十一任靖江王朱任晟嫡次子。万历二十八年以奉国将军改封靖江王长子，四十年袭爵。崇祯七年卒，谥"荣穆"。

荣穆王陵位于尧山西麓最北面，陵园大致坐东朝西，平面呈"日"字形。建有外围墙一周，陵门与中门间隔35.7米，中门两侧建有内围墙，直接与外围墙相接形成闭合。外围墙呈长方形，南北外围墙长123.6米，东西外围墙长40米。陵园内建筑已基本毁坏，从陵门至宝顶的中轴线上各类建筑及石刻遗存依次为陵门、神道、神道两侧石像生、碑亭两间、中门、侍女、内侍、享殿、挡土墙、宝顶。中门与享殿之间左右两侧对称建有厢房各一间，厢房为两进，后进又左右隔成两间，后部一直延伸至外陵墙。（彩版四四~四七）

陵园地势东高西低，且由东北向西南倾斜，西南面用大量天然的大块泥质岩垫高找平，现在已局部崩塌，外陵墙就建在这些料石基础上。

由于陵园地表破坏较为严重，目前只在西北侧的外陵墙转角处发现外排孔1个。

相比较于其他王陵，荣穆王陵有许多独特的做法：

1）平面呈"日"字形，内陵只筑一墙分隔内外陵，为靖江王十一陵仅见。

2）从出土的大量半混砖、花纹图案砖等砖雕构件及砖制的拱件、斗件等遗物来看，陵门、碑亭为砖雕门楼，所用构件繁缛精美，为靖江王十一陵仅见。

3）整个陵寝建筑皆使用素烧瓦件，不见琉璃构件，为靖江王十一陵仅见。

4）除陵门、中门、碑亭等使用筒瓦勾头、滴水外，厢房、享殿皆只使用小青瓦而并未使用筒瓦勾头、滴水等瓦件，而且只在台基中部设一出垂带踏跺式台阶。

5）整个陵园的石像生均使用一种当地称之为"槟榔石"的沉积岩雕制，宪定王陵的宝顶围石已开始出现这种岩石。槟榔石纹路明显，石质较软，容易被侵蚀，因而石像生损毁较多，但是保存下来的又呈现另一种风味的美，为靖江王十一陵仅见。

6）该陵为靖江王十一陵中地势高差最大、最陡峭的，因而在宝顶前砌筑有三道挡土墙。

7）陵门中间王道入口处铺砌石板路面，出口处为"人"字纹墁砖路面，两侧陪径则为"一"字墁砖路面，王道与陪径的等级区别明显。中门三个门道中央和以往的墁砖地面不同，铺砌大石板一块。这些都为靖江王十一陵仅见。

六　发现与收获

1. 几个重要发现

首次在昭和王陵的西南外围墙转角处发现叠压有早期官式建筑遗址。昭和王陵为第五任靖江王的陵园。该官式建筑是一处带外围墙和庭院的较大型建筑遗址，基址主体是面阔三间、进深两间的房屋，其外围墙西北段被昭和王陵外围墙打破，叠压于王陵外围墙下，该建筑目前具体用途不明。

首次发现悼僖王陵的奉祠遗址。悼僖王陵园为第一个兴建的靖江王陵园，在其陵园内南面偏西分布有一建筑遗址，是悼僖王后代为祭祀其而建造的奉祠。奉祠平面大致呈"凸"字形，面积约2200平方米，为三进院落。此地原来在地表上暴露一些柱础，但不知道其布局及功能，经考古发掘后推断为悼僖王陵的奉祠，这是目前已知靖江王陵中唯一发现有奉祠的王陵。

首次发现悼僖王陵陵园内的路网及亭楼等重要遗迹。怀顺王为悼僖王的孙子，未袭而卒，成化七年以子规裕袭爵追封王，其陵是尧山西麓入葬的第二座王陵，位于悼僖王陵外围墙内西南角，与悼僖王陵形成共用两段外围墙的园中园布局。在怀顺王陵西侧围墙内我们还发现了悼僖王陵陵园内的路网及亭楼等重要遗迹。从目前发现来看，悼僖王陵陵园范围内分布有其内陵、奉祠遗址以及同期的将军墓和其孙子怀顺王的陵园，加上其陵园范围内的路网和亭楼，使我们对最早期的靖江王陵的陵园布局有了重新认识。

发现了怀顺王陵独特的后期构筑的五边形外围墙。怀顺王陵外陵墙呈五边形，与其他王陵常见的四边形不同，其中南、西外陵墙共用悼僖王陵的外陵墙，西北外陵墙从亭楼处建筑，而东北、东南外陵墙则分别连接到奉祠遗址。这一五边形外陵墙的形成，我们认为和怀顺王后来的追封有关。由于未袭而卒，且其父庄简王尚在位，因而朱相承只能葬在其祖父的陵园内，没法享受藩王的待遇，没有自己的陵园。后来追封为王后，因埋葬地既成事实，只能因地制宜加筑外陵墙并在悼僖王陵的西南角外陵墙处开一陵门，从而形成独特的布局。

发现了荣穆王陵独特的布局、构筑方式及建筑材料。荣穆王是十一位靖江王中最后一位入葬的，入葬时间正处于衰落的明朝末期。荣穆王陵较之其他十陵，平面布局呈"日"字形，没有成周的内陵墙，和其他平面呈"回"字形的王陵不同；构筑方式上，该陵园为地势高差最大、最陡峭的，宝顶前特别砌筑有三道挡土墙，而享堂只在台基中部设一出而不是三出垂带踏跺式台阶；建筑用材方面，瓦件皆使用素烧瓦件，不见琉璃构件，其陵门、碑亭为砖雕门楼，所用构件繁缛精美。此外，陵园石像生为当地称之"槟榔石"的沉积岩雕制，与其他陵皆使用石灰岩雕制不同。

首次发现弯子山采石场遗迹及石刻。证明靖江王陵所用石料基本上都是采自周边，同时也为遗址公园的展示提供了难得的实景。

2. 几个主要收获

2012～2015年发掘清理的这7座王陵，完整揭示了靖江王陵不同时期的风格，从形制、规模、石像生、建材等方面体现了靖江王陵由最初的形成，到长时间使用基本固定的模式，再到后期衰落的演变过程，纵观之，一条明代王朝始—兴—衰的变化主线贯穿其中，历史脉络清晰，演变规律明显。本次发掘为我们全面了解靖江王陵提供了比较完整的资料，为今后开展系列研究提供了坚实的基础，为考古遗址公园建设及遗址保护提供了科学依据。

通过考古清理全面展示了我国保存最为完整、规模最大、世代最全的明代藩王陵墓区，在全国来说具有唯一性。各个王陵风格迥异又互有关联，既有继承又有变化，全面展现了不同时期的风采，为明代藩王陵墓研究提供了难得的较为完整的实物资料。

首次发现一批重要遗迹，填补了我国明代藩王陵寝制度的部分空白，完善了其文化内涵，在全国来说同样具有唯一性，为我们研究靖江王陵的陵园布局和构成提供了珍贵的实证，也改变了过去的一些认识，同时为今后研究提供了新的方向。

出土了大量的珍贵文物。

几十年来第一次出版了靖江王陵相关考古报告，为研究靖江王陵及明代藩王陵墓提供了难得的资料，同时也对靖江王陵的一些问题进行了研究探讨。

几年来的工作也为靖江王陵文物管理处培养了一批专业人才，给国家考古遗址公园的建设奠定了人才基础，同时也带动和提高了周边村民的文物保护意识。

七　研究与探讨

本次桂林靖江王陵遗址考古清理是针对靖江王陵陵园遗址群开展的第一次全面性的科学考古工作，历时两年半，完成了靖江昭和、温裕、安肃、悼僖、怀顺、宪定、荣穆王陵等7座王陵陵园遗址的考古发掘清理。靖江王陵的考古发现全面而清晰地展现了这一藩王陵墓区的整体面貌和各个时期的不同风格，在全国来说具有唯一性。靖江王陵从最初的陵墓营建、形成、发展到使用基本固定的模式再到后期衰落的变化过程，脉络清晰，规律明显；各个王陵风格迥异又互有关联，既有继承又有变化。此次的考古工作为全面了解和重新解读靖江王陵提供了比较完整的资料，为今后开展系列研究提供了坚实的基础，为考古遗址公园建设及遗址保护提供了科学依据。

1. 陵区选址与布局

纵观明朝帝陵，其在陵区总体布局上始终遵循"合族而居，合朝而葬"的理念，尤以十三陵最为典型。在陵墓选址上，明朝帝陵受风水理论的影响极大，陵区的选址被认为是关系帝运盛衰、国祚绵长的大事。故而帝陵选址都是钦派重臣攀登山峦、相度勘察，最后由皇帝亲自确定。也正因如此，明朝帝陵陵区都是乾坤聚秀、山川回环、风光优美的佳境胜地。而陵寝建筑依山而建，与自然风光有机结合，更使陵区具有神圣、永恒、崇高、庄严、肃穆的气氛，孝陵的独龙阜、十三陵的天寿山莫不如此。

十三陵中，诸陵虽各有独立的陵园建筑，但均集中营建于统一的陵区之内，而且主从分明，首葬的长陵"居中而尊"，地位崇高，嗣帝陵园则分列左右，共用长陵的引导神道及其附属建筑、石像生等。每座陵园都规模宏大，其建筑群由排列有序的牌楼、碑亭、神厨、神库，以及祾恩门、祾恩殿和配殿、方城明楼和宝城宝顶等组成。陵园建筑的复杂化大大提高了葬所的威严与神秘，体现了我国古代帝陵陵寝建制的逐渐成熟。

靖江王陵在整体布局上选址讲究，"合朝而葬"的特点明显，与明十三陵的选址布局概念是一致的。桂林多石山，唯城东尧山是土岭。尧山是桂林最大和最高的山，它属于南岭中越城岭余脉，山势由北而南沿绵而来，峰峦叠嶂，秀丽森然。山之西面多为平冈，其左右石峰林立呈环拱之状，又有漓江蜿蜒流过，如玉带缠腰。靖江王陵悉造于尧山西麓，与尧山秀丽的自然风光相互衬托，相得益彰。

靖江王陵没有沿用十三陵中诸陵共用首陵神道及神道石像生的"总神道"制度，而是各自都有一套独立的神道、神道石像生和陵园建筑，陵园前不设牌坊（牌楼），墓冢为圆形，没有宝城围护，不建方城明楼。显然，靖江王陵没有享用总神道、陵前牌坊（牌楼）、方城明楼和宝城宝顶这种规制的资格。

2. 早期靖江王陵陵园规制的解读

靖江王陵中时代最早的是永乐六年的悼僖王陵，陵园依地势坐东朝西，地表遗存有外门遗址、外围墙一周、神道石像生、中门基址、内围墙一周、享堂基址、圆丘形墓冢。悼僖王陵内陵平面大致呈长方形，坐东朝西，地势东高西低，西内陵墙（含陵门）长 65.05 米，东内陵墙长 65.8 米，南内陵墙长 106.3 米，北内陵墙长 106.6 米。宝顶直径约 40 米，残高 12 米。中门与享堂之间的神道已被损毁。中门左右两侧各辟有一排水孔将内陵园的水依地势向西排出陵园。中门前面的神道平面呈"L"形，石像生全部在内陵墙外，由西而东呈折线形对称排列于神道两侧，有望柱、石羊、石虎、武士驭马、文臣各一对。

悼僖王陵左前方约 100 米是怀顺王陵。怀顺王朱相承是悼僖王长孙，庄简王嫡长子，天顺二年冬十月薨逝。虽未袭王爵，但成化七年"诏追封相承为靖江王，谥怀顺"，因此其陵墓也被列为王陵。怀顺王陵是尧山西麓入葬的第二座王陵，其陵园布局与悼僖王陵基本相同，只是较悼僖王陵多出神道碑一座，其神道呈曲尺形折向，石像生配置增加中门守门狮一对。

关于明朝藩王陵墓制度，有"凡王府造坟，永乐八年定：亲王坟茔，享堂七间，广十丈九尺五寸，高二丈九尺，深四丈三尺五寸；中门三间，广四丈五尺八寸，高二丈一尺，深二丈五尺五寸；外门三间，广四丈一尺九寸，高、深与中门同；神厨五间，广六丈七尺五寸，高一丈六寸二寸五分，深二丈一尺五寸；神库同；东、西厢及宰牲房各三间，广四丈一尺二寸，高、深与神厨同；焚帛亭一，方七尺，高一丈一尺；祭器亭一，方八尺，高与焚帛亭同；碑亭一，方二丈一尺，高三丈四尺五寸；周围墙二百九十丈；墙外为奉祠等房十二间……正统十三年定：亲王坟茔地五十亩，房十五间；郡王坟茔地三十亩，房九间；郡王之子地二十亩，房三间。天顺二年奏准：亲王以下依文武大臣例"（《明会典》卷二百三）等零星文献记载。

悼僖、怀顺二陵的陵园建筑内容少且布局简单，对比文献，显然与亲王的相关规制有较大的出入。悼僖王陵建于永乐六年之前，其时"王府造坟"的规定尚未出台，其陵墓的营建标准远远低于永乐八年的规定是可以理解的。明初洪武年间，藩王陵墓营造的各项规制尚不完善，只有"洪武五年六月，诏定官民婚丧仪物。礼部议：……坟茔，功臣殁后封王，茔地周围一百步，每面二十五步，坟高二丈，四周坟墙一丈，石人四，文武各二，石虎、羊、马、望柱各二；一品，茔地周围九十步，每面二十步，坟高一丈八尺，坟墙高九尺，石人二，文武各一，石虎、羊、马、望柱各二；二品，茔地周围八十步，每面二十步，坟高一丈六尺，坟墙高八尺，石人、石虎、羊、马、望柱同一品"（《明太祖实录》卷七十四）等记载。其中"功臣殁后封王"，基本是指为朱明王朝的建立立下不朽功业的开国元勋，虽是朱氏异姓，但死后也同列王爵，是朱氏皇族以外最高的等级，其坟茔制度当可资参考。从保存的悼僖王陵遗址看，已然超出洪武五年所议"功臣殁后封王"的规定。"功臣殁后封王，茔地周围一百步"，古代计量单位一步为五尺，一尺约合 31～32 厘米，由此推算，茔地周围当为 155～160 米，而实测的悼僖王陵内陵墙遗址一周 344 米；"坟高二丈"，折算应为 6.5 米以下，而悼僖王陵墓冢经过近 600 年的水土流失，以享堂遗址地面算起目前仍高达 12 米，直径约 40 米。此外，藩王陵墓前置石像生文献阙记，也只能以"功臣殁后封王"的规定来做参考，而悼僖王陵神道石刻的题材与数目恰好与之相同（把武士驭马分为武士和石马）。因此推断靖江悼僖王陵是依照洪武五年礼部议定的"功臣殁后封王"的坟茔制度而建，只是因地位不同，在坟茔体量和规模上有所超出。

怀顺王以靖江王长子的身份薨于天顺二年冬十月，在这一年已经有了"亲王以下依文武大臣例"的规定，他的陵墓自然不能按照永乐八年制定的亲王规制营建，否则即为"僭越"。若按规定"依文武大臣例"，其身份和地位又高于文武大臣，故陵墓也应与悼僖王陵一样，遵洪武五年礼部议定的"功臣殁后封王"的规制建造。从保留的陵园遗址分析，情况确实如此。

3. 悼僖王陵"园中园"现象的解读

据以前普查资料记载，悼僖王陵占地 315 亩，为十一座靖江王陵陵园中占地面积最大的。此次经过清理发现了悼僖王陵外陵墙的东北、东南、西南三个转角遗存，西北转角由于分布在私人苗圃内暂未开展清理工作，但整个外陵墙的规模已经清楚，北外陵墙长 578.6 米，西外陵墙长（含外陵门）418.7 米，陵园的面积约为 363.4 亩，纠正了原来 315 亩的说法。

从所发现的陵园外陵墙来看，其圈围的范围极大，而悼僖王陵的主体建筑包括内陵墙（含中门）、享殿、墓冢以及中门前的石像生却位于外陵园的东部一隅，这样的陵园布局显然是极不协调的。

在悼僖王陵外陵园的西南角圈围有怀顺王陵的陵园，其内陵园与悼僖王陵一样坐东朝西，但神道因被悼僖王陵西侧外陵墙阻挡而沿着外陵墙朝南折向，外门开辟在悼僖王陵西侧、南侧外陵墙交接处的南侧外陵墙上，即怀顺王陵的西侧、南侧外陵墙是与悼僖王陵共用的，在其西侧外陵墙内还发现一条南北走向的道路。在清理怀顺王陵外陵墙西北转角时，发现在其北侧外陵墙西端转角处开辟有门，与新发现的南北向道路连通，并延续向悼僖王陵外门所在位置。

在悼僖王陵外陵园西南部发现一处院落式建筑群，从位置来看，其紧邻怀顺王陵而相对远离悼僖王陵，而且大门开口于怀顺王陵陵园之内，我们认为是怀顺王陵的附属建筑。遗址清理区域内出土大量的生活用陶器、瓷器残件和残片，有缸、罐、碗、碟等各种器形，此外还有石舂等，能确定这是一处供人居住生活的院落。我们推测这处院落式建筑群是为朱相承夫人谷氏守孝居住而建。

与怀顺王陵相呼应，在悼僖王陵外陵园的西北侧还建有一座将军墓，除了占地规模较小、神道直向外，其规制包括神道石像生、中门、内围墙一周、享堂、圆丘形墓冢等与悼僖王陵完全相同，应是与悼僖王陵同一时期的高等级将军墓。这座将军墓没有外门，也没有外围墙。

悼僖王陵外陵墙圈围了悼僖王陵、怀顺王陵及其附属院落、靖江王府早期将军墓，形成了奇特的"园中园"状况，使悼僖王陵的整个陵园布局显得杂乱和草率。

根据此次考古清理情况综合推断，悼僖王陵和其后营建的怀顺王陵（初时应是按略高于靖江王府辅国将军规制建造的靖江王长子朱相承墓）最初并没有外陵墙的建制。目前所发现的悼僖王陵外陵墙周长近2000米，远远超过了永乐八年规定的亲王坟茔周围墙二百九十丈和正统十三年规定的亲王坟茔地五十亩、郡王坟茔地三十亩的规制，因此应将其视为该陵区的总围墙，且陵墓之间建设有相应的陵区道路系统，本次发现的道路遗迹就属于这一道路系统。

怀顺王陵的修筑分两个时期：第一个时期为天顺二年（1458年）十月，怀顺王朱相承未袭王位而薨，以长子身份葬于其祖父悼僖王陵左前方。按当时的建制，陵园为单院落式，没有外陵墙。第二个时期为成化年间，成化七年（1471年）朱相承长子继任靖江王，朱相承被追封为怀顺王，需要将其墓改建为王陵，按当时的建制增置外门和外陵墙。由于怀顺王陵与悼僖王陵基本同一朝向，在补建的悼僖王陵西外墙上同时开辟祖孙二人陵园的陵门似乎不妥，于是怀顺王陵的神道和石像生紧沿着悼僖王陵的西外墙内侧向南折向，共用悼僖王陵的一段南外墙和西外墙，将外门开在了外陵墙西南转角处的南外墙上。怀顺王陵的分期修筑和同一段陵墙上不辟两座陵门的规制，造成了这一奇特的"园中园"格局和怀顺王陵神道曲尺形折向的陵园布局。

陵寝制度应当是后世依此执行，不得随意更改的，悼僖、怀顺二陵显然还处在制度尚未成型的阶段。因此，我们在研究靖江王陵陵寝制度时，只能将悼僖、怀顺二陵看作是制度发展演变的一个过程，而不能作为制度的典型代表来对待。

4. 靖江王陵陵园规制的确立、承袭与衰落

靖江王陵陵寝制度的确定当自庄简王陵起。在庄简王陵之后，诸王陵除陵园面积和建筑规模有异，但陵寝布局如出一辙。从陵园遗址来看，比永乐八年所定的亲王陵墓建制略有降杀，可以明显看出永乐八年定制的影响。

庄简王薨于成化五年，陵园以神道为中轴线，由外而内分别置左右厢房、外门、中门、焚帛亭、享殿和圆丘形墓冢，借山涧水沟的自然地势，在神道中部建有三列石桥。神道笔直，两侧列11对石象生，外门前为守门狮一对，中门前由外而内分别为望柱、石狮、石羊、石虎、麒麟、武士驭

马、石象、文臣各一对，享殿前有男、女侍各一对。陵园以享殿为中心，依外门和中门圈以两重园墙围护，平面呈"回"字形，总面积达 87 亩，布局对称规整，体现了建设规划的大气与成熟。

在此次靖江王陵遗址考古工作中，所清理的第五任靖江王昭和王陵、第七任靖江王安肃王陵、第十任靖江王温裕王陵、第十一任靖江王宪定王陵的陵园建筑与庄简王陵相比，除缺少就地势而建的石桥、增加了神道两侧的神道碑及碑亭、厢房类附属建筑各有增减外，其他主体建筑一应俱全，布局相同。王位世系在更迭，但靖江王陵的营造规制，除了陵园面积递减外并没有大的变化。这一规制一直到明末崇祯八年（1635 年）营建的荣穆王陵才略有改变。

荣穆王朱履祐为第十一代靖江宪定王朱任晟的嫡次子，于万历四十年（1612 年）袭封，崇祯八年薨，谥号"荣穆"，葬于尧山西北麓其父朱任晟墓北面，是最后一个安葬在尧山靖江王陵区的靖江王。荣穆王陵实际上并未脱离一直沿袭的营建规制，其陵园坐东朝西，呈长方形，外门、中门、享堂、碑亭等主要建筑以及神道石像生、附属厢房等基本配置和前期的王陵一样齐备。但荣穆王陵陵园建于尧山西麓地势陡峭的岭坡上，前后落差较大，因此陵园内针对性的建有防山洪冲刷的排水沟、泄水平台等设施，与前期陵园营建在山前地势平缓的平冈上截然不同；陵园的平面布局由前期"回"字形的两重院落变成了"日"字形的两进院落，内陵墙从包围一周变成了一道隔墙；建筑用材方面未发现琉璃构件，屋顶皆使用素烧瓦件，且规格较小；陵门、碑亭位置出土民间常见的砖雕构件；享堂只在台基前部设一路垂带踏跺式台阶等。根据这些变化，我们可以推断荣穆王陵陵园建筑的营建已经从规矩的官式建筑向民间建筑转变，而这种转变最根本的原因是国力的衰落。这一时期的明王朝内忧外患，经济崩溃，无论是财力还是物力都已无法负担地方藩王按原有规制营建陵园。

5. 靖江王陵陵园规制的分期

通过对考古清理后的靖江王诸陵陵园建筑规制的对比研究，我们基本掌握了靖江王陵陵园建筑规制的基本情况和发展演变过程。将靖江王陵陵园建筑规制的发展演变分为三期，分别为初始期、固定期和衰落期。

初始期有悼僖、怀顺王陵，时间从永乐六年（1408 年）到天顺二年（1458 年）。

固定期有庄简、昭和、端懿、安肃、恭惠、康僖、温裕、宪定王陵，时间从成化五年（1469 年）一直延续到万历三十六年（1608 年）。

衰落期有荣穆王陵，时间是崇祯八年（1635 年）。

6. 小结

据《明史·诸王传》和《明史·诸王世表》统计，有明一代，共在全国各地建立了五十个亲王府。这五十个藩王府系中，除去无子除封或因罪夺爵者外，均延续至明朝灭亡。两百多年间共册封亲王 289 位（靖江王未列入计数），低一等级的郡王更是数不胜数。这些朱姓藩王，生则居于藩地，死亦葬于藩地。因此在明朝灭亡以前，全国各地藩王陵墓星罗棋布。但由于明末战争及其后各个时期战乱、生产生活等因素的破坏，这些藩王陵墓大多数已被夷为平地了。

靖江王陵非常幸运地保存了下来，成为我国现存最为完整、规模最大、序列最全的明代藩王陵墓区，是研究明代藩王陵墓仪规制最为重要的实物资料。诚然，封建等级制度森严，即便是皇族的血统也有亲疏远近之分、等级高下之别，是必须讲究和遵循的原则。靖江王属于皇侄一脉，其地位低于皇子，虽同列王爵，但处于非亲非郡、似亲似郡的特殊地位，因此在陵墓的营造规制上，靖江王陵只代表靖江王的等级。至于明朝亲王、郡王的陵园该有如何建制，是否与靖江王相同，我们除了参考文献进行分析，就再难有所为。但无论如何，在明朝藩王陵寝制度的研究中，靖江王陵保留相对完整的遗存具有相当的代表性和参考价值。就明朝帝王陵墓体系而言，靖江王虽是朱明皇家血统中最远的一支，但因为陵墓遗迹完整和真实的存在而成为不可或缺的一员。

参与人员：韦　革（领队）　陈晓颖　贺战武（执行领队）

曾祥忠　张阳江　阳　灵　盘　立　许彬彬

符荣兴　安泉州　焦　磊　周彤苹　钟嘉瑞

伍勇进　胡宪国　阳荣桂　关春燕　李爱民

徐　艳

执 笔 人：曾祥忠

规划与保护

靖江王陵保护规划（2009～2025 年）

（摘录）

广西文物保护研究设计中心

2009 年

1 总 则

1.1 概况

靖江王陵是明代受封并建藩立国于靖江（今桂林）的历代靖江王及其宗亲墓群，位于广西壮族自治区桂林市城东，分布在桂林市辖叠彩区大河圩、七星区朝阳乡、雁山区柘木镇和灵川县奇峰镇、大圩镇，面积约 100 平方公里。

1996 年 11 月桂林靖江王府、王陵两点并为一处由国务院公布为第四批全国重点文物保护单位，归为古建筑类。根据实地勘察，靖江王陵更近于古墓葬或古遗址类文物。

1.2 规划性质

本规划为靖江王陵总体保护规划，是文物保护的专项规划。规划依法审批后，应纳入《桂林城市总体规划》，纳入地区经济和社会发展规划。

1.3 编制的指导思想

以"保护为主、抢救第一、合理利用、加强管理"的文物工作方针为指导，强化靖江王陵文物和背景环境的保护与展示利用，协调靖江王陵保护与其他建设的关系，丰富靖江王陵的展示内容与历史文化内涵；保证靖江王陵及其环境风貌不受人为或自然力的破坏，不受城乡建设及旅游开发等方面所带来的消极影响；促进靖江王陵文物的保护与管理、研究，促进靖江王陵在桂林市旅游经济发展中的合理利用，提高靖江王陵的社会效益与经济效益，促使靖江王陵进入可持续发展的良性循环轨道。

1.4 编制依据（略）

1.5 规划范围

规划范围即靖江王陵的分布范围，其四至为：东起灵川县灵川镇三百源村东土涝、西至桂林市穿山望城岗，南起柘木大园岭、北至灵川县灵川镇王家村东岭山，规划区域总面积约 100 平方公里。

1.6　规划期限

总体规划的期限为 15 年，即 2009～2025 年，分近期、中期和远期实施。其中近期为 2009～2014 年，中期为 2015～2019 年，远期为 2020～2025 年。

2　文物价值、现状与保护、管理、展示工作评估

2.1　历史价值

2.1.1　靖江王陵是国内保存最完整的明代藩王墓群

靖江王陵以十二座靖江王陵墓为中心，附葬有明朝历任靖江王次妃、靖江王府将军、中尉、县君、乡君以及更低等的靖江王府宗室、姻亲等宗亲墓葬。经历次调查可考的墓葬有 316 座，分布范围 100 多平方公里。其规模宏大、序列齐全、等级分明、分期明显、遗迹遗物保存完整，为明代藩王墓群所罕见。

2.1.2　靖江王陵是封建宗法制度正统意识的体现

靖江王始祖是朱元璋长兄朱兴隆，洪武元年追封为南昌王。在封建宗法制度以嫡长为正统的意识里，靖江王一脉实是朱氏正统，受到了朝廷的重视和关照。在明代众多藩王中独树一帜，在封藩之地桂林繁衍生息了 280 年，成为明代藩王中执政时间最长、传位人数最多的一脉王系。也正是如此，使得靖江王陵成为与明代朱家皇朝伊始同终的明代藩王墓葬群，它通过陵墓规制的实体，体现了封建宗法制度正统意识的存在。

2.1.3　靖江王陵保存的墓志碑碣具有重要的历史价值

靖江王陵区域内保存有大量墓志碑碣，仅靖江王陵文物管理处入藏的就有近 50 方，这些刻石铭文承载了大量的历史信息，对桂林明代历史和靖江王国历史研究起到补证史实的作用，具有重要的历史价值。

2.2　科学价值

2.2.1　靖江王陵是明代藩王陵寝建筑及规制的典型例证

靖江王陵是靖江藩王事死如生的世界观的体现，是用葬式规制来展现其多彩世界与奢侈的生活，构筑另一个明代靖江藩王的实体场景。靖江王陵中的大型陵墓均倚山坐岭，墓高门低，封土硕大，气势恢宏。尽管墓园建筑均已倒塌，但建筑基址保存完好，仍可见其完整的布局，是明代藩王陵墓建筑及规制的典型例证。

2.2.2　靖江王陵是建筑与人文、自然景观完满结合的典范

靖江王陵的选址布局是中国传统的风水理论的反映。陵区四周的山川水系作为建筑构成的主体要素，陵区后部的自然山脉即尧山为祖山作为陵寝的依托，两侧的山体作为环护，前面山丘为屏山，构成前朱雀、后玄武、左青龙、右白虎的风水格局，体现了"陵制与山水相称"的原则。陵园建筑掩映于山环水抱之中，相互映衬，如同"天设地造"，构成了一个建筑艺术与环境美学相结合

的完美杰作。

2.3 艺术价值

2.3.1 靖江王陵是一个内容丰富的明代艺术宝库

靖江王陵现存陵墓石雕 334 件,超过所有已发现的明代帝王陵墓石雕的总和。靖江王陵陵墓石雕在时间上基本与明代同始终,雕刻艺术既有继承又有发展,且独具南方特色,为中国历史艺术宝库保存了一套比较完整的明藩王陵石雕艺术品,也为全面、系统地研究明代藩王陵石雕艺术创造了条件。

靖江王陵随葬品丰富,其中最珍贵和有特色的是梅瓶。迄今已发现、出土的梅瓶有 300 多件,其时代风格突出,器形优美,釉色缤纷,装饰图案丰富,具有极高的艺术价值。

2.3.2 靖江王陵是研究明代封藩历史和藩王丧葬制度最系统的实物资料库

目前,全国已发现的明代藩王陵墓群基本没有系统保存陵园的地面建筑遗迹及陵墓石雕。因此,靖江王陵是全国现存最具代表性的明代藩王陵墓群,具有极高的历史、科学和艺术价值,是研究明代封藩史和藩王丧葬制度最系统的实物资料库。

2.4 社会价值

2.4.1 以靖江王府、王陵为代表的古代藩王文化是构成桂林市历史文化名城的基本特征之一。

2.4.2 靖江王陵是桂林市具有较高历史、科学、艺术价值的文物古迹,是进行国民素质教育,弘扬传统文化,激发爱国、爱乡情怀的重要场所。

2.4.3 靖江王陵作为高品位的文物旅游资源,具有极高的观光游览价值,对发展桂林市旅游事业,完善桂林旅游格局起到积极的作用。

2.4.4 靖江王陵所在地尧山自古以来即是桂林人士的踏青游玩去处,现在靖江王陵更作为著名景点,成为桂林旅游的重要文化品牌。

2.4.5 靖江王陵对外开放以来,为社会创造了多种就业机会,带动地方相关产业的发展,对当地经济发展做出了一定的贡献。

2.4.6 靖江王陵所在地尧山森林覆盖,环境优美,是桂林市的大型天然空气净化器,对桂林优质的自然大环境起到积极影响。

2.5 考古发掘工作评估

2.5.1 历史调查

20 世纪 80 年代由桂林市文物部门对靖江王陵历史的分布范围进行调查,共发现有墓葬 316 座,奉祠遗址 1 处。其中大型陵墓包括王陵(王、妃合葬墓)12 座(含朱守谦衣冠墓),厚葬次妃墓 3 座,有建筑遗址的将军墓 8 座;其他墓葬包括将军、中尉、县君、乡君以及更低等级的宗室墓葬 293 座。

2.5.2 考古发掘工作

至目前为止,靖江王陵的考古发掘工作共进行了两次。一次在 1972 年,由广西壮族自治区文物工作队对靖江王七代安肃王陵和十一代宪定王陵进行考古发掘。另一次在 2007 年，由广西壮族自治区考古研究所（前身为广西壮族自治区文物工作队）对靖江王陵宗室墓区密集区西北部边沿地带（大河乡新民村）进行考古发掘，共清理墓葬 12 座。考古资料目前均没有整理发表。

2.5.3 考古工作存在的问题

2.5.3.1 针对陵园建筑地表遗址的考古调查基本完成，调查资料虽然完备，但靖江王陵的基本情况描述大多来源于 20 世纪 80 年代的数据，只能反映调查时靖江王陵地面遗存情况。部分地域因地形地貌有所改变，需要对靖江王陵墓葬进行重新核实。

2.5.3.2 针对墓葬的考古发掘工作开展不够，尚不能全面揭示靖江王陵范围内各类墓葬的墓葬形制及随葬情况。

2.6 现状评估

2.6.1 真实性评估

2.6.1.1 文物本体真实性评估

始建于永乐六年（1407 年）的二代悼僖王陵，结束于崇祯十一年（1638 年）的荣穆王王陵。明亡以后，清至民国时期均由当时政府立碑发文保护，但未见维修记载。又经实地调查，除三代、九代的朝房及三券陵门、中门、享殿为 20 世纪八九十年代后修复以外，没有其他历史时期的添加物，所有遗物均为明代的遗构，真实性为 100%。

2.6.1.2 文物环境真实性评估

靖江王陵陵区主要范围地形改变不大，但植被因早年破坏严重，林木砍伐殆尽。在 20 世纪五六十年代经飞播造林，植被基本恢复，但树种单一，尧山山上多为马尾松，因马尾松保水能力较弱，尧山水源保有率降低，部分山泉断流。山前丘陵坡地较大面积被划为桂林林业科学研究所科研用地，目前种植板栗树、桉树、杉树、马尾松及各种果树；还有部分区域被划为广西茶叶科学研究所茶叶研究用地，基本辟为茶园；在陵墓间的空地则在包产到户时分给附近村庄村民，被辟为果园、水田等。目前在靖江王陵核心区域，已有桂林林业学校、广西茶叶科学研究所、桂林林业科学研究所、桂林火葬场、尧山索道公司、新建村委会村办工厂等单位进驻并建有各类建筑，对文物环境真实性造成较大破坏。20 世纪 50 年代兴修水利，桂林灌区东干渠穿越靖江王陵核心区域，直接破坏靖江安肃王陵及恭惠王次妃赵氏墓。此外，自 20 世纪 70 年代以来端懿王陵所在区域被迁入大量现代民坟并形成规模，不仅破坏了环境真实风貌，而且直接破坏到文物本体。目前乱葬民坟现象日益严重，呈蔓延之势，靖江王陵所在的尧山区域已然成为桂林市最大的乱坟岗。1994 年修建的尧山旅游公路穿越靖江王陵核心区域并盘山而上直达尧山山顶，公路修通以后，附近村民沿路修建大量违章建筑。两处宗教建筑已倒塌，存有基址。

2.6.2 完整性评估

2.6.2.1 文物本体的完整性评估

有陵园建筑的陵墓，建筑基本坍塌，各墓地表以上基本完整保存有石仪仗、陵门、神道、中门、享殿、内外厢房、碑亭、土夯围墙等建筑基址，陵墓封土堆，陵墓园规制清晰可辨。但石仪仗多有歪斜倾倒，略有风化，建筑基址构件松动，局部易位，潮湿酥碱。地下砖石结构的墓室除二代悼僖王陵外均有盗洞，随葬物被盗一空，墓室内墓门、甬道、玄室、壁龛、头龛、棺床均保存，结构完整，局部构件易位、松动。以建筑角度分析，文物本体的完整性仅存40%；以陵墓遗址角度分析，文物本体的完整性在90%。

无陵园建筑的宗室墓基本被毁殆尽，只有附葬于大型陵墓附近及相对密集分布的少量宗室墓葬还保留残穴。

因未进行科学考古勘探，未见封土堆的宗室墓情况不明，但近年在生产建设中屡有发现，墓葬大多保存较为完整，并有一定数量的出土文物。

按20世纪80年代调查数据316座为依据，目前仅存81座，整个靖江王陵墓群规模的完整程度仅为39%。

2.6.2.2　文物环境的完整性评估

靖江王陵核心区域范围地形完整度为90%。

原有植被仅在祝圣庵、白鹿观（天赐田）一带保存较好，完整性达90%以上，靖江王陵核心区域范围其他位置原有植被仅保存5%。

现有建筑、民坟、新建道路对靖江王陵核心区域西部的文物环境破坏较大，环境破坏面积占核心区面积的48%。

2.6.3　分布范围现状

靖江王陵及其宗室墓分布于东起灵川县灵川镇三百源村东土涝尧山山脉以西，西至桂林市穿山望城岗漓江以东，南起柘木大园岭以北、黄河以西，北至灵川县灵川镇五岭将、东岭山、漓江以南，方圆100多平方公里的范围内。

2.6.4　保存现状

2.6.4.1　所有大型陵墓和奉祠遗址的地面建筑在明朝灭亡后，因失去管理维护逐渐塌毁，目前仅存建筑基址，掩蔽于丛林荒草中。

2.6.4.2　大型陵墓和奉祠的建筑基址，作为遗址状态基本保存完整，能较清晰地辨识陵园布局和建筑规制。部分基址上的砖、石等构建，在20世纪50～70年代被附近村民或单位挖取移为他用。当前对陵墓建筑基址破坏最严重的是成规模的乱葬民坟、违章建筑、开垦种植以及个体随意性的挖药、捕蛇等行为。

2.6.4.3　靖江王陵地面以上的建筑遗址包括大量陵墓石雕裸露于野，大部分陵墓石雕均有不同程度的风化、龟裂、起苔斑及泛白现象，且有不断恶化的倾向；大部分宗亲墓石雕因所属墓葬于早年被平毁而散落田间地头。

2.6.4.4　靖江王第一至十二代陵墓除个别未被盗挖外，其余均有不同时期的被盗迹象。

2.6.4.5　除庄简王陵、康禧王陵的地上建筑及其石作仪仗已由文物部门进行较全面的维修与保养外，其余各代王陵墓只能以定期巡查的粗放方式进行管理，破坏现象仍较为严重。

2.6.5　环境现状

2.6.5.1　地形地貌：靖江王陵所在地尧山为越城岭余脉，最高海拔909.3米，植被为现代人工马尾松单一树种林。主要大型陵墓和奉祠遗址多营建于尧山西麓的丘陵缓坡地带，地势由东向西倾斜。尧山防火道分割了作为靖江王陵重点区背景的地貌。

2.6.5.2 气象和大气：靖江王陵分布范围为中亚热带季风气候，全年气温 19.1℃ 左右。雨量充沛，年平均降雨量为 1926 毫米，蒸发量 1485 毫米，2000 年雨水酸碱度平均 pH 值 5.42，酸雨频率 25.3%，全年 pH 值范围 4.31～7.67，属于多雨温湿地带。年平均风向以东北偏北与北风居多。

2.6.5.3 水文状况：靖江王陵所在地近年来因林区面积逐步收缩，且水源林树种单一，主要为 20 世纪 50～70 年代人工种植的马尾松，加之桂林尧山索道公司的登山公路把水源南的地表水截断，使蓄水能力减弱，导致区域内的山泉水溪断流。

2.6.6 文物保护影响因素

2.6.6.1 城市和村庄（单位）与靖江王陵的过度交叉接壤，靖江王陵分布区域尤其是分布区域的西南部城市化趋势明显。

2.6.6.2 第六代（端懿王）王陵内的乱葬民坟、进入奉祠遗址区域的违章构筑物以及侵占第一代王陵（朱守谦衣冠墓）和厚葬次妃刘氏墓部分陵园的桂林林业学校严重破坏了文物本体和环境风貌。尧山区域内的官帽山公墓、火葬场等的存在与靖江王陵历史风貌极不协调。

2.6.6.3 20 世纪 50 年代修建的东干渠穿越了一座大型将军墓和第七代（安肃王）王陵陵园，并在第五代（昭和王）王陵前 100 米处堆土架高水渠，对文物本体和环境风貌造成破坏。

2.6.6.4 桂林秋冬季节雨少干旱，靖江王陵重点保护区所在地为森林火灾易发区域，对靖江王陵重点保护区内的遗址及其环境风貌威胁极大。

2.6.6.5 靖江王陵重点保护区内的村庄和单位较多，土地归属复杂，纵横分割，严重制约了靖江王陵保护工作的开展。

2.7 保护范围现状

2.7.1 现保护范围公布概况

2006 年 12 月，《广西壮族自治区人民政府公报 2007 年（第二期）》发布了《广西壮族自治区人民政府关于公布经略台真武阁等 113 处文物保护单位保护范围和建设控制地带的通知》，其中对靖江王陵的保护范围和建设控制地带进行了划定。

2.7.2 现有区划范围

——重点分布区（靖江王陵密集区、宪定王陵、荣穆王陵）

保护范围：①靖江王陵密集区：东起尧山山脊，西至白面山止；北起尧山园艺场黄泥岭北面岭脚，南至帽子山北面山脚止。②宪定王陵：西至东干渠西延 30 米，北起宪定王陵所在地山脊后麓，南至祝圣庵南麓。③荣穆王陵：东起荣穆王陵外围墙 300 米，西至荣穆王陵大门遗址西延 300 米黄园里，北起桂林市与灵川县界，南至黄园里山麓的机耕路南 30 米。

建设控制地带：重点分布区方圆 5 平方公里范围内。

——陵墓密集分布区、一般保护区

保护范围：靖江王陵分布范围内（除重点分布区外）各墓外围墙（无围墙墓以封土四周 20 米）范围内。

建设控制地带：以保护范围线为基线，外延 40 米范围内。

2.8 管理现状评估

2.8.1 保护管理机构

2.8.1.1 1984 年成立桂林市尧山陵墓文物管理所，1998 年更名为桂林市靖江王陵文物管理处，是桂林市文化局下属全额拨款性质的行政事业单位，负责靖江王陵及其相关文物的管理、保护、研究、利用等职能。

2.8.1.2 管理编制：桂林市靖江王陵文物管理处现有人员编制 26 人，只能满足现阶段的文物保护与展示需要。

2.8.1.3 桂林市靖江王陵文物管理处现有管理用房不足 200 平方米，且建于陵区核心位置，对环境风貌有一定影响。

2.8.1.4 靖江王陵缺乏必要的陵墓保护管理、保护、研究中心，没有研究场所与专业设备，直接影响保护技术应用和学术研究开展。

2.8.2 保护工作现状

2.8.2.1 在靖江王陵由国务院公布为全国重点文物保护单位后，1997 年由桂林市文物行政主管部门在陵区竖立了"全国重点文物保护单位——靖江王陵"标志牌。

2.8.2.2 桂林市靖江王陵文物管理处成立以后，建立了库房档案，普查资料已汇编成册、建档；完成了"四有"档案的编制工作，建立和完善了各项夜间值班、库房保管、安全保卫、巡墓联防的规章制度。

2.8.2.3 靖江王陵已完成庄简王陵陵园建筑的保护性复原重建工作，对外开放。

2.8.2.4 靖江王陵的监测、日常保养的设施、设备严重不足。

2.8.2.5 由于经费投入不足，设备匮乏和老化，靖江王陵的灾害预测和防御、应急能力严重不足。

2.9 展陈与基础设施现状

2.9.1 展示与陈列现状

2.9.1.1 第三代（庄简王）王陵经复原重建后，原位展示陵园建筑。

2.9.1.2 复原重建的庄简王陵享殿已设为临时展厅，举办靖江王陵基本陈列，展厅面积 280 平方米；陵门前左右两侧厢房已设为临时展厅，已举办各种专题（临时）展览 10 个（次），展厅面积共 150 平方米。

2.9.1.3 靖江王陵各类陵墓遗址的展示不足，展示的点少、面窄、内容单薄，展示手段简单。

2.9.1.4 靖江王陵缺乏专业的高品质展陈及收藏场所，临时展厅空间狭小，容量不够，流线不畅，不能满足全面展示靖江王陵相关文物的要求。

2.9.2 基础设施现状

2.9.2.1 靖江王陵大型陵墓和奉祠遗址分布区域内没有给水排水管线，给水依靠抽取地下水，排水均自然排放。

2.9.2.2 靖江王陵大型陵墓和奉祠遗址分布区域内用电由桂林市电力系统统一供电。区域内架空线路纵横交错，妨碍景观。

2.9.2.3 靖江王陵大型陵墓和奉祠遗址分布区域内环卫与垃圾处理尚未纳入城市环卫工作体系，垃圾由区域内各单位自行处理。

2.9.2.4 靖江王陵大型陵墓和奉祠遗址分布区域内有尧山公路横穿而过，虽便利了区域交通，但严重破坏了陵区环境风貌。各陵墓间可供巡查的通道多为只能步行通过的羊肠小道，交通设施明显不足。

2.9.2.5 已开放的庄简王陵设有参观售票处、接待讲解处、公厕，停车场面积2000平方米，开放配套设施陈旧，仅能满足当前对外开放的要求，但也破坏了陵墓环境风貌。

2.10 合理利用评估

2.10.1 靖江王陵的利用现状

靖江王陵的合理利用处于初始尝试阶段，已经取得一定的社会、经济效益。

2.10.2 2004年前靖江王陵保护的财务保证能力

2004年前靖江王陵保护的财务保证能力只能对个别重点陵墓进行维修、维护与保养，远不能保障整个陵墓群的有效保护与合理展示。

3 规划框架

3.1 规划原则

3.1.1 坚持"保护为主、抢救第一、合理利用、加强管理"的文物工作方针。

3.1.2 保护靖江王陵文物的真实性、完整性和独特性。

3.1.3 保护靖江王陵环境风貌的真实性、完整性和协调性。

3.1.4 注重靖江王陵文物的有效保护与历史文化内涵展现的适度拓展，使保护与展示有效统一，相互促进。

3.1.5 保护措施与展示方式的科学性与可持续性。

3.2 规划目标

以靖江王陵中大型陵墓及奉祠遗址的保护为核心，重视陵墓环境风貌与区域景观，对陵墓文物本体及其环境风貌和区域景观加以整体保护与展示，同时兼顾靖江王陵墓葬分布区域内相关文物的收集、征集、整理研究和展陈，营造有益于开展靖江王陵文物保护、遗址展示与陈列展示、学术研究的良好环境，将靖江王陵建设成为全国独具特色、高品位的大遗址保护展示区和明代藩王及其陵墓的研究与展示中心，使靖江王陵步入可持续发展的良性循环轨道。

3.3 基本对策

3.3.1 分区、分类界定合理的保护区划，协调靖江王陵保护与桂林城市建设和周边农村经济发展的关系。

3.3.2 重点整治靖江王陵中大型陵墓陵园和奉祠遗址及其分布区域内的环境风貌，逐步恢复靖江王陵的历史环境与整体景观。以有效整体提高靖江王陵的有效保护与合理利用的力度。

3.3.3 抢救性清理发掘已无保护环境依托而又危及墓葬安全的靖江王陵分布范围内的各种将军、中尉及夫人、宫人、县君、乡君等宗室墓葬。

3.3.4 新建靖江王陵大遗址保护研究与展示中心，作为管理机构与重要展示的工作场所，提高日常保护工作与学术研究水平，改善文物陈列展示条件。

3.3.5 坚持科学、适度、持续、合理地利用，在对陵墓遗址清理整治与维修保养的基础上，分期分批开辟各类陵墓展示区。

3.3.6 建立预防及抵御自然灾害与不可预见突发事件侵袭的机制。

3.4 规划重点

3.4.1 本规划为靖江王陵保护的总体规划，强调靖江王陵文物及其环境风貌的有效保护与合理利用；根据靖江王陵及其环境风貌的保存现状，明确区划的重点范围为靖江王陵中大型陵墓和奉祠遗址分布区域以及相对密集的宗室墓葬分布区域。

3.4.2 规定靖江王陵文物本体与传统环境风貌的视通廊关系。

3.4.3 划分靖江王陵出土文物、流散文物本体保护的不同技术层面。

3.4.4 需要拓展的"藩王文化"主题展示项目。

3.5 总体布局

3.5.1 以分布区中部和中北部的靖江王陵大型陵墓与奉祠遗址区、相对密集的宗亲墓葬区为保护的核心区，依地理位置分为靖江王陵一至十代陵墓集中区、靖江第十一代（宪定王）王陵区和靖江第十二代（荣穆王）王陵区三块，其中靖江第十二代（荣穆王）王陵区与宗室墓葬相对密集区连为一体。

3.5.2 在上述区域内，明确界定各区域、各类型的保护范围和建设控制地带，采取有效措施保护并适当展示文物遗址及其环境风貌。改造现有入境公路，重新规划区域内必要的巡查通道。营建保护与展示必备的基础设施。

3.5.3 在金背山东侧空地设置管理区，管理区内新建靖江王陵大遗址保护研究与展示中心。将距昭和王陵东南侧100米处的空地改造为露天陈列展示场地，设置分流游客的王陵集散地，在庄简王陵与刘氏次妃墓之间、悼僖王陵与安肃王陵之间设置导流节点。该区域西面延伸到漓江东岸设置景观控制区。

4 保护规划

4.1 保护区划

4.1.1 保护范围修编建议

由于现划定的保护范围过于概念化，区划线路缺乏具体的明确指向，因此本规划要求对保护范围、建设控制地带依据《中华人民共和国文物保护法》的有关规定进行合理修编。

4.1.2 保护区划的定义

靖江王陵的保护区划包括保护范围、建设控制地带和景观控制区三个层次。保护范围包括靖江王陵及其附属文物的保护范围，在保护范围外设建设控制地带，在建设控制地带外围设立一定的景观控制区。

4.1.3 保护范围

依据靖江王陵及其附属文物的保护现状、历史分布状态、实际面积及视觉环境，将其及适当的外延区域作为保护范围。

4.1.4 建设控制地带

依据历史上靖江王陵历史环境原貌及现状遗存状态，在其保护范围的基础上适当向外延伸，以确保文物本体周围环境的基本协调统一。

4.1.5 景观控制区

对已远离靖江王陵文物本体与建设控制地带，但其视觉仍与靖江王陵大环境不协调的区域，作为视觉控制区，以确保靖江王陵大环境的视觉协调统一。

4.2 保护区划的界定

4.2.1 保护范围的界定

4.2.1.1 保护范围以地标、高程进行确定。

4.2.1.2 靖江王陵保护范围分为以下三个区域：靖江王陵第一至十代陵墓集中区域，靖江第十一代（宪定王）王陵，靖江第十二代（荣穆王）王陵和相对密集的宗室墓葬分布区域。

4.2.2 保护范围

4.2.2.1 靖江王陵一至十代陵墓集中区域的保护范围

以下闭合线内为一至十代陵墓集中区域的重点保护区：东南从桂林航天工业管理学院西面围墙角与金鸡路交汇处起，沿金鸡路西至金背岭与凉水洞山西侧山脚止；西南起于凉水洞山西侧山脚，沿凉水洞山西侧山脚、挂子山西侧山脚、挂子山路、广西茶叶科学研究所大门，由大门沿广西茶叶科学研究所南北主干道至尽头，并沿西北直线延伸至高马脚岭以北季节性水溪止；西北起于高马脚岭以北季节性水溪（上述点），沿水溪至尧山路，沿尧山路往南至犁头嘴，以犁头岭北麓为界至九代王陵东北端三岔路口，再至石盘岭296.3高地止；东北起于石盘岭296.3高地，直线连接庄简王陵东侧石山高地、恭惠王陵东侧321.2高地、桂林航天工业管理学院西北面围墙角止，至桂林航天工业管理学院西南面围墙角。闭合线以内为保护范围的重点保护区，面积约2.45平方公里。

以下闭合线内为一至十代陵墓集中区域的一般保护区：北面东起金鸡路玉带河交汇处，沿金鸡路以西至金背岭与凉水洞山西侧山脚止；南面沿金鸡路以西至金背岭与凉水洞山西侧山脚、金背岭295.1高地、官帽山302.6高地、官帽山345.6高地、官帽山254.7高地、官帽山299.6高地、官帽山203.7高地、官帽山324.6高地直线连接金鸡路玉带河交汇处。闭合线以内为保护范围的一般保护区，面积约0.53平方公里。

4.2.2.2 靖江第十一代（宪定王）王陵的保护范围

以下闭合线内为第十一代宪定王陵保护范围的重点保护区：以宪定王陵为中心，西至东干渠西延30米，北起宪定王陵所在地山脊后麓，南至祝圣庵东南麓，东北面至上述两山麓直线延伸交汇处。面积约0.176平方公里。

4.2.2.3 靖江第十二代（荣穆王）王陵和相对密集的宗室墓葬分布区域的保护范围

以下闭合线内为第十二代荣穆王陵保护范围的重点保护区：以荣穆王陵为中心，东起荣穆王陵外围墙300米，西至荣穆王陵大门遗址西延300米黄园里，北起桂林市与灵川县界，南至黄园里山麓的机耕路南30米。面积约0.13平方公里。

以下闭合线内为相对密集的宗室墓葬分布区域保护范围的一般保护区：潘家道屋里以北，尧山山脉海拔235～260米之间半山高程以西，五岭将西脉、高岭背、社山、大头岭、将军岭以东，五岭将山南坡及其南坡以南。相对密集的宗室墓葬分布区域的一般保护区面积约9.93平方公里。

4.2.2.4 其他靖江王陵宗室墓葬的保护范围

靖江王陵分布范围内（除靖江王陵第一至十代陵墓集中区域、相对密集的宗室墓葬分布区域外）各墓外围墙（无围墙墓以封土四周20米）范围内。

4.2.3 建设控制地带

4.2.3.1 Ⅰ类建设控制地带

东起尧山山脊，西至白面山止；北起天赐田，沿靖江第十一代宪定王陵陵墓北面山谷西至东干渠，沿东干渠往南至进林科所公路，沿公路往西至天圣山、白面山、马鞍山，南至桂林工业经济管理学校后山、官帽山南面山脚止的范围为靖江王陵的Ⅰ类建设控制地带，面积约3.79平方公里。

4.2.3.2 Ⅱ类建设控制地带

除靖江王陵保护范围及重点控制区外，东起灵川县灵川镇三百源村东土滂尧山山脉以西，西至桂林市穿山望城岗漓江以东，南起柘木大园岭以北、黄河以西，北至灵川县灵川镇五岭将、东岭山、漓江以南的墓葬分布区域，以保护范围线为基线外延40米范围内。Ⅱ类建设控制地带分布范围面积约96平方公里。

4.2.4 景观控制区

漓江以东，北起董家巷，南至伏龙洲，东界重点控制区边线的范围为景观控制区，面积约13.8平方公里。

4.3 管理规定

4.3.1 保护范围内重点保护区的管理规定

4.3.1.1 除按保护规划要求并经国家文物局审批同意建设必须的保护设施外，不得新建任何构筑物与建筑物。已有的现代构筑物与建筑物不能拆旧建新及续建。

4.3.1.2 禁止爆破、钻探、挖掘等作业；禁止大面积砍伐林木；禁止改变现有林地的基本状态；对现有畲地、农田实施退耕还林，还林树种应以桂林传统树种为主。

4.3.1.3 依据奉祠、第一至十二代靖江王陵遗址叠压状态的破坏程度，区分轻重缓急，依次对重点保护区内如下建筑：叠压在奉祠、第一代衣冠墓遗址上的修配厂、桂林漓江腐乳厂、桂林林校，叠压在第六代端懿王陵上的桂林市现代墓地，及金鸡路进入重点保护区段两侧的建筑，实施有计划、有步骤地搬迁。

4.3.1.4　严禁现代坟墓进入奉祠、第一至十二代靖江王陵及将军、妃子等有墓园的围墙范围内。已有的现代坟墓，在文物遗址内的应限期迁出，其他现代墓葬在不影响到重点保护区风貌的情况下可就地深埋。深埋坟墓不得有坟包，墓碑规格应在 20 厘米 × 20 厘米以内，高度应在 10 厘米以下。

4.3.1.5　第十一代王陵东南侧的祝圣庵与靖江王陵同属一个时代，其维修应与明代同一时期的建筑形制、结构、材料、工艺相协调，以确保第十一代王陵的原有环境风貌。

4.3.1.6　陵墓的必要复原展示，应在充分论证的基础上依据考古成果进行。

4.3.2　保护范围内一般保护区的管理规定

4.3.2.1　原则上不得新建和靖江王陵保护与管理无关的构筑物与建筑物。如因特殊情况需要进行建设工程或爆破、钻探、挖掘等作业的，必须征得国家文物局同意后经广西壮族自治区政府批准。

4.3.2.2　征得同意后的建设工程或爆破、钻探、挖掘等作业，必须事先经有相应资质的单位进行考古发掘。

4.3.2.3　第一至十代陵墓集中区域的一般保护区内的建设工程，应控制在靖江王陵的保护与展示范围内，不得影响陵区以王陵为特色的景观，保护与展示的建筑应为半地穴式为主，建筑占地面积应控制在 2000 平方米以内，地面以上建筑应淡化建筑特征，高度应在 7 米以内，其建筑外围，应有充分必要的地形与绿化隔离。

4.3.2.4　相对密集的宗室墓葬分布区域保护范围一般保护区的建设工程，其建设工程的建筑形制、结构、材料、工艺，应与尧山景区的环境风貌相协调。

4.3.3　建设控制地带中 I 类控制区的管理规定

I 类建设控制地带内的建设项目不得破坏靖江王陵的环境风貌，建筑与构筑物限高为 12 米。同时必须履行法律规定的报批程序。

4.3.4　建设控制地带中 II 类控制区的管理规定

II 类建设控制地带内的建设项目应履行法律规定的报批程序。

4.3.5　景观控制区的管理规定

《桂林城市总体规划（2001 ~ 2010）》中确定了靖江王陵重点保护区所在地尧山景区为桂林城市建设东部山区背景线，并强调"城市建设的轮廓线应尊重、利用背景山林，再建与自然山水的有机联系，重构山—水—城协调发展的城市模式"。因此本景观控制区由《桂林城市总体规划（2001 ~ 2010）》统一协调。

5　保护措施

5.1　保护措施

5.1.1　制定靖江王陵保护管理条例，通过人大立法，使靖江王陵的保护与管理纳入法律轨道。

5.1.2 在重点保护区内 12 座王陵（含朱守谦衣冠墓）、3 座厚葬次妃墓、8 座有建筑遗址的将军墓和奉祠遗址前，按全国重点文物保护单位的规范要求设置保护标志说明碑。

5.1.3 根据"不改变文物原貌"的文物维修原则对重点保护区内的陵墓遗址进行清理整治与修缮维护，对陵墓石雕进行防风化处理。所有针对文物本体的保护措施均需制定专项研究保护方案，并上报国家文物局批准。

5.1.4 完善巡查道路系统，加强巡查保护力度，杜绝人为破坏与盗墓现象。

5.1.5 利用部分巡查道路作为旅游道路，并在陵墓遗址内设置游人参观通道，约束参观人流，陵墓遗址外构筑生态围墙，避免因游客进入造成文物破坏。

5.1.6 对一般保护区和建设控制地带内的宗室墓葬应进行考古调查与勘探，遇有建设工程项目，应按有关文物保护程序及时进行清理发掘。

5.1.7 建设靖江王陵大遗址保护研究与展示中心，改善靖江王陵中各类可移动文物的保护研究与展陈条件。积极收集与靖江王陵有关的散置文物，杜绝散置文物流失，丰富馆藏。

5.1.8 在重点保护区内实施安全技术防范工程，设置监视摄像、报警等监控设备。

5.1.9 依托部分巡查道路系统埋设消防管道，设置消防栓，使重点保护区内的陵墓遗址均能得到消防保障。

5.1.10 明确游客容量控制机制，合理调控游客流量，确保靖江王陵的安全。

5.2 保护项目

5.2.1 靖江王陵保护的前期工作

5.2.1.1 编制靖江王陵分区详细保护规划。

5.2.1.2 编制靖江王陵专项保护工程。

5.2.1.3 编制靖江王陵其他保护工程方案。

5.2.2 专项保护工程项目

5.2.2.1 第八代（恭惠王）王陵遗址清理维修及保护性围墙修建工程。

5.2.2.2 第三代（庄简王）王陵建筑维修工程。

5.2.2.3 第九代（康僖王）王陵遗址及地宫整治维修工程。

5.2.2.4 奉祠复原工程。

5.2.2.5 第二代（悼僖王）王陵陵园建筑局部复原工程。

5.2.2.6 靖江王陵陵墓石雕的防风化保护工程。

5.2.2.7 对二、四、五、六、七、十、十一、十二代陵墓遗址及周边环境进行全面清理整治与维修加固，修建保护性生态围墙。

5.2.2.8 对 3 座厚葬次妃墓、8 座将军墓的建筑遗址及周边环境进行整治，修建保护性生态围墙。对重点区域内无墓园的宗亲墓（1 座将军墓、3 座宗室墓、2 座宫嫔墓）进行维修。

5.2.2.9 靖江王陵宗亲墓无保存环境的石构件的集中保存。

5.2.2.10 对无保存环境的靖江王陵宗亲墓进行发掘清理。

5.2.2.11 对无保存环境、墓葬形制不同的靖江王陵宗亲墓进行异地集中保护。

5.2.3 其他保护工程项目

5.2.3.1 靖江王陵大遗址保护研究与展示中心新项目建设工程。

5.2.3.2 陵区巡查道路系统与消防管道系统建设工程。

5.2.3.3 东干渠改造工程。

5.2.3.4 靖江王陵重点保护区标志性大门建设工程。

5.2.3.5 靖江王陵重点保护区技防安防系统建设工程。

5.2.3.6 靖江王陵现有保护性附属建筑改造工程。

6 环 境 规 划

6.1 环境治理与保护要求

6.1.1 保护要求

6.1.1.1 保存现有有利于靖江王陵保护展示的环境风貌。

6.1.1.2 环境治理改造要符合靖江王陵历史面貌,并有利于靖江王陵的保护展示。

6.1.1.3 防止过度开发对靖江王陵环境风貌破坏。

6.1.1.4 保护与恢复尧山上与靖江王陵重点保护区有关的水源林。

6.1.1.5 禁止各种污染源进入靖江王陵的保护范围。

6.1.2 空间景观整治

6.1.2.1 对靖江王陵重点保护区内妨碍景观的建造物实施有计划拆除。

6.1.2.2 保持不影响靖江王陵风貌的现有水塘,并对恭惠王陵前洼地进行整治,以承接流经庄简王陵内玉带河的水源。

6.1.2.3 对现有的、整治后的水塘和流经中心区的东干渠边坡进行硬化或自然化处理。对东干渠流经昭和王陵前面一段,以反虹管的形式埋入原地表下,并恢复陵墓前的原生态环境风貌。

6.1.2.4 通过绿化屏蔽控制尧山西侧现有建筑物与构筑物的色彩,使之与靖江王陵的风貌进一步协调。

6.1.2.5 在保证尧山防火安全的前提下,尧山防火道的设置应以不影响靖江王陵重点保护区的视觉效果为前提。

6.1.2.6 在不影响靖江王陵历史环境风貌的前提之下,通过新注入与靖江王有关的文化形态元素,强化靖江王陵的历史文化氛围。

6.2 生态保护与环境治理规划

6.2.1 地形地貌维护

6.2.1.1 逐步恢复保护范围内被现代建筑、墓葬破坏的植被。

6.2.1.2 严禁对尧山西侧特有树种与成林树木进行采伐,保持尧山西侧森林的自然形态环境。

6.2.1.3 严禁在靖江王陵的保护范围及重点控制区内进行规模性的平整土地。

6.2.1.4 对景观控制地带内地段进行绿化。

6.2.2 水系的维护与利用

6.2.2.1 通过对水源林的保护，使玉带河保持正常的流量。

6.2.2.2 借助东干渠的水资源，营造更为有利于靖江王陵保护与利用的水环境。

6.2.3 垃圾处理方式和污染治理

6.2.3.1 为适应展示的需要，在开放的主要通道边适当的位置设垃圾箱，垃圾箱的设计应与环境协调。产生的生活垃圾，通过收集后送市垃圾填埋场处理。

6.2.3.2 公用场所所产生的污水排入地埋式污水（化粪）池，经处理后的污水可综合利用，排污系统使用暗沟。

6.3 景观保护规划

6.3.1 历史环境风貌的景观整治

6.3.1.1 保持景观环境的和谐性，尊重靖江王陵所依托的布局形态，建构历史文化景区的格局。

6.3.1.2 对官帽山、金背山、挂子山实施封山育林、限采禁伐的保护，以逐步恢复植被。

6.3.2 视通廊的景观整治

6.3.2.1 靖江王陵大环境的分层次绿化。

6.3.2.2 设置管理大门，绿化各陵陵门前的主通道。

6.3.2.3 以原神道为视点基础，保持、复原与陵墓神道对接的视通廊。

6.3.3 植被种植分类与品种

6.3.3.1 陵墓周边：以桂林传统的凭吊类松、柏、樟等树木为主。

6.3.3.2 重点保护区范围：以桂林传统的原生风景树种为主。

6.3.3.3 重点保护区周边绿篱围墙：以桂林传统的原生绿篱竹木树种为主。

7 展示规划

7.1 展示对策

7.1.1 展示原则

7.1.1.1 靖江王陵陵墓遗址展示必须以不破坏其原状、环境风貌和有相应保护措施为前提。

7.1.1.2 在陵区内开放式展示与配套设施的设置应与文物的整体环境与历史氛围相协调。

7.1.1.3 对展示中相关的项目应加以控制，项目的申报、审批、设计、施工及验收必须按相关法规执行。

7.1.2 展示目标

通过对靖江王陵的展示，使其成为：

7.1.2.1 历史、艺术、科学知识的教育场所。

7.1.2.2 以文化遗产及其有关历史文化为主题的观光场所。

7.1.2.3 有益于人们身心健康活动的休闲场所。

7.1.2.4 通过靖江王陵特有环境的营造，成为培养公众高尚的情感和兴致的场所。

7.1.2.5 通过对靖江王陵及其辅助展示的观摩、分析、领悟，营造提高公众艺术鉴赏水平及丰富艺术创作题材和技巧的场所。

7.1.2.6　通过对靖江王陵的有效保护和合理利用所产生的社会影响，给桂林市营造更富有历史文化内涵的文物景区。

7.1.2.7　带动靖江王陵景区周边商业、服务业和其他相关产业效益的增长。

7.1.3　展示方式

7.1.3.1　陵墓复原展示。

7.1.3.2　陵墓遗址维修展示。

7.1.3.3　陵墓遗址现状展示。

7.1.3.4　无保存环境、与靖江王陵有关的大中型散落石质文物集中露天展示。

7.1.3.5　无保存环境的宗室墓墓葬形制集中展示。

7.1.3.6　馆藏文物室内陈列展示。

7.1.4　展示位置

7.1.4.1　靖江王陵重点保护区内。

7.1.4.2　靖江王陵大遗址保护研究与展示中心的陈列馆内。

7.1.5　展示主题

7.1.5.1　展现靖江王十一陵不同的风貌，使游人领略靖江王陵昔日的规模与王陵的建筑艺术。

7.1.5.2　展示陵区内外靖江王陵或与靖江王有关的、已失去环境依托的各种石刻、石造像等，展示靖江王陵特有的石刻艺术。

7.1.5.3　以靖江王陵大遗址保护研究与展示中心为基地，通过举办各类陈列展览，展示靖江王陵出土文物的精粹，展示靖江王的历史，展示明藩王的各种典章制度。

7.2　组织展示路线

7.2.1　线路组织原则

7.2.1.1　线路的组织必须充分考虑文物与参观者的安全。

7.2.1.2　参观线路不重复，线路组织可被不同对象所接受。

7.2.1.3　参观线路应具有优良的环境，应体现所要展示陈列的文化内涵。

7.2.2　展示路线

7.2.2.1　重点保护区巡查参观干线为主线，按早、中、晚三个时期的王陵作为展示线路布置的基础，通过重点保护区内巡查参观道路网进行展线连接，展示不同的墓葬特色，形成展示的节点与空间。

7.2.2.2　第十一、十二代王陵为辅助展示区，其展示线路通过域外交通网进行组织。

7.2.3　域外交通路线

与桂林市交通衔接。

7.3　展示设施的策划

7.3.1　解说与导览

解说与导览是展示陈列的重要组成部分，通过导览与解说，将展陈的精髓向观众展现。

7.3.2 展示区的设置

7.3.2.1 确定靖江王陵早、中、晚各期有代表性的陵墓建立相应的展示区。

7.3.2.2 通过对失去保存环境石刻的迁移集中，构建靖江王陵石刻展示区。

7.3.2.3 在靖江王陵大遗址保护研究与展示中心内设置室内展厅。

7.3.3 设置服务设施

7.3.3.1 在靖江王陵大遗址保护研究与展示中心内设置固定的参观服务中心。

7.3.3.2 靖江王陵重点保护区入口位置和重点保护区内不影响环境风貌的地方设置临时性参观服务点。

7.3.3.3 靖江王陵重点保护区内设置必要的旅游配套设施。

7.4 开放容量限制

7.4.1 开放容量的基本思路

由于靖江王陵的保护面积大，保护展示的面积不可能是全部，因此靖江王陵的开放容量限制取决于靖江王陵开放程度的大小和管理力度、各种配套设施。本规划提出的开放容量限制，应根据今后的开放情况和保护设施的完善逐步进行调整。

7.4.2 容量限制的计算

设置开放容量限制是保证文物在合理利用中不受破坏的一种手段，开放容量要根据文物保护的最佳值进行计算。

7.4.3 容量限制的确定所依据的原则

7.4.3.1 有利于文物的保护和利用，不能超过文物保护单位、周围环境的承受度，避免超荷时的人为破坏，达到文物保护的目的。

7.4.3.2 尽可能确保展示的社会效益及经济效益的最大值，保证游者的参观兴趣和求知欲得到满足。

7.4.3.3 尽可能确保游者的安全得到保障，有舒适、安全的环境。

7.5 靖江王陵的利用功能

7.5.1 利用功能规定

7.5.1.1 利用功能依据保护措施，充分体现靖江王陵在利用功能上的社会效益为第一准则。

7.5.1.2 合理利用必须遵守《中华人民共和国文物保护法》所规定的"不改变文物原状的原则"，以确保靖江王陵不受损害，保护工作不受干扰。

7.5.1.3 利用功能的社会效益着重点：①明代历史、艺术、科学等知识的教育场所。②以明靖江王陵及其有关历史文化为主题的观光场所。③有益于人们身心健康活动的休闲场所。④通过靖江王陵特有的艺术环境，营造培养公众高尚的情感和兴致的场所。⑤通过对靖江王陵的观摩、分析、领悟，营造提高公众艺术鉴赏水平及丰富艺术创作题材和技巧的场所。

7.5.1.4 利用功能的经济效益着重点：①通过有效保护与合理利用所产生的社会效益而形成的知名度，给桂林市带来的旅游新热点和相邻地段的地价增值。②以靖江王陵为主要对象的旅游收益以及由此带动的商业、服务业和其他产业的效益。③与靖江王陵相联系的文化市场和无形资产、知识产权的收益。④依托靖江王陵的文学作品创造的经济效益。

7.5.2 利用功能分区与用地规划

7.5.2.1 靖江王陵大遗址保护研究与展示中心：建筑面积2000平方米以下，占地面积6800平方米。

7.5.2.2 靖江王陵流散石刻集中保护展示区：占地面积45600平方米。

7.5.2.3 陵墓遗迹保护性展示区：占地面积345610平方米。

7.5.2.4 陵墓遗迹复原性展示区：占地面积148000平方米。

7.5.2.5 陵墓遗迹现状展示区：占地面积18200平方米。

7.5.2.6 靖江王陵重点保护区主、次入口三个：占地面积800平方米。

7.5.2.7 停车场四个：占地面积33800平方米。

7.5.2.8 靖江王陵文物管理处办公管理区：占地面积38000平方米。

7.5.2.9 靖江王陵外围路网改造6285米：占地面积94275平方米。

7.5.2.10 靖江王陵重点保护区内现代墓葬的搬迁：占地面积15200平方米。

7.5.2.11 靖江王陵重点保护区内现代建筑的搬迁：占地面积44720平方米。

8 考古工作规划

8.1 考古工作目标

8.1.1 理清靖江王陵宗亲墓历史密集分布区的现存具体规模、规制。

8.1.2 明确靖江王陵及其宗室墓地上、地下残损状况。

8.1.3 为靖江王陵及其宗室墓的有效保护与合理利用提供更为科学具体的依据。

8.2 考古工作内容

8.2.1 对被盗或在生产中被破坏的靖江王陵及其宗室墓进行抢救性清理、发掘。

8.2.2 对靖江王陵历史分布区的存疑地进行科学勘探。

8.2.3 为查明各类型宗亲墓的结构、规制、规模，对历史密集分布区所进行的有限考古发掘。

8.3 实施计划

8.3.1 近期：对靖江王陵历史分布区的存疑地进行科学勘探，明确靖江王陵及其宗室墓地上、地下残损状况。

8.3.2 中期：对没有依存环境的各类型宗室墓进行整体搬迁，以待进一步展示使用。

9 管理规划

9.1 管理原则

必须有利于靖江王陵文物及环境的保护，防止过度旅游及环境破坏。有利于研究与收集、保存工作的开展。有利于社会效益与经济效益的同步发展。不允许只注重经济利益的短期行为。

9.2 管理机构名称与性质

管理机构名称：桂林市靖江王陵文物管理处。

单位性质：事业单位。

经费来源：财政拨款。

9.3 管理范围

靖江王陵现存的分布范围。

9.4 管理职能

日常文物的保护、管理与展陈；保证文物和游人安全；实施经常性保养维护工程；提高展陈质量，根据研究现状及时更新。

搜集藏品，整理文物档案。

开展针对文物的保护研究工作，出版专著、编辑期刊并进行国内外学术交流。

开展靖江王陵保护与展示方面的定期培训。

9.5 机构编制

根据靖江王陵文物保护与展示发展的需要确定编制人数。

10 专项规划

10.1 消防与安防

10.1.1 对靖江王陵各类型的墓葬区域分别安装与之相配套的消防监控与预警系统。

10.1.2 展示、管理与服务中心等建筑，按规范布设消防管道和消防栓。

10.1.3 在靖江王陵内设置的各类陈列应有完善的消防与安防手段。增加城隍庙到双江路和向家街之间的消防通道。

10.1.4 消防与安防的具体方案由专业部门具体制定。

10.1.5 靖江王陵保护管理机构和管理组织应当建立健全文物安全管理制度，制定火灾、水灾、地震等灾害发生时的应急预案。在重点、要害场所或部位应设置禁止烟火的明显标志，配备防火、防盗、防自然损坏等文物安全设施，并保持完好有效。

10.1.6 靖江王陵保护管理机构和管理组织应当建立陵区的日常巡查检查制度，发现危及陵区安全隐患应当及时报告或处理。

10.1.7 文物行政部门应当会同有关职能部门对靖江王陵的保护状况进行定期监测，提出监测评估报告并报桂林市人民政府和上级文物行政部门。

10.2　道路修建改建

10.2.1　将靖江王陵第一至十代陵墓集中区域保护范围内现有过境的尧山公路南移至官帽山的南面，现有公路作为靖江王陵保护范围内的巡查和参观干道。

10.2.2　在保护范围外重新修建航校至索道公司公路，黄泥岭北洼地至上尧山公路，以保证外围交通。索道应搬迁至尧山以东的山谷范围内。

10.2.3　在原机耕道基础上整修靖江第十一代王陵陵墓区至桂林林科所公路的巡查通道。

10.2.4　通过整修重点保护区内原有机耕道，与干道相连，联成网线，形成重点保护区巡查道路系统。

10.3　单位与民居的搬迁与调控

10.3.1　规划一期与二期的前期，搬迁叠压在靖江王陵第一代（朱守谦）衣冠陵墓及奉祠遗址的桂林林业学校、桂林市七星区朝阳乡新建村村办工厂等建筑。

10.3.2　在规划一期（近期）和二期（中期），对靖江王陵风貌有影响的桂林茶叶科学研究所、东郊中心水管站、桂林漓江腐乳厂及第十代（温裕王）王陵西侧的民居等建筑的色彩、风格进行改造与必要的搬迁；三期（远期），对上述单位与民居的建筑实施迁移。

10.3.3　规划一期（近期），对官帽山公墓个数进行总量控制；二期（中期）和三期（远期），实施对官帽山公墓的总体搬迁。

10.3.4　规划三期（远期），将尧山索道迁至尧山东侧。

10.3.5　搬迁计划及安置办法由桂林市人民政府相关职能部门拟定。

10.4　供水、供电渠、管线路改造

10.4.1　在整治靖江王陵环境的同时，各种管线必须统一入地隐埋。

10.4.2　东干渠流经靖江王陵的重要墓地时应采用反虹管的形式。

10.5　其他建设工程（作业）与文物本体及环境风貌

10.5.1　陵区所在区域的建设行为应当符合靖江王陵总体保护规划的要求，不得有损文物安全或损害构成陵区整体的历史风貌和自然环境。

10.5.2　禁止在靖江王陵保护范围的重点保护区内进行与文物保护无关的其他建设工程或者爆破、钻探、挖掘等作业；禁止在靖江王陵保护范围的一般保护区内修建风格、高度、体量、色调等与文物及其环境不相协调的建筑物、构筑物。

10.5.3　禁止在建设控制地带内进行下列建设行为：①安装产生强烈震动可能危及文物安全或污染文物及其环境的设施。②进行产生强烈震动可能危及文物安全的作业。③其他可能有损文物历史风貌或文物安全的工程建设行为。

10.5.4　靖江王陵保护范围和建设控制地带内已有的或在建的建筑物、构筑物及设施，不符合上述规定的，由桂林市人民政府依法责令限期拆除或迁出。

10.6 维修与维护

10.6.1 靖江王陵的修缮、保养，应当遵循不改变原状的原则，并依法办理有关批准手续。

10.6.2 靖江王陵修缮、保养的勘测设计和施工，应当委托具有相应文物保护工程资质证书的单位承担。

10.7 停车场

10.7.1 靖江王陵重点保护区停车场：各主要入口设与域外车辆对接的管理停车场一个，各陵墓入口设环保型停车中转站一个。

10.7.2 各主要入口停车场与桂林市交通线站连接。

11 投资估算（略）

12 附则

12.1

本规划由规划文本、规划图纸、规划说明、基础资料汇编组成。规划文本与规划图纸经批准后具有法律效力。

12.2

本规划经国家文物行政管理部门审批后，由广西壮族自治区人民政府公布实施。

12.3

本规划由广西壮族自治区文化厅负责解释，桂林市靖江王陵文物管理处负责日常具体工作。

项目业主单位：桂林市靖江王陵文物管理处

项目负责人：张宪文　黎之津

主要参与人员：曾祥忠　黄　拓　石华林　罗宏铮

桂林靖江庄简王陵维修勘察报告

广西文物产业经营中心

1999 年

全国重点文物保护单位靖江王陵是朱明王朝分封在靖江（桂林）的历代藩王的陵园。它位于桂林市东郊尧山的西麓，距市区约 5 千米。整个陵园气势磅礴，有"岭南第一陵"之称。

一　概述

公元 1368 年，朱元璋建立了明王朝。先后分封了 24 个儿子和一个侄孙到各要塞重地建藩为王。洪武三年（1370 年），朱元璋封其侄孙朱守谦为靖江王。洪武五年，在独秀峰下营建靖江王府。洪武九年，朱守谦就藩桂林，但由于他"好比群小，粤人怨咨"，不久就被朱元璋废为庶人，洪武二十五年死于南京，葬于钟山之阴。建文二年（1400 年），朱守谦的嫡长子朱赞仪继承王位。时值靖难之战，朱赞仪未能如期就藩。靖难之后，燕王朱棣做了皇帝。永乐元年（1403 年），朱赞仪到桂林复藩，自此世代相袭。直至清顺治七年（1650 年）清兵攻克桂林，明王朝的最后一块阵地和相传了十几代的靖江王随之覆灭。

靖江王从册封到覆灭共 280 年，先后承袭王位的有 14 人，其中 11 位王死后葬于尧山。这 11 位王的陵园加上其他王室藩戚墓葬，就构成了一个方圆百里、极富江南特色的墓葬群——靖江王陵。

靖江王陵背靠尧山，气势雄伟，左右两侧群峰林立、错落有致，正前方奇峰对峙、山峰之间形成天然陵口，一望无际。

靖江王陵的建筑布局均呈长方形，中轴线上序列有陵门、中门、享殿和地宫。各陵大小不一，设有内外两道陵墙，大的占地 300 余亩，小的不到 10 亩。陵园通常可分为外墙、内宫两大部分。在陵门之前有厢房，进入陵门有神道、玉带桥以及石人、石兽等；内宫则有中门、享殿、石人和地宫等。

靖江庄简王陵的陵园建筑在公布为文物保护单位之前已经全部倒塌，陵墓的神道毁坏，玉带桥严重破损，石兽、石翁仲等残损倒地。为了对靖江王陵进行有效保护，同时配合桂林市的旅游开发，发挥文物在两个文明建设中的作用，经报国家文物局批准后对庄简王陵进行复原维修。1985 年 3 月 23 日成立享殿修复领导小组，1985 年 10 月 17 日开工，1987 年 3 月 30 日工程竣工。

经维修整理后对外开放的是靖江王陵的第 27 号墓——庄简王的陵墓。整修后的靖江庄简王陵红墙绿瓦、雕梁画栋、飞檐斗拱、朱漆彩绘、桥梁栏杆、潺潺流水，极为巧妙地隐匿在苍翠欲滴的松柏之中，可谓"奇峰秀色美如画，松柏交映翠夹陵"。已开放的靖江庄简王陵享殿内陈列展出了部分靖江王陵的出土文物，其中造型精美的青花梅瓶极为珍贵。（彩版四八、四九）

二 残损勘察

享殿，又称为袚恩殿，是庄简王陵的主体建筑。面阔五间，统面阔23.1米；进深三间，统进深13.6米。单层，歇山顶，绿色琉璃瓦屋面。原享殿已坍塌，原因不明，目前为止未在文献中发现有关记载。1985年前桂林市文物部门组织人员进行靖江王陵文物调查时没有发现火烧的痕迹，按当时参加文物调查的同志分析，王陵的建筑未经兵燹，没有明显的人为拆毁痕迹和记录，自然损坏后坍塌的可能性比较大。

1. 基础和台基

享殿的基础保存很好。根据施工设计时的地质钻探资料和广西地质勘探大队对基础土质分析的结果，享殿地基的土质可以承载12吨/平方米的应力，满足享殿载荷要求。钻探时没有发现地下水，钻孔最深达8米，没有地下水侵蚀地基，维修复原时也证实了没有地下水对基础造成损害。目前对基础和台基造成影响的是雨水。

台基由建筑前面的月台和台基本身两部分组成，台基高1.62、宽26.4、深17.2米，月台高1.6、宽16.79、深6.5米，由料石制作而成，没有发现大的开裂和影响使用的破损。在台基和月台相连的位置有部分压条石稍有下沉，月台西北角与台基相连处比较明显。月台两侧的踏步、象眼和垂带用料石制作，步级用青砖制作。步级的青砖发生破碎，东侧的最为严重，且伴有轻度的下沉和变形；西面的步级也有明显的变形和下沉，但青砖的缺失和破损没有东侧那么严重。

2. 散水

台基周围的散水由青砖铺砌成，东西两侧的散水宽3.05米，后面的宽1米。由于长期受雨水冲刷和潮湿影响，铺砌散水的青砖强度变得很低，青砖破碎和缺失非常严重，有的地方大面积裸露泥土，台基东西两侧都很明显。

3. 柱、梁

享殿的檐柱和内部的金柱均为砼柱，保存良好，没有发现因损坏而影响使用的情况。砼柱表面的油漆陈旧、开裂脱落。

建筑内外的承重梁均是砼梁，保存良好，没有发现损坏。表面的油漆与砼柱的油漆一样陈旧并开裂脱落，室外的比室内的情况更为严重。

4. 装修

享殿的木装修主要有隔扇门、槛窗和天花三大部分。隔扇门、槛窗的构件表面有轻度的朽烂，门窗轴变形使门窗开启困难，部分隔扇门和槛窗扇存在变形、脱榫现象，抱框、门槛也有轻度腐朽，油漆和腻子脱落。

门、窗扇的绦环板和裙板上的浮雕花饰，是门窗制作好后再用三合板雕好钉上去的，保存情况较差，三合板脱胶、开裂，面目全非。

隔扇上的铜角叶没有按维修设计图的要求用黄铜制作，而是用铜粉画上去的，已经脱落变色看不清楚。

室内天花在第一进深、稍间周围的一圈由于瓦面开裂拉脱和漏雨已经大面积脱落，此外由于天花板是用三合板制作，经不住雨水的长期浸泡和潮湿影响，三合板的板层之间已经脱胶分层，表面的彩绘掉色，无法继续使用。

5. 斗拱

靖江庄简王陵享殿的斗拱分内檐斗拱和外檐斗拱两种，保存情况因斗拱所处的位置不同而有异。内檐斗拱保存较好，掉色变形的比较少；外檐斗拱的保存情况比内檐的差，特别是受风雨侵蚀的南面檐口的斗拱保存情况更差，彩画脱色、构件腐朽均有存在。正立面共有斗拱 22 攒，其中柱头科 4 攒、角科 2 攒、平身科 16 攒，在 16 个平身科斗拱之中有 8 攒存在不同程度的损坏，2 攒柱头科也有不同程度的朽损，角科有 1 攒损坏比较严重，损坏率达 50% 以上。背立面的斗拱比正立面的保存得好些。两山墙面的斗拱包括柱头科 4 攒、角科 4 攒、平身科 18 攒，保存情况比正面的好些。经过修补、维修后，斗拱的大部分构件仍可以使用。

由于这些斗拱均起装饰作用，不是承重构件，因此虽有损坏，但不影响享殿的安全。

6. 屋面

屋面由两种不同的材质组成，上部分是砼结构屋面，下面檐口部分是木构架屋面。由于在维修时使用了钢筋混凝土和木构架的混合做法，长时间使用后，两种材质的拉伸系数不同、膨胀系数不同，造成瓦面顺檐口一圈在下金桁的位置大面积下滑，形成较大的缝隙。雨水顺着缝隙漏入天花板内，木构件长期潮湿容易腐朽。由于这次勘察的时间很短，也没有搭勘察用的脚手架，我们无法进入天花板内部观察木构件的保存情况，不能明确其损坏程度。从天花板脱落后的洞口向内观测并据曾进入过天花板内的人员反映，木构件已经腐朽。另外从表面看，露明的木质构件如有些桁、椽、飞的保存情况比较好，而实际内部已经腐朽，是长时间受雨水浸泡和木腐菌侵蚀的结果。在维修时对这部分表面看是好的、但实际已经损坏的构件要认真检查，朽烂不能使用的应给予更换。

享殿四个屋角的翘角是享殿损坏最为严重的部位，因为长时间漏雨和受木腐菌的侵蚀，子角梁和老角梁均严重腐朽，是本次勘察中见到的损坏最严重并可能危害到游客安全的一类木构件。勘察时明显可见老角梁和子角梁变形下沉，西北角的子角梁已经脱落，西北角、西南角子角梁上的琉璃套兽由于子角梁腐烂也已经脱落。子角梁和老角梁的变形和塌落引起岔脊的拉裂和变形，但脊兽（除套兽外）均保存完好。

望板只在檐口一周、檐桁以下使用。望板的厚度约为 25 毫米，由于瓦面长时间漏雨和受木腐菌的侵蚀，从勘察情况看已经 100% 变质，只是不同的部位轻重程度稍有不同，在落架以后均很难再使用。

大小额枋和枋垫板用在两山和后檐不设隔扇门、槛窗的檐下。正立面由于有隔扇门和槛窗，只用了大额枋，不用枋垫板和小额枋。在大额枋下直接用木制抱框后做门窗。大小额枋、枋垫板均用钢筋混凝土制作，未发现损坏。檐桁及大小额枋上均施有彩绘，彩绘和油漆起壳、脱色。大小额枋之间有枋垫板，枋垫板为朱红色，素面无花纹。

7. 山墙

左右山墙均为砖墙，下部为槛墙做法。四周的槛墙做法统一。从勘察情况看，墙体保存良好，未发现有墙体开裂、下沉等影响使用的情况。

两山的山墙、山花没有发现拉脱现象，但是山墙内侧的屋面有瓦面的拉裂，两山面有细小的裂纹。排山沟滴、博脊未见大的异常损坏。

8. 彩画

彩画分为两部分：一部分是室内彩画，除了第一进深间和两稍间一圈天花板上的彩画由于漏雨受到破坏以外，中间部分天花板上的彩画基本保持完好，内檐梁架上的彩画也基本保存完好，部分地方有脱色掉画的现象，暂时未影响外观。另一部分是外檐一圈的彩画，保存不好，檐桁、斗拱、额枋上的彩画已经严重脱色，模糊不清，影响享殿的外观和对木构件的保护。

9. 室内外地面

享殿的室内和室外（包括月台）地面均用水泥仿青砖（方砖）地面，保存基本完好。月台地面有轻度的裂缝，西部有部分下陷，室内地面也有局部裂缝，均已修补，不影响使用，后续维修时可暂时不动。室内外地面经过小范围的修补后可正常使用。

10. 陵园内外围墙

1998年6月的洪水冲毁了庄简王陵园的外围墙，被冲毁的围墙长度有100米，给陵园的安全保卫带来一定的困难。

11. 东、西厢房

庄简王陵的东、西厢房在陵门之外，存在的主要问题是檐下木构件腐朽。由于封檐板与勾头滴水之间的距离很小，下雨时瓦檐水直接流到封檐板上，影响到与檐口接触的望板、飞子、椽子头等构件。桂林常年雨量充沛，长时间的湿润环境有利于木腐菌等危害木构件的真菌生长。在这次实地勘察时发现有白霉菌和蘑菇长在封檐板上。

由于上述原因，东、西厢房前后屋檐上的木构件严重腐朽，封檐板、飞子、望板是受损最严重的部位，封檐板腐朽霉变的部分约占总长度的75%；两座厢房的飞子共有308根，需要更换的有283根，占总数的91.88%。檐口的严重损坏影响了东、西厢房的对外开放。

以上残损对建筑安全构成严重威胁，尤其是享殿的残损已经影响到陵园的正常开放，应及时进行维修。

项目业主单位：桂林市靖江王陵文物管理处

项目负责人：张宪文

主要参与人员：张进德　周文安　易仕敏　唐继鸿

康僖王陵维修整治实施方案

广西文物产业经营中心

2003 年

一 现状概述

康僖王陵是第九代靖江王朱任昌与妃支氏的合葬墓，是靖江王陵晚期墓葬的代表。陵园东西向，所处之地是一个东高西低的缓坡。外围有陵墙，沿中轴线由东至西布置墓冢、享殿、中门、左右神道碑亭、石兽及石翁仲、陵门等。现建筑已毁，仅存遗址。1997 年复原了陵墙和陵门。

外陵墙东西长 104.7、南北宽 56.7 米，周长 322.8 米，墙厚 1.5 米，是 1997 年在原基础上复原的，朱红色砂浆抹面、绿色琉璃墙帽。内陵墙东西长 81、南北宽 46.3 米，周长 254.6 米，墙厚 2.5 米，已毁，仅存基础遗迹。

墓冢直径约 40、高约 8 米，封土保存基本完好。墓冢上长有杂树和杂草。此墓于 20 世纪 20 年代和 1982 年两次被盗。被盗后经过清理，地宫为双砖室，券顶，各分前室、玄室两室，玄室设头龛一、左右壁龛各四，出土墓志及陶器残片等。现地宫盗洞仍在，墓门青砖被拆，墓壁被掏出空洞，地面铺地砖残损和破坏比较严重，这些大多是建围墙前缺乏应有保护时人为的毁坏。

享殿遗址由台基和月台两部分组成，享殿面阔五间 24 米，进深三间 14 米；月台面阔 16.1 米，进深 4 米；台基高出月台一个步级，约 18 厘米，青料石阶沿石，阶沿石散乱。地面残存青石素面柱础；400 毫米×400 毫米青方砖铺地，方砖严重风化碎裂，大量缺失。享殿月台前面有三组垂带踏跺，两侧各有一组垂带踏跺，青石垂带，青砖踏步正面 5 级、侧面 5 级，已经变形损坏。享殿遗址上长满松树、小灌木和杂草，遗存的建筑构件均掩埋在树丛、草丛中。

中门遗址面阔三间 15.8 米，进深二间 10.3 米，门口设于中部各中柱之间。青料石阶沿石大部分已经缺失，台基四至已漫漶不清，仅辨痕迹。地面残存青石素面柱础，部分柱础被撬出移位；400 毫米×400 毫米青方砖铺地，方砖严重风化碎裂。中门前面有三组垂带踏跺，青石垂带，青砖踏步 5 级，青砖碎裂，已经变形并散乱。康僖王陵的规模较小，中门与享殿距离仅 6 米左右，中门与陵门距离约 12 米，与其他规模大的陵园相比显得狭窄拥挤。中门遗址相对享殿遗址的树木稍少，以杂草为多，遗存的建筑构件均掩埋在树丛、草丛中。

中门前神道两侧分别有东、西神道碑亭，现在仅存青石基础遗址及无字的神道碑。碑亭基础近方形，尺寸为 6.8 米×7 米，残高 0.3～0.4 米。基础的料石已经严重散乱。

神道很短，两侧分别序列勇士控马、八边浮雕盘龙华表、狻猊、獬豸、麒麟、虎、象、袖手翁仲等石雕。基本保存完好，仅个别头部有残损。

由于此墓神道短，故在陵门前设有开阔的地坪和宽阔的青石台阶。地坪损坏非常严重，台阶的青石几乎全部缺失，仅余几块。台阶两侧是以松树为主的混交林，农民在松树上割取松香，环境很差，对陵园的保护极为不利。

二　维修项目

康僖王陵的保护有一定的基础，桂林市文化局和靖江王陵文物管理处已经做了大量的工作，恢复了保护陵园必要的陵墙和陵门，对石神兽、翁仲进行了扶正。

本期需要实施的项目有维修加固地宫，整治建筑遗址，治理环境和进行绿化，修建值班室，整治陵门前的地坪、青石台阶等。

三　维修技术说明

1. 青石台阶、青砖路面

陵门前有石狮一对，两狮之间从陵门开始至青石台阶有与陵门同宽的青砖路面，青砖几乎全部缺失，仅余一些碎砖，黄土裸露。青石台阶与青砖路面相连，砌筑台阶的青石仅余几块，台阶前的青石地坪料石同样不存，地面坑洼不平。

青砖路面维修：首先将现地面整平夯实，用320毫米×150毫米×90毫米规格的青砖，100厚沙垫层，混合砂浆勾缝，要求无空鼓、平直，按5%向青石台阶方向放坡。

青石台阶和台阶前石地坪的维修：考虑旅游车辆的通行，平整地面夯实后按300厚三七灰土、100厚C15砼垫层、素水泥结合层、干硬性粘结层、面石层、勾缝做法。按800毫米×400毫米×200毫米的规格加工料石，在保证厚度、宽度的情况下可适当调整长度，但要符合铺砌错缝、整洁的要求。

2. 值班室

值班室是做好康僖王陵保护展示的必需建筑，建在陵门前南侧，建筑形式采用已复原的庄简王陵朝房的形式，保证风格的统一。用电、电讯线路用隐蔽方式地下埋管进入，室内管线全部暗装。

3. 地宫维修

为保证地宫开挖后上部封土的完整，在地宫两侧设重力式片石挡土墙，面层抹灰后做假清水墙。为保护地面青砖和地宫的四周墙体，设木质架空保护面层。为通风和保持地宫内的干燥，使参观者有一定的舒适度，设通风设施。

地宫照明在施工时顺通风管道铺设。

4. 中门、享殿遗址维修加固

清除杂草，可考虑留下已经成形的松树，前提是不能由于留下树木而破坏遗址。

对离位、损坏的台基石给予归位、加固，缺损的给予补充，保证遗址、基础等相对的完整。地面青砖的缺损部位在维修时不予补齐，仅在保证原有青砖牢固的前提下用草皮补白。

5. 其他

本实施方案涉及环境整治的仅为清除神道、中门遗址、享殿遗址上的杂树以及墓包上的植草，不包括陵园其他范围的绿化和环境整治。

项目业主单位：桂林市靖江王陵文物管理处

项 目 负 责 人：张宪文　石德喜

主要参与人员：谢永平　曾祥忠

恭惠王陵维修整治施工方案

广西文物保护研究设计中心
2006 年

一 维修整治设计说明

依据国家文物局《关于桂林靖江王陵维修整治的方案的批复》，根据大遗址保护规划的总体思路，对恭惠王陵进行遗址加固和环境整治。

按《文物保护工程管理办法》的规定及维修分类，恭惠王陵的维修整治属于原状加固维修。维修中认真执行《中华人民共和国文物保护法》《中华人民共和国文物保护法实施条例》《广西壮族自治区文物保护管理办法实施条例》中有关文物保护工程的相关规定。

在维修整治中注意记录勘察中遗漏的残损现象及其他未发现的不安全因素。

恭惠王陵的保护按整体保护现存遗址的思路进行，只恢复确实为保护需要的如陵墙（保护围墙）、陵门、朝房（作为值班保护用房）。（彩版五○）

二 遗址整治

恭惠王陵地面建筑已经全部被毁坏，仅存基础和保存较好的墓冢，基础埋没在树丛、荒草和荆棘之中，一片荒凉。因为缺乏围护，无法禁止无关人员进入，此外还有附近的村民常在陵园内放牧，对陵园造成人为的破坏，给陵园的保护带来困难。

1. 建保护性的陵墙

没有陵墙，不但陵园内的遗址无法得到保护，也无法对恭惠王陵进行最基本的、有效的日常管理。针对这一情况，拟在原陵墙基础外侧 5 米处修建保护性陵墙共 600 米，使陵园自成一体，既方便管理，又不破坏原来陵墙的基础。

陵墙依照庄简王陵及康僖王陵陵墙的冰盘檐、绿色琉璃沟滴墙帽的形式，按砖混结构设计。

2. 修建陵门

按设计在陵门原基础上修建。

3. 建筑遗址整治

现陵园内保存的建筑遗址主要有两部分：建筑基础遗址和方砖室内地面、青砖神道地面遗存。

遗存的建筑基础、柱础均以青石制作，其中莲花瓣柱础是靖江王陵中仅有的一例，均有散乱、易位等现象。至于方砖室内地面和青砖神道地面，主要问题是方砖、青砖强度降低，导致碎裂和缺失。要保护这些明代的遗存，必须进行整治。

整治的要求：对基础已经散乱、易位的料石和柱础给予归位固定，一般的缺失可以不补齐，但对缺失后影响牢固度和有碍观瞻的要给予补齐，达到整洁、牢固的目的。室内和神道地面由于长期裸露野外，受风吹日晒，强度很低，但这批方砖和青砖是明代的遗存，故应以"保"为主要目标，对行人部分进行加固，其他部分用绿篱、草地"圈""围"等形式进行半封闭保护，大面积缺失的用草地、花坛补白，缺失一两块砖的可以留出空白。

4. 环境治理和绿化

环境治理配合建筑遗址整治进行。

目前恭惠王陵环境很乱，自然生长的松树、灌木、杂草、荆棘满目皆是，既不成片也不成林，是长期缺乏管理造成的。环境整治和绿化要求按如下步骤：

（1）片分区整治和绿化

前区：从进入陵门开始到中门前，包括神道和神道两侧。整治重点是神道和神道两侧30米的范围。种植黄素梅、红背桂、草坪（大叶草），设置低矮的花坛等。

内陵墙区：范围是内陵墙之内，包括中门、享殿、墓冢。重点整治两个建筑的基础遗址和清除墓冢上的杂树。项目包括对基础已经散乱、易位的料石给予归位固定；对长期裸露野外的原室内地面进行清理，对大面积缺砖的地面以大叶草补白；清除墓冢上的杂树；在享殿两侧种植塔松、黄素梅等植物。

陵墙内区：除以上两个区以外的其他区域和新陵墙内5米的范围。整治的项目包括平整场地，清理外陵墙的基础，清除杂树，修建嵌草路，种植柏树、塔松和其他热带观赏植物。

（2）绿化树种

主要选用可观赏性强的热带树种和草种，如柏树、塔松、黄素梅、红背桂、茶花、西洋杜鹃、三角梅和大叶草等。可以在绿化实施时根据树种组织的情况选用。不宜使用外来的马尼拉草和过分现代感的台湾草等草种。

5. 重建朝房

在恭惠王陵陵门外朝房遗址上按设计重建朝房，作为安全保卫的值班室使用。

项目业主单位：桂林市靖江王陵文物管理处

项目负责人：张宪文　石德喜

主要参与人员：谢永平　曾祥忠

安肃王陵遗址保护及环境整治工程方案
（摘录）

中国文化遗产研究院

2011 年

一　前言

靖江王陵早在 2001 年就被国家文物局和国家发改委列入国家级大遗址建设重点项目库，2005年以来，靖江王陵大遗址保护与利用项目获得国家文物局立项批复，是国家在册备案的重点项目。2009 年初，《靖江王陵保护规划（2009～2025 年）》通过国家文物局组织的专家评审，并已下文批复许可。2010 年 3 月 23 日，时任国家文物局局长单霁翔在桂林调研时发表讲话："靖江王陵是做一个大型国家级考古遗址公园非常理想的古代文化遗存园区，它不但历史悠久，遗存相对集中，而且作为考古遗址公园，是一个全方位的定位。建设靖江王陵大遗址公园不仅仅是文化遗产保护单方面的一个绩效，它所解决的是一个综合问题，是解决一个城市的文化生态、解决一个城市的文化定位，同时市民能够享受文化权益，在生态、环保、环境改善方面贡献也很大。……靖江王陵大遗址公园将会是桂林最大的一个公园。只有集中这个'大'的概念，人们才会对这个地方更向往，这不仅仅是去看几个东西，而是一个整体的文化概念、一种文化现象。……靖江王陵地上田野文物还是比较多的，也是当前最危险的，这些石像生、石刻、古墓随处可见……有更丰富、更直观的展示功能。靖江王陵跟城市之间的关系非常密切，处在城乡接合部，距离市区 5 公里左右，正是人们进行休闲、观赏等文化生活出行比较合理的一个距离。所以靖江王陵大遗址公园会成为桂林城市中一个包括市民在内，包括游客在内，人们向往的，愿意去的地方。靖江王陵大遗址公园建设，首先要做到的是文物的抢救和保护……把田野文物整体管理起来，建成遗址公园，把它交给社会、交给民众，文物的周围有人气了，就有大家的监督、社会的监督了，从某种意义上说这是最安全、最好的办法。……靖江王陵大遗址面积有 5～7 平方公里，作为一个开放的公园非常合适，是一个实实在在的国家级考古遗址公园。国家财政今年要增加对大遗址公园的支持力度，靖江王陵应该能在中国南方成为一个起表率性、典范性的大遗址考古公园。"

为尽快启动靖江王陵大遗址公园建设项目，抢救和保护靖江王陵的文化遗存，受桂林市靖江王陵博物馆委托，中国文化遗产研究院承担了第七代靖江王安肃王陵遗址保护和环境整治方案设计任务。

安肃王陵为第七代靖江王安肃王朱经扶及妃徐氏合葬墓，位于靖江王陵核心区西北部。据档案记录及 1972 年地宫发掘报告，安肃王陵的地宫墓室至少被盗过两次，安肃王陵建成四百八十余年来，在各种自然力和人为的破坏下，陵门、中门、享殿、碑亭及院墙等地上构筑物均已坍塌殆尽，仅有遗迹残存；厢房已无明显遗迹；宝城封土已削近半，地宫暴露；神道两侧的石像生保存尚好，但亦为荒莽掩映，凄楚难堪，亟需对其进行全面清理和保护。我们于 2010 年 3 月对安肃王陵遗址的保存现状、周围环境进行了现场勘察，根据安肃王陵遗址保存状况及现存病害的危害程度，以及《靖江王陵保护规划（2009～2025 年）》第 5.1.3 条"根据'不改变文物原貌'的文物维修原则对重点保护区内的陵墓遗址进行清理整治与修缮维护，对陵墓石雕进行防风化处理。所有针对文物本体的保护措施均需制定专项研究保护方案，并上报国家文物局批准"、第 5.1.5 条"利用部分巡查道路作为旅游道路，并在陵墓遗址内设置游人参观通道，约束参观人流，陵墓遗址外构筑生态围墙，避免因游客进入造成文物破坏"、第 5.2.2.7 条"对二、四、五、六、七、十、十一、十二代陵墓遗址及周边环境进行全面清理整治与维修加固，修建保护性生态围墙"等相关规定。我们按照"保护为主，抢救第一"的原则，编制完成了第七代靖江王安肃王陵遗址保护和环境整治方案。（彩版五一）

二　文物概况

1. 靖江王与靖江王陵

安肃王陵为第七代靖江王安肃王朱经扶及妃徐氏合葬墓。朱经扶于明正德十三年（1518 年）承袭继位，在位 9 年，嘉靖五年（1526 年）薨逝，谥号安肃王。其妃徐氏，册封正妃，死于嘉靖三十三年（1554 年），嘉靖三十四年（1555 年）合葬于安肃王墓右室。

2. 地理位置

安肃王陵位于桂林市七星区朝阳乡挂子山东北，广西桂林茶叶科学研究所院内，南距第十代靖江王朱履焘温裕王陵约 300 米。安肃王陵外围墙四角及封土中心 GPS 坐标为东北角：N25°17′49.1″，E110°21′00.0″；东南角：N25°17′46.4″，E110°21′00.8″；西南角：N25°17′44.0″，E110°20′55.1″；西北角：N25°17′46.1″，E110°20′53.4″；封土中心：N25°17′47.1″，E110°20′59.1″。

3. 安肃王陵概况

安肃王陵背靠尧山，墓门朝向西偏南 23°，封土高 4 米，直径 26 米。墓园布局为长方形，外陵墙面阔 91 米，进深 185 米；内陵墙面阔 42.3 米，进深 90 米。中轴线上原建有陵门（三开间、拱券）、中门（面阔三间、进深两间）和享殿（面阔五间、进深三间）。神道由青砖铺筑，外侧列 11 对石作仪仗，石像生序列为守门狮、华表（八边素面，顶有蹲兽）、蹲狮、羊、虎、麒麟、武士控马、象、秉笏翁仲、女袖手翁仲、男袖手翁仲。在秉笏翁仲与石象外侧构筑拱券门方形碑亭，内置赑屃驮碑，左碑有字，为大学士蒋冕撰文；右碑无字。按照明藩王陵墓规制，所有地上建筑均为大式单檐歇山顶、绿色琉璃瓦面。今地上建筑的残存部分多为石构基础，局部砖砌墙体与版筑夯土亦有遗存。墓室为双室券顶结构，青砖砌筑，双室墓门共一山墙，均有前室、甬道、中门、玄室、头龛（一个）左右壁龛（各四个）和棺台。

4. 价值评估

安肃王陵作为靖江王陵的主要构成之一，是研究明代藩封制度难得的实物资料，具有广泛而重要的历史价值、科研价值和艺术价值。

（1）历史价值

靖江王陵是国内保存最完整的明代藩王墓群。以十一座王陵为中心，附葬有明朝历代靖江王次妃，靖江王府将军、中尉、县君、乡君，以及更低等级的靖江王府宗室、姻亲等宗亲墓葬。经历次调查可考的墓葬有 316 座，分布范围 100 多平方公里，其规模宏大、序列齐全、等级分明、分期明显、遗迹遗物保存完整，为明代藩王墓群所罕见。靖江王陵是封建宗法制度正统意识的体现。靖江王始祖是朱元璋长兄朱兴隆，洪武元年追封为南昌王。在封建宗法制度以嫡长为正统的意识里，靖江王一脉实是朱氏正统，因而受到朝廷的重视和关照，在明代众多藩王中独树一帜，在封藩之地桂林繁衍生息了 280 年，成为明代藩王中执政时间最长、传位人数最多的一脉王系。也正是如此，使得靖江王陵成为与明代朱家皇朝伊始同终的明代藩王墓葬群，它通过陵墓规制的实体，体现了封建宗法制度正统意识的存在。

（2）科学价值

靖江王陵是明代藩王陵寝建筑及规制的典型例证，是靖江藩王"事死如生"的世界观的体现，是用葬式规制来展现其多彩世界与奢侈的生活，构筑另一个明代靖江藩王的实体场景。安肃王陵倚山坐岭，墓高门低，封土硕大，气势恢宏。尽管陵园建筑均已倒塌，但建筑基址保存完好，仍可见其完整的布局，是明代藩王陵墓建筑及规制的典型例证。

靖江王陵是建筑与人文、自然景观完满结合的典范。靖江王陵的选址布局是中国传统风水理论的反映。陵区四周的山川水系作为建筑构成的主体要素，陵区后部的自然山脉尧山为祖山作为陵寝的依托，两侧的山体作为环护，前面山丘为屏山，构成前朱雀、后玄武、左青龙、右白虎的风水格局，体现了"陵制与山水相称"的原则。陵园建筑掩映于山环水抱之中，相互映衬，如同"天设地造"，构成了一个建筑艺术与环境美学相结合的完美杰作。

（3）艺术价值

靖江王陵是一个内容丰富的明代艺术宝库。现存陵墓石雕 334 件，超过已发现的明代帝王陵墓石雕的总和。靖江王陵陵墓石雕雕刻时间总体上基本与明代同始同终，雕刻艺术既有继承又有发展，且独具南方特色，为中国历史艺术宝库保存了一套比较完整的明藩王陵石雕艺术品，也为全面、系统地研究明代藩王陵石雕艺术创造了条件。安肃王陵现存的 26 件石雕艺术品对于研究靖江王陵雕刻艺术的传承关系是不可或缺的。此外，靖江王陵随葬品丰富，其中最珍贵和有特色的是梅瓶。迄今已发现、出土的梅瓶有 300 多件，其时代风格突出、器形优美、釉色缤纷、装饰图案丰富，具有极高的艺术价值。

靖江王陵是研究明代封藩历史和藩王丧葬制度最系统的实物资料库。目前全国已发现的明代藩王陵墓群中，基本没有系统保存陵园地面建筑遗迹及陵墓石雕的。因此，靖江王陵作为全国现存最具代表性的明代藩王陵墓群，具有极高的历史、科学和艺术价值，是研究明代封藩史和藩王丧葬制度最系统的实物资料库。

1963 年，靖江王陵由广西壮族自治区人民政府公布为自治区级重点文物保护单位。1996 年 11 月，靖江王陵与靖江王府一起由国务院公布为第四批全国重点文物保护单位，归为古建筑类。

三 自然环境概况

1. 地形地貌

靖江王陵位于桂林市东面的尧山西南麓，陵区东枕尧山，漓江由北向西及南环绕而流，东岸的王陵区内自北至南有十三座石山屏蔽着陵区的南、西、北三面。尧山主峰海拔 909.3 米，相对高度 760 米，是桂林市区范围内的最高山峰。尧山山势大致南北延伸，山麓发育冲洪积扇，土层较厚，植被丰茂。地层岩性主要为中下泥盆系的砂岩和页岩。

靖江王陵背靠尧山，面向漓江，周围山环水绕，前方奇峰对峙，构成了"山环挡风气不散，有水为界则气止"的独特风景。

2. 水文条件

陵区内有净湖、桂海、湖塘等三十多个湖泊、水塘散落其间。尧山及尧山余脉的溪流纵横交错于陵区内，最终汇入漓江。

陵区内无污水排放系统，生活污水未经任何处理直接排入周边的田、河，对陵区内环境有一定的污染。雨水就近排入水体。

靖江王陵所在地近年来林区面积逐步收缩，且其水源林树种单一，主要为 20 世纪 50 ~ 70 年代人工种植的马尾松，加之桂林尧山索道公司的登山公路把水源南的地表水截断，使蓄水能力减弱，导致区域内的山泉水溪断流。

3. 气候条件

靖江王陵所处区域属于中亚热带季风气候区，常见风力最高为 4 ~ 5 级；多年平均气温在 19.1℃，年平均温差为 25.4℃，极端最高气温可达 39.7℃（1941 年），极端最低气温为 − 5℃（1940 年）；年平均日照时数 1684.4 小时；年平均降雨量为 1926 毫米，蒸发量 1485 毫米，1999 年雨水酸碱度平均 pH 值 5.42，酸雨频率 25.3%，全年 pH 值范围 4.31 ~ 7.67。属于多雨温湿地带。

四 安肃王陵保存现状

安肃王陵墓园布局呈长方形，面阔 91 米，进深 185 米。由外陵墙、内陵墙将整个陵园划分为"回"字形两进院落。中轴线自西南向东北依次为陵门、中门、享殿、宝城，神道两侧对称分布石像生和碑亭，建筑朝向东北—西南（西偏南 23°）。陵门为三开间、拱券、大式单檐歇山顶、绿色琉璃瓦面建筑，总面阔 12.7 米，进深 8.2 米；陵门外有守门狮一对，左雄右雌；陵门内为青砖铺筑的神道；神道两侧为 8 对石作仪仗，序列为华表（八边素面，顶有蹲兽）、蹲狮、羊、虎、麒麟、武士控马、象、秉笏翁仲；在秉笏翁仲与石象后面建有拱券门方形碑亭，面阔、进深均为 7.2 米，内置赑屃驮碑，左碑有字（为大学士蒋冕撰文），右碑无字；神道东北端接中门，中门为面阔三间、进深两间、大式单檐歇山顶、绿色琉璃瓦面建筑，总面阔 16.2 米，总进深 11.2 米；从中门两侧山墙向外构筑内围墙形成内宫，墙基由石灰岩条石包砌，内装石灰岩毛片石，宽 1～1.2、高 0.9 米，墙基之上为版筑夯土墙，可能原有青砖包砌，内围墙面阔 42.3 米，进深 90 米；在中门与享殿月台之间为青砖铺地的内院；月台面阔 16.4 米，进深 6.4 米；月台前置有焚帛炉，可能原有五供；院中置放袖手翁仲两对，前女后男；享殿为面阔五间、进深三间、大式单檐歇山顶、绿色琉璃瓦面建筑，总面阔 24.9 米；享殿与宝城封土之间原应有青条砖铺筑的甬道；封土由黄黏素土堆成，高 4 米，直径 26 米；封土之下为地宫，地宫墓室为双室拱券顶结构、青砖砌筑，双室墓门共一山墙，均有前室、甬道、中门、玄室、头龛（一个）、左右壁龛（各四个）和棺台。据档案记载，安肃王陵地宫于 20 世纪 20 年代被盗过。1962 年，青狮潭水库东干渠工程通过封土前，将封土和享殿隔开，另在享殿左侧开凿引水渠一条。1972 年，经文物主管部门批准，对安肃王陵地宫进行了考古发掘，出土玉牌、青花瓷梅瓶、陶器、墓志等。安肃王陵历经四百八十余年的风雨侵蚀，唯有神道两侧的 11 对石作仪仗及碑亭中的石质赑屃负碑保存较好，陵门、中门、享殿、碑亭和陵墙等地上建筑均已坍塌殆尽，残存部分多为石作基础，局部砖砌墙体与版筑夯土亦有遗存。

1. 陵门遗址

陵门由台明和三券拱门建筑组成，台明、墙基保存较好，陵门内外散落着坍塌的石块和瓦砾。

陵门遗址遍生杂草、灌木，台基保存较好，石墙无存。院内一侧设台阶五步，为垂带踏跺。台明阶条石缺失 80%，其他石构件因杂草滋生均有不同程度的松动、歪闪和移位。一对石狮分置门前两侧，左雄右雌。

2. 中门遗址

中门台基构件遗存较多，遗址多为杂草、树木、表土覆盖，石柱础暴露于地表，其中四个已经遗失。台基高 1.3 米。从保存的柱础分析，中门为面阔三间、进深两间的建筑。明次间前各有垂带踏跺，但破坏严重，为碎石、树木杂草掩埋。台明阶条石缺失 70%，其他建筑砌石均有不同程度的松动、歪闪和移位。

3. 享殿遗址

享殿遗址大部分为杂草、覆土掩埋，石柱础暴露于地表。享殿平面呈"凸"字形，前为月台。月台前有三列台阶分别与明次间相对，为垂带踏跺，破损严重，有部分砚窝石和象眼石残存。月台两侧各有一列抄手台阶，月台后接享殿。享殿台基及月台四周均由条石构件组成，内装夯实素土。享殿为面宽五间、进深三间的建筑，殿内地面铺装情况不明，有待考古勘探清理查明。享殿后方遭青狮潭水库东干渠工程破坏。紧贴享殿左侧有一条引东干渠水灌溉的水闸和引水渠，直接危害享殿台基。月台左前方有一焚帛炉，仅余底座基石，大小为 1.4 米×1.4 米，其余构件无存。

4. 碑亭遗址

神道两侧各建有一个碑亭，形制相同，平面呈正方形。亭内各安放石碑一通，由赑屃碑座和碑身组成。碑亭内外散落着坍塌的石块，部分为杂草、覆土掩埋。

左侧碑亭的碑座、碑身保存较好，圆形碑首，碑身阳面、阴面镌刻谕祭碑文，赑屃保存较好。右侧碑亭石碑无字，赑屃保存较好。碑亭现存台基和部分石砌墙基，墙基残留高度 0.6～1.3 米，基石均有松动、移位、开裂现象，为年久失修、植物根系破坏及风化、溶蚀所致。亭内地面被表土、草根覆盖，铺装情况不明，有待陵园覆土清理后查明。

5. 陵墙遗址

安肃王陵墓园由两道围墙围护，外墙从陵门开始至封土后，呈长方形。西墙（包括陵门）面阔 91 米，厚近 2 米；北墙东北部被东干渠和茶园破坏，残长 140 米，与享殿相对的部分外围残高 1.4～1.7 米；东墙处已开垦为茶园；南墙残长 151 米，紧邻引水渠，部分水渠直接占压南墙夯土遗址。外围墙使用条石构筑基础，上覆版筑夯土，夯土中每隔 25～35 厘米夹一排青砖，外面再用 360 毫米×150 毫米×90 毫米的青砖包砌，上压瓦顶。内墙自中门始至封土后，呈长方形。西墙（包括中门）面阔 42.3 米，北墙残长 51 米，东墙处已开垦为茶园，南墙残长 60 米。两道围墙除东北部分被辟为茶园，轮廓走向基本可辨，外围墙面阔 91 米，进深 185 米；内围墙面阔 42.3 米，进深 90 米。

6. 封土与地宫遗址

安肃王陵封土历经四百八十余年的风雨侵蚀，又经人为破坏，如今树木杂草滋生，已是"百孔千疮，不堪入目"。安肃王陵现存封土堆高 4 米，直径 26 米，由黄黏素土堆成。封土堆上留有早期盗洞，加之东干渠的开挖损伤、1972 年地宫发掘又未做回填处理等因素，安肃王陵封土外形极不完整。封土之下为地宫。据 1972 年的地宫考古记录，地宫发掘采用半揭开式，直接将封土前端切下，拆除墓室山墙前防盗用的全部"护门石"，然后进入地宫。安肃王陵地宫墓室系青砖砌建，墓门山墙为琉璃硬山顶，墓室为双室拱券顶结构，均有前室、甬道、中门、玄室、头龛（一个）、左右壁龛（各四个）和棺床。该墓被盗两次，盗洞均在左室。出土文物计有玉器、金器、银器、铜器、铁器、瓷器、陶器等。经现场勘察，安肃王陵地宫现存病害主要包括墓门山墙表面有菌藻寄生、树根错结，琉璃硬山顶风化残损；墓门拱券砖脱落、缺损；墓室内有壁砖脱落，部分区域有钙质沉积，棺床坍塌，铺地砖凌乱，盗洞未补等。

7. 石像生

安肃王陵石像生共有 11 对，包括华表（八边素面，顶有蹲兽）、蹲狮、羊、虎、麒麟、控马武士、马、象、秉笏翁仲、女袖手翁仲、男袖手翁仲。由于自然损毁及人为破坏，歪闪、折断、开裂、剥落、溶蚀、藤本缠绕、菌藻寄生等各种病害现象都体现在这些石质造像上。

8. 陵园环境

由于日常管理不到位，陵园内树木杂草丛生，荒芜一片。杂草杂树在安肃王陵中肆意滋生，植物根系破坏王陵遗存，初步清理后留下的草根树根随时可能再度生长。各个建筑遗址的原地面均遭流土淤积层覆盖，厚度一般在 5～20 厘米。

陵门至中门有砖铺甬路遗迹，甬路已为表土和杂草覆盖。

安肃王陵陵园靠地面自然排水，后院高，前院低，水从后向前排出，中门左侧内墙基上留有排水孔。东干渠的修建破坏了安肃王陵的原有排水体系。

东干渠穿过享殿与封土堆之间，使安肃王陵的整体格局与风水气息受到严重破坏。安肃王陵陵园内的东干渠渠口宽5.4米，渠底宽3.5米，深2.5米。享殿左侧有一座引东干渠水灌溉的水闸和一条引水渠，水闸所使用石材大多取自享殿、中门等建筑遗址构件，闸口宽2米；引水渠沿享殿左侧台基进入内宫至月台处，再折向外穿过内围墙，沿左侧外围墙至陵门前的茶园，渠口宽度一般不大于2米。在流水的冲刷和下切作用下，享殿月台左侧引水渠已成为宽达6米、深达5米的大坑。灌溉水流冲垮了部分享殿台基和内围墙遗址，破坏了陵园布局的完整性，给王陵建筑遗址的安全带来严重威胁。

安肃王陵处于山间丘陵地带，陵园区地势低洼，排水不畅，多雨季节易积水。加之茶科所引东干渠水浇灌茶园，每年夏秋两季都会在陵门与中门之间形成水坑，神道两侧的石造像浸泡其中，加速了风化与溶蚀。安肃王陵右侧陵墙外有一条机耕路与茶科所院内道路相连，原有墓前路、神道及甬路均遭土埋或人为损坏，陵园内没有游览道路。

陵门之前、左侧外围墙之内、墓冢之后等安肃王陵保护范围内的区域，均被茶科所员工私自开垦为茶园、苗圃和菜地，破坏了陵园的原有形制和风貌。

陵园前面及左侧的茶科所办公楼与民居和陵园环境不协调。

封土堆顶有一铁制三角形测量标志架，有碍观瞻。

五　主要破坏原因

造成安肃王陵残损现状的主要因素可分为两大类：自然因素和人为破坏。自然因素包括基础不均匀沉降，构筑材料自身的组成和结构缺陷，水、风、温度、灰尘等物理因素，CO_2、SO_2、NO_x等有害气体因素，霉菌、苔藓、地衣类、蕨、杂草、杂树等生物因素。人为因素大致包括维护管理不完善、有意识破坏和无意识破坏。具体残损原因分析如下：

1. 基础不均匀沉降

安肃王陵各建筑及石像生的基础建造时夯实不够均匀，缺乏整体性，在建筑物及石像生巨大重力的持久作用下产生不均匀沉降，从而导致建筑物坍塌、台基构件开裂挪位以及石像生歪倾、掩埋等。同时，在雨水的长期作用下，各建筑及石像生基础周围的土不断流失，进一步加剧了这种不均匀沉降。

2. 构筑材料自身的组成和结构缺陷

安肃王陵构筑材料主要有石灰岩石、青砖和黏土等。石灰岩石（青石）主要用来雕造石像生和神道碑，构筑各地上建筑的基础和踏步等；青砖主要用来构筑基础之上的墙体和铺地；黏土主要用来填充基础和夯筑围墙，堆垒地宫封土。

石像生、神道碑和台基石构件等都是用石灰岩制作加工的，这种石灰岩是以方解石和泥质条带灰岩为主要成分的碳酸钙和泥土，层理、裂隙发育，泥质含量较高，介质不均匀，外观呈灰色或青灰色。按其组成结构不同可分为生物碎屑灰岩和泥质条带灰岩。矿物组成主要是亮晶或微晶方解石（$CaCO_3$）。由于沉积过程的不连续性，石灰岩岩体内部均有层理产生；在成岩之后的漫长地质时期，各种地质构造运动的挤压和拉伸也在岩体中留下错综复杂的构造节理。这些层理和节理是石材本身的薄弱部位，易遭受风化破坏。石灰岩在略带酸性的水中更易溶解，而这种水在自然界中广泛存在。当空气中的 SO_2 等有害气体与自由水结合形成酸雨或酸雾附着在石灰岩表面时，会沿着层理和节理等裂隙渗透，将石灰岩溶解并以溶液形式带走，岩石层理和节理裂隙逐渐加宽、加深，以至于遭受致命的破坏。

青砖由黏土烧制而成，孔洞率一般在 5%～15%，强度远低于石灰岩，具有较强的透气性和吸水性，耐久性差，抗风化性能弱，易受可溶性盐影响。

黏土是一种含水铝硅酸盐产物，由地壳中含长石类矿物的岩石经过长期地质作用风化而成，因在适当的湿度下具有极强的黏性而得名。黏土具有颗粒细、可塑性强、结合性好，触变性过度，收缩适宜等特点。黏土的黏性易受水、风、温度等因素的影响，在水流影响或极度干燥的情况下都会失去内聚力而呈疏松状。

3. 物理风化作用

物理因素指水、风、温度、灰尘等的影响。安肃王陵石质文物与青砖所受物理风化作用主要为水流冲刷、温差效应、晶涨作用等。

（1）水流冲刷

大气降水随地势形成面流与径流，对建筑遗址和对土进行冲刷，侵蚀其根基，同时带走台基中的素土和封土堆的表层土滞积于青砖地面与相对低洼处，影响陵园环境。

（2）温差效应

岩体和青砖受温差作用和干湿变化的影响，表层会产生大量的风化裂隙。石灰岩的温差应力系数一般为 0.2～0.25MPa/℃。若按年平均温差变幅 25.4℃ 计，则岩石表面的温差应力为 5.08～6.35MPa，由于温差应力反复作用，导致岩石表面粉化或呈片状剥落。青砖在温差作用和干湿变化的影响下会产生大量的风化裂隙，直至碎裂为粉状。黏土在温差作用和干湿变化的影响下会逐渐失去自身的内聚力，疏松为粉状，并在大气降水的水流作用下逐步沿石构件的裂隙流失。

（3）可溶性盐的晶涨作用

由于毛细水的侵蚀作用，石质文物近地面表层积聚大量 $Na(K)NO_3 \cdot H_2O$ 和 $Na(K)HSO_4 \cdot H_2O$ 等可溶性盐，会随降水和地下水沿石质文物结构中的毛细裂隙及风化裂隙通道渗透至一定高度，岩石表层中的水分一旦开始蒸发，可溶性盐类便结晶析出。晶涨作用会逐步加大裂隙，破坏岩石的原有结构。同时聚集在岩石表层的盐类结晶也会逐渐把原有孔隙堵塞，使水另辟通道再沿岩石的薄弱面渗出，进一步加大破坏范围。铺地青砖在可溶盐的作用下会慢慢酥碱粉化。

（4）灰尘、杂物的破坏

空气中的粉尘等飘浮物质易黏附、沉积在粗糙的岩石表面，影响石质文物的观瞻性，同时吸水后会产生活性，强化石质文物的化学风化作用。

4. 化学风化作用

石灰岩是一类碳酸盐岩，易受水体的溶蚀作用产生溶沟、溶槽和钙质沉积。石灰岩材质的文物发生化学风化离不开水的参与，水分主要来源于大气降水和地下毛细水。对于安肃王陵的石灰岩质文物来说，每年引水灌溉季节都浸泡在积水中，化学风化（溶蚀）作用是其损毁的主要因素之一。

（1）水与二氧化碳共同作用

$CaCO_3 + H_2O + CO_2 \rightarrow Ca^{2+} + 2HCO_3{}^-$，生成易溶的 Ca^{2+} 的碳酸氢盐，随雨水冲刷到岩石表面，当外界温度升高时，$2HCO_3{}^- \rightarrow H_2O + CO_2 \uparrow + CO_3{}^{2-}$，这是安肃王陵石质文物表面钙质沉积的一个主要原因。

（2）水与 SO_2、NO_x 等有害气体共同作用

汽车排放的尾气中含有大量的 SO_2、NO_x 等有害气体，与空气中的游离水成自由水结合形成酸雾，如 $2H^+ + CO_3{}^{2-} \rightarrow H_2O + CO_2 \uparrow$，生成易溶的 Ca^{2+} 的硫酸盐和硝酸盐，随雨水流失。石质文物长期暴露在这样的开放环境中，必然受到侵蚀，变得疏松易风化。

5. 生物风化作用

由于日常管理缺位，安肃王陵大部分石刻造像表面都有霉菌、地衣、苔藓、寄生蕨等生长，其生长过程中所分泌的有机酸对石灰岩具有腐蚀作用，此外由于附着在石质文物的表面与表层，使造像呈现出斑驳之相。

台基石构件和铺地青砖的缝隙中还有多种杂草、藤蔓、灌木等高等植物生长，其根系的根劈作用可使岩石构件歪闪脱落、青砖起翘碎裂。

6. 人为因素

安肃王陵遗存的人为破坏较自然风化更严重，人为因素大致可分为维护管理不完善、有意识破坏和无意识破坏三种。

（1）维护管理不完善

安肃王陵遗存包括石像生、赑屃等石质文物，陵门、中门、享殿、围墙等建筑基址遗存，封土及地宫，陵园环境及其他地下埋藏文物等，其保护价值及意义虽然得到专业工作者的认识和高度评价，却不易为各级管理部门和一般民众所理解，社会价值未充分显现。各个部门制定计划和政策的时候容易忽视对王陵遗存的保护。划定的保护范围和建设控制地带缺乏完整的标志、标识，实施性不强。安肃王陵四周没有任何围护措施，行人可以自由出入，加上茶科所员工私自开垦侵占，对遗址的保护造成极大的威胁。靖江王陵管理机构人力匮乏，日常维护措施缺位，很难做到及时有效的管理。

（2）有意识破坏

故意损毁，将台基石、碑刻等移为他用，偷盗"挖宝"，开挖东干渠横贯陵园，肆意侵占陵园进行种植，在石质文物上刻画题字留言等都属于有意识破坏。

（3）无意识破坏

人类的一些社会活动会引起自然环境恶化，自然环境恶化又会对文物造成损坏，这些属无意识的破坏，这种破坏的特点是持久但变化速度缓慢，短期内不易为人觉察，长久看则破坏非常严重。如工业生产排出的 SO_2 等有害气体、汽车排放的尾气等。

六　保护原则

安肃王陵遗址包括建筑遗址、石像生、陵园环境等多种文化遗存，保存状况不同。安肃王陵遗址保护的目的：一是消除和减缓各种破坏因素，保护各类文化遗存；二是最大限度地将现存文物主体所赋存的形象资料及历史信息留给后人；三是展示遗址形制结构及其蕴含的文化价值、历史价值。

1. 设计依据

本保护方案设计的主要依据是《中华人民共和国文物保护法》《中华人民共和国文物保护法实施细则》《纪念建筑、古建筑、石窟寺等修缮工程管理办法》《国际古迹保护与修复宪章（威尼斯宪章）》《中国文物古迹保护准则》等政策法规文件，《靖江王陵保护规划（2009～2025年）》，以及安肃王陵遗址的保存现状、文化遗存的材料组成与结构、病害类型与成因、保护修复目的等。

2. 保护原则

安肃王陵各类遗存均存在病害，且多是多种病害并存。为了达到保护靖江王陵遗址的最终目的，我们在设计安肃王陵保护方案和各类遗存保护修复实施过程中均应严格遵循下列原则：

（1）以建筑建址和石像生为重点

安肃王陵的主要遗存包括陵门、中门、享殿、石像生、赑屃负碑及牌亭、厢房、陵墙、封土及地宫等重点保护对象，陵园环境等采取相应的保护措施。

（2）重视勘察研究工作

安肃王陵遗址保护措施必须以勘察研究成果为基础，内容包括全面、深入理解安肃王陵遗址的完整性；对遗址地进行详细勘察，充分研究、真实记录安肃王陵遗址价值的赋存载体；对遗址的完整性、真实性及保存状况进行系统评估；客观分析安肃王陵损毁的各种自然和人为原因。目前这些基础性研究工作虽未全面开展，但一些必要的抢救性保护工程必须先期进行，以保障现有陵园遗存不再损毁。

（3）以保护遗址现状为指导思想，尊重遗址的真实性与完整性

任何保护措施均应严格遵守"不改变文物原状""最小干预性""可再处理性"和"最大兼容

性"等基本原则，保持安肃王陵遗址的真实性；尽可能地保护遗存本体所包含的全部历史信息，保持安肃王陵遗址的完整性。

（4）安全性要求

保护措施的目的应是出于有效保持安肃王陵遗址本体的稳定与安全状态，保护措施不得破坏遗存本体或对其构成威胁。保护采用传统技术与现代科学技术相结合的手段进行，工程措施上尽量采用隐蔽性技术。

（5）风险防范

制定具体保护措施应采取审慎的态度，预测风险并采取防范措施。尽可能采用可逆性或可持续的保护措施，现代材料的使用应做必要的试验。尽量减少应用材料种类，注意材料的兼容性、稳定性、可持续性，把握修复工艺的可辨性。

（6）重视遗址环境，最大限度恢复环境原状

环境是安肃王陵遗址不可分割的组成部分，应最大限度地维持陵园的现有状态。环境整治与保护措施应与安肃王陵遗址的整体风格相协调。加强对安肃王陵周围环境的有效控制。

（7）重视遗址历史、科学和文化价值展示

在不损害安肃王陵遗址价值的前提下，建筑遗址和造像保护措施应考虑安肃王陵的合理展示和正确解读，严格遵守"四个保护"原则，即保持原有形制（包括原平面布局、造型、法式特征和艺术风格）、原有结构、原有材料和原工艺技术，避免误导。修复保护不强求完整，但要达到整洁、安全、美观，具有一定的观赏性。

（8）管控要求

各类保护措施应满足安肃王陵遗址的保存、管理、安防和日常维护要求。

（9）建筑遗址保护原则

以遗存现状保护为主，对歪闪、垮塌、散落石构件进行扶正归安，维持王陵遗址形制的完整，保障遗址稳定与安全。

对陵园采用绿篱围护，保持陵园遗址总体风貌的独立性、完整性。

严格控制遗存本体的修补规模，只有在遗址形制的完整性、稳定性和安全性受到威胁，确实有必要修补，且建筑和考古依据充分时方可进行。

陵园遗存本体的修复保护，包括陵门、中门、享殿、碑亭、陵寝等，需要在系统考古清理后另行设计。

陵园环境整治以清理杂树杂草和覆土、填平坑洼、平整地面等措施为主，严禁大规模的基础工程，维持陵园总体现状风貌。陵园遗址区的排水系统设置，需要在系统考古清理后另行设计。

（10）地宫保护原则

在保证墓室现有残存砌筑构件安全、完整的前提下，对地宫的生物病害进行治理。

按原形制与原做法修复补全地宫墓室，保障墓顶封土及游人安全。

(11) 石像生保护原则

对歪闪、移位、倒伏的石像生进行扶正归安，保持石像生完整、稳固与安全，维持陵园形制布局完整。

对影响石像生完整形态和文物价值的折断、开裂和残损可进行修复加固，控制石像生残损形态修复加固规模。

对生物病害、风化破坏病害治理需要在相关勘测、试验和研究项目完成后另行设计。

为确保建筑遗址和石像生的后期保护，建筑遗址考古清理研究、石刻造像研究与评估、石刻造像三维测绘与数字化模型构建、保护材料试验与工艺研究等前期工作项目应列入本次保护计划。

七 保护方案设计

1. 概要

安肃王陵建筑遗址及环境整治工程主要包括以下内容：

(1) 前期准备

前期准备包括陵园场地及周边地区的杂树杂草刈除和基础地形图测绘工作。

(2) 建筑遗址抢救保护

建筑遗址抢救保护要做的主要工作包括按考古学方法对安肃王陵建筑遗址上的杂树杂草和覆土进行清理，揭露出陵门、中门、享殿、碑亭、陵墙等建筑遗址的基础轮廓；扶正归安各建筑遗址基础上的歪闪和散落石构件；按原形制用原材料修复各建筑台明上的原有踏步；对原有神道、甬路及砖铺地面进行修整加固，并用石灰岩石子铺覆保护。

(3) 地宫修复保护

安肃王陵地宫是靖江王中期王陵地宫的代表，具有较高的可观赏性。拟采用的修复保护措施如下：用机械法手工清除墓门及墓室墙壁上的菌藻、树根和钙质沉积物；用青砖、石灰膏、琉璃瓦件等原材料按原形制修复墓门琉璃硬山顶、墓门拱券和墓室；用青砖补全铺地和棺床；进行盗洞堵塞和铺草绿化等。

(4) 石像生归安扶正

对安肃王陵遗址现存的歪斜、倒伏的石像生进行归安扶正，并进行必要的地基处理。根据专家评审意见，对石像生其他病害的治理，待"石像生系统研究与评估""三维数字化模型构建""病害机理研究""保护材料与工艺研究"等相关基础研究项目完成后另作专项设计。

(5) 环境整治与维护

对陵园内的杂草杂树和覆土进行彻底清除，并加强日常维护；东干渠改道回填；平整陵园地面，维持现有自然排水状态；对陵园内建筑遗址之外的裸土区进行铺草绿化；设置绿篱陵墙，减少和杜绝自然因素与人为因素破坏，以便对安肃王陵进行最基本的有效管理；铺设对外交通及园内游览道路，方便管理与展示。

2. 前期准备

(1) 陵园场地杂树杂草刈除

由于缺少日常维护，安肃王陵陵园内长满了杂草杂树，高 2 ~ 3 米，通行极其困难。对安肃王陵陵园内的杂草与灌木进行人工刈割与清除，清理陵园场地，为后续各类专业人员能够顺利到达现场进行各项调查与勘测工作做准备。

项目内容：初步清除安肃王陵陵园及外陵墙之外 10 米范围内的杂树杂草，暴露出安肃王陵陵园遗址的大致轮廓。

技术要求：杂树杂草平地刈割，尽可能不留树桩草秆；运出割倒的杂树杂草，方便测绘、文物保护及各相关专业人员进入现场开展各项调查与勘测工作。

工作方法：野外刈割、搬运。

工作人员：当地民工，15 ~ 20 人。

主要设备：镰刀、镢、锯、车等。

工作时间：2010 年 3 月。

(2) 基础地形图测绘

为配合后续的保护工程设计、保护范围与建设控制地带界定、遗址公园建设规划编制等工作的开展，必须对安实肃王陵及其周边地区的现状进行基础地形图测绘。地形图测绘分为两个精度级制：1∶500、1∶200。

项目内容：1∶500 地形图测绘适用于靖江王陵重点保护区所属的相应地域单元，测绘区域以《靖江王陵总体保护规划（2009 ~ 2025 年）》中确定的重点保护区为基准，一般以周边相应的分水脊线为界。安肃工陵保护工程设计用图需要的 1∶500 地形测绘范围约 2.5 平方千米，主要用于游览道路设计、给排水设计、安防设计、消防设计、展示服务设施设置、管理设施设置、环境景观设计等。1∶200 地形图测绘应与陵墓遗存调查及本体保护工程相结合，测绘区域以陵园外廓墙基为基准，四周向外延扩 100 米。安肃王陵保护工程设计用图需要的 1∶200 地形测绘范围约 0.4 平方千米，主要用于本体保护工程设计、给排水设计、安防技防设计、巡查道路设计、展示服务设施设计等。

技术要求：所有地形测绘图必须符合国家规范标准，提供 dwg 格式（CAD）的电子版，保留原有北京坐标系及绘制图层。

工作方法：野外勘测与室内整理。

工作人员：地形测绘与制图专家及其团队，4 ~ 6 人。

主要设备：卫星定位仪、全站仪等。

工作时间：2010 年 3 ~ 4 月。

项目成果：指定范围符合技术要求的 1∶500 及 1∶200 地形图。

3. 建筑遗址抢救保护工程

安肃王陵建筑遗址包括陵门、中门、享殿，神道、左右碑亭、焚帛炉、内外两道陵墙等。建筑遗址保护不强求完整，但经修复保护的建筑遗址应规整、牢固，具备安全性和一定的观赏价值。建筑遗址保护工程可按照不同的保护修复手段分为覆土清理、揭露遗址轮廓，台基及墙体修复加固，踏步修复加固，地面修整加固，陵墙遗址保护等。

（1）建筑遗址覆土清理工程

在前期准备工作中，靖江王陵博物馆已组织民工对安肃王陵陵园内的杂草杂树进行了初步清除。为了揭露陵门、中门、享殿、神道、左右碑亭、焚帛炉、内外两道陵墙和宝城封土等建筑遗址的残存风貌，必须对各建筑遗址上残留的草杆树根进行彻底清除，同时采用考古清理的方法彻底清理各建筑遗存上的覆土，并加强日常维护。建筑遗址上的杂草杂树清除与覆土清理工程可以与陵园环境整治工程一并进行。建筑遗址覆土清理工程拟采用的原则与做法如下：

1）对建筑遗址上的杂草杂树及覆土进行彻底清除，揭露出各建筑遗址的残存现状，以便于展示安肃王陵的布局、规模和形制特征。

2）在初步清除杂树杂草的基础上，除少量已经成形的乔木外，全面清除各建筑遗址上残存的杂草杂树根系。

3）用除草剂全面除草一次。

4）采用考古清理方法将各建筑遗址上的覆土清理干净，完全揭露各地上建筑物的遗存现状。

5）在征得有关部门同意后，墓冢顶上的铁制三角形测量标志架也一并拆除。

6）对挖除杂草杂树根系的坑洼区用素土回填压实。

7）加强日常维护，应设专人定期（半月一次）对各建筑遗址上的杂草杂树进行彻底清除，将其消灭于萌芽状态。

据现场勘测统计，安肃王陵建筑遗址覆土清理工程量为杂草杂树根清除约5000平方米，除草剂喷施约25千克，覆土清理约250立方米，素土回填约50立方米。此外需要加强日常维护，配备除草园丁。园丁聘用可结合陵园绿化环境维护一并考虑。

（2）建筑台基修复加固工程

由于年久失修并受自然风化和人为因素作用的影响，安肃王陵陵门、中门、享殿、左右碑亭的台基石构件多已歪闪、开裂和崩塌，散落四周，台基中的填土亦多有流失，结构和外观损害相当大，严重影响其完整性和安全性，不利于展示开放。从遗址保护出发，必须对这些台基遗存予以有效保护。台基修复加固保护的原则与做法如下：

1）原则上按各建筑遗址存留现状进行加固保护，并尽可能展示出其原有规模与布局。

2）清除台基石构件之间的树根杂草，歪斜或位移的石构件进行扶正归安，四周散落的石构件尽可能归安原处。

3）一般不进行补全处理，但对于因缺失而无法有效固定已有构件或因其缺失而无法固定基内夯土的台基构件，要用相同材质的石灰岩仿制补全。

4）台基内用原做法素土夯填。在部分需要承重的区域，如柱础、踏步区可按需要进行适当加固，加固方法可采用在素土中掺入适量的砂与碎石夯打。

据现场勘测统计，安肃王陵各建筑遗址台基修复加固工程量为台基石构件扶正归安65立方米，散落构件归安43立方米，仿制补全石构件24立方米，夯土回填64立方米。

（3）踏步修复保护工程

安肃王陵各建筑台基及月台前原有垂带踏步石构件多已歪闪、开裂和崩塌，散落四周。这些踏步涉及参观人员行走与安全问题，必须予以修复。踏步修复的原则与做法如下：

1）原则上按原有形制修复，阶条石与垂带尽量使用原有构件。

2）四周散落的石构件尽可能归安原处。

3）在石构件归安加固的基础上，为保护踏步，按原形制做防腐木台阶。

据现场勘测统计，安肃王陵各建筑遗址踏步修复保护工程量为踏步构件扶正归安 13 立方米，散落构件归安 7 立方米，仿制补全木台阶 14 座，夯土回填 10 立方米。

（4）建筑遗址地面保护与展示工程

安肃王陵享殿、内院、中门、神道、左右碑亭、陵门及陵门前均有由青方砖或青条砖铺筑的地面，这些地面在各处建筑遗址上均有残存。地面保护与展示拟采用的原则与做法如下：

1）建筑遗址铺砖地面原则上按存留现状进行加固保护。

2）建筑遗址铺地砖块已经松动无法保持的，应予以加固。

3）为保护清理后的建筑遗址地面并展示王陵形制特点，清理后的陵门、中门、享殿、神道、甬路地面用石灰岩石子铺覆，石子粒径 10 ~ 15 毫米，铺覆厚度 80 ~ 100 毫米。

4）对铺墁保存较好的地面做局部展示，面积 2 ~ 3 平方米，展示区用防腐木方做挡槽护栏，护栏木方截面 50 毫米 ×100 毫米。

5）对移位的柱础进行复位。

6）对遗存的柱础用防腐木方做挡槽护栏保护，护栏木方截面 50 毫米 ×100 毫米。

7）已经缺失的柱础不进行补全，用木桩予以标识。

据现场勘测统计，安肃王陵遗址的地面保护与展示工程量为松动砖块加固 59 平方米，柱础复位 17 个，展示木框 6 个，铺覆保护石子 254.4 立方米。

（5）陵墙遗址保护工程

安肃王陵的内外两道陵墙均已倾圮，部分墙基亦遭有组织拆挖，轮廓大致可辨。陵墙遗址保护拟采用的原则与做法如下：

1）在覆土清理揭露的基础上按陵墙的残留现状进行加固保护，达到展示墙体基础结构及陵园原有规模的目的。

2）墙基两侧歪斜或位移的条石进行扶正归安，四周散落的基础条石也尽可能归安原处，毛石就近填入墙基中。

3）条石台基内按原做法用素土夯填。

4）现有夯土陵墙遗存采用特制有机硅材料进行封护加固。

5）对已遭开垦破坏的内外围墙基址进行考古勘探与清理，明确其具体位置，在此基础上栽植黄素梅、合果芋、冬青、四季桂等园艺花木作为绿篱标志。

据现场勘测统计，安肃王陵陵墙遗址保护工程量为构件扶正归安约 120 立方米，散落构件归安约 60 立方米，夯土回填约 90 立方米，封护加固残存夯土墙遗存 150 立方米，栽植绿篱 180 米。

4. 封土及地宫保护工程

安肃王陵封土外形极不完整，地宫暴露，病害严重。为使地宫免遭彻底破坏，同时恢复宝城封土原状，增强安肃王陵的可观赏性，拟修复加固地宫墓室及封土。主要工程内容包括地宫墓室病害治理与修复、盗洞堵塞、封土铺草等。

（1）地宫病害治理与修复保护工程

安肃王陵地宫已揭露，现存病害较为严重：墓门山墙表面有菌藻寄生、树根错结，琉璃硬山顶风化残损；墓门拱券砖脱落、缺损；墓室内有壁砖脱落，部分区域有钙质沉积，棺床坍塌，铺地砖凌乱，盗洞未补等。为了保障墓室安全，便于向公众展示王陵地宫全貌，地宫病害治理与修复保护工程必须立即着手进行。地宫病害治理与修复保护工程拟采用的原则与做法如下：

1）在保证墓室现有残存建筑构件安全、完整的前提下，对地宫的生物病害进行治理，按原形制与原做法修复补全地宫墓室，保障墓顶封土及游人安全。

2）使用剔刀、手术刀等工具，采取机械法彻底清除墓门山墙上的菌落、藻体和树根，并对其占据区域进行清洗，祛除污渍。

3）使用竹刀、牙科器械等工具，采取机械法彻底清除墓壁上的钙质沉积，并做加固防护处理。

4）墓室内外散落石构件、墓砖尽可能归安原处。

5）用青砖、琉璃瓦件、石灰岩条石、石灰膏等原材料按原规格、原形制修复补齐墓门琉璃硬山顶、墓门拱券和墓室（包括盗洞），恢复其原貌。

6）用青砖按原形制恢复补全铺地和棺床。

7）做好墓室排水与通风。

8）在墓门山墙两侧设置墓室参观踏步。

9）在墓门山墙上面及左右两侧修建挡土墙。挡土墙设计在琉璃硬山顶后 50 厘米处，前斜后直，前面砌筑成阶梯状，便于装土铺草，墙宽自上而下为 24 ~ 60 厘米。

据现场勘测统计，地宫病害治理与修复保护工程量为墓门山墙及墓壁表面清理与保护约 50 米，硬山墙出檐及琉璃瓦件修复约 10 米，墓壁补全 20 平方米，墓室地面铺装约 40 平方米，挡土墙建设约 120 平方米，土方开挖、回填约 100 立方米。

（2）盗洞堵塞工程

盗洞堵塞工程拟采用的原则与做法如下：

1）在地宫墓室修复加固之后，墓冢封土上的盗洞原则上要完全堵实填平，防止雨水和人员进入地宫，确保地宫安全，以便于展示安肃王陵封土全貌。

2）堵塞盗洞采用素土回填，逐层夯实，每层不超过 30 厘米。

3）对挖除杂草杂树根系的坑洼区用素土回填夯实。

4）为墓冢覆土造型，尽可能恢复规制形貌。

据现场勘测统计，安肃王陵墓冢盗洞堵塞及墓冢覆土造型工程量为素土回填夯实约 190 立方米。

（3）铺草工程

为恢复和保持安肃王陵地宫封土的原貌，防止水土流失，改善王陵的观赏性，封土表面需要进行铺草绿化。封土铺草工程拟采用的原则与做法如下：

1）整个封土表面都要铺上适当种类的绿草，原则上要能显示和维持墓冢原貌。

2）草种选用本地常绿、易生长、根系较浅的物种，如大叶油草、马尼拉草、细叶结缕草（台湾草）等草种。

3）在防渗处理的塑料薄膜上面铺覆8～10厘米厚耕土，整平并压实。

4）在耕土层上按设计草种和密度铺植草坪，注意相关草种的栽培技术要求，注意铺设密贴到位，及时浇水和维护，确保草坪成活。

据现场勘测统计，安肃王陵封土铺草绿化工程量为铺设草坪设计面积约560平方米，耕土层铺覆约56立方米。

5. 石像生归安扶正工程

因地基不均匀沉降和20世纪80年代的不恰当维护，安肃王陵遗址现存的22件石像生，以及左右碑亭中的赑屃（包括神道碑）等4件石刻造像都存在不同程度的歪斜，影响观瞻效果，需要对其进行归安扶正处理。归安扶正处理的具体措施如下：

（1）准备工作

包括安全准备、吊车准备和临时存放场准备。安全准备，需要置备麻袋片、麻绳，各种尺寸的木杠、木板、木楔以及沙袋等包覆造像和垫稳造像的材料，保证吊离和吊装过程中文物的安全；同时需要置备安全帽、手套等保证人身安全的物品。吊车准备，要根据石质文物的重量选择合适吊装量的吊车，吊装量最好能超出石质文物重量的50%，保证吊装安全；同时做好吊车机位选择，铺好木板，保护好石质文物周边遗址环境。石质文物的临时存放地要设在吊臂安全起吊范围之内，同时铺上木板和沙袋等安全设施。

（2）吊离歪斜造像

在各项安全措施准备到位后，用吊车将造像及其基础吊到临时存放场，按指定位置平稳放置。

（3）平整夯实地基

在造像及其基础构件吊开后，对造像的地基进行平整、夯实，并采用 Remmers 提供的防水砂浆做好隔水防潮处理。做好的地基要求能达到抗压强度≥200kPa，水平误差≤1cm/m，隔水防潮。

（4）吊装归安

在地基处理和残损修复完成后，将石质文物按原样吊装归安到原处，按照传统方式用铸铁片垫平、垫稳。

安肃王陵遗址现存的28件石质文物都需要归安扶正处理，工程量为吊车台班56个，地基处理（包括隔水防潮处理）约140平方米。

6. 陵园环境整治与维护工程

陵园环境整治与维护工程的主要内容包括陵园覆土清理与平整、环境绿化、绿篱陵墙建设、东干渠改道回填和道路建设等。

（1）陵园覆土清理工程

安肃王陵陵园内覆土清理工程拟采用的原则与做法如下：

1）陵园内及陵园外 10 米范围内的杂草杂树与覆土原则上要进行彻底清除，以便于保护和展示安肃王陵遗址。

2）桂林茶科所职工私自在陵园中开垦栽植的茶园、菜园、苗圃，限期自行移植他处，逾期按杂树杂草处理。

3）在初步清除杂草杂树的基础上，除少量已经成形的乔木外，全面清除残存的杂草杂树根系及地表淤积覆土。

4）用除草剂全面除草一次。

5）对挖除杂草杂树根系的坑洼区用素土回填压实。

6）平整地面。依据地势及自然排水需要，按照陵园原布局与形制进行地面平整。

7）加强日常维护，应设专人定期（半月一次）对陵园内及陵园外 10 米范围内的杂草杂树进行彻底清除，将其消灭于萌芽状态。

据现场勘测统计，安肃王陵陵园覆土清理工程量为杂草杂树清除 17800 立方米，除草剂喷施 90 千克，覆土清理约 900 立方米，素土回填约 100 立方米，陵园地面平整 17800 平方米。此外需要加强日常维护，配备除草园丁 1 名。

（2）环境绿化工程

为改善王陵的观赏性，陵园内青砖地面与游览小径之外的裸土区及陵园外 10 米范围内宜进行环境绿化。绿化工程拟采用的原则与做法如下：

1）陵园内青砖地面之外区域及陵园外 10 米范围内要栽培适当种类的植物进行绿化。除有选择地保留一些原有成形树木外，绿化植物原则上采用低矮的花木与草坪，避免高大树木造成喧宾夺主、高度对比强烈的绿化效果。

2）各建筑遗址前、神道两侧、新开游览道路两侧等区域，宜栽植黄素梅、合果芋、冬青、四季桂等园艺花木作为绿篱，其余需要绿化的区域宜选用本地常绿、易生长、根系较浅的草种铺植草坪，如大叶油草、马尼拉草、细叶结缕草等草种。

3）在栽植绿篱与铺植草坪前先对相关区域进行平整施肥。

4）冬青、四季桂等灌木栽植株距宜保持在 40～50 厘米，长成后的控制高度为 100～110 厘米。

5）按设计物种和密度栽植绿篱与铺植草坪，注意相关植物的栽培技术要求，及时浇水和维护，提高花木与草坪的成活率。

据现场勘测统计，安肃王陵封土铺草工程量为绿化区域设计面积约 17000 平方米，栽植绿篱植物（冬青）970 株，铺植草坪 16000 平方米。此外需要加强日常维护，配备园丁 1 名。

（3）绿篱陵墙建设工程

没有陵墙，陵园内的遗址无法得到有效保护，整治保护后也难以维持，无法进行最基本的有效管理。为便于游览和管理，减少和杜绝自然因素与人为因素破坏，保障安肃王陵安全，设置绿篱陵墙是非常必要的。安肃王陵绿篱陵墙建设工程拟采用的原则与做法如下：

1）在原陵墙基础外侧 10 米处设置保护性绿篱陵墙，用来阻隔行人和控制视线，使陵园自成一体。

2）绿篱陵墙宽度设计为 3 米，采用四层设置：内外两层用四季桂，株距 50～60 厘米，长成后的控制高度为 190～210 厘米；内层四季桂外 1 米处栽植侧柏，株距 150～200 厘米，长成后的控制高度为 250～300 厘米；在侧柏层与外层四季桂之间密植马甲子（一种带刺绿篱植物），株距 30～40 厘米，共栽三行，行距 40 厘米，长成后的控制高度与外层四季桂相同，也为 190～210 厘米。植株高度的起伏控制可以达到一定的美化效果。

3）在马甲子、四季桂和侧柏长成之前，先在绿篱陵墙外边设置一道铁丝网，用来阻隔行人和牲畜进入陵园。

4）在栽植绿篱前先对相关区域进行平整施肥。

5）按设计树种和密度栽植绿篱，注意相关植物的栽培技术要求，及时浇水和维护，提高四季桂和侧柏的成活率。

据现场勘测统计，安肃王陵绿篱陵墙建设工程量为绿篱陵墙设计长度约 640 米，栽植马甲子 6400 株（三行）、四季桂 2480 株（两层）、侧柏 430 株，拉设铁丝网 640 米。

（4）东干渠改道回填工程

穿越享殿与封土堆之间的东干渠及享殿左侧的引水闸和引水渠，使安肃王陵的整体格局与风水气息受到严重破坏：引水灌溉损毁了享殿、中门、内围墙等建筑遗址，留下一片坑洼沟壑，破坏了陵园布局的完整性；引水季节，神道两侧的石造像浸泡在积水中，加速了风化与溶蚀。为彻底消除东干渠给王陵安全带来的严重威胁，必须对其进行改道处理。东干渠改道回填工程拟采用的原则与做法如下：

1）东干渠必须绕开安肃王陵，新开渠段不得破坏或影响安肃王陵的整体格局和风貌特征。

2）东干渠改道走向、位置、截面由水利部门按地形地势及专业要求设计，距离安肃王陵外陵墙至少 100 米，应设置在安肃王陵建设控制地带之外。

3）穿越陵园的废弃渠道用素土填平，恢复陵园原布局形制。回填素土必须逐层夯实，每层不超过 30 厘米。

4）拆除享殿左侧的引水闸，闸上的陵园石构件尽可能归安原位，具体工作纳入建筑遗址保护工程的相关项目。

5）用素土填平陵园左侧的引水渠，恢复陵园布局形制；回填素土必须逐层夯实，每层不超过 30 厘米。

据现场勘测统计，东干渠改道回填土方量约为 17000 立方米。

（5）道路建设工程

开辟安肃王陵对外连接道路，包括通往简庄王陵、温裕王陵、昭和王陵等其他王陵的道路；在陵园内开辟游览通道，为安肃王陵的开放展示提供必要的通行条件。安肃王陵道路建设工程拟采用的原则与做法如下：

1）道路布局与建造等级依据靖江王陵陵园交通路线统一规划，按照相关要求建设。

2）对外交通以桂林市茶叶科学研究所院内现有道路为基础进行必要的改造，路宽 4～6 米，双车道，路面等级为次高级（沥青或水泥路面），要与桂林市公交系统相结合。

3）陵园内游览道路以原有的神道与甬路为基础，可依据游览需要适当延扩。延扩路径用卵石、灰岩碎石子铺筑（国内外陵园保护较为流行的方式），碎石粒径10～15毫米，碎石铺层厚80～100毫米，路宽1.5～2米。

4）在陵园入口附近建小型生态停车场，停车场地面材料采用透水、透气材料，并栽植适当的乔木，如金桂等。

据现场勘测统计，安肃王陵道路建设工程量为对外交通联系道路约500米，陵园小径约330米，生态停车场300平方米。

八 勘测与研究项目

安肃王陵遗址保护和环境整治工程需要开展的勘测与研究工作包括建筑遗址研究与评估、石刻造像研究与评估、石刻造像三维数字化模型构建、保护材料与工艺研究等，为安肃王陵保护修复工程的进一步专项设计提供技术支撑。

1. 建筑遗址研究与评估项目

安肃王陵建筑遗址几乎都被覆土与草根掩埋。根据现场勘察，安肃王陵建筑遗址包括陵门、中门、享殿、宝城封土、神道、左右碑亭、内外两道围墙、甬道等。数百年的沧桑岁月，这些地上建筑与构筑物早已分崩离析，仅残存一些铺地青砖碎块、条石基址、石质柱础和丘冢，可以依稀辨别出建筑规模与布局。这些建筑遗址蕴藏着丰富的历史与文化信息，如葬式规制、风水理论、建筑艺术与环境美学等，是一座全面、系统地研究明代藩王文化的宝库。对安肃王陵现存及可能存在的建筑遗址开展全面、系统、科学的考古调查、勘探和清理，并在此基础上，从历史、考古、建筑、民俗等各个方面研究阐述陵墓地上建筑布局、建筑风格、建造技艺、时代特征、历史沿革，以及相关的正统观、生死观、风水环境论和掌故等，对安肃王陵现存建筑遗址的历史价值、艺术价值、科学价值等进行一次全面综合评估，将有助于对安肃王陵遗存本体内涵的进一步认识，增强保护措施的针对性、安全性、可靠性和协调性，为完善各建筑遗址保护修复方案的设计奠定更广泛学科的专业基础。

项目内容：采用现代考古方法，对安肃王陵的各建筑遗址进行全面勘探与清理。对安肃王陵的建筑布局、建筑风格、建造技艺、时代特征、历史沿革，以及相关的正统观、生死观、风水环境论和掌故等进行一次全面阐述和评估。

项目目标：揭露安肃王陵各地上建筑的残存遗迹，全面、系统、科学地阐述安肃王陵的建筑布局、建筑风格、建造技艺、时代特征、历史沿革等，客观地评估安肃王陵各地上建筑的历史价值、艺术价值、科学价值。

研究方法：现代考古学调查与勘探（清理）方法，现场勘测，资料分析，对比研究和专题讨论等。

研究人员：考古学、历史学、建筑学、民俗学以及文物保护等方面的专家及其团队，10～15人。

研究时间：2010年4～8月。

项目成果：建筑遗址考古清理报告，相关专题研究报告5份。

2. 石刻造像研究与评估项目

石刻造像是安肃王陵遗址中较为重要的一类遗存。由于数百年来的自然损毁及人为破坏，歪闪、折断、开裂、剥落、溶蚀、藤本缠绕、菌藻寄生等各种病害现象都体现在这些石刻造像上。石质文物的保护目的是要消除病害，尽可能有效地延缓其风化损坏速度，最大限度地将其形象资料及历史信息留给后人。为了更全面、系统、科学地认识和了解保护对象，确保保护操作不损害现存文物主体所赋存的形象资料及历史信息，有必要请历史、考古、艺术、民俗等方面的专家对石刻造像的塑造内容、布局风格、艺术造型、雕造技艺、时代特征、历史沿革和相关掌故等进行阐述与记录，对安肃王陵现存的 26 件石刻造像的历史价值、艺术价值、科学价值等做一次全面评估。

研究范围：历史学、考古学、艺术学、民俗学以及文物保护和其他相关学科。

研究目标：对安肃王陵现存的 26 件石刻造像的塑造内容、布局风格、艺术造型、雕造技艺、时代特征、历史沿革和相关掌故等进行全面、系统、科学地阐述，并对其历史价值、艺术价值、科学价值进行客观评估。

研究方法：现场勘测，资料分析，对比研究和专题讨论。

研究人员：相关学科的资深专家及其团队，15 ~ 20 人。

研究时间：2010 年 3 ~ 8 月。

研究成果：专题报告 5 份。

3. 石刻造像三维数字化模型构建项目

采用三维激光扫描技术对安肃王陵现存的石刻造像进行三维测绘与数字化重建，可以对安肃王陵石刻造像的保存现状进行真实、完整、全面地记录与存档，留存资料，可以为现状与病害调查记录以及保护修复方案设计等工作提供基础图件；可以建立石刻造像的真三维彩色模型，结合电影虚拟现实等技术对造像的残缺部位进行虚拟复原。

项目内容：三维激光扫描测绘，高保真、高精度的三维数字化重建，虚拟复原，三维重建效果展示。

技术要求：三维数字化的结果严格忠实造像现状，包括三维形态、色彩、图案、质地（光学属性）、病害等；数字化信息采集时不能对文物造成任何破坏；三维数字化重建模型应可支持 8000 像素×8000 像素的高分辨率画面绘制，并支持超视距（3 厘米）的实时浏览；可在复杂光照环境下还原造像的光学属性和色彩。

工作方法：

1）三维激光扫描。①扫描站设置：在每尊造像现场踏勘工作区，分析研究最优化的扫描设站方案和坐标转换控制点选择，画出相关的设计草图，并设置主要扫描设站的标志。②扫描参数确定：主要是确定扫描精度，用徕卡 ScanStation 的最高精度进行整尊造像扫描，对重要局部用 Faro 扫描仪进行更高精度扫描。③点云数据采集：根据以上扫描方案，逐站对工作区进行扫描，采集点云数据。④影像数据采集：用高清数字照相机记录每尊石刻造像的真实可见颜色信息，用于绘制正射影像图和三维模型的纹理。用多光谱数字照相机记录每尊石刻造像不可见的颜色信息，用以更真实表现每尊石刻造像的现状。⑤坐标转换控制点的测量：使用全站仪测量所选择的坐标转换控制点，并进行平差，为后期的坐标转换提供基础数据。⑥数据格式转换：将两类扫描仪（ScanStation 和 Faro）数据进行统一，包括两类扫描数据的互相转换及两类数据向某一通用数据的转换（如统一转换为 PolyWorks 处理的 pif 格式）。⑦点云数据拼接：将各个扫描站采集到的数据拼接成一个整体，并检查拼接精度。利用坐标转换控制点将扫描对象的三维点云数据转换到需要的坐标系统。⑧建模及模型编辑：使用 Cyclone 或 PolyWorks 软件建立粗略模型后进行模型编辑，如去噪、补洞、网格优化、锐角边的提取等，得到优化后的精确模型。经过内部检测和外部检测精度都合格后，利用模型生成各种需要的图形和数据。

2）三维数字化重建及后期处理。①基于计算机立体视觉的三维数字化重建技术，对每尊石刻造像进行高保真、高精度的三维数字化重建。②通过电影质量的虚拟现实等技术，进行残缺部位的虚拟复原，以及沉浸感（immesive）的三维漫游展示，从而实现计算机或网络浏览。

工作人员：三维测绘、计算机研究、文物保护、摄影等方面的专家及其团队，10～12 人。

主要设备：徕卡 ScanSation 扫描仪、Faro 扫描仪、高清数字照相机、多光谱数字照相机专业辅助光源、曙光高性能计算机集群等。

工作时间：2010 年 3～10 月。

项目成果：安肃王陵 22 件石像生及左右碑亭中的赑屃（包括神道碑）等 4 件石刻造像保存现状的真实、完整、全面记录，26 件石刻造像真三维彩色模型，26 件石刻造像残缺部位虚拟复原及三维漫游展示系统。

4. 保护材料与工艺研究项目

安肃王陵 26 件石刻文物雕造于明嘉靖年间，距今已有四百八十余年，造像均为浅灰色厚层石灰岩，岩体风化开裂、表面溶蚀和低等植物生长污染等多种病害严重威胁造像的完整性及安全性。为了有效保护这些珍贵的石刻造像，必须对要使用的清洗、加固及修补保护材料进行现场和室内试验，尽快研究筛选出适用、可靠的材料及相关操作工艺。

项目内容：针对安肃王陵石刻造像，筛选确定适用、可靠的清洗、粘接、灌注、封护材料的具体配方及相关操作工艺。

技术要求：各类清洗、粘接、灌注、封护材料应是在石灰岩材质文物上使用过的，经实践检验确实无害的，各类材料的配比数据及效果检测数据真实、可靠。

研究方法：室内研究与现场试验相结合。

研究人员：材料科学、岩石学以及文物保护等方面的专家及其团队，3～5 人。

研究时间：2010 年 4～6 月。

项目成果：各类清洗、粘接、灌注、封护材料的具体配方，各项试验数据报告，各类材料的相关操作工艺。

项目业主单位：桂林市靖江王陵文物管理处

项目负责人：肖 东

主要参与人员：谢永平 曾祥忠 张阳江 阳 灵 盘 立
周彤荦 许彬彬 符荣兴 安泉州 伍勇进

宪定王陵遗址保护及环境整治工程方案

（摘录）

中国文化遗产研究院　广州市白云文物保护工程有限公司

2014 年

（前略）

宪定王陵为第十一代靖江王朱任晟及妃白氏合葬墓，位于桂林至灵川公路 8 千米东大河中村后的尧山西麓祝圣寺右侧，属于靖江王陵的边远区。据档案记录，宪定王陵的地宫墓室于 20 世纪 20 年代被盗，1972 年发掘清理，现墓门开敞、墓室局部坍塌。宪定王陵建成四百余年来，在自然力和人为的破坏下，陵门、中门、享殿、碑亭、院墙等地上构筑物均已坍塌殆尽，仅有遗迹残存，神道两侧的石刻造像及宝城封土保存尚好，但亦为荒莽掩映，凄楚难堪，亟需对其进行全面清理和保护。

3. 宪定王陵概况

宪定王陵背靠尧山，墓门朝向西南。墓园布局近长方形，原有版筑夯土外围墙，面阔 46.56 米，进深 118.92 米。茔地面积 8.4 亩，封土高 9.5 米，直径 23 米。墓前石像生序列为蹲狮、华表（浮雕盘龙、八边形、宝珠顶）、武士控马、狮豸、羊、麒麟、虎、象、秉笏翁仲、左右神道碑（无字）、袖手翁仲。享殿柱础圆形，直径 59 厘米。建筑为红墙绿瓦。20 世纪 20 年代被盗一次，1972 年发掘清理。地宫为双砖室券顶结构，浇灰浆，封土距券顶 7.7 米，山墙高 4.44 米，顶盖琉璃瓦脊，两端饰鸱吻，两侧檐脊各饰悬兽，龙饰瓦当。护门石 500 余块，石上凿有"天""子""千""万""刘""李""南""了""中""之""事""才"等字样，以"天"字较多。墓室为双砖室券顶结构，双室各有前室、甬道、中门、玄室，玄室头龛一，左右壁龛各五，出土有金银铜及陶瓷器等。

中轴线上原建有陵门（三开间、拱券）、中门（面阔三间、进深两间）、享殿（面阔五间、进深三间）。神道由三径构成，中间为王道，两边为陪径，两侧分列 11 对石作仪仗，在秉笏翁仲与石象外侧曾构筑拱券门方形碑亭，内置赑屃驮碑。按照明藩王陵墓规制，所有地上建筑均为大式单檐歇山顶、绿色琉璃瓦面。今地上建筑仅见部分残存基础，局部砖砌墙体亦有遗存。

4. 价值评估

宪定王陵选址布局与"山水相称"，前敞后靠，与自然景观完满结合，是靖江王陵中形制和环境俱佳的一座。

四　宪定王陵保存现状

宪定王陵历经四百余年的风雨侵蚀，陵门、中门、享殿、碑亭和陵墙等地上建筑均已坍塌殆尽，仅残存部分基础构件，唯有神道两侧的 11 对石作仪仗、碑亭中的石质赑屃及地宫封土尚存。宪定王陵遗址包括陵门、中门、享殿、碑亭、陵墙等地上建筑，宝城封土及地宫，石刻造像等。经现场勘察，宪定王陵地上建筑均已无存，仅存建筑基址，总体保存尚好，各单体建筑的台基部分均有构件残存；宝城封土基本形态较为清晰；石刻造像虽存在各种病害，但整体造型基本保持。

1. 陵门遗址

原陵门由台明和三券门建筑组成，形制不清，台明基址尚存。台明、台帮、阶条石被杂土覆盖，地面铺砖保存状况不明。陵门内外散落着坍塌的石块、瓦砾，所有石材均为当地产石灰岩。

台明前地面有条砖铺砌的广场遗迹，但边界不清，尚待进行考古勘探与清理。

2. 中门遗址

中门遗址形制不清。台明、台帮、阶条石被杂土覆盖、掩埋，台明面铺砖保存状况不明。遗址台帮石、阶条石破损、坍塌较严重，柱顶石无存，所有石材均为当地产石灰岩。

3. 享殿遗址

享殿遗址形制不清。台明、台帮、阶条石被杂土覆盖掩埋，台明面铺砖保存状况不明。遗址台帮石、阶条石破损、坍塌较严重，柱顶石仅存一个，所有石材均为当地石灰岩。

4. 陵墙遗址

宪定王陵墓园由两道围墙围护，陵墙从陵门开始向后至封土后面围合，呈前后略窄中间略宽的四边形。西侧围墙长 46.56 米（含陵门面宽），北侧围墙长 119.2 米，东侧围墙长 48.77 米，南侧围墙长 118.92 米。

5. 封土与地宫

宪定王陵封土历经四百余年的风雨侵蚀，又经人为破坏，如今树木杂草滋生，已是"百孔千疮，不堪入目"。宪定王陵封土堆近锥圆形，前侧近享殿处为直边，现存高 9.5 米，直径 23 米。因墓室被打开，封土外形不完整。封土表面布满树木杂草及其生长留下的坑坑洼洼，封土因降水流失而变矮。据靖江王陵博物馆档案，宪定王陵地宫于 20 世纪 20 年代被盗，封土顶部现有直径约 1.8、深度约 0.5 米的未填实的盗洞。

宪定王陵地宫现存主要问题如下：封门石无存，清水砖墙（300 毫米×150 毫米×60 毫米）大面积泛碱，生长杂草、青苔，严重酥碱约 23 平方米，地面生长大量杂草；脊局部坍塌，垂脊、瓦件缺失，各层拔檐严重酥碱、风化，生长大量青苔、杂草；砖砌券门局部坍塌约 1.8 平方米，地面抬高，地表堆积大量条砖，挡门石被泥土掩埋，所有壁龛砖体均大面积泛碱，严重酥碱面积共

14.52 平方米；素土包砌青砖棺床全部拆毁，仅存素土高台；墙体被盗墓者凿开，洞口直径约 60 厘米，墙体坍塌约 3.5 平方米。

6. 石刻造像

宪定王陵现存石像生 11 对，包括华表（浮雕盘龙、八边形宝、珠顶）、蹲狮、羊、虎、獬豸、麒麟、武士控马、象、秉笏翁仲、女袖手翁仲、男袖手翁仲，共计 22 件。另有左右碑亭赑屃负碑 2 件。据资料记载，王陵石刻石材来源为桂林的西山和骝马山，材质为石灰岩。由于四百余年自然损毁及人为破坏，歪闪、折断、开裂、剥落、溶蚀、藤本缠绕、菌藻寄生等各种病害现象都体现在这些石质造像上。石刻造像是靖江王陵遗址中比较完整的文物本体，也是保护和展示的核心内容，因而需要进行专业细致的调查，作为重点保护内容。现状病害情况如下：

（1）左侧蹲狮

双前腿残缺，颈部有裂纹，尾部结垢。整体风化较重，布黑色霉斑。整体向左侧倾斜约 3°。

（2）左侧望柱

顶部残缺，龙须残断，龙爪有裂缝。整体风化，布黑色霉斑，有土蜂窝 3 处。下部用水泥修补。

（3）左侧控马武士

造像断裂，头胸部残高 73 厘米，俯卧于身体一侧。

头胸部断裂，俯卧于身体一侧。头颈后有偷盗者锯痕，有黑色斑渍；后背下裙摆处有剥落、残缺。背立面，遍布黑色霉斑，上部（武士肩部）有大量污渍、结垢；左侧面，遍布黑色霉斑，左臂至左腰有明显裂痕。整体风化（背面较重，正面稍轻）。

（4）左侧马

正立面，遍布黑色霉斑，马头顶风化较重，马嘴处有结垢，双前腿下部有白斑样磕损；左立面，马背部有大量黑色霉斑；背立面，上半部有黑色霉斑，马尾下部有白色结垢；右立面，遍布黑色霉斑，马缰处有缺损，马颈处有白色结垢。

（5）左侧獬豸

正立面，遍布黑色霉斑，下颌胡须缺损，左前足缺损，右前足有裂痕，头部有磕损、裂缝，头右侧剥落；左立面，头部有裂痕，头部、后身、底板、基座有黑色霉斑，后腿足部严重风化、粉化；背立面，背部风化较重，背右侧霉斑较多；右立面，遍布黑色霉斑，肩部有结垢。整体存在不同程度风化。基座与石像之间用水泥修补。

（6）左侧羊

正立面，胡须剥落、残缺，右前腿有冲蚀痕，左前腿有小磕损；右立面，像身中部有较长裂缝，并伴有冲蚀现象；背立面，尾残缺，像下部、基座均有剥落现象。整体遍布黑色霉斑，存在不同程度风化。基座与石像之间用水泥修补。

（7）左侧麒麟

整体倾斜约 12°。

（8）左侧虎

正立面，虎头部结垢并有霉斑、磕损，虎双腿、基座前侧部分剥落；左立面，头部有霉斑，左前腿有裂缝；背立面，尾部风化严重，后背可见裂痕；右立面，肩背部结垢并有霉斑、冲蚀痕，右前腿、右后足均有粉化和层状剥落。石像向右侧倾斜 5°，整体存在不同程度风化。基座与石像之间用水泥修补。

（9）左侧象

正立面，象头部风化较重并存在裂痕，象鼻残缺，双腿间有黑色苔藓斑渍，像与基座之间苔藓滋生，基座上部剥落；左立面，鞍部至尾部有裂痕；背立面，尾部有剥落现象；右立面，风化较重，上部有黑色苔藓痕迹。整体遍布黑色霉斑，存在不同程度风化。基座与石像之间用水泥修补。

（10）左侧翁仲 1

正立面，遍布黑色霉斑，面部、右肩、左腕、右下摆均有裂痕，并有冲蚀现象；左立面，遍布黑色霉斑，中部有裂痕；背立面，头部有缺损，背部有剥落，下部有缺损；右立面，遍布黑色霉斑，中部有裂痕，下部被植物缠绕。整体存在不同程度风化。

（11）左侧翁仲 2

正立面，头残缺，石像表面有条纹状结垢；左立面，表面有黑色霉斑，左肩部缺损；背立面，颈部有缺损，下部有部分黑色霉斑；右立面，衣袖处有少量黑色霉斑。石像倾斜约 20°，整体存在不同程度风化。

（12）左侧翁仲 3

正立面，遍布黑色霉斑，面部残缺并有裂缝，左肩有裂缝并有冲蚀现象，腰部、衣下摆有裂痕；右立面，有部分黑色霉斑，肩臂部有结垢；背立面，后脑有剥落、结垢、裂缝、霉斑现象，石像下部被植物围绕遮挡；左立面，存在部分霉斑现象，石像下部被植物围绕遮挡。石像向右后方倾斜约 25°，整体存在不同程度风化。

（13）左侧碑

正立面，碑上部存在大量黑色霉斑，左侧有裂缝，赑屃头部风化严重；背立面，碑额存在霉斑、剥落、裂缝、缺损，碑身中部裂缝、剥落、缺损、结垢严重，赑屃背上有裂痕、尾部风化较重；侧立面，碑额至碑身下部剥落、冲蚀、结垢等现象较严重。碑整体存在不同程度风化，碑身风化剥落较重。碑与基座之间有裂缝，存在不稳定隐患。

（14）右侧蹲狮

正立面，狮头部结垢、霉斑较重，吻部残缺，双前腿缺失；左立面遍布黑色霉斑，腿、肩部结垢；背立面，狮尾部结垢、霉斑较重，背部残缺，后颈处有裂缝，基座有霉斑；右立面，遍布黑色霉斑并有两道裂痕，后足风化严重，基座霉斑严重。整体风化较重。基座与石像之间不稳。

（15）右侧望柱

正立面，柱顶部、龙身等处存在大量黑色霉斑，右前爪附近的龙身存在裂缝；左立面，遍布黑色霉斑，中部缺损；背立面，中部有裂痕，柱顶部有黑色霉斑；右立面，望柱向后倾斜约5°，上半部有黑色霉斑。整体存在不同程度风化。望柱下部与基座之间用水泥修补。

（16）右侧武士

正立面，帽顶有黑色苔藓斑渍，鼻尖磕损，腰部以下有两道裂痕，马鞭杆下衣服有部分剥落；背立面，颈部有偷盗者锯痕，腰部以上遍布黑色苔藓、霉斑，衣服下摆剥落较严重，石像下部有植物缠绕滋生；右立面，帽子侧面、右耳有深褐色斑渍，衣服下摆有裂痕；左立面，头部及肩部有黑色霉斑。整体存在不同程度风化。

（17）右侧马

正立面，周身遍布黑色霉斑，马头顶有缺损坑，前足及底板风化、剥落，右前足有白色结垢；左立面，遍布黑色霉斑，马鞍后下侧有条状结垢；后立面，遍布黑色霉斑，马鞍缺损，马臀右侧有裂痕、残损，左后腿有白色结垢，双后腿下部风化严重；右立面，遍布黑色霉斑，马蹬后侧有剥落，马头右面风化、剥落并有褐色污渍。整体存在不同程度风化。

（18）右侧狮豸

正立面，遍布黑色霉斑，双前足风化并有霉斑、缺损，基座正面白色结垢；左立面，遍布黑色霉斑，左脸颊、左肩部有冲蚀小坑，左后腿有断续冲蚀痕迹、冲蚀小坑，左后足风化较重并有白色结垢；背立面，遍布黑色霉斑，右臀有冲蚀小坑；右立面，遍布黑色霉斑，背脊残损，底板残损，后足风化严重并有白色结垢。整体存在不同程度风化。石像底板残损，与基座之间用水泥修补，修补处有苔藓滋生。

（19）右侧羊

正立面，遍布黑色霉斑，风化较重，面部、胡须残缺，颔下有残损洞；左立面，遍布黑色霉斑，头部、角缺损，底板残损，基座被植物缠绕；背立面，遍布黑色霉斑，有少量苔藓痕迹，右耳一侧、尾左侧有裂缝，左臀有孔状缺损；右立面，遍布黑色霉斑，像前腿有裂痕，底板残。整体存在不同程度风化。石像与基座之间有水泥修补，并且有苔藓滋生。

（20）右侧麒麟

麒麟身首分离，残缺严重，头部倒在一侧，原位置仅留基座和后半身，均存在不同程度风化。正立面，风化较重，石像断裂处可见修补钻孔；左立面，遍布黑色霉斑和苔藓痕迹；背立面，遍布黑色霉斑；右立面，遍布黑色霉斑，麒麟头残损并有霉斑。

（21）右侧虎

正立面，遍布黑色霉斑，虎右前足风化、剥落较重；左立面，遍布黑色霉斑，有黑色苔藓痕迹；背立面，尾残缺，右臀有裂缝；右立面，虎身中部缺损，身上有裂痕，右前腿有裂痕。整体存在不同程度风化。石像与基座之间用水泥修补，有苔藓滋生。

（22）右侧象

正立面，石像向右倾斜约5°，遍布黑色霉斑，象鼻残缺；左立面，遍布黑色霉斑，后腿处有数道裂痕；背立面，遍布黑色霉斑，象背有植物滋生、风化现象，尾部缺损；右立面，背部有裂缝、霉斑、风化、残缺现象。整体存在不同程度风化。

（23）右侧翁仲1

正立面，上半身遍布黑色霉斑、苔藓痕迹，衣袖向下有轻微磕损；左立面，中间有剥落、裂缝、结垢；背立面，遍布黑色霉斑，帽顶、双肩有苔藓痕迹；右立面，上半身剥落、缺损，下部有裂痕、缺损。整体存在不同程度风化。

（24）右侧翁仲2

正立面，石像右倾5°，头、右肩缺失，前臂衣袖处剥落；左立面，臂部缺损；背立面，上半身条状结垢，腰部以下残缺、剥落严重。整体存在不同程度风化。

（25）右侧翁仲3

头缺失，右肩裂痕，左肩结垢。右立面，肩、上臂、背侧布黑色霉斑并有苔藓痕迹、结垢，腰以下有裂痕；左立面，臂部、衣下摆处有裂痕；背立面，颈、左肩布黑色霉斑并有苔藓痕迹、结垢，腰部以下片状剥落。整体存在不同程度风化。

（26）右侧碑

碑中部剥落严重，厚度明显低于正常值；赑屃头断裂，散落一旁。整体存在不同程度风化。

7. 陵园环境

由于日常管理不到位，陵园内树木杂草丛生，荒芜一片。杂草杂树肆意滋生，植物根系破坏王陵遗存，初步清理后留下的草根树根随时可能再度发芽生长。各个建筑遗址的原地面均遭流土淤积层覆盖，厚度一般在3～10厘米。本次勘测工作是在靖江王陵博物馆对陵区杂草杂树进行清除后进行的。

陵门至中门、中门至享殿都有砖铺甬路遗迹，甬路已为覆土和杂草掩埋，具体铺作方式有待考古勘探查明。享殿与宝城（陵墓封土堆）地面也铺砌条砖，但残损严重。

陵园院内靠地面自然排水，后院高，前院低，水从后向前排出。

宪定王陵没有直接对外的通行道路，原有墓前路、神道及甬路均遭土埋或人为损坏，陵园内部亦没有游览道。

在陵门外约10米处有一宽3、深2米的水沟，易对宪定王陵遗址造成雨水冲刷。

五　主要破坏因素

造成宪定王陵残损现状的主要因素可分为自然因素和人为因素两大类。自然因素包括基础不均匀沉降，构筑材料自身的组成和结构缺陷，水、风、温度、灰尘等物理因素，CO_2、SO_2、NO_x 等有害气体因素，霉菌、苔藓、地衣类、蕨、杂草、杂树等生物因素。人为因素包括维护管理不完善、有意识破坏和无意识破坏。

1. 基础不均匀沉降

宪定王陵各建筑及石刻造像的基础由于建造时夯实不够均匀，缺乏整体性，在建筑物及石刻造像巨大重力的持久作用下产生不均匀沉降，从而导致建筑物坍塌、台基构件开裂挪位以及石刻造像歪倾、掩埋等。同时，在雨水的长期作用下，各建筑基础内的夯土及石刻造像周边的表土不断流失，进一步加剧了这种不均匀沉降。

2. 构筑材料自身的组成和结构

宪定王陵构筑材料主要有石灰岩石、青砖和黏土等。石灰岩石（青石）主要用来雕造石刻造像和神道碑，构筑各地上建筑的基础和踏步等；青砖主要用来构筑基础之上的墙体和铺地；黏土主要用来填充基础和夯筑围墙，堆垒地宫封土。

石刻造像、神道碑和台基石构件等都是用石灰岩制作加工的。这种石灰岩是以方解石和泥质条带灰岩为主要成分的碳酸钙和泥土，层理、裂隙发育，泥质含量较高，介质不均匀，外观呈灰色或青灰色。按其组成结构不同可分为生物碎屑灰岩和泥质条带灰岩。矿物组成主要是亮晶或微晶方解石（$CaCO_3$）。由于沉积过程的不连续性，石灰岩岩体内部均有层理产生；在成岩之后的漫长地质时期，各种地质构造运动的挤压和拉伸也在岩体中留下错综复杂的构造节理。这些层理和节理是石材本身的薄弱部位，易遭受风化破坏。石灰岩在略带酸性的水中更易溶解，而这种水在自然界中广泛存在。当空气中的 SO_2 等有害气体与自由水结合形成酸雨或酸雾附着在石灰岩表面时，会沿着层理和节理等裂隙渗透，将石灰岩溶解并以溶液形式带走，岩石层理和节理裂隙逐渐加宽、加深，以至于遭受致命的破坏。

青砖由黏土烧制而成，孔洞率一般在 5%～15%，强度远低于石灰岩，具有较强的透气性和吸水性，耐久性差，抗风化性能弱，易受可溶性盐影响。

黏土是一种含水铝硅酸盐产物，由地壳中含长石类矿物的岩石经过长期地质作用风化而成，因在适当的湿度下具有极强的黏性而得名。黏土具有颗粒细、可塑性强、结合性好，触变性过度，收缩适宜等特点。黏土的黏性易受水、风、温度等因素的影响，在水流影响或极度干燥的情况下都会失去内聚力而呈疏松状。

3. 物理风化作用

物理因素指水、风、温度、灰尘等的影响。宪定王陵石质文物与青砖所受物理风化作用主要表现为水流冲刷、温差效应、晶涨作用等。

（1）水流冲刷

大气降水随地势形成面流与径流，对建筑遗址进行冲刷，侵蚀其根基，同时带走台基中的素土滞积于青砖地面与相对低洼处，影响陵园环境。

（2）温差效应

岩体和青砖受温差作用和干湿变化的影响，表层会产生大量的风化裂隙。石灰岩的温差应力系数一般为 0.2 ~ 0.25MPa/℃。若按年平均温差变幅 25.4℃ 计，则岩石表面的温差应力为 5.08 ~ 6.35MPa。由于温差应力反复作用，导致岩石表面粉化或呈片状剥落。青砖在温差作用和干湿变化的影响下会产生大量的风化裂隙，直至碎裂为粉状。黏土在温差作用和干湿变化的影响下会逐渐失去自身的内聚力，疏松为粉状，并在大气降水的水流作用下逐步沿石构件的裂隙流失。

（3）可溶性盐的晶涨作用

由于毛细水的侵蚀作用，石质文物近地面表层积聚大量 Na(K)$NO_3 \cdot H_2O$ 和 Na(K)$HSO_4 \cdot H_2O$ 等可溶性盐，会随降水和地下水沿石质文物结构中的毛细裂隙通道渗透至一定高度，岩石表层中的水分一旦开始蒸发，可溶性盐类便结晶析出。晶涨作用会逐步加大裂隙，破坏岩石的原有结构。同时聚集在岩石表层的盐类结晶也会逐渐把原有孔隙堵塞，使水另辟通道再沿岩石的薄弱面渗出，进一步加大破坏范围。

铺地青砖在可溶盐的作用下会慢慢酥碱粉化。

（4）灰尘、杂物的破坏

空气中的粉尘等飘浮物质易黏附、沉积在粗糙的岩石表面，影响石质文物的观瞻性，同时它们吸水后会产生活性，强化石质文物的化学风化作用。

4. 化学风化作用

石灰岩是一类碳酸盐岩，易受水体的溶蚀作用产生溶沟、溶槽和钙质沉积。石灰岩材质的文物发生化学风化离不开水的参与，水分主要来源于大气降水和地下毛细水。

（1）水与二氧化碳共同作用

$CaCO_3 + H_2O + CO_2 \rightarrow Ca^{2+} + 2HCO_3{}^-$，生成易溶的 Ca^{2+} 的碳酸氢盐，随雨水冲刷到岩石表面，当外界温度升高时，$2HCO_3{}^- \rightarrow H_2O + CO_2 \uparrow + CO_3{}^{2-}$，这是宪定王陵石质文物表面钙质沉积的一个主要原因。

（2）水与 SO_2、NOx 等有害气体共同作用

汽车排放的尾气中含有大量的 SO_2、NOx 等有害气体，与空气中的游离水或自由水结合形成酸雾，如 $2H^+ + CO_3{}^{2-} \rightarrow H_2O + CO_2 \uparrow$，生成易溶的 Ca^{2+} 的硫酸盐和硝酸盐，随雨水流失。石质文物长期暴露在这样的开放环境中，必然受到酸雾酸雨的侵蚀，变得疏松易风化。

5. 生物风化作用

由于日常管理缺位，宪定王陵大部分石刻造像表面都有霉菌、地衣、苔藓、寄生蕨等生长，其生长过程中所分泌的有机酸对石灰岩具有腐蚀作用，此外由于附着在石质文物的表面与表层，又使造像呈现出斑驳之相。

台基石构件和铺地青砖的缝隙中还有多种杂草、藤蔓、灌木等高等植物生长，其根系的根劈作用可使岩石构件歪闪脱落、青砖起翘碎裂。

6. 人为破坏

宪定王陵遗存的人为破坏较自然风化更严重，人为因素大致可分为维护管理不完善、有意识破坏和无意识破坏三种。

（1）维护管理不完善

宪定王陵遗存包括石刻造像、赑屃等石质文物，陵门、中门、享殿、围墙等建筑基址遗存，封土及地宫，陵园环境及其他地下埋藏文物等，其保护价值及意义虽然得到专业工作者的认识和高度评价，却不易为各级管理部门和一般民众所理解，社会价值未充分显现。各个部门制定计划和政策的时候容易忽视对王陵遗址的保护。划定的保护范围和建设控制地带缺乏完整的标志、标识，可操作性不强。宪定王陵四周没有任何围护措施，行人可以自由出入，再加上周围村民私自开垦侵占，对遗址的保护造成极大的威胁。靖江王陵管理机构人力匮乏，日常维护措施缺位，很难做到及时有效的管理。

（2）有意识破坏

故意损毁，将台基石、碑刻等移为他用，偷盗"挖宝"，肆意侵占陵园进行建设和种植，在石质文物上刻画题字留言等都属于有意识破坏。

（3）无意识破坏

人类的一些社会活动会引起自然环境恶化，自然环境恶化又会对文物造成损坏，这些属无意识的破坏。这种破坏的特点是持久但变化速度缓慢，短期内不易为人觉察，长久看则破坏非常严重。如工业生产排出的 SO_2 等有害气体、汽车排放的尾气等。

六　保护原则

宪定王陵遗址包括建筑遗址、石刻造像、陵园环境等多种文化遗存，保存状况不同。宪定王陵遗址保护的目的：一是消除和减缓各种破坏因素，保护各类文化遗存；二是最大限度地将现存文物主体所赋存的形象资料及历史信息留给后人；三是展示遗址形制结构及其蕴含的文化价值、历史价值。

1. 设计依据

本保护方案设计的主要依据是《中华人民共和国文物保护法》《中华人民共和国文物保护法实施细则》《纪念建筑、古建筑、石窟寺等修缮工程管理办法》《国际古迹保护与修复宪章（威尼斯宪章)》《中国文物古迹保护准则》等政策法规文件，《靖江王陵保护规划（2009～2025年)》，以及宪定王陵遗址的保存现状、文化遗存的材料组成与结构、病害类型与成因、保护修复目的等。

2. 保护原则

宪定王陵各类遗存均存在病害，且多是多种病害并存。为了达到保护宪定王陵遗址的最终目的，我们在设计宪定王陵遗址保护及环境整治方案和各类遗存保护修复实施过程中均应严格遵循下列原则：

（1） 以建筑遗址和石刻造像为重点

宪定王陵的主要遗存包括陵门、中门、享殿、石刻造像、赑屃负碑及碑亭、陵墙、封土及地宫等重点保护对象，陵园环境等采取相应的保护措施。

（2） 重视勘察研究工作

宪定王陵遗址保护措施必须以勘察研究成果为基础，内容包括全面、深入理解宪定王陵遗址的完整性；对遗址地进行详细勘察，充分研究、真实记录宪定王陵遗址价值的赋存载体；对遗址的完整性、真实性及保存状况进行系统评估；客观分析宪定王陵损毁的各种自然和人为原因。目前这些基础性研究工作虽未全面开展，但一些必要的抢救性保护工程必须先期进行，以保障现有陵园遗存不再损毁。

（3） 以保护遗址现状为指导思想，尊重遗址的真实性与完整性

任何保护措施均应严格遵守"不改变文物原状""最小干预性""可再处理性"和"最大兼容性"等基本原则，保持宪定王陵遗址的真实性；尽可能地保护遗存本体所包含的全部历史信息，保持宪定王陵遗址的完整性。

（4） 安全性要求

保护措施的目的应是出于有效保持宪定王陵遗址本体的稳定与安全状态，保护措施不得破坏遗存本体或对其构成威胁。保护采用传统技术与现代科学技术相结合的手段进行，工程措施上尽量采用隐蔽性技术。

（5） 风险防范

制定具体保护措施应采取审慎的态度，预测风险并采取防范措施。尽可能采用可逆性或可持续的保护措施，现代材料的使用应做必要的试验。尽量减少应用材料种类，注意材料的兼容性、稳定性、可持续性，把握修复工艺的可辨性。

（6） 重视遗址环境，最大限度恢复环境原状

环境是宪定王陵遗址不可分割的组成部分，应最大限度地维持陵园的现有状态。环境整治与保护措施应与宪定王陵遗址的整体风貌相协调。加强对宪定王陵周围环境的有效控制。

（7） 重视遗址历史、科学和文化价值展示

在不损害宪定王陵遗址价值的前提下，建筑遗址和造像保护措施应考虑宪定王陵的合理展示和正确解读，严格遵守"四个保持"原则，即保持原有形制（包括原平面布局、造型、法式特征和艺术风格）、原有结构、原有材料和原工艺技术，避免误导。修复保护不强求完整，但要达到整洁、安全、美观，具有一定的观赏性。

（8） 管控要求

各类保护措施应满足宪定王陵遗址的保存、管理、安防和日常维护要求。日常管理与维护也是宪定王陵遗址保护的主要措施之一。

(9) 建筑遗址保护原则

以遗存现状保护为主，对歪闪、垮塌、散落石构件进行扶正归安，维持王陵遗址形制的完整，保障遗址稳定与安全。

对陵园采用绿篱围护，保持陵园遗址总体风貌的独立性、完整性。

严格控制遗存本体的修补规模。只有在遗址形制的完整性、稳定性和安全性受到威胁，确实有必要修补，且建筑和考古依据充分时方可进行。

陵园遗存本体的修复保护，包括陵门、中门、享殿、碑亭、陵寝等，需要在系统考古清理后另行设计。

陵园环境整治以清理杂树杂草和覆土、填平坑洼、平整地面等措施为主，严禁大规模的基础工程，维持陵园总体现状风貌。陵园遗址区的排水系统设置，需要在系统考古清理后另行设计。

(10) 石刻造像保护原则

对歪闪、移位、倒伏的石刻造像进行扶正归安，保持石刻造像完整、稳固与安全，维持陵园形制布局完整。

对影响石刻造像完整形态和文物价值的折断、开裂和残损可进行修复加固，控制石刻造像残损形态修复加固规模。

对生物病害、风化破坏病害治理需要在相关勘测、试验和研究项目完成后另行设计。

为确保建筑遗址和石刻造像的后期保护，建筑遗址考古清理研究、石刻造像研究与评估、石刻造像三维测绘与数字化模型构建、保护材料试验与工艺研究等前期工作项目应列入本次保护计划。

七 保护方案设计

1. 概要

宪定王陵遗址保护和环境整治工程主要包括以下内容：

(1) 前期准备

前期准备包括陵园场地杂树杂草刈除和基础地形图测绘工作。

(2) 建筑遗址抢救保护

按考古学方法对宪定王陵建筑遗址上的杂树杂草和覆土进行清理，揭露出陵门、中门、享殿、碑亭、陵墙等建筑遗址的基础轮廓；扶正归安各建筑遗址基础上的歪闪和散落石构件；按原形制用原材料修复各建筑台明上的原有踏步；对原有神道、甬路及砖铺地面进行修整加固，并用碎石块铺覆保护；修缮地宫，覆土封护，恢复封土，堵塞盗洞，对宝城封土进行覆土整形和铺草绿化。

(3) 石刻造像归安扶正

对宪定王陵遗址现存的歪斜、倒伏的石刻造像进行归安扶正，并进行必要的地基处理。对石刻造像其他病害的治理，待"石刻造像系统研究与评估""三维数字化模型构建""病害机理研究""保护材料与工艺研究"等相关基础研究项目完成后另作专项设计。

(4) 环境整治与维护

对陵园内的杂草杂树根系和覆土进行彻底清除，平整地面，并加强日常维护；对建筑遗址之外的陵园裸土区进行铺草绿化；设置绿篱陵墙，减少和杜绝自然因素与人为因素破坏，以便对宪定王陵进行最基本的有效管理；建设护墙，减缓取土坑对宪定王陵的侵害；铺设对外交通及园内游览道路，方便管理与展示。

2. 前期准备

(1) 陵园场地杂树杂草刈除

由于缺少日常维护，宪定王陵陵园内长满了杂草杂树，高 2 ～ 3 米，通行极其困难，即便砍伐清除，由于雨水充沛，也会很快再长满陵区。对宪定王陵陵园内的杂草与灌木进行人工刈割与清除，清理陵园场地，为后续各类专业人员能够顺利到达现场进行各项调查与勘测工作做准备。

项目内容：初步清除宪定王陵陵园及陵墙之外 10 米范围内的杂树杂草，暴露出宪定王陵陵园遗址的大致轮廓。

技术要求：杂树杂草平地刈割，尽可能不留树桩草秆；运出割倒的杂树杂草，方便测绘、文物保护及各相关专业人员进入现场开展各项调查与勘测工作。

工作方法：野外刈割、搬运。

工作人员：当地民工，15 ～ 20 人。

主要设备：镰刀、镢、锯、车等。

工作时间：2012 年 3 月。

(2) 基础地形图测绘

为配合后续的保护工程设计、保护范围与建设控制地带界定、遗址公园建设规划编制等工作的开展，必须对宪定王陵及周边地区的现状进行基础地形图测绘。地形图测绘分为两个精度级别：1：500、1：200。

项目内容：1：500 地形图测绘适用于靖江王陵重点保护区所属的相应地域单元，测绘区域以《靖江王陵总体保护规划（2009 ～ 2025 年）》中确定的重点保护区为基准，一般以周边相应的分水脊线为界。宪定王陵保护工程设计用图需要的 1：500 地形测绘范围约 2 平方千米，主要用于游览道路设计、给排水设计、安防设计、消防设计、展示服务设施设置、管理设施设置、环境景观设计等。1：200 地形图测绘应与陵墓遗存调查及本体保护工程相结合，测绘区域以陵园外廊墙基为基准，四周至少向外延扩 100 米。宪定王陵保护工程设计用图需要的 1：200 地形测绘范围约 0.2 平方千米，主要用于本体保护工程设计、给排水设计、安防技防设计、巡查道路设计、展示服务设施设计等。

技术要求：所有地形测绘图必须符合国家规范标准，提供 dwg 格式（CAD）的电子版，保留原有北京坐标系及绘制图层。

工作方法：野外勘测与室内整理。

工作人员：地形测绘与制图专家及其团队，4 ～ 6 人。

主要设备：卫星定位仪、全站仪等。

工作时间：2012 年 3 ～ 4 月。

项目成果：指定范围符合技术要求的 1：500 及 1：200 地形图。

3．建筑遗址抢救保护工程

宪定王陵建筑遗址包括陵门、中门、享殿、神道、左右碑亭、陵墙和宝城封土等。建筑遗址保护不强求完整，但经修复保护的建筑遗址应规整、牢固，具备安全性和一定的观赏价值。建筑遗址保护工程可按照不同的保护修复手段分为覆土清理、揭露遗址轮廓，台基及墙体修复加固，踏步修复加固，建筑遗址地面修整加固与展示，陵墙遗址保护，宝城封土保护等。

（1）建筑遗址覆土清理工程

在前期准备工作中，靖江王陵博物馆已组织民工对宪定王陵陵园内的杂草杂树进行了初步清除。为了揭露陵门、中门、享殿、神道、左右碑亭、陵墙和宝城封土等建筑遗址的残存风貌，必须对各建筑遗址上残留的草杆树根进行彻底清除，同时采用考古清理的方法彻底清理各建筑遗存上的覆土，并加强日常维护。建筑遗址上的覆土清理工程可以与陵园环境整治工程一并进行。建筑遗址覆土清理工程拟采用的原则与做法如下：

1）对建筑遗址上的杂草杂树及覆土原则上进行彻底清除，揭露出各建筑遗址（包括封土堆）的残存现状，以便于展示宪定王陵的布局、规模和形制特征。

2）在初步清除杂树杂草的基础上，除少量已经成形的乔木外，全面清除各建筑遗址上残存的杂草杂树根系。

3）用除草剂全面除草一次。

4）采用考古清理方法将各建筑遗址上的覆土清理干净，完全揭露各地上建筑物的遗存现状。

5）对挖除杂草杂树根系留下的坑洼区用素土回填压实。

6）加强日常维护，应设专人定期（半月一次）对各建筑遗址上的杂草杂树进行彻底清除，将其消灭于萌芽状态。

据勘测，宪定王陵建筑遗址覆土清理工程量为杂草杂树根清除约 5600 平方米，除草剂喷施约 26 千克，覆土清理约 560 立方米，素土回填约 65 立方米。此外需要加强日常维护，配备除草园丁。园丁聘用可结合陵园绿化环境维护一并考虑。

（2）建筑台基修复加固工程

由于年久失修并受自然风化和人为因素作用的影响，宪定王陵陵门、中门、享殿、左右碑亭的台基石构件多已歪闪、开裂和崩塌，散落四周，台基中的填土亦多有流失，结构和外观损害相当大，严重影响其完整性和安全性，不利于展示开放。从遗址保护出发，必须对这些台基遗存予以有效保护。台基修复加固保护的原则与做法如下：

1）原则上按各建筑遗址存留现状进行加固保护，尽可能展示出其原有规模与布局。

2）清除台基石构件之间的树根杂草，歪斜或位移的石构件进行扶正归安，四周散落的石构件尽可能归安原处。

3）一般不进行补全处理，但对于因缺失而无法有效固定已有构件或因其缺失而无法固定基内夯土的台基构件，要用相同材质的石灰岩仿制补全。

4）台基内用原做法素土夯填。但在部分需要承重的区域，如柱础、踏步区可按需要进行适当加固。

据勘测，宪定王陵各建筑遗址台基修复加固工程量为台基石构件扶正归安 9 立方米，散落构件归安 12 立方米，仿制补全石构件 27 立方米，夯土回填 58 立方米。

（3）踏步修复保护工程

宪定王陵各建筑台基及月台前原有垂带踏步石构件多已歪闪、开裂和崩塌，散落四周。踏步修复与保护的原则与做法如下：

1）原则上按原有形制修复，阶条石与垂带尽量使用原有构件。

2）四周散落的石构件尽可能归安原处。

3）在石构件归安加固的基础上，为保护踏步，按原形制做防腐木台阶。

据勘测，宪定王陵各建筑遗址踏步修复保护工程量为踏步构件扶正归安 14 立方米，散落构件归安 8 立方米，仿制补全木台阶 11 座，夯土回填 15 立方米。

（4）建筑遗址地面保护与展示工程

宪定王陵享殿、内院、中门、神道、左右碑亭、陵门及陵门前地面均有由青方砖或青条砖铺筑的地面，这些地面在各处遗址上均有残存。建筑遗址地面的保护与展示拟采用的原则与做法如下：

1）建筑遗址铺砖地面原则上按存留现状进行加固保护。

2）建筑遗址铺地砖块已经松动无法保持的，应予以加固。

3）为保护清理后的建筑遗址地面并展示王陵形制特点，清理后的陵门、中门、享殿、神道、甬路地面用石灰岩石子铺覆，石子粒径 10～15 毫米，铺覆厚度 80～100 毫米。

4）对铺墁保存较好的地面做局部展示，面积 2～3 平方米，展示区用防腐木方做挡槽护栏，护栏木方截面 50 毫米×100 毫米。

5）对移位的柱础进行复位。

6）遗存的柱础用防腐木方做挡槽护栏保护，护栏木方截面 50 毫米×100 毫米。

7）已经缺失的柱础不进行补全，用木桩予以标识。

据勘测，宪定王陵建筑遗址地面保护与展示工程量为松动砖块加固 115 平方米，柱础复位 3 个，展示木框 13 个，铺覆保护石子 288 平方米。

（5）陵墙遗址保护工程

宪定王陵的陵墙均已倾圮，部分墙基亦遭有组织拆挖，轮廓大致可辨。陵墙遗址保护拟采用的原则与做法如下：

1）在覆土清理揭露的基础上按陵墙的残留现状进行加固保护，达到展示墙体基础结构及陵园原有规模的目的。

2）墙基两侧歪斜或位移的条石进行扶正归安，四周散落的基础条石也尽可能归安原处，毛石就近填入墙基中。

3）条石基础内按原做法用素土夯填。

据勘测，宪定王陵围墙遗址保护工程量为构件扶正归安约 95 立方米，散落构件归安约 50 立方米，夯土回填约 80 立方米，共加固保护陵园围墙遗存约 520 米。

（6）宝城封土保护工程

据靖江王陵博物馆档案，宪定王陵地宫于 20 世纪 20 年代被盗。据现场勘察，墓冢上现有盗洞一个，坑洞较大，各种杂草、杂树丛生。因地宫被打开，致使封土外形不完整。为使地宫免遭彻底破坏，同时恢复宝城封土原状，增强宪定王陵的可观赏性，封土及地宫保护工程应尽快实施。主要工程内容包括修缮地宫、填补封土、堵塞盗洞和封土铺草等。

A. 修缮地宫

清理坍塌山体泥土，露出墓门全貌，视残损情况对墙体进行修缮。

清除杂草，平整地面；清除墙体表面杂草、青苔，挖补酥碱砖。

归安散落条砖，移位挡门石，补配缺失封门石，补配缺失墓门，清除石质门枕石污物。

用相同规格青砖补砌坍塌墙体，用相同规格青砖封堵盗洞。

按原有形制和做法修复棺床，修复壁龛，补砌坍塌墙体，封堵壁龛洞口，清除壁龛砖体钙质沉积物，挖补酥碱砖。

B. 填补封土

清理地宫前场地，用素土回填，逐层夯实，每层不超过 30 厘米。

新填封土与原封土接茬处用周边野生的松木（直径 80～100 毫米，松木有松油耐腐烂）做木筋埋设。木筋一端打入原封土，外端压入新填素土层夯实层面，每端压入 0.75 米，平面间隔 1.5 米。

封土顶部新填封土与原封土接茬处的三层素土层内每层密铺一层草垫，起拉结作用，防止新填封土与原封土接茬处开裂渗水。

C. 盗洞堵塞工程

盗洞堵塞拟采用的原则与做法如下：

1）墓冢上的盗洞原则上要完全堵实镇平，防止雨水和人员进入地宫，确保地宫安全，以便于展示宪定王陵封土全貌。

2）堵塞盗洞采用素土回填，逐层夯实，每层不超过 30 厘米。

3）为墓冢覆土造型，尽可能恢复规制形貌。墓冢造型采用素土逐层覆叠、夯实、平整。

据勘测，宪定王陵墓冢盗洞堵塞工程量为修缮地宫面积约 126 平方米，填补封土、盗洞堵塞工程素土回填夯实量约 240 立方米，墓冢造型覆土量约 150 立方米。

D. 封土铺草绿化工程

为恢复和保持宪定王陵地宫封土的原貌，改善王陵的观赏性，封土表面需要进行铺草绿化。封土铺草拟采用的原则与做法如下：

1）整个封土表面都要铺上适当种类的绿草，原则上要能显示和维持墓冢原貌。

2）草种选用本地常绿、易生长、根系较浅的物种，如大叶油草、马尼拉草、细叶结缕草（台湾草）等草种。

3）在防渗处理的塑料薄膜上面铺覆 8～10 厘米厚耕土，整平并压实。

4）在耕土层上按设计草种和密度铺植草坪，注意相关草种的栽培技术要求，注意铺设密贴到位，及时浇水和维护，确保草坪成活。

据勘测，宪定王陵封土铺草工程量为铺设草坪设计面积约 450 平方米，耕土层铺覆量约 45 立方米。此外，需要日常维护人员 1 名。

4. 石刻造像归安扶正工程

因地基不均匀沉降和 20 世纪 80 年代的不恰当维护，宪定王陵遗址现存的 22 件石像生以及神道碑龟趺（包括左侧的神道碑）等 2 件石刻造像都存在不同程度的歪斜，影响观瞻效果，需要对其进行归安扶正处理。归安扶正处理的具体措施如下：

（1）准备工作

包括安全准备、吊车准备和临时存放场准备。安全准备，需要置备麻袋片、麻绳、沙袋以及各种尺寸的木杠、木板、木楔等包覆造像和垫稳造像的材料，保证吊离和吊装过程中文物的安全；同时需要置备安全帽、手套等保证人身安全的物品。吊车准备，要根据石质文物的重量选择合适吊装量的吊车，吊装量最好能超出石质文物重量的 50%，保证吊装安全；同时做好吊车机位选择，铺好木板，保护好石质文物周边遗址环境。石质文物的临时存放地要设在吊臂安全起吊范围之内，同时铺上木板和沙袋等安全设施。

（2）吊离歪斜造像

在各项安全措施准备到位后，用吊车将造像及其基础吊到临时存放场，按指定位置平稳放置。

（3）平整夯实地基

在造像及其基础构件吊开后，对造像的地基进行平整、夯实，并采用 Remmers 提供的防水砂浆做好隔水防潮处理。做好的地基要求能达到抗压强度≥200kPa，水平误差≤1cm/m，隔水防潮。

（4）吊装归安

在地基处理完成后，将石质文物按原样吊装归安到原处，按照传统方式用铸铁片垫平、垫稳。

宪定王陵遗址现存的 22 件石像生以及 2 件神道碑龟趺都需要归安扶正处理，工程量为吊车台班 54 个，地基处理（包括隔水防潮处理）约 120 平方米。

5. 陵园环境整治与维护工程

陵园环境整治与维护工程的主要内容包括陵园覆土清理与地面平整、环境绿化、绿篱陵墙建设、护坡建设和道路建设等。

（1）陵园覆土清理工程

宪定王陵陵园内杂草杂树清除与覆土清理拟采用的原则与做法如下：

1）陵园内及陵园外 10 米范围内的杂草杂树与覆土原则上要进行彻底清除，以便于保护和展示宪定王陵遗址。

2）在初步清除杂草杂树的基础上，除少量已经成形的乔木外，全面清除残存的杂草杂树根系及地表淤积覆土。

3）用除草剂全面除草一次。

4）对挖除杂草杂树根系的坑洼区用素土回填压实。

5）依据自然排水需要，按照陵园原布局与形制进行地面平整。

6）加强日常维护，应设专人定期（半月一次）对陵园内及陵园外 10 米范围内的杂草杂树进行彻底清除，将其消灭于萌芽状态。

据勘测，宪定王陵陵园覆土清理工程量为杂草杂树清除 9000 平方米，除草剂喷施 50 千克，覆土清理约 500 立方米，素土回填约 70 立方米，陵园地面平整约 9000 平方米。此外需要加强日常维护，配备园丁 1 名。

（2）环境绿化工程

为改善王陵的观赏性，陵园内青砖地面之外的裸土区及陵园外 10 米范围内宜进行绿化。绿化拟用的原则与做法如下：

1）陵园内青砖地面之外区域及陵园外 10 米范围内都要栽培适当种类的植物进行绿化。除有选择地保留一些原有成形树木外，绿化植物原则上采用低矮的花木与草坪，避免高大树木造成喧宾夺主、高度对比强烈的绿化效果。

2）各建筑遗址前、神道两侧、新开游览道路两侧等区域，宜栽植黄素梅、合果芋、冬青、四季桂等园艺花木作为绿篱，其余需要绿化的区域宜选用本地常绿、易生长、根系较浅的草种铺植草坪，如大叶油草、马尼拉草、细叶结缕草等草种。

3）在栽植绿篱与铺植草坪前先对相关区域进行平整施肥。

4）冬青、四季桂等灌木栽植株距宜保持在 40 ～ 50 厘米，长成后的控制高度为 100 ～ 110 厘米。

5）按设计物种和密度栽植绿篱与铺植草坪，注意相关植物的栽培技术要求，及时浇水和维护，提高花木与草坪的成活率。

据勘测，宪定王陵封土铺草工程量为绿化区域设计面积约 8500 平方米，栽植绿篱植物（冬青）450 株，铺植草坪 8000 平方米。此外需要加强日常维护，配备园丁 1 名。

（3）绿篱陵墙建设工程

没有陵墙，陵园内的遗址无法得到有效保护，整治保护后也难以维持，无法进行最基本的有效管理。为便于游览和管理，减少和杜绝自然因素与人为因素破坏，保障宪定王陵安全，设置绿篱陵墙是非常必要的。宪定王陵绿篱陵墙建设拟采用的原则与做法如下：

1）在原陵墙基础外侧 10 米处设置保护性绿篱陵墙，用来阻隔行人和控制视线，使陵园自成一体。

2）绿篱陵墙宽度设计为 3 米，采用四层设置：内外两层用四季桂，株距 50 ～ 60 厘米，长成后的控制高度为 190 ～ 210 厘米；内层四季桂外 1 米处栽植侧柏，株距 150 ～ 200 厘米，长成后的控制高度为 250 ～ 300 厘米；在侧柏层与外层四季桂之间密植马甲子（一种带刺绿篱植物），株距 30 ～

40 厘米，共栽三行，行距 40 厘米，长成后的控制高度与外层四季桂相同，也为 190～210 厘米。植株高度的起伏控制可以达到一定的美化效果。

3) 在马甲子、四季桂和侧柏长成之前，先在绿篱陵墙外边设置一道铁丝网，用来阻隔行人和牲畜进入陵园。

4) 在栽植绿篱前先对相关区域进行平整施肥。

5) 按设计树种和密度栽植绿篱，注意相关植物的栽培技术要求，及时浇水和维护，提高四季桂和侧柏的成活率。

据勘测，宪定王陵绿篱陵墙建设工程量为绿篱陵墙设计长度约 390 米，栽植马甲子 3900 株（三行）、四季桂 1560 株（内外两层）、侧柏 260 株，拉设铁丝网 390 米。此外需要加强日常维护，配备园丁 1 名。

(4) 道路建设工程

开辟宪定王陵对外连接道路，使其能直接通往南面新修道路；在陵园内开辟游览通道，为宪定王陵的开放展示提供必要的通行条件。宪定王陵道路建设工程拟采用的原则与做法如下：

1) 道路布局与建造等级依据靖江王陵陵园交通路线统一规划，按照相关要求建设。

2) 对外交通以现有新修道路为基础进行必要的改造，路宽 4～6 米，双车道，路面等级为次高级（沥青或水泥路面），要与桂林市公交系统相结合。

3) 陵园内游览道路以原有的神道与甬路为基础，可依据游览需要适当延扩。延扩路径用卵石、灰岩碎石子铺筑（国内外陵园保护较为流行的方式），碎石粒径 10～15 毫米，碎石铺层厚 80～100毫米，路宽 1.5～2 米。

4) 在陵园入口附近建小型生态停车场，停车场地面材料采用透水、透气材料，并栽植适当的乔木，如金桂等。

据勘测，宪定王陵道路建设工程量为对外交通联系道路约 360 米，陵园碎石小径约 280 米，生态停车场 300 平方米。

八 勘测与研究项目

宪定王陵遗址保护和环境整治工程需要开展的勘测与研究工作包括建筑遗址研究与评估、石刻造像研究与评估、石刻造像三维数字化模型构建、保护材料与工艺研究等，为宪定王陵保护修复工程的进一步专项设计提供技术支撑。

1. 建筑遗址研究与评估项目

宪定王陵建筑遗址几乎都被覆土与草根掩埋，根据现场勘察，宪定王陵建筑遗址包括陵门、中门、享殿、宝城封土、神道、左右碑亭、内外两道围墙、甬路等。数百年的沧桑岁月，这些地上建筑与构筑物早已分崩离析，仅残存一些铺地青砖碎块、条石基址、石质柱础和丘冢，可以依稀辨别出建筑规模与布局。这些建筑遗址蕴藏着丰富的历史与文化信息，如葬式规制、风水理论、建筑艺术与环境美学等，是一座全面、系统地研究明代藩王文化的宝库。对宪定王陵现存及可能存在的建筑遗址开展全面、系统、科学的考古调查、勘探和清理，并在此基础上，从历史、考古、建筑、民俗等各个方面研究阐述陵墓地上建筑布局、建筑风格、建造技艺、时代特征、历史沿革，以及相关的正统观、生死观、风水环境论和掌故等，对宪定王陵现存建筑遗址的历史价值、艺术价值、科学价值等进行一次全面综合评估，将有助于对宪定王陵遗存本体内涵的进一步认识，增强保护措施的针对性、安全性、可靠性和协调性，为完善各建筑遗址保护修复方案的设计奠定更广泛学科的专业基础。

项目内容：采用现代考古方法，对宪定王陵的各建筑遗址进行全面勘探与清理。对宪定王陵的建筑布局、建筑风格、建造技艺、时代特征、历史沿革，以及相关的正统观、生死观、风水环境论和掌故等进行一次全面阐述和评估。

项目目标：揭露宪定王陵各地上建筑的残存遗迹，全面、系统、科学地阐述宪定王陵的建筑布局、建筑风格、建造技艺、时代特征、历史沿革等，客观地评估宪定王陵各地上建筑的历史价值、艺术价值、科学价值。

研究方法：现代考古学调查与勘探（清理）方法，现场勘测，资料分析，对比研究和专题讨论等。

研究人员：考古学、历史学、建筑学、民俗学以及文物保护等方面的专家及其团队，10～15人。

研究时间：2012年4～8月。

项目成果：建筑遗址考古清理报告，各相关专题研究报告5份。

2. 石刻造像研究与评估项目

石刻造像是宪定王陵遗址中较为重要的一类遗存。由于数百年来的自然损毁及人为破坏，歪闪、折断、开裂、剥落、溶蚀、藤本缠绕、菌藻寄生等各种病害现象都体现在这些石刻造像上。石质文物的保护目的是要消除病害，尽可能有效地延缓其风化损坏速度，最大限度地将其形象资料及历史信息留给后人。为了更全面、系统、科学地认识和了解保护对象，确保保护操作不损害现存文物主体所赋存的形象资料及历史信息，有必要请历史、考古、艺术、民俗等方面的专家对石刻造像的塑造内容、布局风格、艺术造型、雕造技艺、时代特征、历史沿革和相关掌故等进行阐述与记录，对宪定王陵现存的24件石刻造像的历史价值、艺术价值、科学价值等做一次全面评估。

研究范围：历史学、考古学、艺术学、民俗学以及文物保护和其他相关学科。

研究目标：对宪定王陵现存的24件石刻造像的塑造内容、布局风格、艺术造型、雕造技艺、时代特征、历史沿革和相关掌故等进行全面、系统、科学地阐述，并对其历史价值、艺术价值、科学价值进行客观评估。

研究方法：现场勘测、资料分析、对比研究和专题讨论。

研究人员：相关学科的资深专家及其团队，15～20人。

研究时间：2012年3～8月。

研究成果：专题报告5份。

3. 石刻造像三维数字化模型构建项目

采用三维激光扫描技术对宪定王陵现存的石刻造像进行三维测绘与数字化重建，可以对宪定王陵石刻造像的保存现状进行真实、完整、全面地记录与存档，留存资料，可以为现状与病害调查记录以及保护修复方案设计等工作提供基础图件；可以建立石刻造像的真三维彩色模型，结合电影虚拟现实等技术对造像的残缺部位进行虚拟复原。

项目内容：三维激光扫描测绘制，高保真、高精度的三维数字化重建，虚拟复原，三维重建效果展示。

技术要求：三维数字化的结果严格忠实造像现状，包括三维形态、色彩、图案、质地（光学属性）病害等；数字化信息采集时不能对文物造成任何破坏，三维数字化重建模型应可支持 8000 像素×8000 像素的高分辨率画面绘制，并支持超视距（3 厘米）的实时浏览；可在复杂光照环境下还原造像的光学属性和色彩。

工作方法：

1）三维激光扫描。①扫描站设置：在每尊造像现场踏勘工作区，分析研究最优化的扫描设站方案和坐标转换控制点选择，画出相关的设计草图，并设置主要扫描设站的标志。②扫描参数确定：主要是确定扫描精度，用徕卡 ScanStation 的最高精度进行整尊造像扫描，对重要局部用 Faro 扫描仪进行更高精度扫描。③点云数据采集：根据以上扫描方案，逐站对工作区进行扫描，采集点云数据。④影像数据采集：用高清数字照相机记录每尊石刻造像的真实可见颜色信息，用于绘制正射影像图和三维模型的纹理。用多光谱数字照相机记录每尊石刻造像不可见的颜色信息，用以更真实表现每尊石刻造像的现状。⑤坐标转换控制点的测量：使用全站仪测量所选择的坐标转换控制点，并进行平差，为后期的坐标转换提供基础数据。⑥数据格式转换：将两类扫描仪（ScanStation 和 Faro）数据进行统一，包括两类扫描数据的互相转换及两类数据向某一通用数据的转换（如统一转换为 PolyWorks 处理的 pif 格式）。⑦点云数据拼接：将各个扫描站采集到的数据拼接成一个整体，并检查拼接精度。利用坐标转换控制点将扫描对象的三维点云数据转换到需要的坐标系统。⑧建模及模型编辑：使用 Cyclone 或 PolyWorks 软件建立粗略模型后进行模型编辑，如去噪、补洞、网格优化、锐角边的提取等，得到优化后的精确模型。经过内部检测和外部检测精度都合格后，利用模型生成各种需要的图形和数据。

2）三维数字化重建及后期处理。①基于计算机立体视觉的三维数字化重建技术，对每尊石刻造像进行高保真、高精度的三维数字化重建。②通过电影质量的虚拟现实等技术，进行残缺部位的虚拟复原，以及沉浸感（immersive）的三维漫游展示，从而实现计算机或网络浏览。

工作人员：三维测绘、计算机研究、文物保护、摄影等方面的专家及其团队，10～12 人。

主要设备：徕卡 ScanStaion 扫描仪、Faro 扫描仪、高清数字照相机、多光谱数字照相机、专业辅助光源、曙光高性能计算机集群等。

工作时间：2012 年 3～10 月。

项目成果：宪定王陵 22 件石像生及 2 件神道碑龟趺保存现状的真实、完整、全面记录，24 件石刻造像真三维彩色模型，24 件石刻造像残缺部位虚拟复原及三维漫游展示系统。

4. 保护材料与工艺研究项目

宪定王陵 24 件石刻造像雕造于明万历年间，距今已有四百余年历史。造像均为浅灰色厚层石灰岩，岩体风化开裂、表面溶蚀和低等植物生长污染等多种病害严重威胁造像的完整性及安全性。为了有效保护这些珍贵的石刻造像，必须对要使用的清洗、加固及修补保护材料进行现场和室内试验，尽快研究筛选出适用、可靠的材料及相关操作工艺。

项目内容：针对宪定王陵石刻造像，筛选确定适用、可靠的清洗、粘接、灌注、封护材料的具体配方及相关操作工艺。

技术要求：各类清洗、粘接、灌注、封护材料应是在石灰岩材质文物上使用过的，经实践检验确实无害的，各类材料的配比数据及效果检测数据真实、可靠。

研究方法：室内研究与现场试验相结合。

研究人员：材料科学、岩石学以及文物保护等方面的专家及其团队，3 ~ 5 人。

研究时间：2012 年 4 ~ 6 月。

项目成果：各类清洗、粘接、灌注、封护材料的具体配方，各项试验数据报告，各类材料的相关操作工艺。

项目业主单位：桂林市靖江王陵文物管理处

项目负责人：肖　东　夏超华

主要参与人员：谢永平　曾祥忠　张阳江　阳　灵　盘　立

　　　　　　　许彬彬　符荣兴　安泉州　伍勇进　阳荣桂

第三部分　其他相关遗址

靖江王府御用琉璃窑考古调查勘探报告

广西文物保护与考古研究所　桂林市靖江王陵文物管理处

2012 年

关于靖江王府、王陵所用的琉璃瓦件、砖等建筑构件的烧制窑场问题，一直以来相关研究不多。目前比较明确的是位于桂林市叠彩区星华行政村附近的窑里村窑址，该窑址于 1984 年 10 月被桂林市人民政府公布为市级文物保护单位。保护碑后有桂林市文物管理委员会撰写的简介："窑里村附近有宋至清代民窑和官窑的分布。东、西、北三面有宋以来烧造瓷器窑址多处，采集到烛台、洗、罐、盏、杯、碟、盘、碗等器物。轮制，胎质紫砂或灰砂，胎骨坚硬。釉以玳瑁、青黄为主，包括有莲瓣、菊瓣、荷花、葵花、鱼藻及各种字体的寿、海、福、富等图案。同时发现垫饼、垫圈、垫座等窑具。窑炉为阶梯形或马蹄形。窑里村以南为明代靖江王府御用琉璃窑址，堆积有大量的瓦当、勾滴、板瓦、筒瓦、花砖、走兽等琉璃瓦件，纹饰有浮雕龙、凤、卷草等图案，是靖江王府及陵墓建筑的窑场。"

我们发掘组曾到窑里村现场查看，由于该地处于城中村的位置，目前村民已兴建大量私人房屋及篮球场等公共设施，建筑密布，窑址原貌已保留不多。从地形上看，窑里村位于漓江西面一片低缓的丘陵坡地上，地势大致北高南低，东面距离漓江约 800 米。村西面的坡地下现有一条约 5 米宽的沟渠，渠水从东北流向西南，沟渠在窑里村东北面约 1500 米处与漓江相接。窑里村窑址南距靖江王府约 4000 米，东南距靖江王陵陵区约 5000 米。2013 年 4 月，我们了解到窑里村因建设苗圃正在村里篮球场附近动土。我们赶到现场时，挖掘机已在现场挖了几条长沟。从沟里翻挖出来的泥土看，里面夹杂有大量的素面瓦件残片。因扰动太大，地层堆积情况不明。我们在现场选取破坏较少的篮球场东面开了一条 2 米×2 米的探沟，以基本了解窑里村窑址文物保护碑附近的地层堆积情况。我们向村里年纪较大的群众了解到，20 世纪 70 年代此处仍为居民的菜地，后来为了兴建楼房，从附近的坡脚拉来泥土进行填垫平整，成了现在这个情景，原来地表分布龙纹瓦残件较多的地方在村南面坡下的木片厂一带。探沟地层剖面也印证了这一说法。地表往下约 95 厘米即到生土层，地层可以分为 4 层：第 1 层为表面扰乱层，厚约 20 厘米，包括硬化的混凝土和它下面经过平整的垫土层；第 2 层为填垫土层，厚 30~50 厘米，土层里夹杂很多近现代瓦片及明代素面瓦件残片；第 3 层为棕黑色土层，土质纯净，厚约 30 厘米；第 4 层为棕黄色生土层。如此情况，我们排除了立保护碑的窑里村坡顶一带为窑炉所在位置。

我们在窑里村附近查勘，发现村东南面的缓坡地表分布有大量的青瓷器残片，器形有碗、碟、盏、杯等。碗采用叠烧法，碗内残存有支钉，部分还烧结连在一起。从器物胎土、施釉、器形等方面来看，具有南宋时期广西北部青瓷窑址烧造器物的典型特征，和桂林兴安县严关窑烧造的产品类似；从烧造的数量来看，窑炉应该是使用了斜坡式龙窑；从地形上看，此缓坡地适合建造斜坡式龙窑，且附近的沟渠以前应该是一条小河道，便于燃料、产品的运输。在窑里村南面的缓坡及坡下，由于兴建房屋、木片加工厂及种植的缘故，地表已少见龙纹瓦残件。一般来说，烧造瓦件的窑炉基本都是马蹄窑，虽然现在不见烧造瓦件的窑址，但我们在村里的路面上还能看见散布有龙纹瓦当残片。20世纪七八十年代，桂林市文物工作队曾在此地采集很多琉璃瓦件及饰件残片标本。1984年，桂林市文物工作队将这些标本移交给筹建中的靖江王陵文物管理处，由于没有做好标本的分类记录工作，虽然现在这些标本还在靖江王陵文物管理处的文物库房里，但遗憾的是已不能辨识是从陵园采集回来的还是从窑址采集回来的了。

由于明代官式建筑已经高度标准化、定型化，因此对陶瓷瓦的色彩、题材均有严格规定，陶瓷瓦烧制进入了全盛期。全国已发掘的皇家琉璃窑址有北京羊坊店元明窑址、南京聚宝山明琉璃窑址和湖北庞湾琉璃窑址三处，这些窑口都是为皇家烧造，琉璃构件以黄釉为主。到目前为止，尚未有关于为亲王或者郡王烧造的琉璃窑址的考古发掘资料。由于等级的原因，为亲王或者郡王烧造的琉璃瓦件应该都是绿釉。2012年，故宫博物院古陶瓷研究中心在湖北丹江口青龙塘主持发掘庞湾琉璃窑址，相关考古资料尚未正式发表，据"文化部党建在线"网站关于"故宫博物院文化建设"的报道："该窑于第三次全国文物普查工作中发现，初步探明窑场面积不小于2000平方米、窑炉六座，其中已发掘面积约400平方米、发掘窑炉三座，并发现淘泥池、沉淀池、练泥池、储泥台等作坊遗迹。出土了大量瓦当、滴水、板瓦、筒瓦、勾头等琉璃构件和匣钵、支钉、垫砖等窑具。从出土'和记'铭琉璃瓦件看，其尺寸、胎质、釉色等都与武当山五龙宫、遇真宫现存的瓦件标本相符。由此可断定庞湾琉璃窑址是明代专供武当山琉璃建材的窑场。由于琉璃建材在明清两代均受到严格控制，再加上武当山建筑群是明代皇家宗教建筑，因此，该窑场应属于一处具有皇家性质的琉璃窑场。窑炉的形制为长方形，由火膛、烟道、窑室组成，其中窑室接近正方形，窑室后壁和右壁在高约2米处均为券顶。窑室容积约为8立方米。窑室前部炉算、火膛、通风口、门道保存完好。门道两侧窑墙为覆瓦与青砖混合砌制，青砖上有年号记载。窑门则是用板瓦叠在一起而成。淘泥池、练泥池、储泥台等作坊遗址处发现有大量残留的坩子土及练好的泥。"由此情况来看，其窑炉的规模并不是很大，而且应该算是马蹄窑的改进型。据此推测，窑里村窑址当时也是使用马蹄窑，且单个窑炉的规模不是很大。

总的来说，窑里村窑址至少是目前可以认定的为明代靖江王府及陵墓建筑烧制琉璃的窑场。从发现情况来看，最早应该于南宋时期已在此建造斜坡状龙窑烧造民用青瓷。由于没有进行科学发掘，烧造民用青瓷是否延续到元代未知。到了明代，随着靖江王国的建立，靖江王府沿用此地建造马蹄窑烧造琉璃瓦件。靖江王延续了280年，期间在此烧制的琉璃瓦件有多少就可想而知了。

参与人员：韦　革　贺战武　曾祥忠

张阳江　阳　灵

执笔人：韦　革

靖江王陵陵园石料场调查报告

广西文物保护与考古研究所　桂林市靖江王陵文物管理处

2012 年

　　明朝时期，朝廷要求各地兴建城池并派官员督办，同时由于兴建帝王宫殿及陵寝的需要，也会安排官员开采石料、木料等建材，因此在全国范围内留下了众多的采石场遗址，比如位于南京市江宁区的因遗留有明成祖朱棣为其父明太祖朱元璋采凿的"神圣功德碑"而闻名的阳山古采石场遗址、位于溧水县东庐乡的南京市文物保护单位秋湖山古采石场遗址、位于东莞市石排镇燕窝村和田边村的广东省省级文物保护单位燕岭古采石场遗址、位于广州番禺区的开采时间自西汉初年一直延续至清代道光年间的全国重点文物保护单位莲花山古采石场遗址，等等。这些采石场的石料，或为花岗岩或为砂岩，材质坚硬，采凿痕迹明显，因而很容易辨认。

　　桂林市周边为岩溶峰林地貌，以石灰岩的山峰为主，当地的老百姓有采石用料石作为建材的传统，但民间的用料一般规模不是很大，且以就近、方便采凿为主要特征，因而很难形成规模较大的采石场。在桂林，成规模的采石场唯有明代因为靖江王府营建藩邸、陵墓之需要而出现。

　　桂林市西郊著名的风景点芦笛岩内保存有一幅明代靖江王府采石匠人书写的壁书。这则壁书高50、宽58 厘米，字径6 厘米，内容如下："靖江王府敬差内官典宝周禧、郭宝、孟祥带领旗校人匠王茂祥、张文灰等数十人采山至此，同游。丁丑岁仲夏十有六日记"。"丁丑"，凡明代一共5 个，即洪武三十年、景泰七年、正德十年、万历二年、崇祯六年。这则壁书虽然具体指哪个丁丑年还未定，但至少说明靖江王府当时有安排官员负责料石的开采，而且队伍的规模有"数十人"。据此，有学者认为靖江王陵陵园所使用的料石来自芦笛岩附近的石山。另外，靖江庄简王陵陵门的礓、金水桥等部位使用了带红纹的石材，这种石头因为石中的纹路像筋络一样纵横而且是红色的俗称"红筋石"，有学者认为取自芦笛岩附近的光明山。

　　我们对上述关于靖江王陵陵园所使用的料石来源的说法不敢苟同。在考古清理过程中，我们面对庞大的赑屃、翁仲等石像生（彩版五二）觉得很纳闷：如此巨大的石材从近10 公里以外的地方运送过来，还要渡过漓江，该是多大的耗费啊！虽然古代陆地上一般是在寒冷的冬天通过泼水成冰后再以滚木的方式运送大型的重物，但如果上船就很不容易了，弄不好还会船毁人亡，何不就近取材呢？带着这些疑问，我们在工作时通过与当地民工闲聊，掌握了一些古代采石场遗址的线索，之后我们邀请他们做向导进行实地查勘，有了新的发现。虽然此次不是进行专题调查，但以下这些发现足以说明很多问题，我们相信如果进行专题调查会有更多的收获。

一　明天山采石场遗址

明天山位于挂子山村的南面，金鸡路的北侧，在今漓江三花酒业洞藏处所在的山体，为一座独立的石灰岩石山，最高峰和地面的相对高度约 100 米。在山的东面距山顶约 50 米处可以看到一处明显的凹陷。据挂子山村夏满华（58 岁）及其他几位年纪大的村民介绍，此山为早年的采石场，山上还遗留有采凿石料的铁钎，铁钎大概四指宽，20 多厘米长。可惜由于多年的封山育林，山上树灌丛生且蛇虫众多，我们难以登上去查找。在金鸡路北侧漓江三花酒业洞藏处旁还存有几片巨大的凿开剥落的天然石料，大的高约 5、宽约 3 米。

二　弯子山采石场遗址

弯子山位于挂子山村的东南面，金鸡路的南侧路旁，现官帽山永久公墓入口处牌坊右侧 50 米处。山的南面虽与官帽山有余脉相接，但山峰独立拔起形成一座圆锥状的石灰岩石山，山不大且不高，最高峰和地面的相对高度约 30 米。从外表看，除了山的东北面由于采凿形成斜直的断立面外，其他地方基本保持原貌。东北面山下现仍遗留有当年采凿下来的石料，石料上保留有使用铁钎后的凿孔，凿孔上宽 9、下宽 6、深 16 厘米，凿孔的间距为 14、18、30 厘米不等。据此判断当时使用的铁钎应该是楔子状的，而且不是很长，这些特征和明天山采石场遗址上遗留的铁钎特征吻合。东北面山下距地表约 3 米高的地方有一条天然横向的岩石裂缝，裂缝呈长条形，高约 0.6 米。裂缝最左边下部的岩石相对平坦，差不多可以容纳一个人平躺，我们在此处的岩石面上发现阴刻的文字及图案七组。这些文字及图案分布在岩石的顶部及侧面上，分布范围长约 2.7、宽约 1.5 米。为便于描述，我们以面朝岩石能够看出文字和图案的为正刻，反之为反刻，需歪着头才能看清的为竖刻。下面按照分组逐一介绍。

第 1 组，为竖刻图案，看似羊的形状，身躯很长，有些不合比例。图案长 28、高 12.5 厘米。

第 2 组，为一组 4 个字的正刻和一组 2 个字的反刻。正刻的四个字为"王府匠人"，这四个字不在一条线上，其中"王"和"府"字是纵向，"匠"和"人"字是横向，除了"王"字稍大一点外，其余三个字大小差不多。以"匠"字为例，字最宽 7.5、高 7.5 厘米。反刻的两个字为"门生"，字体较正刻的小。以"门"字为例，字最宽 5、高 5.5 厘米。

第 3 组，为一组 3 个字的正刻和一组反刻的象形图案。正刻的三个字为"永生"和"生"，"永生"和"生"字之间间隔象形图案。三个字大小差不多，以"永"字为例，字最宽 8、高 9.5 厘米。反刻的象形图案尚不能解读，图案大小和正刻三个字差不多。

第 4 组，为竖刻图案，看似奔马的形状。马长 28、高 9 厘米。

第 5 组，为一组 2 个字的反刻。字为"天子"，两个字大小差不多。以"天"字为例，字最宽 11.5、高 10 厘米。

第 6 组，为一组 4 个字的正刻和一组竖刻的图案。正刻的四个字能辨认的为"炉烊（烘?）昊（昊?）□"，其中"炉"字刻在图案上，四个字大小差不多。以"炉"字为例，字最宽 9、高 8.5 厘米。竖刻的图案反看似一只蹲坐在地上的老虎，尾巴弯曲上扬。图案最宽 48、高 35 厘米。

第 7 组，为一组 2 个字的反刻。字为"洪武"，两个字大小差不多。以"洪"字为例，字最宽

7.5、高 6.5 厘米。

除了这七组比较明显能看得出来，岩石上还散刻有一些文字和图案，由于年代久远已漫漶，但用手细细抚摸还能感觉到雕刻的痕迹，其中有幅图案很像龟的造型，只是我们使用拓片或拍摄的手段都难以表现出来。另外，在这块岩石的右边侧面上还遗存有采凿石料使用铁钎后的凿孔，凿孔大小与东北面山下遗存的一模一样。这些文字和图案，除了第 1、2 组的石头面上经过简单的凿平打磨处理外，其余的都是刻在自然的石头面上，并且字体不是很规整，雕刻得比较随意，仿佛是随兴而作、信手拈来般。这些文字，除了第 6 组的 4 个字应该是描述天气太热外，其余的都与明朝、皇室、靖江王有关："王府匠人"表明了王府的工匠到此采石，而在桂林的各个历史时期，能说王府的非明朝的靖江王府莫属；"门生"可能表述刻者是某人的门生；"永生"是祝福语；"天子"指当时的皇帝；"洪武"表明了刻者所在的年代。而这些图案，除了尚不知解读的象形图案外，羊、马、虎都与靖江王陵陵园内的石像生有关，还有那只隐隐约约的龟，这些不会只是单纯的巧合吧！因此，根据上述材料，我们认为这些文字和图案的作者就是到此采凿石料的靖江王府工匠，可能是因为天气太热而到岩石缝里乘凉或休息时随手雕刻的。而这些文字和图案也是挂子山村村民 2005 年在修筑现代坟的过程中到此休息时发现的。当然，这些文字和图案可能不是一个时期刻的，而是在明朝很长一段时间内先后雕刻的。

此处采石场遗址及石刻遗迹的发现，不仅是靖江王陵陵园的石料在此采凿的实证，也为今后国家考古遗址公园的建设增添了一处难得的展示场所。

三 万山采石场遗址

万山位于冷水塘村的西北面，在金鸡路通往冷水塘村公路的西面。万山的南面虽与其他山有连接，但也是一座山峰独立拔起的石灰岩石山。山体呈圆锥状，山的大小和明天山差不多，最高峰和地面的相对高度约 100 米。万山北面偏东的地方山石较低矮，此处即为采石场遗址，在现场可看到山体因采凿石料形成斜直的断立面及剥离山体后遗留在现场的大块料石。此处还有个特别的称谓"短马脚"，源自 1980 年以前山下遗存有一匹雕凿完成后因马腿有缺陷而被丢弃的石马，挂子山村、冷水塘村年龄 40 岁以上的村民都曾看到过。为此，我们专门访问了住在"矮马脚"附近的 88 岁的李朝子婆婆。虽然李婆婆年事已高，但思维及表达能力仍很清晰。她半岁的时候因家庭困难从挂子山村过继到冷水塘村，一直生活在这片区域。据她回忆，那匹残缺的石马右前腿断了，马的大小与靖江王陵陵园内的石马相当，就放倒在她家屋子北面约 50 米的坡脚下（也就是万山采石场遗址旁）。1980 年前后修建金鸡路通往冷水塘村公路时，人们把石马砸烂做石料了。据此，能使用这么大的石马作为陵园石仪仗的也就靖江王或王妃、将军墓了，至少说明是从万山采石场采凿料石的。

四 横山底采石场遗址

横山底位于庄简王陵的东面，尧山索道登山处南面 100 米处，是依靠着尧山的一座独立拔起的石灰岩小山。山体呈圆锥状，没有独立的山名，冷水塘村人称之为"横山底"。挂子山村、冷水塘村年龄超过 60 岁的村民都知道此处原来有一块残石碑，以前到此劳作时都曾看到过。如今这里兴建现代围石墓太多，该石碑很可能已被当作石材砸碎拿去建现代墓了。我们曾在当地两名向导（一名是挂子山村的村民；一名是冷水塘村的李炳富，65 岁）的带领下去现场寻找，两人带到的是大致同一片区域，可是地貌已大变样，不见石碑的影踪，但是仍可看到山的西北面有因采凿形成的斜直断立面。因灌树丛生，无法就近查找采凿的凿孔。我们下山到冷水塘村访问李朝子婆婆，据她回忆，她少年至中年时期曾多次到这一带劳作，看到的石碑长约 2、宽约 1、厚约 0.2 米，碑上还刻有文字。根据这些特征，如此巨大的石碑应该与靖江王陵有关，一般的平民百姓不能用这等规模的石碑。

总之，上述四处采石场遗址的发现，纠正了之前因为芦笛岩壁书而比较流行的"靖江王陵陵园所使用的料石来自芦笛岩附近的石山"这种说法。我们认为，靖江王陵陵园所使用的绝大部分料石都是采自陵园附近的石灰岩石山。原因有二：一是上述诸采石场的发现；二是从常理上讲，修建陵园石料用量巨大，陵园石刻多数笨重，从芦笛岩附近运输至此不仅花费庞大，而且还要渡过漓江，难度可想而知，当时的工匠应该不会舍近求远。而极少部分的特殊石料比如"红筋石"，目前还不能确定是采自何处，虽然有可能是采自芦笛岩附近的石山，但靖江王陵陵园附近石山也有类似的石材。至于芦笛岩附近石山的石材，我们认为主要供应的是靖江王府，原因一是距离近且有壁书记载，二是靖江王府的石材用量同样巨大。

参与人员：韦 革 贺战武 曾祥忠

张阳江 阳 灵

执 笔 人：韦 革

彩版

1. G1 东侧地层与礤墩

2. 宋代地面砖

3. 明代琉璃瓦

4. 出土清代"仁寿宫"铭铁鼎

1.G3 第③层面上的岑氏宫保弟旧址

2. 明代大型官式建筑地下基础的第一层片石面

1.“大明成化年制”款瓷片

2.出土“大清雍正年制”款瓷碗（残）

3.“梧桐一叶落，天下尽皆秋”诗文款瓷片

1. 明代靖江王府宗庙遗址、清代岑氏宫保弟旧址考古清理

2. 宋代消防水池

1. 靖江王府宗庙东侧墙基

2. 靖江王府宗庙西侧墙基

3. 靖江王府宗庙墙基吊装
迁移保护

1.清代早期贡院建筑遗迹（T4、T5、T6）

2.明代晚期建筑基址（T1、T2、T3）

3.明代中期建筑基址（T1及G1）

1.明代早期建筑基址及探方北壁地层堆积情况（T2）

2.唐、宋、元、明、清、民国时期的生活地面

1. 正阳门城楼遗址勘探前

2. 西华门 TG1 及其东扩遗迹分布

1. 正阳门明代、清代、民国城楼基础位置关系

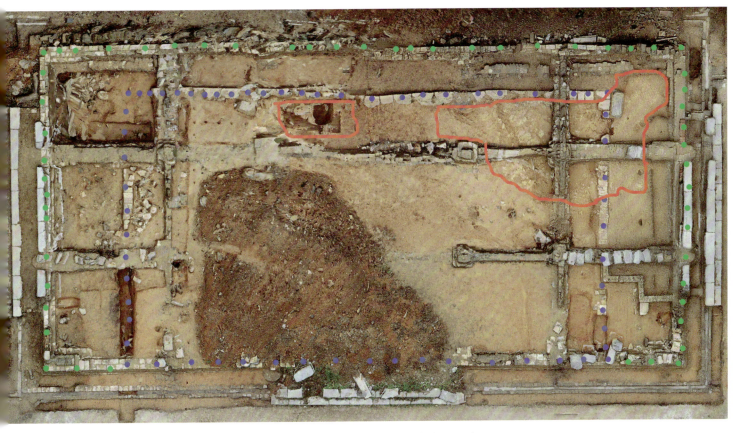

2. 正阳门清代、民国时期城楼墙基分布

1. TG2 剖面

2. TG2 ④层下砖铺路面（北一南）

1. TG2 ⑪ 层出土联珠纹瓦当

2. TG2 ⑭ 层联珠 "V" 字纹方砖

1.a层琉璃瓦垫面（南—北）

2.TG5条砖地面

1. 勘探区域示意图

2. 社稷坛拜殿和戟门所在区域

1. TG3（东—西）

2. TG7（东—西）

3. TG6（东—西）

靖江王府承运门（民国广西省政府大门）

靖江王府承运殿（民国广西省政府主席办公楼）

1.靖江王府承运殿东北角

2.靖江王府承运殿西南角

靖江王府王宫（民国广西省政府礼堂）

1. 靖江王府月牙池

2. 靖江王府东南角城墙
（立面）

3. 靖江王府东南角城墙

1. 靖江王府端礼门

2. 靖江王府端礼门及清
代广西贡院"三元及第"
石坊

3. 靖江王府广智门
（民国广西省政府后门）

1.靖江王府广智门
（民国广西省政府后门）

2.靖江王府体仁门及清
代广西贡院"状元及第"
石坊

3.靖江王府遵义门及清
代广西贡院"榜眼及第"
石坊

1. 民国广西省政府办公楼

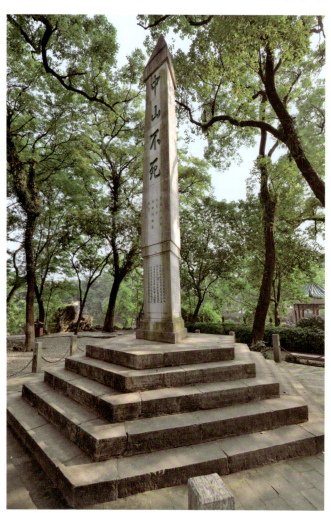

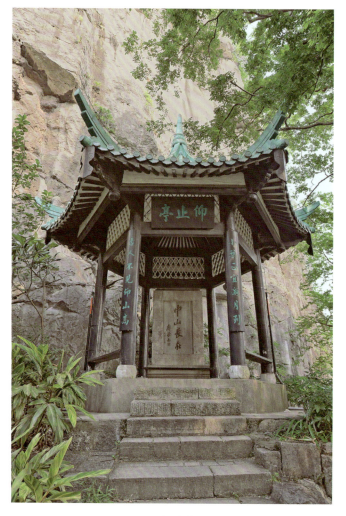

2. 中山纪念塔　　　　　　　　　　　　　　　　　　　　3. 仰止亭

1. 昭和王陵外门遗迹

2. 昭和王陵碑亭遗迹

1. 昭和王陵中门遗迹

2. 昭和王陵供台遗迹

1. 昭和王陵焚帛炉遗迹

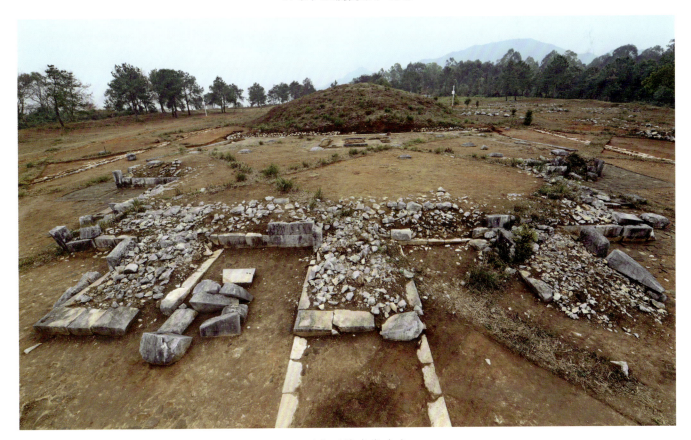

2. 昭和王陵享堂遗迹

1. 昭和王陵出土绿色琉璃脊兽

2. 昭和王陵出土绿色琉璃垂兽   3. 昭和王陵出土绿色琉璃鸡首

1. 温裕王陵全景

2. 温裕王陵享殿铺地

1. 温裕王陵建筑遗迹 F1

2. 温裕王陵建筑遗迹 F2

3. 温裕王陵建筑遗迹 F3

1. 温裕王陵出土绿色琉璃圆形龙纹瓦当

2. 温裕王陵出土绿色琉璃圭角砖

1. 安肃王陵外陵墙解剖

2. 安肃王陵外门遗迹

1. 安肃王陵碑亭遗迹

2. 安肃王陵焚帛炉遗迹

3. 安肃王陵享堂遗迹

1.安肃王陵出土绿色琉璃龙纹瓦当

2.安肃王陵出土绿色琉璃卷草纹花砖

1.悼僖王陵中门及内陵园遗迹

2.悼僖王陵内陵墙遗迹

1. 悼僖王陵享堂遗迹

2. 悼僖王陵享堂局部

1. 悼僖王陵出土绿色琉璃垂兽

2. 悼僖王陵出土绿色琉璃滴水

1. 怀顺王陵全景

2. 怀顺王陵陵门遗迹

1. 怀顺王陵外陵墙角亭遗迹

1. 怀顺王陵内陵墙东北转角外侧

2. 怀顺王陵东南角院落式建筑遗迹

1. 怀顺王陵碑亭遗迹

2. 怀顺王陵享殿遗迹

3. 怀顺王陵享殿左侧散水
墁砖面

1. 怀顺王陵出土绿色琉璃龙纹滴水

2. 怀顺王陵出土绿色琉璃龙纹瓦当

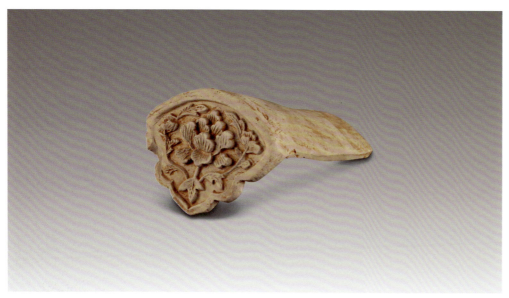

3. 怀顺王陵出土素花卉纹如意形瓦当

1. 宪定王陵全景

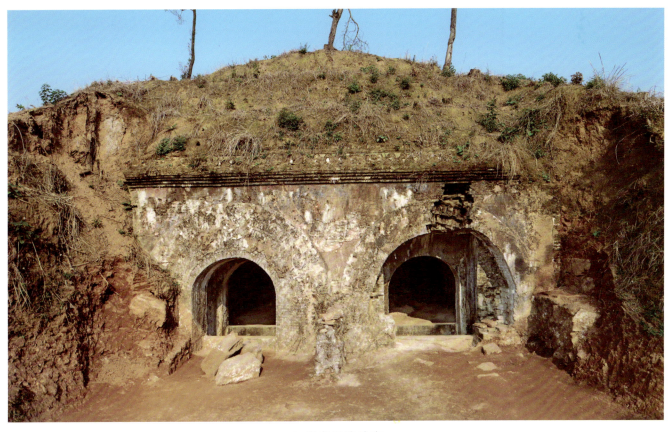

2. 宪定王陵地宫

1. 宪定王陵享殿月台踏跺间墁砖

2. 宪定王陵左厢房遗迹

3. 宪定王陵右侧碑亭遗迹

1. 宪定王陵出土绿色琉璃
   龙纹滴水

2. 宪定王陵出土绿色琉璃
   鸡首

3. 宪定王陵出土绿色琉璃
   正吻

荣穆王陵大殿及封土前三层挡土墙

1. 荣穆王陵内陵墙
   侧门遗迹

2. 荣穆王陵神道铺地

1. 荣穆王陵左侧厢房遗迹

2. 荣穆王陵右侧碑亭遗迹

1. 荣穆王陵出土花草龙砖雕

2. 荣穆王陵出土花开富贵砖雕

3. 荣穆王陵出土莲池图砖雕

4. 荣穆王陵出土平步青云砖雕

5. 荣穆王陵出土素龙纹滴水

6. 荣穆王陵出土万字纹砖

庄简王陵内景

1.庄简王陵陵门

2.庄简王陵祾恩殿

恭惠王陵保护项目竣工全景

安肃王陵遗址保护与环境整治工程竣工全景

1. 靖江王陵石像生

2. 靖江王陵望柱

3. 靖江王陵翁仲